C H V

Manfred Schneider

Der Barbar

Endzeitstimmung und Kulturrecycling

Carl Hanser Verlag

1 2 3 4 5 01 00 99 98 97

ISBN 3-446-18955-6

Satz: Reinhard Amann, Aichstetten
Druck und Bindung: Clausen & Bosse, Leck
Printed in Germany

Inhalt

5
Der germanische Barbar als Retter der Welt

6
Europäische Denkfiguren: Erneuerung, Wiederkehr, Vergessen

7
Der Barbar und die Medien

8
»Waiting for the barbarians« im 19. und 20. Jahrhundert

9
Barbaren werfen sich ins Fleisch: Die zwei Körper des Barbaren

10
Delirien über Natur und Geschichte: Frühzeit- und Endzeitbarbaren

Anhang

Prospekt

Der Barbar ist eine Figur aus der Reserve unseres symbolischen Repertoires. Sein Name steht im Register elementarer Begriffe wie Wahrheit, Natur, Liebe, Gott, Mensch, Frau. Wir benötigen diesen Barbaren nicht unablässig, sondern nur in Krisensituationen: Krieg, Revolutionen, wirtschaftliche Not, kulturelle Umbrüche, Endzeitstimmungen. Dann wird der Barbar aufgerufen, um Unterschiede zu repräsentieren, vor allem den positiven und negativen Unterschied zur Kultur selbst. Krisen sind – historisch gesehen – Phasen beschleunigter kultureller, politischer, ökonomischer Evolution. Die Moderne machte die Krise zu ihrem Emblem[1], und die Jetztzeit hat die Krisendiagnose inflationiert. Krisen entstehen durch Abweichungen von Erwartungen.[2] Wir schwimmen heute in der Nährlösung permanenter Krisendiagnosen, weil die moderne Gesellschaft Evolution zu einem Systemelement selbst gemacht hat. Krisenlosigkeit wäre heute die Krise. Offen bleibt nur, wer die Krisendiagnose stellt und zu welchem Zweck. Die Krisenrhetorik findet ihr Publikum zumal dann, wenn sie in alarmiertem Ton die Wiederkehr einer früheren Krise beschwört (wieder Inflation, wieder Weimarer Verhältnisse, wieder Kriegsgefahr, wieder Rechts- oder Linksradikale, wieder massenhaft Fremde). Aus diesem alarmierten Umschalten in eine Vergangenheit beziehen der Gedanke oder das Argument des Krisendiagnostikers Rettungswert.

Die Krisenrede, die den Barbaren aufruft, zwingt zur Frage: Wie tragen der Barbar, die Barbarenerinnerung, die Barbarendrohung, aber auch die Barbarenhoffnung, dazu bei, eine dramatische Lage mit Figuren aus dem kollektiven Bewußten zu beleben? In den Blick fällt damit eine Tradition: die Reihe der Umbrüche, die großen mythischen Kulturkrisen, die das abendländische Bewußtsein abgespeichert hat, um aktuellen Situationen ein geschichtliches, datengesättigtes Doppel zu geben: Exodus[3], Untergang der athenischen Demokratie, Abspaltung der Christen von der jüdischen Tradition, Völkerwanderung, Untergang und Wiederkehr Roms, Reformation, Französische Revolution, Kriege und Umbrüche im 19. Jahrhundert, Kriege und Kulturrevolutionen im 20. Jahrhundert. Dabei ging es jedesmal um alles. Und der Barbar ist eine Figur, die eigens für endzeitliche Lagen ausgebildet ist. Ihm kann indessen jeder Gegensatz zur Kultur auf die Schultern geladen werden. Aber diese apokalyptische Last läßt sich in revolutionären Zeiten leicht umpolen. Dann traut man dem Barbaren, auf dessen Lippen ja noch der Tau der paradiesischen Frühe und Unschuld glänzt, eine Erneuerung oder gar die Rettung der Welt zu. Verwerfung der Verworfenen und Rettung des Natürlichen – das ist sein symbolisches und politisches Amt. Und er bekleidet es schon lange. Der Barbar spielt eine emblematische Rolle in allen Konzepten von Kulturzyklen und von Kulturerneuerungen. Die Bilder, Zitate, Modelle für diese Geschichtstheorie liefert der Rom-Mythos. Der Rom-Mythos ist die für das abendländische Geschichtsverständnis fundamentale Erzählung vom Untergang des Imperium Romanum. Römische Intellektuelle stellten als erste die Diagnose über eine solche Dekadenz des Imperiums. Ursachen des Untergangs waren nach einer Variante dieser Erzählung die zivilisatorische Ermüdung der Römer und ihre Errettung durch die »kraftstrotzenden Barbaren« (H. St. Chamberlain). Doch die Barbaren kommen in nahezu allen 210 Erklärungen für Roms Untergang vor, die Alexander Demandt aufgeführt hat.[4]

Die Moderne formt die von unzähligen Apokalyptikern nachgesprochene Selbstkritik der alten Welt um: Statt immer wieder ihr Alter zu beklagen und damit ihr Verschwinden anzukündigen, betreibt sie einen Kult der Jugendlichkeit. Jeder neuen Generation wird die Erneuerung der Welt angetragen.

Und die Hoffnung auf einen Erfolg wächst in dem Maße, wie diese Jugend ihren zivilisatorischen Ekel auszusprechen versteht. Die Ankündigungen des Neuen Menschen, die aus den Büchern des 19. und 20. Jahrhunderts quellen, zehren immer noch von dem mythischen Potential der alten Erzählung, wie Rom durch ein glückliches »Konnubium« (J. Burckhardt) mit den jugendlichen Barbarenvölkern in die Geschichte zurückkehrte. Doch damit nicht genug. Bisweilen wirft sich der Barbar auch ins Fleisch lebendiger Gestalten. Als Missionar aller negativen und positiven Symbolisierungen, die das Barbarische in einer langen Tradition angesammelt hat, beginnt er mit Räumungsarbeiten. Germanen, Christen, Kirchenväter, Reformatoren, Revolutionäre, Anarchisten, Künstler, Studenten und nicht zuletzt Adolf Hitler gaben sich stolz den Namen des Barbaren.

Krisen, in denen die Barbaren aufgerufen und berufen werden, zeigen unübersehbare Gemeinsamkeiten. Es geht stets um die Sicherung oder Auflösung der Elementarcodes: um das Gesetz, die Sprache, die Bilder, das Gedächtnis, das Geld, die Geschlechter. Jede Krise artikuliert sich in und über diese Medien, Speicher, Symbole, denn sie organisieren und sichern den Bestand aller Kultursysteme. Die Krise bringt sie alle in Verruf. Dann betreten der mythische und der wirkliche Barbar die Szene. Im lichten Schein der Schöpfungsfrühe kommt er, um die Uhren wieder auf die erste Stunde zu stellen. Das trauen ihm seine Apostel zu, weil er bislang das Paradies der Gesetzlosigkeit, der Mündlichkeit, der Bilderarmut, der ungestörten Erinnerung oder des reinstem Altruismus bewohnt hat. Ganz im Gegensatz zu diesem Unschuldsbarbar feiert sein kriegerischer Zwilling, der Endzeitbarbar, die Liturgien der Abschaffung: Liquidierung der Gesetze, Ikonoklasmus, Vergewaltigung, Raub, Mord, Schändung der Symbole. Er geht dann stets aufs Ganze.

In der Thematik des Barbaren verhandeln die europäischen Kulturen die Sache der Kultur selbst. Insofern gelten die hier vorgetragenen Analysen und Überlegungen auch einer Rhetorik des Kulturellen oder Zivilisatorischen. In dieser Rhetorik wird aber um unser Schicksal gespielt. Woher schreibt sich die Zivilisation? Was ist ihre Legitimität? Was ist ihre Referenz? Die Doppelgesichtigkeit, die changierende Physiognomie des Barbaren gibt eine Dynamik des Übergangs selbst zu erkennen. Ohne Barbarengespenster vermag eine Kultur sich nicht ständig zu ändern und die gleiche zu bleiben.

Aber die Sache ist nicht einfach. Denn der französische, der deutsche, der englische, der amerikanische Barbar sind im eigenen und im fremden Auge nicht dieselben. Daher richtet sich die Aufmerksamkeit im folgenden zwar auf den europäischen, vor allem jedoch auf den deutschen Barbaren. Sie sind Brüder und Feinde und Doppelgänger in einem. Der deutsche Barbar kommt aus dem Inneren, dem Traditionellen, dem Wahren, dem Menschlichen des Deutschen selbst; der französische Barbar kommt aus seinem germanischen Erbteil, von dem nicht gesagt werden kann, ob es im Inneren oder im Außen residiert. Der amerikanische Barbar kommt aus dem Paradies der Unbefangenheit und Spontaneität. Der englische Barbar ist ein Abkömmling der Wildnis. Es wäre daher eine reine Unmöglichkeit, den wahren Barbaren, den wirklichen Barbaren zu identifizieren, zu preisen oder zu brandmarken. Vielmehr soll sichtbar werden, mit welchen Mitteln – Argumenten, Handlungen, Mythen – das Barbarische bekämpft und geheiligt wird. Denn das Schicksal des Namens, des Begriffs, der Figur läßt sich auf die eine Formel bringen: unablässige Positivierung. Der Barbar verläßt immer wieder den Schatten der Wildnis, die Kulturlosigkeit, das Antizivilisatorische, um ins Licht der Neuerung, der Hoffnung, des Panegyrischen, des Positiven zu treten. Der Ruf *Bravo!*, mit dem wir die Helden der Bühne, der Stadien, der Kriegsschauplätze ehren, ist sein definitiv ins Positive gewendeter alter Name.[5] Der Barbar ist der Held einer Spirale der Erneuerung, des Recyclings der Kultur. Wir blicken ihm ins Gesicht, wenn wir unsere TV-Nachrichten anschalten. Und im Banne unserer Barbaren-Mythen belästigt er uns mit Fragen: Müssen wir nicht dem Barbaren der Dritten Welt, der Welt der Armut, der Welt der barbarischen Gesetze (Iran, China, Saudi-Arabien) zugestehen, daß sie viel reiner sind als wir, und ihnen unsere Zukunft schenken?[6]

Eine der Absichten dieses Buches besteht darin, die Ambivalenz des Barbarischen zu beseitigen. Die Barbaren, wo immer sie heute auftauchen, sollen ihr Recht auf Ablehnung bestätigt erhalten. Dazu muß ein Band zerrissen werden, das die Magie des Barbaren bis heute ausmacht: Er scheint uns der pure Abkömmling der Natur zu sein. Die Natur ist heute unsere letzte Referenz. Nur noch auf sie glauben wir uns berufen zu können, wenn wir die Legitimität einer Sache zu sichern suchen. Legitimität des Rechts, Legitimität der Freiheit, Legitimität des phosphatarmen Waschmittels, Legitimität des unbehandelten Gemüses. Der Barbar trägt – ohne lesen zu können – die Schriftzüge dieses Rechts in seinem Herzen. Wir brauchen ihn nur zu zitieren, und die ganze Beredsamkeit der Natur tritt uns zur Seite. Doch will dieses Buch nicht alle Rechte des Barbaren beseitigen: Ein Platz muß ihm auch heute noch eingeräumt werden. Und das ist ein moderner Gedanke: Der Barbar, das Barbarische sind Garanten der Poesie. Wir sind im Begriff, das Poetische, die Erneuerung der Sprache allein den Sprachvirtuosen der Werbung anzuvertrauen. Sie verfügen über Worte, Bilder, Geld und Macht. Die Meister der Pointen, des Witzes, der Erneuerung, die dort tätig sind, reiten auf Millionenetats, während die alten Poeten zwar nicht arm sind, aber doch nur von den Dotationen unserer Dichterpreise zehren. Das ist der eine Unterschied. Der andere liegt darin, daß die Poeten nur ihre Poesie verkaufen, auf neuen Rhythmen und Zeichen schwebende alte Gedanken. Es wäre absurd, der Werbung ihre Funktion, ihre Macht oder gar ihre Moral zu bestreiten. Sie hat die Rolle jener Abgötter der Antike übernommen, die bereits Platon vergeblich zu stürzen versucht hat: die Rolle der Sophisten. Denn die Sophisten verstanden sich nach Platon auf die »geldbringende Kunst«, durch »Verfertigung gleichnamiger Nachbildungen des Seienden (...) unnachdenkliche Knaben« (und andere) zu täuschen.[7] Die Poesie der Werbung lockt das Verlangen; die Poesie der Poesie lockt das Sprechen. Der Name des Barbaren ist eine Schöpfung der poetischen Poesie, und daher muß es weiter auch eine barbarische Poesie geben. Die Poesie ist das Recycling der Sprache. Aber es muß auch eine Poesie des Staates geben, worin sich eine Kultur ihre politische und symbolische Form gibt. Der Faschismus ist das Produkt eines politischen Ikonoklasmus. Wo die Barbaren der Poesie fehlen, treten bisweilen ihre Skinhead-Vertreter auf den Plan. Diese lebendigen Barbaren sind die Vikare des politischen Ikonoklasmus.

Man wird keine *Definition* des Barbaren finden. Der Name ist mit einer ungeheuren Menge von Bedeutungen befrachtet. Sollte man nicht mit einer Liste der verschiedenen Barbarenbegriffe einsetzen? Muß nicht erst das Lexikon geordnet werden? Die Geschichte des Barbaren erlaubt aber eben die Beobachtung, daß der Ruf nach seiner Einfachheit, ja daß sein Erscheinen selbst, seine Beschwörung regelmäßig mit der Klage über die Verwirrung der Bedeutungen, über die Flut der Zeichen, über das Fließen der Begriffe, über die babylonische Verwirrung, den Betrug der Rhetorik, über Sophisten, Pharisäer, Talmudisten, Rabulisten verbunden ist. Sokrates möchte die Begriffe wieder an die Dinge und Ideen nageln, Paulus möchte den Buchstabenzauber der jüdischen Schriftgelehrten beenden, Luther streicht dem päpstlichen Nimrod die Hälfte der Sakramente und die Planstellen für die Kirchenjuristen, Rousseau will seinen Emile nur mit einem kleinen Lexikon eindeutiger Begriffe aufziehen, Karl Kraus möchte die Journalisten zum Teufel jagen. Ernst Jünger wünscht sich die Eindeutigkeit von Schreien oder chemischen Formeln. Obwohl sein eigener Name von den vielen Bedeutungen beinahe ausgelöscht ist, erhält der Barbar dann den Ruf eines Herolds der schriftlosen, gesetzlosen, geldlosen, bilderlosen, paradiesischen Ordnung der Zeichen. Der

Barbar kommt gleich nach den Apokalyptischen Reitern, zerhaut die Fesseln der Auslegungen, mit denen uns die Juristen und Sophisten würgen, und stellt die Wörter, die Buchstaben, die Bilder, die Medien an ihren rechten Platz. Soll man ihn also selbst wieder in den Polysemien auflösen?

Diese Theorie des Barbaren soll hineinführen in eine Problematik der Kultur, nicht in ein Inventar der Sprechakte, die ihn zitieren. Daher kommen auch nicht alle Barbaren aller Diskurse vor, sondern eine Auswahl, die das Bild seiner Unsterblichkeit umreißt. Denn um die Möglichkeit des Sprechens geht es: Was erlaubt der Barbar zu sagen? Diderot meinte, daß große Dichter nur nach Katastrophenzeiten als Barbaren auftauchen.[8] Diderot und alle, die ihm dies nachsprachen – Hölderlin, Chateaubriand, Victor Hugo, Nietzsche –, standen im Banne des Rom-Mythos. Alle Europäer glauben bis auf den heutigen Tag, daß sie Römer sind, daß sie auf die Barbaren warten müssen und auf das Ende. Jede Epoche kennt eine eigene Endzeitstimmung. Woher kommt sie? Sie kommt aus Büchern. Im Jahre 1245 schickte Papst Innozenz IV. Gesandte zu den barbarischen Mongolen. Unter Führung Dschingis-Khans und seiner Nachfolger hatten sie in den Jahren zuvor China, Afghanistan, Persien und dann den Südosten Europas überrannt und geplündert. Innozenz wollte endlich seriöse Nachrichten über das grausame und rätselhafte Volk, in dem die Endzeitstimmung dieser Jahre (auf die Zeit zwischen 1200 und 1260 hatte Joachim von Fiore das Ende der zweiten Weltperiode berechnet) das Erscheinen der apokalyptischen Völker Gog und Magog zu erkennen glaubte, die die Propheten Hesekiel und Johannes angekündigt hatten.[9] Und wir heute, in der Endzeitstimmung des zweiten Jahrtausends, benötigen seriöse Informationen über reale und imaginäre Barbaren, die aus unserem literarischen Gedächtnis kommen. Im Rücken der literarischen Barbaren arbeiten offen oder maskiert ihre lebendigen Kopien.

1
Griechen und Barbaren: Probleme der Polysemie

Grenzgebiete zwischen Kultur und Barbarentum

Griechische Intellektuelle waren die Begründer des *Barbaren*-Mythos. Binnen vier Jahrhunderten stellten sie alle jene Elemente bereit, die im Laufe der abendländischen Geschichte immer wieder aufgegriffen, variiert und erneuert werden sollten. Was alles hat der Barbar zu repräsentieren? Zunächst die andere Kultur; dann die Kulturlosigkeit; dann Eigenschaften, die die eigene Kultur von innen ruinieren; und schließlich wird er zum Träger der Hoffnung auf eine Erneuerung der Kultur. So konzipierten die Griechen bereits die Polysemie, die Vieldeutigkeit des Barbarischen; zwischen den beiden Grenzwerten einer ganz negativen und einer weitgehend positiven Bedeutung verfügt das Lexikon des Barbarischen über viele Abstufungen. Diese Bedeutungsfülle des Namens und des Begriffs *Barbar* wächst sich zu einem zweifachen Problem aus. Das eine betrifft den lebendigen Barbaren, von dem die Mythen und Theorien sprechen: Er steckt tief in einem linguistischen Zustand der Welt, wo die Dinge noch Namen trugen und noch nicht auf abstrakte Begriffe hören mußten. So ist der Barbar dieser Frühzeit nicht in der Lage, mehrdeutige Wörter zu begreifen. Doch trägt ihm dies bisweilen die Mission ein, die Welt und die Dinge von der Polysemie, vom Nominalismus, von der Sophisterei der Welt zu erlösen. Zugleich wird jedoch sein eigener Name vom Keim der Polysemie befallen. Damit tauchen Fragen auf: Wenn der Barbar positiv wie negativ sein kann und noch viel mehr – wofür ist er dann eigentlich gut? Läßt sich unter diesen Bedingungen überhaupt sinnvoll über ihn sprechen? Ist er denn vielleicht nur ein Phantom? Fürs erste gilt die Antwort: Stets erlaubt es der Barbar, die Frage nach dem Stand der Zivilisation zu stellen.[1]

Das Wort Barbar (*βάρβαρος*) selbst entstammt der hellenischen Onomatopoesie, die Quintilian zur Ursprache zählte.[2] Der früheste Beleg für *barbaros* im Griechischen findet sich nach dem Zeugnis des Sextus Empiricus bei Heraklit. Der soll gesagt haben: »Augen und Ohren von Menschen mit barbarischen Seelen sind untaugliche Zeugen.«[3] Das läßt sich etwa so übersetzen: »Barbaren interpretieren Sinnesdaten nicht korrekt.« Die ältere Barbarenlehre nimmt ihre Arbeit auf, indem sie ein Inventar elementarer Defekte erstellt: Noch Sophokles legt seinem Herakles, den gerade das Nessusgewand verbrennt, die verzweifelten Worte in den Mund, so etwas Schreckliches habe ihm weder die hellenische noch die sprachlose (*ἄγλοσσος*) Welt angetan.[4] Am Rande von Hellas endet sogar die Sprache. Solchen stumm gebliebenen Barbaren schenkte also erst die griechische Onomatopoesie ein anfängliches und einziges Wort, das wenigstens ihr Stammeln zum Laut erhob. Anfang des Sprechens, Anfang zugleich der Poesie. Denn das belegen Berichte über den Einsatz *barbarischer* Worte zu magischen Zwecken und über Zauberformeln, worin die gleiche Lautfolge feierlich artikuliert und zur Sicherung des Effektes mehrfach wiederholt wurde.[5] So hörte sich die allererste Poesie des Hokuspokus an. Doch früh bereits galt das Wort *barbaros* als international. Herodot, der weltläufige Historiker des fünften Jahrhunderts, berichtet, daß auch die Ägypter alle Fremden, die nicht ihre Sprache sprachen, als *Barbaren* bezeichneten.[6] Zwar ist das durch keinen sprachhistorischen Befund gedeckt, doch in Herodots Nachricht dämmert bereits die Erkenntnis, daß sich die Struktur des Eigenen und Fremden an anderen Orten wiederfindet. Sokrates, der erste Ethiker des Verstehens, wollte alle unverständlichen Reden (griechische wie fremdsprachige) *barbarisch* nennen.[7] Der Apostel Paulus zitiert diese Wendung offensichtlich in seinem ersten Korintherbrief.[8] Ehe sich aber solche urbanen Formeln verbreiten konnten, die Sokrates den

Giftbecher und Herodot den Schimpfnamen eines »Barbarenfreundes«[9] eintrugen, diente das Begriffspaar Barbaren/Hellenen zur Bezeichnung und Unterscheidung der gesamten Weltbevölkerung. Hellas grüßte den Rest der Welt als *Barbaren*. Die wirkungsvollste und am weitesten reichende Version hierzu steuerte Platon in seinem Entwurf eines *Staates* bei: »Daß also Hellenen mit Barbaren und Barbaren mit Hellenen (...) Krieg führen, (das) wollen wir wohl sagen, und daß sie von Natur einander verfeindet sind (...).«[10] Der Gegensatz markierte zugleich die Trennlinie zwischen Kultur und Nichtkultur. Aber die Worte der Philosophen kehrten später wieder auf Königszungen zurück. Zweitausend Jahre bevor der englische Staatstheoretiker Hobbes die Beziehungen der Menschen im Naturzustand als ewigen *Krieg eines jeden gegen jeden* definierte[11], sah der makedonische König Philippus die Griechen in einem ewigen Kriegszustand mit den Barbaren: »Denn von Natur aus, die ewig ist, (...) sind sie Feinde.«[12] Solche natürlichen Gegensätze rekrutieren mit leichter Hand auch natürliche Zeugen. Der griechische Zoologe Aelian (170–235 v. Chr.) erzählt, daß die Hunde im Athena-Heiligtum von Daunia außer für den Unterschied von Göttern und Menschen auch ein Gespür für den olfaktorischen Kontrast zwischen Hellenen und Barbaren besaßen: Die einen begrüßten sie mit Schweifwedeln, die anderen aber mit Gebell.[13] Diesen animalischen Kult werden auch noch die oströmischen Kaiser betreiben und sich auf Bildnissen durch kniende Elefanten huldigen lassen.[14] Um die griechischen Zivilisation aber zogen Götter, Philosophen, Könige und Hunde eine Grenze absoluter Unvereinbarkeit.

Viele Generationen vor Carl Schmitt dienten Intellektuelle den Heerführern bereits als Ratgeber in Sachen Feindschaft. Der große Aristoteles gab Alexander dem Großen den Rat, den »Hellenen ein Führer, den Barbaren ein Gewaltherrscher zu sein; für die einen wie für einen Freund Sorge zu tragen, mit den Barbaren aber wie mit Tieren und Pflanzen zu verfahren«.[15] Barbarische Kriegsführung gegen Barbaren.

Diese Regel konnte Aristoteles zwar unzähligen Heerführern soufflieren, nicht aber dem großen Alexander. Der hörte, wenn er überhaupt Ratgebern sein Ohr öffnete, auf klügere Männer. Zum Beispiel auf den Sophisten Isokrates (436–338 v. Chr.). Dieser ermutigte zwar Alexanders Vater, den makedonischen König Philippus, zur Eroberung des Orients; doch das Ende des Krieges sollte auch ein Ende der natürlichen Feindschaft herbeiführen. Für die Zeit des Friedens lieferte der Philosoph dem König eine kluge Expertise: »Ich glaube, du mußt den Hellenen ein Wohltäter, den Makedonen ein König und möglichst vielen Barbaren ein Lenker sein, denn tust du dies, so werden dir alle Dank wissen: die Hellenen für die Wohltaten, die Makedonen, wenn du als König, nicht als Tyrann ihnen vorstehst, das Geschlecht der übrigen, daß sie durch dich von der barbarischen Gewaltherrschaft befreit werden und hellenische Fürsorge erfahren.«[16] Die kriegerische Mission stand unter dem Leitgedanken einer kulturellen Befreiung. Sie sollte als Entbarbarisierung der Barbaren durchgeführt werden. Das hieß im Verständnis der Intellektuellen: Befreiung. Denn der Barbar wird von Despoten geknechtet, die Hellenen hingegen stehen unter dem Gesetz.[17] Und tatsächlich stützte sich Alexander nach allen überlieferten Zeugnissen auf das Gutachten des Isokrates und verwarf die Kriegsführung des Meisterphilosophen Aristoteles. Aber das Diktum des Isokrates deutet bereits eine Dreiteilung der Welt in Hellenen, Makedonier und Barbaren an. Der ethnische Dualismus weichte erst einmal auf. Nach und nach diente er nur noch zur kulturellen Unterscheidung: Angeborene Barbareneigenschaften ließen sich später durch Bildungsanstrengungen ausgleichen. Das sollte sich im Gang der Geschichte immer wieder bewähren. Alexander der Große zum Beispiel verdiente sich den Titel eines »Königs der Hellenen«, den ihm der Kirchenvater Chrysostomos verlieh, durch Feldherrnkunststücke. Das war in seiner Familie nicht immer üblich gewesen. Sein makedonischer Onkel Alexander I. soll nämlich noch durch eine Urkundenfälschung die

Teilnahme am olympischen Wettlauf erschlichen haben. Die antike Olympiade war ja noch kein Fest der Völker, sondern ein exklusives Kräftemessen der Griechen. Barbaren durften allenfalls zuschauen, und unter diese Ausschlußregel fielen auch alle Makedonier. Alexanders Onkel umging die Regel, indem er seinen Herkunftsnamen als Argeade nicht von dem makedonischen Ort *Argos* ableitete, sondern von der gleichnamigen Stadt im Peloponnes; so verschaffte er sich die Startgenehmigung: Allerdings liefert dieses gekonnte Spiel mit der Homonymie (bzw. Polysemie) der Ortsnamen den Beweis für Onkel Alexanders hellenische Sprachkultur. Es ist ein berühmter Beweis, wie noch zu zeigen sein wird.

Alexander der Große wurde in der Antike und in der Moderne sehr dafür gelobt, daß er sich an die Herrschaftsgrundsätze des Isokrates zu halten suchte. Im Auge seiner Biographen promovierte er als Kulturpionier zum Superphilosophen[18] und durch humanitäre Bewährung zum Hellenen.[19] Die Antike schrieb so das Libretto für unzählige Kriegszüge, die als Kulturmissionen liefen: Vom Osten drohen die Gefahren, gen Osten marschiert die Kultur. Erst die Anthroposophen und Bhagwan-Fans im 20. Jahrhundert erhoffen das Recycling der Welt vom Osten. Was aber verlieh der hellenischen Kultur im Verständnis ihrer Intellektuellen und Könige diese Vorrangstellung, daß man einen ersten Versuch unternahm, die Geschichte zu beenden? Wie sprach sich die Differenz zwischen Barbaren und Griechen aus? Was blieb an Unterschieden, wenn man den stammelnden Fremden dann doch nicht als stumm, sondern als Sprecher einer unverständlichen Sprache identifizierte? Im Platonischen Dialog *Kratylos* vernimmt man bereits die Ansicht, daß auch die barbarische Sprache für eine »natürliche Richtigkeit der Wörter« sorgt. Sokrates findet im Verlaufe dieses Dialoges Zugang zu einem sprachgeschichtlichen Argument: Haben nicht Griechen früher ganz wie heute die Barbaren erst einmal Sonne, Mond und Sterne für Götter gehalten, nämlich Wesen, die sich bewegen und gehen (ϑέω), und daraus den allgemeinen Namen der Götter (ϑεοί) gebildet?[20] Die Namen der Götter, so erklärt er weiter, waren ursprünglich Metonymien; wir haben sie nur vergessen. Die Griechen vollzogen lediglich den Schritt von den Namen zum Begriff: Die Sprachphilosophie muß in diese Ursprünge der Namen zurücktauchen, um ihre Wahrheit sicherzustellen. Hier bereits erteilt die Barbarensprache eine kleine Lektion. Damit relativieren sich die Unterschiede: Wenn also die Barbaren wie die Hellenen Götter und Sprache kennen und sich Varianten nur in den Götterverzeichnissen und Lexika finden, dann müssen sich die Philosophenaugen schon gut bewaffnen, um noch elementare Unterschiede zu finden. So weit Sokrates. Der einzige Unterschied, der sich dem geschärften Blick der griechischen Intellektuellen zuletzt noch darbot und der auch für Isokrates den Zug Alexanders nach Osten rechtfertigte, das war der Unterschied der Gesetze: Barbaren sind Sklaven von Despoten, Hellenen sind Bürger eines rechtlich geordneten Staates. Der Unterschied der Kulturen ist durch das Gesetz geschrieben. Das war die Meinung, die Aristoteles in seinem politischen Hauptwerk vertrat, und das war die Meinung des großen Isokrates.[21]

So tasteten sich die Griechen an einen Unterschied heran, den die Jahrhunderte nicht mehr tilgen sollten. Zwar gaben sie die alte Zweiteilung der Menschheit in Hellenen und Barbaren niemals auf. Gut und Böse mitsamt ihren Synonymen lassen sich nicht so einfach aus der Welt räumen, aber der Gegensatz deckte nicht mehr allein den Unterschied von Griechen und Fremden. Bald wandten ihn kritische Intellektuelle auf die griechische Welt selbst an. So erhielt der Dualismus im Lauf der Zeit eine scharfe Kontur: Das Gefälle zwischen (hellenischer) Kultur und Barbarentum errechnete sich am Stand der Bildung und am Niveau der Gesetzlichkeit. Für solche Unterschiede, zugleich für die Einheit von Kultur und Gesetzlichkeit, liefern griechische Dichter und Philosophen plastische Anschauungen. Drei Beispiele stehen dafür ein: Polyphem, Antigone, Sokrates.

Helden der Gesetzlosigkeit und des Gesetzes I: Polyphem

Polyphem ist ein Monster und stammt aus der Halbwelt der Riesen, der abartigen Söhne und Töchter Poseidons. Er ist ein Monophthalmos und sieht die Welt nur in der einen Dimension des glotzenden Einauges, das ihm in die Stirn gegraben ist. Gerade auf ihn paßt das Heraklitische Diktum, daß die Barbaren ihre Sinnesdaten nur schlecht verarbeiten. Immerhin verfügt der Kyklop über Sprache und genießt wie seine Brüder eine von Göttern gesicherte Naturalwirtschaft: Weizen, Gerste, Wein gedeihen ohne eigene Anstrengung. Überhaupt ist das Land der Einäugigen ein hoch aus dem Meer emporragendes Potential ungenutzter Reichtümer. Wald, aber keine Pfade; fruchtbarer Boden, aber keine Aussaat; reichlich Wild, aber keine Jagd; natürliche Häfen, aber kein Schiffsbau. Eine archaische Welt schlummernder Fülle wartet auf die Kultur. So betreten Odysseus und seine hellenischen Genossen das fremde Land als Missionare der Zivilisation, und sie brauchen sich nicht zu wundern, wenn sie nicht als Gäste, sondern als Tiere behandelt werden. Odysseus hat die Kyklopen sorgfältig studiert und berichtet: Sie »haben weder ratspflegende Versammlungen noch auch Gesetze, (...) ein jeder setzt die Satzungen fest für seine Kinder und seine Weiber, und sie kümmern sich nicht umeinander«.[22] Polyphem ist auf dreierlei Weise an die barbarische Kulturlosigkeit gefesselt: Er verzehrt Menschenfleisch, er ehrt keine Götter und achtet keine Gesetze. Er ist asozial und mithin staatenlos. Das eine Auge, das er verlieren wird, glotzt durchaus emblematisch. Im griechischen Mythos gelten Einäugigkeit wie auch andere körperlichen Mängel als Stigmata der Vorkultur. Mit Polyphem verwandt sind drei andere berüchtigte Kinder Poseidons: die drei Grauen, die gemeinsam nur über ein Auge und einen Zahn verfügen. Methoden des Verzehrs und Fertigkeiten des Erkennens liefern Maßstabe für den Stand der Evolution. Platon gibt an einer Stelle seines

Staates zu verstehen, daß die dialektische Sprachkultur buchstäblich die Einäugigen aus dem Schlamm der Vorzeit zieht: »Nun aber, sprach ich, geht die dialektische Methode allein (...) gerade zum Anfange selbst, damit dieser fest werde, und das in Wahrheit in barbarischem Schlamm vergrabene Auge der Seele zieht sie gelinde hervor und führt es aufwärts (...).«[23] Die Dialektik ist für die Unterscheidung von *wahr* und *falsch* zuständig.[24] Sie schließt an jene Basisdifferenzen an, die Barbarentum und Kultur, Wasser und Erde, Häßliches und Schönes voneinander trennen. Polyphems Auge arbeitet nur mit einem Minisatz von Differenzen.

Polyphem kennt zwar die Unterscheidung des Rohen und Gekochten; aber ausgerechnet jene Männer bereitet er sich zum Mahle, die an seine Gastfreundschaft appelliert haben. Die Erinnerung an die Satzungen des Göttervaters, die die Homonymie des Fremden und des Gastes – beide heißen *xenos* (*ξένος*) – festgelegt haben, kontert er mit höhnischen Bemerkungen. Die Kyklopen kümmerten sich nicht um die Götter, da sie ja viel stärker seien. Wo die Satzungen der Götter mißachtet werden, dort herrscht der Kriegszustand. Bekanntlich paart sich bei den Riesen Kraft mit Dummheit, die einem listenreichen Strategen wie Odysseus die Mittel in die Hand spielen. Polyphem läßt sich betrunken machen, gierig trinkt er drei Maß ungemischten süßen Weins. Dann sinkt der berauschte Riese in Schlummer, und aus seinem Mund brechen Schlämme aus unverdautem Wein und Menschenfleisch hervor.

Das ist noch nicht die letzte Stufe der Rückkehr ins Ungestalte. Denn jetzt nimmt Odysseus einen vorbereiteten glühenden Ölbaumpfahl, rammt ihn mit Hilfe seiner Freunde dem Schlafenden ins Auge und dreht ihn so lange, bis in der Mitte der Stirn eine amorphe Masse aus Blut, Wasser, versengten Wimpern und Brauen kocht. Der Riese verliert gewiß kein noetisch hochentwickeltes Organ, und darum bejammert er auch mehr den Schmerz als die Blindheit. Überdies glaubt er daran, daß ihm sein Vater Poseidon zu einem neuen Auge verhelfen könnte. Doch der eigentliche Streich, der die Kulturüberlegenheit der Hellenen im Lande der Barbaren dokumentiert, ist der Namentrick. Odysseus überlistet die Bruderschaft der Kyklopen und ihre rudimentäre Solidarität, indem er sich den Namen οὔτις (Niemand) zulegt. Die Verächter der Homonymie des ξένος (Fremder / Gast) werden Opfer der Polysemie von οὔτις. Auch als es noch im Besitz unzerstörter Sehkraft umherblickte, stak das Auge des tumben Riesen – nach Platons Diagnose – tief im Schlamm prädialektischer Weltkenntnis. Jetzt wird für jedermann offenbar, daß die Kyklopen keinen Begriff von der Polysemie der Namen haben. »Niemand erschlägt mich mit List«, ruft der geblendete Polyphem. Das kann tatsächlich kein Freund als Hilferuf vernehmen, und den Hellenen gelingt so die Flucht. Das nähere Studium dieses odysseischen Sprachtricks, der allerdings keine homerische Erfindung ist[25], läßt den semantischen Betrug des Königs Alexander I., der sich durch geschickte Ausbeutung der Stadtnamenpolysemie den Zutritt zum olympischen Wettkampf verschaffte, als Mittel der *Bildung* erscheinen.

So erringt man Siege über Tyrannen, über Gesetzlose, über Kulturlose. Der häßliche Riese mit der rauhen Stimme trägt seinen Leib, seine Rede, seinen Namen als ostentative Zeichen, die nur gelesen werden wollen. Auch Polyphem ist ein sprechender Name, und in einem deutschen Paß hieße er *der Vielgenannte, der Berüchtigte*. Es trägt einen wahrsagenden Namen, ganz wie der Name seines Geschlechts *Kyklopen* (Rundäugige) die Wahrheit über die Sinnenausstattung der Riesen sagt. Als hätte er die sprachphilosophische Lektion des Sokrates aus dem *Kratylos* vernommen, paßt sich Odysseus in die barbarische Welt der sprechenden Namen ein; dagegen zeigt sich Polyphem nicht in der Lage, die pronominale Täuschung des *Niemand* zu durchschauen. Polyphem ist kein Polysem. Ohne Gesetz, ohne Dialektik, tief noch in die archaische Namensprache versunken, sind die Kyklopen der linguistischen Kulturmacht der Hellenen hilflos ausgesetzt. Polyphem ist aber der mythische Ahnherr einer ganzen Reihe von Männern, die sich als rauhe Agnostiker der Dialektik und als Verächter des Gesetzes präsentieren wird. Es wird aber noch einige Zeit dauern, bis diese neue barbarische Rauheit den Anspruch auf Kulturhoheit erheben wird. Vorher noch erfolgt der Auftritt des Platon-Schülers Aristoteles, der in seiner *Rhetorik* das philosophische Urteil über die Homonymien vortragen wird. Sie gelten ihm als das Betrugsmittel der Sophisten. Die Dichter hingegen begnügen sich zufolge der gleichen *Rhetorik* mit Synonymien.[26] So zeichnet sich in dem Zusammentreffen von Polyphem und Odysseus, zwischen dem barbarischen Einauge und dem listenreichen Sprachkünstler, dem Vorläufer der Sophisten, die bereits wieder jenseits der Kultur, im betrügerischen Jenseits, angesiedelt werden, die Begegnung zwischen zwei Barbarentypen ab: dem Barbaren der Frühe und dem Barbaren der Spätzeit (Vicos *Barbaren der Reflexion*). Diese Unterscheidung wird selbst ein Produkt der Spätzeit sein.

Helden der Gesetzlosigkeit und des Gesetzes II: Antigone

Polyphem ist häßlich und gesetzlos; Antigone ist schön[27] und gesetzestreu. Aber mit ihrem tragischen Schicksal wird ein neuer Aspekt des Barbarenthemas aufgerufen: Welches Gesetz ist das gültige Gesetz? König Kreon, Onkel und Schwager des geblendeten Ödipus, untersagte mit gesetzlichem Befehl, Polyneikes zu beerdigen, nachdem er im Zweikampf mit seinem Bruder Eteokles wie dieser sein Leben gelassen hatte. Es ging um den Thron in Theben, der nach der Vertreibung des unseligen Ödipus verwaist war. Eteokles hatte seinen Bruder von der Teilnahme an der Herrschaft ausgeschlossen und vertrieben. Polyneikes kam mit einer fremden Heeresmacht zurück und wollte sein Recht erkämpfen. Der Zweikampf der beiden Zwillingsbrüder sollte die Entscheidung bringen. Für den neuen Herrscher Kreon ist Eteokles ein Held und Polyneikes ein Verräter, dessen Leichnam dem Appetit der gefräßigen Hunde und Vögel ausgeliefert bleiben sollte. Antigone widersetzt sich der Anordnung des Königs. In vollem Bewußtsein, daß sie ihr Leben wagt, streut sie Staub über den Leib des toten Bruders. Denn der Rechtsspruch, daß der Leichnam im Licht der Sonne verwesen und ins Amorphe sinken sollte, ist barbarisch: Die Toten zu bestatten, bestimmt ein ungeschriebenes Gesetz, der agraphos nomos (*ἄγραφος νόμος*), der Götter.[28] Noch in der *Apologie* des Sokrates hört man von einem Prozeß gegen eine Gruppe von Feldherrn, die angeklagt und verurteilt worden sind, weil sie sich nach der Schlacht von Arginusen nicht um die Bestattung der gefallenen Athener gekümmert haben sollen.[29]

Die in Haft genommene Antigone führt mit dem König eine juristische Diskussion von bedenkenswerter Art. Auf die Frage des Königs, wie sie sein Gesetz, das auch ihr durch Heroldsruf bekanntgemacht worden sei, übertreten konnte, antwortet Antigone aus dem Stegreif mit einer naturrechtlichen Vorlesung: »Es war ja Zeus nicht, der den Heroldsruf gesandt, noch Dike, jene Mitbewohnerin der Göttermacht, die solche Satzung den Sterblichen errichtet. Auch hielt ich niemals deinen Spruch aus sterblichem Mund für so mächtig, um alle ungeschriebenen, ewigen göttlichen Gebote außer Kraft zu setzen.«[30] Keine königliche Souveränität kann Göttergesetze überschreiben.[31] Ausdrücklich heißt der Befehl des Königs hier *nomos,* damit auch niemand auf den Gedanken kommt, der Herold habe nur einen unerheblichen Verwaltungsakt verkündet. Königlicher *nomos* gegen göttlichen *nomos*: schärfer kann sich kein Konflikt artikulieren. Und doch entwaffnet sich Kreons Spruch gerade dadurch, daß er die allgemeinen ungeschriebenen Gesetze der Götter durchstreicht. Eine Urszene abendländischer Rechtstheorie. Wie schreiben sich die ungeschriebenen Gesetze? Die Antwort und Auflösung der Paradoxie wird Platon geben. Plötzlich hat sich die magische Barbarengrenze verschoben. Der Körper der Kultur, seine Schriftbasis, sinkt vor dem göttlichen Gesetz in jene Gestaltlosigkeit, die Kreons Spruch über den Leib des toten Polyneikes verhängt hat. Aber die Rebarbarisierung der Welt dauert nur den Augenblick, den die Tragödie benötigt, um ihre Erschütterung vorzubereiten. Erweicht von Sohnesreden und von Orakeldrohungen, besinnt sich Kreon zuletzt eines Besseren. Beflügelt von der Einsicht, daß nur der Schutz der bestehenden Gesetze auch das Leben sichern könne, eilt er zu jenem Platz außerhalb der Stadt, wo der erschlagene Polyneikes liegt. Er hätte sich besser gleich zum Gefängnis Antigones begeben. Als er dort endlich eintrifft, findet er Antigone erhängt; sein Sohn Haimon, Antigones Bräutigam, stürzt sich mit dem Schwert in der Hand auf den Vater, richtet es dann aber gegen sich selbst. Um das Unglück zu vollenden, verliert Kreon auch noch seine Gattin Eurydike. Die ungeschriebenen Satzungen demonstrieren ihre Macht am Leib der ganzen Familie.

Diese Satzungen sind nach alter Rechtstheorie ungeschrieben und doch geschrieben: in die Herzen der Menschen. Immer wieder werden sie vergessen, zumal von Tyrannen. Und unser Gewährsmann Hobbes gab diesen Sachverhalt in seiner Staatstheorie *Leviathan* zu Protokoll. Dort heißt es über die ewigen, in die Herzen geschriebenen Gesetze: »daß die Inschriften der menschlichen Herzen, befleckt und durcheinander wie sie durch Heucheln, Lügen, Nachahmen und Irrlehren sind, nur von demjenigen gelesen werden können, der die Herzen erforscht«.[32] Der Herrscher, der eine ganze Nation zu regieren hat, so fährt Hobbes fort, liest in seinem eigenen Herzen, wenn es darum geht, die richtigen Staatsgrundsätze zu entziffern. Barbarisch also ist das Vergessen der alten Gesetze. Das ist barbarischer noch als jene primitive Unkenntnis der Kyklopen, in deren Herzen tatsächlich noch keiner dieser Götterbuchstaben graviert wurde.

Helden der Gesetzlosigkeit und des Gesetzes III: Sokrates

Schließlich Sokrates, der größte Held des Gesetzes: Er ist häßlich und gesetzestreu. Sein berühmter Daimon (auch ein polyphemer Bewohner der Gewissenshöhle) ist die sonore, Stimme gewordene Herzensschrift. Xenophon bezeugt, daß auch Sokrates an den *agraphos nomos* geglaubt hat.[33] Sokrates ist ein Held der Gesetzlichkeit selbst. Weit entfernt von aller Sorge um den eigenen Leib, bringt er ihn und seine Sterblichkeit dem Prinzip der Zivilisation zum Opfer. Nietzsche wird zweitausend Jahre später gegen dieses Heldentum mit allen Kräften und Künsten seiner Feder wüten. Mehr noch als gegen das andere Selbstopfer der neuen Zivilisation, mehr noch als gegen Christus bringt er sich als Antipoden des Leibverächters Sokrates ins Spiel. Nietzsche macht Sokrates noch einmal den Prozeß; darüber wird später zu sprechen sein. Im Athen des Jahres 399 sieht sich Sokrates von dem Tragödiendichter Meletos angeklagt, weil er die Jugend verderbe. Und zu dieser aktiven Verderbnis gehöre einmal, daß Sokrates die Götter, die von Staats wegen angenommen werden, nicht annehme; daß er statt dessen an »anderes neues Daimonisches« glaube. Auf die Frage des angeklagten Sokrates, wer denn die Jugend zu bessern in der Lage wäre, antwortet Meletos: die Gesetze. Das könnte von Platon gesagt sein, und Sokrates reagiert auch sehr unwillig. Er präzisiert daher seine Frage: Welche *Personen* wären in der Lage, die Jugend zu bessern? Antwort des Meletos: alle außer Sokrates. Der Angeklagte nutzt dieses Ausnahmestellung weidlich aus, und weil er jene einzige Angst, die die Kultur trägt, die Angst vor dem Tode, nicht zum Prinzip seines Verhaltens macht, erhebt er sich zum Beispiel der Beispiele. Zunächst einmal dekonstruiert er die Logik der Anklage. Wie kann man jemandem vorwerfen, an keine Götter, wohl aber an Daimonisches zu glauben, wenn doch die Daimonen Mischlingskinder der Götter sind?

Wie kann man an Maulesel glauben, nicht aber an Pferde und Esel? (28e) Was aber ist dieses Daimonische? Sokrates erklärt es so: »Mir aber ist dieses von Kindheit an geschehen, eine Stimme nämlich, welche jedesmal, wenn sie sich hören läßt, mir von etwas abredet, was ich tun will, zugeredet aber hat sie mir nie.« (31d) So spricht das *Nein* des Gewissens. Ausgerechnet gegen die Stimme des Gesetzes wird die Macht des Gesetzes aufgeboten. Sokrates spielt alle Trümpfe gegen die Paradoxie der Anklage aus. Am Ende erklärt er den Anklägern und Richtern, daß dieser Daimon, dessen Untertan sie eben im Namen des Gesetzes zum Tode verurteilt haben, nichts gegen diesen Spruch eingewendet habe. »Was für eine Ursache nun soll ich mir hiervon denken?« Der Tod, auf den sie erkannt haben, kann kein Übel sein.

Im *Kriton* schließlich leiht Sokrates diesen Gesetzen, die in ihm sprechen und die ihn verurteilten, seine Stimme. Wenn er dem Rat seines Freundes Kriton folgte und die Flucht ergriffe, dann würden ihm vielleicht unterwegs die Gesetze und der Staat entgegentreten und folgendes Argument vortragen: »dünkt es dich möglich, daß jener Staat noch bestehe und nicht in gänzliche Zerrüttung gerate, in welchem die abgetanen Rechtssachen keine Kraft haben, sondern von Einzelmännern können ungültig gemacht und umgestoßen werden?«[34] Wer das Gesetz bejaht, der muß auch dessen ungerechte Sprüche bejahen. Das ist das Prinzip der Gesetzlichkeit und ein Prinzip der Vernunft selbst. Man darf vielleicht (diesseits von Platon) sagen: Das Gesetz und die Gerechtigkeit lassen sich nicht aus der Polysemie befreien. Dem Gerechtigkeitsfanatiker Euthyphron, der seinen eigenen Vater wegen Mordes verklagen will, hält Sokrates entgegen, daß die Meinung der Götter über das, was gerecht sei, nicht selten auseinandergeht, »so daß nicht zu verwundern ist, o Euthyphron, wenn das, was du jetzt tust, (...) dem Zeus etwa ganz wohlgefällig ist, dem Kronos aber und dem Uranos verhaßt, oder dem Hephaistos zwar lieb, der Here aber verhaßt« ist.[35] Diogenes Laertius, der antike Philosophenbiograph, berichtet auch, daß die Athener bald nach dem Tode des Sokrates von Reue befallen wurden. Jetzt traf Meletos die Todesstrafe.[36] Gegen die Polysemie des Gesetzes und der Gerechtigkeit läßt sich nur das *Prinzip* des Gesetzes stärken. Mit dieser Auffassung, die ihn sein Leben kostet, erhebt sich Sokrates hoch über die barbarische Art, alle Satzungen selbst zu stellen, aber auch über die odysseische List, die die Selbsterhaltung zum höchsten Grundsatz erklärt; und er erhebt sich sogar über die Opfergesinnung der Antigone, denn seine Haltung reicht hinauf ins Erhabene, wo der Tod nicht mehr gefürchtet wird. Sokrates qualifiziert sich zum Athleten der Gesetzlichkeit. Auch so kann man olympischen Ruhm erwerben. Denn in seiner Verteidigungsrede vergleicht sich Sokrates mit Achill, den auch die Prophezeiung seines Todes nicht davon abhielt, seinem erschlagenen Freund Patroklus den Dienst der Vergeltung zu erweisen.[37] Im übrigen ist das platonische Auffassung. Im Dialog *Menexenos* vernimmt man die Ansicht, daß Pelops, Kadmos und andere namhafte Männer des Mythos von Natur Barbaren, aber durch das Gesetz (*νόμος*) Hellenen sind.[38] Bis jener Neue Mensch der abgeschafften Gesetzlichkeit erscheint, der wirkungsmächtige Barbar namens Jesus, der auch die Vergeltung nicht gelten lassen will, vergehen noch weitere vier Jahrhunderte.

Erste Umwertung der Barbarenwerte

Man nennt die Zeit zwischen Platon und Jesus Christus auch Zeit des Hellenismus. Die Hellenen, genauer: die Attiker, haben es zunehmend schwer, die exklusive Kongruenz von Kultur und Hellenentum zu behaupten. Zwei neue Kraftlinien bilden sich, die den Barbaren und das Barbarische weiter in jene Polysemie treiben, deren Unverständnis gerade das Kennzeichen des Barbaren zu sein schien. Unverständnis der Polysemie der Pronomina (»niemand«), aber auch Unverständnis der Polysemie des Gesetzes. Wird man nicht gerade die Ankläger und Richter des Sokrates als *Barbaren* beschimpfen müssen, wie es die Athener offenbar nach kurzer Bedenkzeit selbst taten? Die Umwälzung der Verhältnisse in den folgenden Jahrhunderten wird die Beziehung Hellenen/Barbaren für manche umkehren. Bereits der Sophist Antiphon aus dem späten fünften Jahrhundert v. Chr. hat an der Gültigkeit der Differenz gerüttelt. In dem ihm zugeschriebenen Fragment *Über die Wahrheit* schenkt er den Barbaren bereits hellenische Bürgerrechte. Dort heißt es: »Die von vornehmen Vätern abstammen, achten und ehren wir, die dagegen aus nicht vornehmem Haus abstammen, achten und ehren wir nicht. Denn von Natur aus sind wir alle in allen Beziehungen, Hellenen und Barbaren, gleich erschaffen.«[39] Isokrates wird vielleicht ein Vierteljahrhundert später in seiner großen *Lobrede* (*πανηγυρικός*) auf die Vaterstadt im Jahre 380 vermuten, daß »der Name *Hellenen* nicht mehr eine Bezeichnung des Geschlechts, sondern des Geistes zu sein scheint.«[40] Die kosmopolitische Öffnung führte dem hellenischen Geist bald zahlreiche barbarische Intellektuelle zu, die erkannten, daß der kulturelle Führungsanspruch Athens nicht mehr durch Tatsachen gedeckt war. Das setzte dann vierhundert Jahre später die Ansicht in Kraft, daß in Hellas überhaupt niemand mehr das Recht habe, den Namen eines Hellenen zu tragen. Dem asketischen Wanderprediger und Wundertäter des ersten Jahrhunderts, Apollonius von Tyana, beispielsweise schreibt man die Bemerkung zu: Er sei ein Barbar geworden, »nicht weil er lange von Hellas abwesend war, sondern weil er sich zu lange in Hellas aufgehalten hatte«.[41] Das wird später zu einem geflügelten Wort werden. Der in den Jahren 1182 bis 1222 als Erzbischof von Athen wirkende Michael Choniates bittet seine Freunde in Byzanz, ihm zu schreiben und Bücher zu schicken, da er in Athen wieder zum Barbaren geworden sei.[42] Und auch noch in Hölderlins *Hyperion* findet man viele Resonanzen dieser Ansicht, daß die Hellenen der Barbarisierung zum Opfer gefallen seien.

Damit ist jene Umwertung der Werte vorbereitet, die

Nietzsche später seinen Tragödien-Gedanken eingeben wird: Aus dem Osten, in den zivilisatorische Missionare wie Alexander der Große oder Napoleon mit riesigen Armeen zogen, kommen in wilden Schwärmen die Barbaren zurück, die die sokratische, bürgerliche, urbane, im aristotelischen Mittelmaß schwimmende Gesellschaft erschrecken und erneuern sollten. Nietzsches Gedanke lautet: »›Titanenhaft‹ und ›barbarisch‹ dünkte dem apollinischen Griechen auch die Wirkung, die das *Dionysische* erregte.«[43] Hinter dieser These steckt immerhin eine weitverbreitete hellenische Kulturkritik. Die antike Ethnographie präparierte bereits jenen Satz utopischer Formeln, der dann in den Theorien der Erneuerung und des Recyclings der abendländischen Kultur immer wieder Verwendung finden sollte. Nietzsches Studienfreund Erwin Rohde kommentiert in seinem 1876 erschienenen Werk über den *Griechischen Roman* eine ganze Reihe von Quellen, in denen von einer mythischen oder auch geographisch präzisierten barbarischen Vorwelt erzählt wird. Bereits Platons sagenhafter Atlantisstaat liefert eine Folie, vor der sich die zeitgenössische hellenische Welt als eine in Verfall geratene vollkommenere Kultur darstellen mußte.[44] Erwähnt sei weiter noch die *Heilige Schrift* des Schriftstellers Euhemerus aus der Wende vom vierten zum dritten Jahrhundert, deren Inhalt vor allem Diodors *Universalgeschichte* als verbürgt nacherzählt. Die Insel Panchaia erreicht man von Arabien aus auf einer längeren Reise durch das indische Meer; sie liegt auch in Sichtweite des indischen Festlandes. Reiche Naturschätze begünstigen ein wohlgeordnetes staatliches und ein natürliches religiöses Leben. Die Gesellschaft ist in Kasten gegliedert, eine gleichmäßige Güterverteilung sorgt für eine gerechte Nutzung der reichen Geschenke der Äcker und Böden: Wasser, Fauna, Früchte, Metalle. Eine Priesterschaft verwaltet das Ganze kraft ihrer religiösen Autorität. Hier blüht ein vorgesetzliches Paradies. Auf der großen goldenen Säule neben dem Zeustempel entdeckt der Reisende dann die »eigentliche Urgeschichte der griechischen Götter«.[45] Das

Barbarenland ist der höhere Zustand der hellenischen Kultur und das bessere Gedächtnis ihrer Götter.

Merkwürdigerweise beruft sich Rohde in dem Kapitel über die utopischen Romane des alten Griechenland und über die Phantasien einer Erneuerung der griechischen Kultur durch barbarische Völker auf einen gleichen Beleg wie Nietzsche in seiner *Geburt der Tragödie*. Es handelt sich um die von Aelian mitgeteilte Erzählung des Theopompus vom König Midas und dem Silen. Wie Odysseus den Polyphem bändigte, so gelingt es auch dem König Midas, den Silen, ein hybrides Wesen aus Pferd und Mensch, betrunken zu machen und zu fesseln. Der Silen, Begleiter des wilden Dionysos, verfügt über sonst unzugängliches Götterwissen, und König Midas bringt ihn mit Gewalt zum Sprechen. Nun zitieren Nietzsche und Rohde den Silen auf ganz unterschiedliche Art. Nietzsche läßt den Silen unter gellendem Lachen sagen: »Das Allerbeste ist für dich gänzlich unerreichbar: nicht geboren zu sein, nicht zu sein, nichts zu sein. Das Zweitbeste aber ist für dich – bald zu sterben.«[46] Nietzsche findet hier die Spur jener nur im Rausch (der Silen ist berauscht) und in der dionysischen Selbstvergessenheit sich aussprechenden tragischen Lebensanschauung. Von diesem Silen-Wort her entwickelt er jene Konzeption der Erneuerung, die auch den dionysischen Barbaren als Mission anvertraut scheint. Rohde hingegen zitiert eine ganz andere Erzählung des Silen, aus der eine andere Version des Erneuerungsgedankens hervorgeht. So weiß er von einem Volk, das jenseits des Ozeans, worin Europa, Afrika, Asien nur als Inseln schwimmen, auf einem riesigen Festland wohnt, dem Volk der Meropes. Dort befindet sich auch ein Ort mit Namen *Anostos,* um den zwei Flüsse herumfließen, der Fluß der Lust und der Fluß der Trauer. Die Früchte der Bäume, die am Flusse der Trauer stehen, treiben nach ihrem Genuß den Menschen Tränen aus den Augen, unaufhaltsamen, bis zum Tode; wer hingegen von den Früchten am Flusse der Lust kostet, der wird stufenweise verjüngt bis zum Kinde.[47] Das ist eine Märchenversion des Verjüngungsgedankens, wie er einem barbarischen, halbtierischen Weisen in den Mund gelegt wird. Und der Silen versetzt die Quelle der Erneuerung in eine utopische Gegend, in der überdies mehrere glückliche Völker leben. Zwei Konzepte der Verjüngung, für die der barbarische Silen einsteht. Es sind zwei Interpretationen des 19. Jahrhunderts. Aber alle modernen Märchen über die Geschichte sind Interpretationen Griechenlands. Freilich haben die Griechen so wenig von der Welt gewußt, daß sie – wie später auch ihre christlichen Leser – das Paradies in den Osten versetzten.[48]

Die *Heilige Schrift* des Euhemerus bildet nur ein erzählerisches Exempel für die große Hochschätzung östlicher Weisheit durch griechische Intellektuelle. Barbarischer Osten, paradiesischer Osten. Später beginnen christliche Schriftsteller damit, den klassischen Ansichten der griechischen Philosophen östliche Quellen zu unterlegen. Reiches Anschauungsmaterial dafür bietet die große Mahnrede (*προτρέπτικος*) an die Griechen des Clemens Alexandrinus aus dem zweiten oder dritten Jahrhundert. In der *Stromateis* unterstellt Clemens Alexandrinus gar Platon die Ansicht, daß die Barbarenvölker weiser gewesen seien als die Griechen selbst.[49] Daher kann es nicht verwundern, daß er auch eine ganze Reihe östlicher Völker als Lehrer Platons benennt.

So beschreibt sich in Umrissen das Barbarenkonzept des klassischen Griechenland. Das Auge des Barbaren blickt entweder blind oder eindimensional auf die Kultur; oder es trägt den Blick, den kritische Intellektuelle auf die eigene Kultur werfen. Der Barbar erhält seinen Namen als mythischen oder als historischen oder als geographischen Gegensatz zum hellenischen Staat. Um diese Entmündigung oder um diese Autorisierung zu begründen, wird im allgemeinen kein wirklich seriöses Wissen zitiert. Grundsätzlich sind es stets nur wenige neuralgische Punkte, nur wenige Themen, an denen sich die Kulturkritik artikuliert und nach Alternativen sucht, die durch Fremdheit, kulturelle Frühe oder mythische Autorität geadelt sind: Solche Themen sind die Gesetze (gar keine Gesetze, zu viele Gesetze, falsche Gesetze), die Sprache (Erosion der Sprache durch Rhetorik, Sophistik, Polysemie), das Gedächtnis (das Vergessen ist schlecht, das Vergessen ist gut), die Sitten. Aber die Inszenierung der kulturellen Erneuerung, in der die Barbaren eine Heldenrolle zu spielen haben, kennt noch eine ganze Reihe von wiederkehrenden Elementen, die dem Silen, dem Satyr, dem Monster, dem Wilden, dem Fremden zugeschrieben werden: die Häßlichkeit, das Rauhe, das Gelächter, die ungeschliffene Sprache, die radikale Gerechtigkeit. Man wird das alles regelmäßig wiederfinden.

2
Römer und Barbaren: Kaiser und Barbar rochieren

Römische Lösungen griechischer Probleme

Römer heißen jene Barbaren, die sich Griechenlands bemächtigen werden. Anders als die Griechen, die von der Erneuerung durch Barbaren träumten, erlebten die Römer tatsächlich die Verjüngung durch Barbaren, von denen sie nur flüchtig träumten. Doch bereits die Eroberung Griechenlands zeigt die Fragwürdigkeit einer militärischen Operation, die zum Verlust der eigenen kulturellen Identität führt. Die Griechen werden erobert, die Römer von den Griechen debarbarisiert. Horaz wird dafür die geistreiche Formel finden: »Das eroberte Griechenland gewann Gewalt über seinen rauhen Besieger und führte ins bäurische Latium die Kultur ein« (*Graecia capta ferum victorem cepit et artis intulit agresti Latio*).[1] Die römische Kultur ist griechisch. Die römische Kriegsführung nicht selten barbarisch.[2] Barbaren galten den Römern lange Zeit als Wesen, die mit »Menschen außer Stimme und Glieder nichts gemein haben« (*qui nihil praeter vocem membraque haberent hominum*).[3] Rom wußte nichts von einer Mission, auch wenn seine Dichter eine erdichteten; seine Scipionen, Cäsaren handelten aus strategischen Überlegungen heraus, auch wenn sie bisweilen von frommen Anwandlungen übermannt wurden. *Imperium Romanum* heißt nicht etwa »römische Kulturwelt«, sondern – der antirömische Philosoph Martin Heidegger[4] erinnerte daran – *römische Befehlsgewalt.* Man könnte meinen, römische Philosophen hätten den Satz erfunden, den Thomas Hobbes in seine *Anthropologie* schrieb: »die größte Wohltat der Sprache ist, daß wir befehlen und Befehle verstehen können«.[5]

Kaum jemand (außer Nietzsche und Heidegger) wird später die Frage stellen, warum sich der athenische Staat der

Macht der Barbaren hat beugen müssen. Waren es Luxus, Degeneration, der jugendliche Elan der anderen Völker, der Irrtum der Herrscher, der Wille Gottes? Das alte Griechenland ist nicht in einem Meer solcher Fragen versunken; wohl aber das Römische Reich. Die Römer selbst belästigen sich und ihre Geschichte unentwegt mit dieser Frage des Endes[6], und als die germanischen und christlichen Barbaren das Ende herbeiführen, liegen bereits stapelweise die Antworten bereit. Die militärischen Bilanzen sind gut, die Stimmung schlecht. Polybios überliefert solche düsteren Worte des Cornelius Scipio Aemilianus aus dem Jahre 146 v. Chr. Karthago liegt in Trümmern, der Sieg ist vollständig, die Truppen gehen ihren liturgischen Plünderungen nach, da überfällt den römischen Feldherrn die Frage des Endes. Als studierter Zykliker prophezeit er Rom das gleiche Schicksal wie der punischen Metropole. Rom ist, wie er weiß, kein Original, sondern ein Duplikat von Troja, und Homer wird in der *Ilias* auch die Geschichte Roms erzählt haben.[7] Offen bleibt nur, wodurch Rom fallen wird. Wenn es aber soweit ist, dann werden Cicero, Seneca, Sallust, Horaz, viele christliche Autoren viele Antworten auf die ewige Frage nach dem Ende Roms formuliert haben.[8]

Andererseits sieht der Historiker das Römische Reich als Effekt dieser Fragen und Antworten immer wieder auferstehen. Außer in Griechenland selbst gab es nirgendwo die Idee einer Renaissance des hellenischen Griechenland. Selbst das griechischsprechende Byzanz rühmte sich, ein zweites Rom zu sein.[9] (In einer kurzfristigen Anstrengung, das mythische Erbe anzutreten, wird sich Moskau einmal den Titel eines dritten Rom verleihen.[10]) Die Wiederholung, Verdopplung, die *renovatio* des Römischen Reiches bleibt ein obsessioneller Gedanke, der sich durch die mittelalterlichen und neueren Geschichten hindurch bis hin zur Französischen Revolution am Leben erhält und wiederkehrt wie die Jahrenzeiten.[11] Das *Imperium* ist nur von der Landkarte in die Bücher der Literaten gewandert. Unzählige Male schreiben sie die Erzählung vom Untergang Roms und seiner Ursachen nach. Zwar hat Alexander Demandt aus diesen Erzählungen eine alphabetische Liste von 210 verschiedenen Ursachen für den Fall Roms zusammengestellt (von *Aberglaube* bis *Zweifrontenkrieg*), doch im Herzen aller dieser Erklärungen, an ihrem Lebensnerv sitzen die Barbaren: der innere Barbar oder der äußere Barbar, der germanische Barbar, der christliche Barbar, der proletarische Barbar, der intellektuelle Barbar.[12]

Kaum war der unglückliche Pyrrhus besiegt und im Jahr 272 v. Chr. die letzte griechische Niederlassung Tarent eingenommen, da strömten griechische Dichter wie Livius Andronicus und Quintus Ennius, griechische Rhetoren, griechische Historiker nach Rom. Der gebildete Römer wurde zweisprachig. So konnte es auch nicht fehlen, daß die Römer gleich ihre neuen griechischen Lexika aufschlugen, sich selbst darin als *Barbaren* verzeichnet fanden und die Vokabeln nachsprachen. Der römische Komödiendichter Plautus (gest. 184 v. Chr.) bemerkt im Prolog seiner von dem Griechen Demophilos adaptierten Komödie *Asinaria,* er habe das Stück in die Barbarensprache (das Lateinische) übersetzt.[13] Das ist nicht ohne Selbstironie gesagt, und es zeigt, daß die Römer im dritten Jahrhundert v. Chr. noch ganz unter der kulturellen Oberhoheit des eroberten Hellas standen. Erst zwei Jahrhunderte später protestierten römische Intellektuelle gegen den Makel des kulturellen Barbarensiegels[14], und Cicero war einer ihrer Sprecher. In seiner Staatstheorie *De re publica* läßt er den Laelius auf die Frage, ob Romulus ein König von Barbaren war, erklären: »Wenn die Griechen damit Recht haben, alle Menschen in Hellenen und Barbaren zu scheiden, dann, fürchte ich, war er König der Barbaren; wenn dieser Name aber auf die Sitten und nicht auf die Sprache anzuwenden ist, dann halte ich die Griechen für ebenso barbarisch wie die Römer.«[15] So war es auch Cicero, der eine neue Teilung der Welt in Griechen, Römer und Barbaren vornahm, die sich bei zahlreichen Autoren wiederfindet.[16] Während man auf das literarische Niveau der Hellenen stieg, begann man in Rom, den Anspruch auf Weltherrschaft geltend zu machen. Ein Anspruch ohne historisches Verfallsdatum, ein Anspruch, der von keiner Philosophie des Endes angekränkelt sein sollte: *imperium sine fine dedi,* läßt Vergil seinen Jupiter daher sagen. Weniger poetisch: Bis ans Ende der Welt sollt ihr aller Welt Befehle erteilen. Die passende strategische Devise dazu lautete: Die Völker sind zu schonen, die sich unterwerfen; diejenigen aber, die sich als rebellisch erweisen, sind zu bekriegen.[17] Die gemäß diesen strategischen Grundsätzen redigierten Befehle verrückten die Grenzen tatsächlich bald ins Unendliche, während die römischen Intellektuellen den Anspruch auf kulturelle Nachfolge der Griechen formulierten. Auch in Rom arbeiteten Schriftsteller den Feldherrn zu, indem sie an den Euphemismen des Krieges feilten. Das waren zu keinem geringen Teil Gastautoren aus Hellas. Der griechische Historiker Dionysios von Halikarnassos, der dreißig Jahre vor Christi Geburt nach Rom kam, vertrat in seinem für hellenische Leser verfaßten umfangreichen Geschichtswerk *Antiquitates Romanae* die Ansicht, daß die Römer nach Gerechtigkeit, Gesittung, Frömmigkeit, Kriegskunst alle anderen Völker, Griechen und Barbaren, überträfen.[18] Ein solcher Historiker wurde in Rom gerne gelesen. Plutarch, ein Grieche aus Böotien und dort zeitweise römischer Magistrat, betonte die Gleichrangigkeit der beiden Kulturen in seinen Parallelbiographien bedeutender Griechen und Römer: Theseus und Romulus, Perikles und Fabius Maximus, Demosthenes und Cicero, Alexander und Cäsar. Alle diese Historiker brachten wohl nur unter Schwierigkeiten den Anspruch, daß Rom den *orbis terrarum* beherrsche, in Einklang mit der Tatsache, daß noch andere von Barbaren besiedelte *orbes* übrigblieben.[19] Der imperiale Gedanke rieb sich zudem mit der Theorie der verschiedenen Kulturen. Wo sollte das Imperium die barbarische Grenze ziehen? Sollten Paßbeamte über kulturelle Standards entscheiden? Schließlich waren es auch eher triviale finanztechnische Gründe, die Rom dazu zwangen, in der *Constitutio Antoniniana* von 212 den Kreis der römischen

Bürger, das heißt der Steuerzahler, auf alle freien Bewohner der Provinzen auszudehnen. Die permanente Erweiterung des *Imperiums*, ebenso die Notwendigkeit, barbarische Söldner, später auch Offiziere, am Ende sogar barbarische Herrscher zu integrieren, störten den Frieden, den die Unterscheidung von Römern und Barbaren stiften sollte. Auch hier traten Probleme auf durch wachsende Polysemie. Wenn sich die Griechen die leichte Zweiteilung der Welt in Hellenen und Barbaren eben durch Export und Reimport hellenischer Kultur verdarben, zerstreute sich den Römern der entsprechende Dualismus, als ihre eigenen militärischen Künste in den Fäusten der Barbaren zurückkehrten. Die Barbaren, die das westliche *Imperium* überrannten, waren römisch geschult.

Der innere Barbar, der äußere Barbar

Wenn römische Dichter und Historiker bereits zu Zeiten des Augustus an das Ende des *Imperium Romanum* dachten und die Gründe dafür prognostizierten, dann wandten sie auch wieder das griechische Modell auf ihre Zukunft an: Barbaren werden es gewesen sein! Aber diese Zukunft paßte zunächst nicht auf die Prophetie. Denn die Christen und ihre historische Wirkung konnte man zu diesem Zeitpunkt noch nicht vorhersehen. Dennoch erwarben sich die römischen Dichter als Erben der Griechen eine solche Autorität, daß ihre Lesart der Zukunft auch die Tatsachen und Ereignisse der Geschichte überstand. Das ist mehr als überraschend. Noch heute mahnen seriöse Historiker, daß man doch einmal bei der Erklärung für das Ende Roms von den Barbaren lassen sollte und die christliche Kulturrevolution in Rechnung stellen müßte.[20] Aber die christlichen Dogmatiker und Historiker erwiesen sich als große Meister und unsterbliche Autoritäten der Interpretation. Sie hypnotisierten Aberdutzende von Historikergenerationen. Die früheste Analyse, wie der zukünftige Untergang Roms ablaufen könnte, kommt aus der

Feder des Polybios, Begleiter und Freund des Scipio Aemilianus: »Jeder Staat kann auf zweierlei Weise untergehen. Zum einen gibt es den Ruin, der von außen kommt; zum anderen das Gegenteil, den Ruin, der aus seinem Inneren kommt.«[21] Beides sind auch in seinen Augen Barbarisierungsvorgänge. Seine Feststellungen stehen im Banne der Beobachtung, wie das hellenistische Reich Baktrien (im heutigen Afghanistan) die Beute von nomadischen Barbaren wurde.[22] So erblickte Polybios die wesentliche Aufgabe der Staatskunst darin, im Innern die Stabilität der Institutionen zu gewährleisten und nach außen hin der Gefahr der Barbarisierung zu wehren. Horaz läßt sich von dieser Theorie des Ruins inspirieren. Wie Polybios sieht er düster in die Zukunft: Barbaren von innen, Barbaren von außen bringen den Ruin Roms. In der sechzehnten *Epode*, die dem römischen Bürgerkrieg um 40 v. Chr. gewidmet ist, läßt er seinen Pessimismus auf Paradoxien und schönen Distichen (der Daktylos ist nach Clemens Alexandrinus das barbarische Versmaß[23]) reiten: »Schon das zweite Geschlecht sinkt hin im Kampf der Parteien / Rom selbst bricht zusammen durch die eigene Kraft.« Seine Endzeitbilder besiedelt er mit Barbaren, die sich auf den Trümmern Roms niederlassen: »Wir, die Sündbrut verfluchten Geblüts, wir stiften Verderben / Und wilde Tiere hausen wieder hierzuland. / Weh, der Barbar steht siegreich auf Aschenhalden, der Hufschlag / Der Feindesrosse dröhnt laut durch die Römerstadt.«[24] Der römische Untergang zieht Barbaren in eine von innen ruinierte Stadt. Die Klage über den Verlust der Tugend, über die innere Barbarisierung, aus der der Bürgerkrieg entsprungen ist, wiederholt sich bei Cicero, Sallust, Livius und vielen anderen Schriftstellern. Die Dekadenzthese, die das Abendland in seinen geschichtsphilosophischen Katechismus schreiben wird und die alle großen Geister nachsprechen werden, Augustinus, Otto von Freising, Dante, Machiavelli, Montesquieu, Vico, Rousseau, Nietzsche, Jünger, sie ist von römischen Schriftstellern noch zur Blütezeit des *Imperiums* formuliert worden.[25] Zweitausend Jahre nach

Horaz wird Ernst Jünger die Notwendigkeit des Kriegs als eines inneren Erlebnisses und äußeren Ereignisses durch ein kryptisches Zitat der sechzehnten *Epode* rechtfertigen: »Es können Zeiten kommen, wo flüchtige Hufe von Barbarenrossen über die Trümmerhalden unserer Städte klappern.«[26] Um das zu verhindern, müssen die Jünger-Leser von 1920 selbst Wiedergeburten des Barbaren sein. Nie wieder Rom. Immer wieder Rom. Innere Barbaren, äußere Barbaren. Der Bischof Ambrosius schreibt im vierten Jahrhundert diese Zweiteilungen nur um, indem er die inneren Feinde neu tauft. Die äußeren Feinde heißen *Goten* oder *Barbaren*; die inneren Feinde hingegen *Leidenschaften, Geldgier, Machtstreben*.[27] Damit arbeitet Ambrosius einer Lesart der Geschichte vor, die dann sein Schüler Aurelius Augustinus im *Gottesstaat* zu einer Doktrin mit langer Gültigkeitsdauer ausarbeiten wird. Sie lautet, auf eine Kurzformel gebracht: Roms Untergang, die Invasion der Barbaren, wurde von Gott als Strafe verhängt. Das historische Gerichtsverfahren, dem Gott präsidiert, urteilt in Form von Siegen und Niederlagen. Ein Schüler des Bischofs Augustinus wiederum, der spanische Priester Orosius, verfaßte gegen 418 ein Protokoll dieses Gerichts über die römische Geschichte. Sein umfangreiches Geschichtswerk trägt den Titel *Historiae adversus paganos*. Darin beantwortet der göttliche Richter alle verwerflichen Taten der Römer durch militärische und natürliche Sanktionen.[28] Orosius, der daher die Weltgeschichte als eine grauenhafte Kette von Kriegen und Naturkatastrophen beschreibt, unterwirft sich dem gleichen Schema, das sich auch Horaz und andere Intellektuelle ausgedacht haben: Der Untergang ist eine Strafe. Die Historie dieser Historien erlaubt den Aphorismus: Das Ewige Rom ist die Ewigkeit der Interpretationen, die Roms Untergang erklären. Das Vergilsche *imperium sine fine* ist ein Diskurs.

Die Kaiser und die Barbaren

Rom wurde das Opfer der Barbaren – das ist der ewige Refrain. Jede Generation wird eine neue Lesart dieses Untergangs formulieren.[29] Vielleicht schreibt sich so überhaupt das einzige historische Problem des Abendlandes: Welcher Barbar hat Rom ruiniert? Denn zugleich bildet Rom im Auge seiner neuzeitlichen Besucher die perfekte Synthese der Geschichte. Seine Monumente, seine Trümmer haben so viel Zeit in sich absorbiert, wie man es sonst nirgendwo findet. Nicht nur die Untergangsdistichen, auch die *renovatio* Roms kommen aus römischer Bildung. Sie kann zwei Standpunkte formulieren. Der eine lautet: Auch Rom ist dem Gesetz der Geschichte verfallen und mußte wie alle weltlichen Reiche untergehen; und der andere Standpunkt: Rom ist eine Ausnahme, Rom ist von der Geschichte ausgenommen. Rom ist der Ausnahmefall und verzehrt alle Zeit. Die Synthese schließt in sich die Frage ein: Wie konnte eine *Ewige Stadt* der Zeit Tribut zollen? Es gibt Lösungsvarianten: Rom ging unter an Dekadenzbarbaren, an Luxusbarbaren, an Sündenbarbaren, an germanischen Barbaren, an christlichen Barbaren, an Proletarierbarbaren. Der Barbar sitzt im Auge dieses ewigen durch Historikerdiskurse brausenden Untergangsorkans.

Allerdings trägt dieser Barbar viele Gesichter. Die Römer erbten nicht nur die Barbaren, sondern auch die in ihrem Namen schlummernde Polysemie. Die römischen Intellektuellen setzten die griechische Moralisierung und Idealisierung der Barbaren fort. Zu den wichtigen literarischen Dokumenten, in denen die Barbaren schöngeschrieben werden, gehört die *Germania* des Tacitus. Das gegen Ende des ersten Jahrhunderts verfaßte Werk enthält wenig seriöse ethnologische Informationen, entfaltete aber eine ungeheure historische Wirkung. Das deutsche Wesen, an dem nach Emanuel Geibel die Welt genesen soll, ist zu nicht geringem Teil Tacitus-Exegese und Tacitus-Fortschreibung. »Keine lateinische Prosaschrift ist in Deutschland öfter zum Gegenstande eingehender Betrachtung gemacht worden«, stellt der Tacitus-Kommentator Eduard Norden 1920 fest, und er widmet sein Werk der Genesung des deutschen Wesens.[30] Tacitus wollte sein Publikum mit der *Germania* nicht nur über die zunehmend gefürchteten Barbaren unterrichten, sondern er betrieb durch Akzentuierung gemanischer Tugenden zugleich Kulturkritik an der römischen Gesellschaft. Literarische Kulturkritik ist ein altehrwürdiger Windmühlenkrieg. Weder die römischen Intellektuellen noch die germanischen Barbaren werden die kulturelle Erneuerung Roms bewerkstelligen, sondern die christlichen Barbaren, die aus allen Winkeln des Reiches nach Rom strömen.[31] Im nächsten Kapitel wird man lesen können, wie die Christen sich in die zerrissenen rauhen Kleider der Barbaren warfen und in dieser Maskierung die römische Polysemie der Götter abschafften. Auch das ist eine Lektion, die sich dem Abendland tief ins Gedächtnis eingraben wird.

Rom sollte ein erstes Mal in Byzanz wiederauferstehen. Der Gründer und Neugründer Konstantin wird seiner Stadt diesen zweiten Namen »neues Rom« (*nea Romä*) verleihen.[32] Der Name, zum ersten Mal auf dem Konzil von Konstantinopel 381 kirchlich sanktioniert, erhielt dann auch ein kaiserliches Gepräge, denn Justinian schrieb ihn in seinem großen Gesetzeswerk fest.[33] Dieses *Corpus Iuris Civilis*, das der Kaiser Justinian um 530 redigieren ließ, zeigt das neue Rom in einer völlig verwandelten Frontstellung zum barbarischen Außen. Die innere römische Vielgötterei, die theologische Polysemie, hatte bereits Kaiser Konstantin abgeschafft und den Staat auf jene Eindeutigkeit gestellt, die der Monotheismus bietet. Justinian liefert die juristische Konstruktion nach, er reduziert die rechtliche Polysemie und fügt seinem Gesetz die Vorschrift hinzu, daß es niemand kommentieren dürfe, um Verwirrung, Vervielfältigung und Verdunkelung der Gesetze zu verhindern. Auch dieser Niemand trägt einen zweiten Namen. Der Niemand des Kommentars und der Interpretation ist allein der Kaiser.[34] Justinians Gesetzesstiftung verdient höchste Aufmerksamkeit. Noch gegen Ende des zweiten Jahrhunderts beklagte sich Tertullian in seiner berühmten *Apologie des Christentums*, daß die Christen als Feinde des Kaisers verfolgt wurden.[35] Im Jahre 530 hat sich diese Konstellation radikal verändert. Nicht mehr die Barbaren-Christen sind die Feinde des kaiserlichen Römer-Heiden. Es ist vielmehr umgekehrt: Die Heiden-Barbaren sind die Feinde des Christen-Kaisers. Mit oberster imperialer Autorität erklärt Justinian:

»Die kaiserliche Macht muß nicht nur mit Waffen geschmückt, sondern auch mit Gesetzen gerüstet sein. Dann vermag sie zu jeder Zeit, im Krieg wie im Frieden, gut zu regieren, und der römische Kaiser bleibt Sieger nicht nur im Kampf gegen die Feinde, sondern auch dadurch, daß er auf den Wegen des Gesetzes den Ungerechtigkeiten der Böswilligen wehrt. Und so wird er zum Triumphator sowohl als gewissenhaftester Hüter des Rechts wie als Sieger über die Feinde. Diese beiden Ziele haben wir mit Gottes Segen in unermüdlichem Wirken und durch sorgfältigstes Planen erreicht. Haben doch die unter unsere Botmäßigkeit gebrachten barbarischen Völkerschaften unsere gewaltigen kriegerischen Anstrengungen erfahren. (...) Auch werden nunmehr alle Völker durch Gesetze regiert, die wir neu verkündet und verfaßt haben.«[36]

Der barbarische Feind von ehedem – der barbarische Christ – hat sich zum Herrscher der Welt erhoben, und den Namen des Barbaren tragen jetzt seine heidnischen Feinde. Denn wie die Glossatoren (deren Auslegungen gerade das Gesetz, das sie kommentieren, untersagt) an dieser Stelle betonen, heißen *barbari* gemäß dem kaiserlichen Willen alle diejenigen, »die außerhalb des *Imperiums* leben und die größten Feinde sind«.[37] Der Staat ist noch der gleiche wie zweihundert Jahre zuvor, nur haben seine höchste Verkörperung und sein barbarischer Feind die Positionen getauscht. Der Kaiser regiert mit Waffen und Gesetzen, er muß im Krieg wie im Frieden gewaffnet sein, er steht gegen das Unrechte (*iniquitas*) wie gegen die Feinde (*barbaricae gentes*). Aus kaiserlicher und höchster gesetzlicher Sicht ist die alte wohltuende Zweiteilung der Welt wiederhergestellt. Der Feind innen, der innere Barbar, ist der Ungerechte; der Feind außen, der äußere Ungerechte, ist der reichsferne Barbar. Nachdem die Christen in einer langen Leidensgeschichte erst das Kreuz des Barbarentums getragen haben, dann an einer neuen Aufteilung der Welt in Christen, Juden und Heiden mitwirkten, stehen sie nun im Zentrum des *Imperiums* und verteilen die definitorischen Codes neu. Es gibt nur noch Römer und Nichtrömer, Christen und Heiden. Es gibt nur Gut und Böse.

Nicht nur die Polysemie der heidnischen Götter ist auf diese Weise auf den Sinn des einen Gottes reduziert und wohlgeordnet; auch die Polysemie der christlichen Auslegungen wurde dank Justinians Entschiedenheit hegemonial geordnet. Auf Kosten welcher Paradoxien dies geschah, wird man noch sehen. Zunächst soll aber die dritte Figur vorgestellt werden, die die römischen Kaiser einführen mußten, um die Ordnung der Welt und den Monolog des Sinns zu gewährleisten: der Wahnsinnige. Dazu beruft sich Justinian zu Beginn des *Codex* auf seine Vorgänger Gratian und Theodosius, die im Jahre 380 per Gesetz festlegten:

»Diejenigen, welche diesem Gesetze folgen, sollen den Namen *katholischer Christen* führen, die übrigen aber, welche Wir für thöricht und aberwitzig erklären, als Abtrünnige vom Glauben, mit Ehrlosigkeit bestraft und zunächst mit dem Zorne Gottes, dann aber auch nach Unserem Dafürhalten, welches Wir aus himmlischem Rathschlusse schöpfen wollen, mit (anderer) Strafe heimgesucht werden.«[38]

Einige der »Törichten und Aberwitzigen« (*dementes vesanosque*) werden in den folgenden Abschnitten noch aufgezählt; es sind Porphyrius, Nestorius, Cyrillus, Irenäus, Eutyches und andere Christen, deren Lehren nicht mehr mit den Beschlüssen des Konzils von Nicäa 325 übereinstimmen. Die Ordnung der Welt, die der Kaiser befiehlt, unterscheidet also nur noch zwischen Römern und Barbaren, Gerechten und Ungerechten, Vernünftigen und Wahnsinnigen.

Die historische Rochade zwischen Kaiser und Barbar

Wieso kann aber die Opposition von Kaiser und Barbar gleich drei Antithesen tragen, die von Kultur und Nichtkultur, von Recht und Unrecht, von Vernunft und Wahnsinn? Die historische Rochade zwischen Kaiser und Barbar, die im Zeichen des Neuen Gesetzes erfolgte, offenbart ihre geheime Logik in der Tatsache einer weitgehenden Identität. Denn wer ist der Kaiser und wer ist der Barbar? Antwort: Beide sind Extremformen des Gesetzes. Sie stehen beide an den äußersten Punkten der Gesetzlichkeit. Sie sind sich daher ähnlich. Der Kaiser ist das höchste Gesetz, die *lex animata*, wie man später sagen wird; der Barbar ist ohne Gesetz, er ist illegal. Beide verbindet jedoch ein Statut, das alle Gesetzlichkeit, ja sogar Gott überbietet: das natürliche Gesetz. Das erste Buch seines juristischen Lehrwerks, der *Institutiones,* eröffnet Justinian mit der alten Unterscheidung des geschriebenen und des ungeschriebenen Gesetzes. Die Differenz von ungeschriebenem und geschriebenem Gesetz, *nomos agraphos* und *nomos engraphos,* wird an dieser Stelle sogar auf griechisch niedergelegt.[39] Damit knüpft das Gesetz an eine systematische Differenz an, die Aristoteles in seiner *Rhetorik* für alle Zeiten verbindlich gemacht hat.[40] Das Verständnis dessen, was nun das ungeschriebene Gesetz sagt und befiehlt, ist zwar nicht ganz einheitlich, aber es bilden sich nebeneinander die beiden Lesarten lokaler Gewohnheiten, traditioneller Sitten einerseits und allgemeiner göttlicher Vorschriften andererseits. Im Sinne der ersten Bedeutung haben die Spartaner darauf verzichtet, ihre Gesetze niederzuschreiben. Im Sinne der zweiten Bedeutung bilden die *agraphoi nomoi* die Grundlage jenes inneren Zwanges, auf den sich Antigone und auch Sokrates berufen. Das römische Gesetz behandelt das ungeschriebene Gesetz zunächst als einen Teil des Zivilrechts. Ungeschrieben ist das Recht, das sich durch Gewohnheiten bildet. Weiterhin läßt der Abschnitt der *Institutionen* über die *agraphoi nomoi* auch eine Lesart zu, wonach die ungeschriebenen Gesetze eben jene Regeln nicht eigens schreiben, die bei allen Völkerschaften gleichermaßen befolgt werden. Die Natur der Menschen sorgt für ihre Einhaltung. Diese Gesetze sind daher »von wahrhaft göttlicher Vorsehung geschaffen worden und bleiben immer gültig und unwandelbar«.[41]

Die ewigen ungeschriebenen Gesetze bilden eine juridische Ursubstanz, in die sich ausgerechnet der Kaiser und der Barbar als Subjekte teilen. Die Souveränität und legislative Macht gründen nämlich auf Statuten, die selbst den Imperator binden. Die Überlieferung ist eine Ermächtigung der Gerechtigkeit und eine Entmachtung der Willkür. Denn immer schon hat die Tradition dem geschriebenen Gesetz zugearbeitet. So sagen es die die Autoritäten der Zeit. Tertullian erklärt in seiner Schrift *Adversos Judaeos*, daß jene Gesetze, die Moses aufgeschrieben hat, schon längst zuvor von den Urvätern erkannt und bewahrt wurden.[42] Auch Justinians Kodifikation ist somit keine allererste Stiftung, sondern eine Abschrift. Was aber schreiben diese ewigen Vorschriften vor? Die Gesetze der Dankbarkeit, der Hilfe, das Verbot der Blutschande, das Gebot der Bestattung, das Gebot, die Götter zu ehren, Gerechtigkeit gegenüber Frauen, sexuelle Scham, Kindererziehung, die Freiheit. Der Katalog ändert und erweitert sich mit den Jahren und Jahrhunderten. Aber stets sagt er von sich selbst, daß er diese Regeln nicht erläßt, sondern sie nur aus der Ungeschriebenheit in die Geschriebenheit holt.

Ein solcher Stand der Dinge besagte, daß Justinian als Souverän doch von diesem Gesetz hervorgebracht wurde, das so viel älter und ursprünglicher ist als seine Autorität. Ein Makel, der offenbar auch den Kaiser gestört haben muß. So erhob Justinian zunächst per Gesetz das Imperium in die gleiche Zeitordnung wie das ewige Gesetz. In der *confirmatio* des *Codex Iustiniani* heißt es daher:

»Die feste Gewähr des Staates, welche auf zwei Grundstützen ruht, nämlich auf der der Waffen und der Gesetze, und durch diese sein Bestehen sichert, hat es in vergangenen Zeiten bewirkt, daß das glückliche Geschlecht der Römer über allen Völkern steht und alle Nationen beherrscht und wird dies auch mit Gottes Hilfe für alle künftige Zeiten tun.«[43]

In dieser Dimension der Ewigkeit, die Gott verwaltet, gibt es begreiflicherweise nur ein Gesetz, erklärt der Kaiser. Und seine Autorität, ein solches Gesetz zu erlassen, zieht ihre Kräfte aus einer anderen Tradition, die den (gerechten) Herrscher zur Verkörperung des Gesetzes selbst erhebt. Plutarch stellt in seinem Werk über die Fürstenerziehung die Frage: »Wer herrscht über den Herrscher?« Und die Antwort lautet: der *nomos* bzw. der *logos empsychos*, das »beseelte Gesetz«.[44] Diese Formel hat sich Justinian gleichfalls angeeignet und zur Legitimierung seines Gesetzeswerkes verwandt. In der *Novella 105* heißt es:

»Von allen diesen Vorschriften seien allein die Umstände des Kaisers ausgenommen, denn selbst Gott unterstellte ihm die von ihm gegebenen Gesetze, indem er ihn den Menschen als beseeltes Gesetz schickte.«[45]

Gott, Kaiser, ewiges Gesetz. Das ist die Hierarchie. Während nach der Erkenntnis des Sophisten Antiphon alle Menschen, Hellenen wie Barbaren, die gleiche Luft atmen[46], atmet der Kaiser allein reine Gesetzesluft. Diese auf den herrscherlichen Leib geschriebene *lex animata* wurde zu einem Topos der Legitimierung europäischer Souveränität. Gleich nach den weltlichen Herrschern bemächtigten sich die Päpste dieses Potentials, das in der von Philosophen und Juristen gehärteten Formel steckte.[47] Es handelt sich nicht nur um eines der reich aus den Federn der Rhetoren fließenden Ornamente am Kleid des Königs. Es ist ein in zwei Wörtchen, in eine Metonymie gebannter Anspruch auf ausschließliche Macht. Papst Bonifaz VIII. autorisierte sich mit einer ähnlichen Wendung, wonach der Papst »alle Gesetze im Schreine seiner Brust trägt«.[48] Das ungeschriebene Gesetz Gottes erweist sich doch nicht als völlig ungeschrieben; es ist in einer anderen skripturalen Substanz präpariert und gespeichert. Aber man muß sehen, daß diese Souveränitätsformel, deren Herkunft ungeklärt ist, das geschriebene *Corpus Iuris* den Kaiser eben darum mit aller fürstlichen Souveränität ausstattet, weil es eine Version des Gesetzes ist, das der Kaiser in seiner Seele trägt, das der Imperator buchstäblich beatmet. Und doch könnte der christliche Kaiser diese Souveränität keineswegs so getrost genießen, wenn im Hintergrund nicht eine weitere Großautorität stünde, die die alte heidnische Formel vom *logos empsychos* mit einer noch höheren juridischen Lizenz belehnte. Und das ist der Apostel Paulus. Im zweiten Kapitel des Römerbriefes legte Paulus seine scharfe Kritik an der Gesetzeshörigkeit der jüdischen Schriftgelehrten nieder, und er illustrierte diese Kritik mit einem schlagenden Beispiel für die Nutzlosigkeit geschriebener Statuten: »Denn wo immer Heiden, die doch das Gesetz nicht haben, von Natur das vom Gesetz Verlangte tun, da sind diese, ohne das Gesetz zu haben, für sich selbst Gesetz (*ipsi sibi sunt lex*). Sie beweisen ja durch ihr Tun, daß ihnen das Gesetz in ihr Herz geschrieben ist (...).«[49]

Ausgerechnet die Heiden erweisen sich hier als Konkurrenten, als Rivalen, als heimliche Doppelgänger des Kaisers, der als *lex animata* diesseits oder jenseits der geschriebenen Gesetze steht. Sogar die Heiden, die Paulus an anderer Stelle des gleichen Briefes in Hellenen und Barbaren unterteilt (Römer 1, 14), stehen diesseits des Gesetzes. Auch sie sind sich selbst Gesetz, sind beseelte Gesetze. Der Stoa-Forscher Max Pohlenz hat gezeigt, in welchem Umfang dieser Gedanke des Paulus im hellenistischen Denken vorgeprägt und vorgedacht ist. Noch zu Lebzeiten des Paulus liest man bei Plutarch, daß das göttliche Gesetz nicht »äußerlich in Büchern oder auf gewissen Holztafeln geschrieben« wurde, sondern daß es die den Herrschern innewohnende Gesetzesvernunft (*nomos empsychos*) ist.[50] Der Brief des Paulus geht an gebildete Leser in Rom, und in der kaiserlichen Stadt kennt man die Referenzen, auf die Paulus anspielt. So findet man bei Cicero ebenso wie bei Dion von Prusa, einem Philosophen des ersten Jahrhunderts, den Gedanken, daß Gottesvorstellungen und ethische Prinzipien gleichermaßen bei Hellenen wie bei Barbaren zu finden sind.[51] Und in welcher Nähe zu der von Paulus zumeist bevorzugten Wendung »Heiden« (*gentes*) der Term Barbaren steht, das findet man in einer an Paulus angelehnten Formulierung des Kirchenvaters Irenäus aus dem zweiten Jahrhundert. In seiner Schrift *Fünf Bücher gegen die Häresien* steht: »Ohne Papier und Tinte haben die Barbaren ihr Heil durch den Heiligen Geist in ihr Herz geschrieben.«[52]

Das ist exakt die Figur der *lex animata* aus den *Novellae* Justinians: Dort hatte Gott den Kaiser gesandt als lebendiges Gesetz, als beseelte Institution; ihm allein hatte er die Verwaltung seiner Gesetze anvertraut. In konsequenter juristischer Auslegung bedeutete das: Jede Handlung, jedes Wort, jeder Schriftzug (man könnte beinahe sagen: jeder kaiserliche Atemzug) haben Gesetzeswert.[53] Aber was des Kaisers privilegierte Natur ist, das ist des Barbaren unterprivilegierte Natur. Gott schreibt in die Seele des Souveräns, Gott schreibt in die Seele des Barbaren. Sie stehen beide jenseits und über allen geschriebenen Satzungen. Dieser Barbar, der mythische Ursprung des Gesetzes, aus dessen Handeln sich die ungeschriebenen Normen jederzeit erneuern ließen, war ebenso den Köpfen der Philosophen und Juristen entsprungen wie der König mit seinen zwei Körpern. Diese ehrwürdige Konstruktion der zwei Königskörper, des Amtsinhabers und des Amtes, des sterblichen und des unsterblichen, des natürlichen und mystischen Leibes, brachte die Lösung für die vielen Paradoxien der Zeit, mit denen das Gesetz und die Macht zu tun bekamen.[54] Der Barbar hatte ebenso zwei Körper, einen Barbarenkörper und einen in sein Herz geschriebenen Gesetzeskörper. Um der institutierte, natürliche Feind der Barbaren zu werden, mußte der christliche Barbar nur den Platz mit seinem Doppelgänger, mit dieser zweiten kaiserlichen Inkarnation einer unsterblichen Gesetzesnatur, tauschen. Der christliche Barbar taucht ein in den unsterblichen Körper des Souveräns, und der heidnische Kaiser verliert sein Amt, um als Barbar die natürliche Gesetzesschrift zu verkörpern. Das ist eine römische Geschichte, wie sie nirgendwo erzählt wird. Die Struktur blieb die gleiche: Bereits in der Zeit vor Konstantin repräsentierte im Innern des Imperiums zunächst der Souverän und Gesetzgeber, der göttliche Cäsar, und seine Autorität definierte sich aus der Opposition zu den beiden Barbarentypen: dem inneren wie dem äußeren Barbaren. Aber der äußere Barbar überschritt in seiner christlichen Inkarnation irgendwann die Grenze und übernahm erst das Amt des inneren Barbaren, und schließlich stieg er auf den Thron. Er wurde Nachfolger seines Antipoden. Und als Souverän mußte er die Position des Barbaren neu besetzen. Wer wurde sein Nachfolger? Nachfolger wurde der heidnische Barbar, der vom Thron verstoßen worden war.

In seinem neuen Amt beseitigte nun der ehemalige Barbar zunächst die Polysemie der Götter. Noch Heine wird in seiner Schrift *Elementargeister* darüber klagen, daß durch die christliche Homogenisierung der Götterwelt so viele der liebenswerten antiken Götter ins Exil getrieben worden sind. Weiterhin sorgte der ehemalige Barbar für die Reduzierung der Polysemie, die aus den Schreibfedern der falschen Exegeten der heiligen Schriften kam. Und schließlich beseitigte er im Fleische (im sterblichen Körper) Justinians die Wirrnis und Vieldeutigkeit der Gesetze. Das war das Werk der ehedem christlichen Barbaren, als sie auf den Thron gelangten. Zugleich schufen sie neue Barbaren, Nachfolger ihrer eigenen vergangenen unsterblichen Barbarennatur. Natürlich wurde diese Ähnlichkeit, die zwischen dem Souverän und seinem absoluten Antipoden spielte, von den Juristen, die die *lex animata* erfanden, nirgendwo erörtert. Sie ergab sich indessen aus den beiden ganz unterschiedlichen Figuren der Legitimierung und der Referenz, die die Antike hervorbrachte. Das waren Antworten auf die Frage: Wie setzt man Gesetze in Kraft? Entweder legitimiert man sie durch Gott, oder man legitimiert sie durch die Natur. Der Kaiser verdankt seinen unsterblichen Gesetzeskörper Gott; der Barbar hat ihn von der Natur. Darin besteht die Ähnlichkeit zwischen dem Souverän und dem Barbaren. Sie sollte noch erhebliche Gefahren für die Souveräne Europas heraufbeschwören, als sich ihre Untertanen später auf diesen Barbaren beriefen, um die römische Rochade wieder rückgängig zu machen. Spätestens in der Französischen Revolution bekam es der christliche König mit seinem barbarischen Doppelgänger zu tun.

In Umrissen steigt hier aus der Polysemie des Barbarischen, die die Antike geschaffen hat, bereits eine synthetische Figur empor: der Barbar, dessen Physiognomie in hellem Licht und in positiver Bedeutung erstrahlt. Der Barbar, der die Welt retten und erneuern soll. Erfunden von griechischen Philosophen, gefürchtet von römischen Propheten, verkörpert von germanischen und christlichen Wortführern, betritt er die Bühne der Weltgeschichte.

3
Christen und Germanen: Der gute Barbar betritt die Bühne der Geschichte

Aufstieg des Barbaren Jesus Christus

Römer waren die Barbaren der Griechen, Christen und Germanen werden die Barbaren der Römer. Doch während dieses Spiel der Platzwechsel in einen dritten Zyklus ging, und ehe im vierten Zyklus die Heiden zu den Barbaren der Christen avancierten (und sich damit der fünfte und sechste Zyklus solcher Recodierungen vorbereitete), änderte sich etwas Entscheidendes: Christen und Germanen nahmen den Barbarentitel an. Dies nicht nur, weil sie sich der imperialen Nomenklatur ihrer Herren beugen mußten; bisweilen akzeptierten sie ihn auch, weil um diesen Namen immer mehr positive Konnotationen wuchsen.

Ehe die Rochade zwischen christlichem Barbar und heidnischem Kaiser gezogen werden konnte, ehe sich der Kaiser zur barbarischen Religion bekannte, mußte eine semantische Aufwertung des Barbaren *betrieben* werden. Christliche Politiker der Umwertung ergriffen das Wort und besangen den Charme und die Macht der Barbaren. Unter ihnen ragte der Kirchenvater und »Goldmund« Johannes Chrysostomos hervor, der um 400 Bischof von Konstantinopel wurde. Chrysostomos, der die klassische Rhetorik der Missionierung dienstbar machte, indem er alle Rhetorik verdammte, verkündete in der Paulskirche zu Konstantinopel den Triumph der christlichen barbarischen Lehre:

»Was ist denn übriggeblieben von den Lehren der Platon, der Pythagoras und der anderen athenischen Philosophen? Sie sind verschwunden. Und wo blieben die Lehren der Fischer und Zeltmacher? Nicht nur in Judäa, sondern auch in den barbarischen Sprachen leuchten sie (...) noch heller als die

Sonne. Die Skythen, Thrakier, Sarmaten, Mauren und Indier, die an den Rändern der Welt leben, haben die Worte der Schrift in ihre Sprache übertragen und treiben nun selbst Philosophie.«[1]

Die Lehre der Fischer und Zeltmacher, meint Chrysostomos, ist so einfach, daß sie wie eine Universalsprache die linguistische Konfusion Babylons überwindet. Die Macht des Kreuzes, so predigt er weiter, hat die »Unwissenden klüger gemacht als die Philosophen, und die Ungebildeten, die noch stummer sind als Fische, über die Anwälte, Redner und Sophisten erhoben«.[2] Das sind stolze Bemerkungen aus dem fünften Jahrhundert. Doch bereits mehr als zwei Jahrhunderte zuvor polierten christliche Apologeten am Renommee der unhellenischen Kultur, um dann ihre eigene barbarische Philosophie zu rühmen. Dies geschah nicht nur in einer riskanten Frontstellung gegenüber den römischen Kaisern und Verwaltungsbeamten, die zeitweilig die Christen mit großer Härte verfolgten. Die apologetischen Broschüren richteten das Wort ebenso an die gebildeten Römer, die ihre Kritik am Christentum mit philosophischen Argumenten verfochten. Zur Replik konnten nicht mehr die Fischer und Zeltmacher ans Rednerpult treten, der Kulturkampf mußte mit intellektuellen Mitteln geführt werden. Bei dieser Mission zeigte der Apologet Tatian die flinkeste Zunge. Tatian war syrischer Herkunft und kam als brillanter Sophist und Rhetoriklehrer nach Rom. Dort ließ er sich taufen und wurde Schüler des Apologeten Justin, der um 165 den Märtyrertod erlitt. Tatian erlangte nachhaltigen Ruhm durch seine *Rede an die Hellenen*, in der er dem griechisch-römischen Geist alle Irrtümer und Zerstreuungen vorrechnete. Das Finale seiner Rede gibt eine akustische Probe des Tons, in dem dieser Mann an die Adresse der gebildeten Welt sprach:

»Dies, ihr Bekenner der Griechenlehre, habe ich für euch zusammengetragen, der Barbarenphilosoph Tatian, der aus dem Land der Assyrer stammt und anfangs eure Philosophie, dann aber diejenige Wissenschaft studiert hat, die er jetzt zu künden verspricht.«[3]

Gleich zu Beginn dieser Rede wies Tatian seine intellektuellen Zuhörer darauf hin, daß ein großer Teil ihrer Bildung und ihrer Einrichtungen barbarischen Ursprungs wäre. Das wird zum Topos christlicher Polemik.[4] Und da Tatian selbst über hellenische Bildung verfügte, konnte er auch zahlreiche Beispiele vortragen; unter anderem erinnerte er daran, daß die barbarischen Kyklopen die Schmiedekunst erfunden hätten. Hier markiert der Name noch die alte Hellenen-Barbaren-Differenz. Doch beließ es Tatian nicht dabei, sondern er holte weiter mehrfach kräftig Atem zum Vortrag der Gründe, warum er sich von dieser Bildung unwiderruflich verabschiedet hätte. Alle Argumente, die er aufführte, fügten sich in das erweiterte Barbarenschema: Tatian sah sich nicht mehr in der Lage, die Polysemie der Philosophien, Götter, Dämonen und Gesetze zu verstehen. So begann er frisch mit einer Abfertigung der Philosophen: »Mögen euch also die Massenaufgebote der ›Philosophen‹ (...) nicht fortreißen: denn was sie lehren, sind gegenseitige Widersprüche und jeder perorиert, wie's ihm gerade einfällt.«[5] Es folgen die Götter: »solche Wesen, die Zweikämpfen zusehen und der eine diesem, der andere jenem beistehen, heiraten, Knaben schänden, ehebrechen und lachen und zürnen, fliehen und verwundet werden, solche Wesen will man für unsterblich halten?«[6] Die Dämonen täuschen durch unverständliche Rezepturen: »Wie die Buchstabenformen und die aus ihnen gebildeten Sätze nicht an und für sich fähig sind, einen Satz zum Ausdruck zu bringen, (...) so ähnlich sind auch die verschiedenen Rezepte von Wurzeln und Sehnen und Knochen nicht an und für sich wirksam, sondern *Symbolik der Dämonen* (...).«[7] Und schließlich klagt Tatian noch die Polysemie der Gesetze an: »Nun aber gibt es ebenso viele Gesetzgebungen als Staatsgebilde, so daß, was die einen für schändlich erklären, den anderen für vortrefflich gilt.«[8] Diese Widersprüche und Unübersichtlichkeiten der philosophischen Meinungen, der Götter, Dämonen und Gesetze hätten ihn dazu gebracht, die »barbarischen Schriften« zu studieren: Sie »überzeugten (mich) durch die Schlichtheit ihres Stils, durch die Anspruchslosigkeit ihrer Verfasser, durch die wohlverständliche Darstellung der Weltschöpfung (...) und die Zurückführung aller Dinge auf einen Herrn«. Das ist, modern gesprochen, Reduktion von Komplexität. Statt vieler Götter nur einen, statt vieler Dämonen keinen, statt vieler Gesetze eine christliche Tugend. Die Welt lechzt nach einer Rebarbarisierung der Polysemien. Dann aber warnt Tatian davor, »die Unsrigen zu schmähen«, oder daraus, daß sie Barbaren heißen, »einen Anlaß zu ihrer Verhöhnung« zu nehmen.[9] Damit sind vier Seiten des Barbarischen ins Spiel gebracht: die geographische Herkunft des Barbaren, seine unhellenische Philosophie, der kulturelle Rückstand, der zum Spott reizt, und seine Verständnislosigkeit angesichts der Polysemien der Kultur. Das Grundübel und die Ursache aller dieser Verwirrungen und Zerstreuungen des einen Sinns, des wahren Logos, bildet hingegen die babylonische Katastrophe. In Babylon wiederholte sich die Katastrophe des Paradieses.[10] Tatian kündigt darüber eine weitere Vorlesung an: »die Ursache, warum sich nicht alle Menschen in derselben Sprache verständigen können, werdet ihr, falls ihr wollt, ohne weiteres erfahren: wenn ihr nämlich unsere Lehren prüfen mögt, so werde ich euch darüber eine leichtfaßliche und lückenlose Erklärung geben«.[11] Tatians Erklärung ist nicht überliefert. Er wird vermutlich den Babylon-Mythos moralisiert und aktualisiert haben. Solche Lehren nahmen in den folgenden Jahrhunderten eine gewisse Monotonie an.[12] Noch eineinhalbtausend Jahre später wird Jean-Jacques Rousseau sein Konzept der Barbarensprache entwickeln und die zivilisierte Welt damit erneut erschüttern. Es wird eine Erschütterung durch die gleichen moralisierenden Argumente sein: ein Recycling der christlichen Methode, die unnatürliche Komplexität der zivilisierten Welt zu reduzieren.

Tatians Lehrer, der Märtyrer Justin, hatte hierzu vorgearbeitet. In seiner ersten *Apologie*, die er kurz nach dem Jahre 150 an den Kaiser Antonius Pius, an dessen Adoptivsohn Marc Aurel und auch noch an dessen späteren Mitregenten Lucius Verus adressierte, verglich er Jesus Christus mit Sokrates. Beide sind Helden des Logos. Durch Sokrates sei die Wahrheit ans Licht gebracht, in dem Barbaren Jesus Christus sei der Logos Mensch geworden.[13] Die christliche Barbarenphilosophie, so führten Justin und Tatian weiter aus, sei viel älter als die hellenische Weisheit; zur Formulierung seiner Weltentstehungslehre habe Platon fleißig aus dem Alten Testament abgeschrieben.[14] Das war der große strategische Zug, der die barbarische Philosophie in den Ursprung aller Ursprünge plazierte. Christus ist die Wiederkehr jener barbarischen Weisheit, von der sich die hellenische und römische Welt inzwischen weit entfernt haben. Der Barbar Christus ist jedoch noch im Besitz aller jener erstrangigen Wahrheiten, die im Lauf der Zeit verfälscht und vergessen worden sind. Der Barbar Christus kam zurück als der reine *logos animatus*. Oder aber: Der Barbar Christus ist kein Barbar.

Damit griffen die Apologeten nicht auf die altbekannten Gemeinplätze von den edlen Barbaren zurück, die die antike Literatur gepflegt hatte: Christus verkörpert vielmehr jene allgemeine Wahrheit, den ewigen Logos, der den verlorenen (vorbabylonischen) Universalismus wiederherstellen und verwalten könnte. Mit Christus gewinnt die Welt Adams Ausgangschancen noch einmal zurück und kann sich von der Entartung durch die Gesetzeshypertrophie erholen. Diese Revision der paradiesischen und der babylonischen Katastrophe wird noch einige Male versprochen werden im Laufe der Geschichte. Das Abendland kann sich auf regelmäßige Auftritte der terroristischen Vereinfacher freuen.

Aber der selbstverliehene philosophische Ehrentitel eines fleischgewordenen Logos fand nicht so leicht Anerkennung. Die hellenischen Kritiker vermochten sich nicht vorzustellen, daß der Logos in einer solch erbärmlichen sprachlichen Form die Welt erobern könnte. Die christlichen Theologen mußten sich daher in Rom diesen Gegnern stellen und auf deren Skepsis in philosophischer Sprache reagieren. Was war gegen den Platoniker Celsus zu sagen, der die christliche Lehre als *barbarisches Dogma* gegen den altehrwürdigen *Logos* Platons herabsetzte?[15] Wieder nur, daß Platon von Moses abgeschrieben habe? Bisweilen schien sich die Frage der Autorität in dem Streit um das Alter der favorisierten Lehre zu verlieren. Der Logos war für Celsus mit jenem *nomos basileus* identisch, von dem bereits Pindar gesprochen hatte, mit dem Gesetzeskönig, mit dem Souverän, der in der *lex animata* Justinians wiederkehrte.[16] Und Celsus fuhr fort: Jetzt ist auf einmal der christliche Logos einerseits als dieser König aufgetreten, und zum anderen erhebt er den Anspruch, das »Ende des Gesetzes« zu sein. Wie geht das zusammen? Schließlich stellte sich den Kritikern in Rom die entscheidende Frage nach der Verfassungstreue: Wie steht es mit der Loyalität der Christen gegenüber dem geschriebenen Gesetz des römischen Staates, wenn sich die Christen im Namen des Apostels Paulus auf den *nomos empsychos* berufen? Das war nach Adolf von Harnack, der die Geschichte der christlichen Mission geschrieben hat, die entscheidende Frage.[17] Tertullian (160–220), der juristisch glänzend geschulte Apologet aus Nordafrika, formulierte in seinem *Apologeticum* die Antwort auf die Frage nach der Verfassungstreue. Zwar beteiligten sich die Christen nicht an den Huldigungsfesten für den Kaiser, aber ihre Loyalität sei nicht zu übertreffen. Die römischen Bürger seien dem Kaiser gewiß nicht so treu wie die Christen. Vermöchte man, wie es der kleine Gott Momos einmal gewünscht hat, durch eine mit Glas bedeckte Brust in die Herzen der Römer zu blicken, dann würde man dort stets das Bild eines neuen Kaisers erkennen. Die staatsbürgerliche *fides* der Römer ist nur äußerlich. Tertullian führte die Unterscheidung zwischen *fides* und *confessio* in die abendländische Kultur und Politik ein. Ihre Wiederaufbereitung für die Zwecke des absolutistischen Staates soll nach Carl Schmitt so verhängnisvoll gewesen sein.[18] Wieviel wertvoller die christliche *fides* ist, belegt Tertullian an der Tatsache, daß sogar die Mitglieder der Aufrührerparteien zuvor Treueide auf den Kaiser abgelegt hätten. Offensichtlich leisten viele Römer den kaiserlichen Bilderdienst als Lippendienst ab; dagegen kultivierten die Christen in ihren Herzen die immer gleiche Ikone. Dieser Verweis auf eine ganz ins Innerliche des Herzens eingezogene *fides*-Loyalität gegenüber dem Souverän spielt mit dem ehrwürdigen Topos der ewigen Gesetze, die Gott allen Menschen ins Herz geschriebenen hat, denen sich aber allein die Christen verpflichtet fühlten.[19] Stabilität, Unveränderlichkeit, Wahrheit hießen daher die Eigenschaften des barbarischen christlichen Logos. Der Verfall des Römischen Reiches, das Chaos der Meinungen und Loyalitäten, die Zerstreuung der Macht, die Vielfalt der Völker im Imperium machten das Versprechen nach einer Reduzierung aller Unterschiede auf einen Ursprung immer unwiderstehlicher. Im Fleisch (im sterblichen Körper) christlicher Souveräne arbeitete sich der Barbar Christus allmählich zum König der Könige empor. Das wurde dann auch später feierlich gezeigt. Immer wenn der von Christus eingesetzte byzantinische Basileus den Thron an Pfingsten bestieg, dann setzte er diesen Universalismus als seine Leistung ins Szene: Die Krönung an Pfingsten brachten die Byzantiner stets in Verbindung mit der Übergabe der Gesetze am Sinai, mit der Sendung des Heiligen Geistes durch Christus und mit seinem Erscheinen in Gestalt feuriger Zungen.[20]

Rhetorik der Antirhetorik

Alle Apologeten sprachen ihre Überzeugung aus, daß dieser eine Christus-Logos die ungeheure Polysemie der Götter und Gesetze bändigen und vereinheitlichen werde. In seiner *Rede an die Hellenen* arbeitete Tatian einen Gedanken heraus, der in der Auseinandersetzung mit den römischen Philosophen eine große Rolle spielte: Die neue Philosophie spräche nicht in der Kunstprosa der Gebildeten, sie verwendete nicht die Formeln der literaten Rhetorik, sie wäre in einer unkultivierten, rauhen Sprache abgefaßt, aber gerade das bildete das Siegel ihrer Wahrheit. Damit reagierte Tatian auf die von vielen Kritikern bemängelte Kunstlosigkeit der Sprache im Neuen Testament.[21] Kein Wunder. Denn Johannes den Täufer galt als Analphabet und als ungebildet (*ἀγϱάμματος/ἰδιώτης*).[22] Johannes Chrysostomos, der so bilderreich die Philosophie der Barbaren rühmte, beurteilte in seinem Kommentar zum *Korintherbrief* den Apostel Paulus ausdrücklich als *ungebildet*.[23] Das klang auch nicht viel besser als die Spottworte des Celsus, die Evangelien seien in der Sprache von Seeleuten abgefaßt.[24] Auch andere Kirchenleute wie Origines, der dem Celsus antwortete, bauten diese Kritik offensiv in ihre Argumente ein. Sie unterstrichen, daß die Evangelien eben nicht von gebildeten Rednern, sondern von Fischern verfaßt worden seien.[25] Andere Verteidiger begegneten den hellenischen Kritikern, die degoutiert die *Barbarismen* in den Evangelien aufzählten, mit der Bemerkung, daß aber gerade die *barbarophonen* Worte den Sieg über die Eleganz des Platon und des Cicero davongetragen hätten. War denn Eleganz überhaupt ein Wahrheitskriterium? Tatian brachte seiner hellenischen Hörerschaft die vertraute platonische Kritik an der Rhetorik in Erinnerung: »die Rhetorik habt ihr auf Ungerechtigkeit und Verleumdung gestellt, um Lohn verkauft ihr eure Redefreiheit und oft stellt ihr, was euch heute als Recht gilt, morgen als Unrecht hin«.[26] Tertullian war noch weiter gegangen und hatte in seiner Schrift *De praescriptione haereticorum* alle weltliche Wissenschaft als *stultitia* abgetan.[27] Das waren die ersten Exerzitien in der christlichen Politik, den Barbarennamen und seine Synonyme an ihre Täufer zurückzugeben.

Die Apologeten und die patristischen Polemiker gegen die hellenische Bildung der Römer werteten ihr Barbarentum moralisch, nicht aber ästhetisch auf. Christus der Barbar wurde nicht kosmetisch behandelt. Jesaja hatte ja prophezeit, daß sich viele an Jesus ärgern würden, weil seine Gestalt und sein Ansehen häßlich sein würden.[28] Dieser Jesus sah aus, als käme er aus der Familie der Polyphems und des Sokrates. Um seine häßliche Gestalt wucherten die Legenden. Der Teufel in den apokryphen *Thomasakten* stellt daher auch fest, daß ihn Christus durch seine häßliche Gestalt, durch seine Armut und Bedürftigkeit betrogen habe. Der Teufel ließ sich täuschen; die römischen Philosophen wollten sich nicht täuschen lassen. »Unmöglich kann ein göttlicher Geist so jämmerlich aussehen«, befand Celsus, und er fügte hinzu, daß man dem Charme dieses Gottessohnes nicht verfallen konnte: »Dieser war klein (*μίκρον*) und mißgestaltet (*δυσειδής*) und unedel (*ἀγεννής*).« In seiner Entgegnung gesteht Origines Häßlichkeit und kleinen Wuchs zu, keineswegs aber ein unedles Äußeres.[29] Celsus widerstand Christus aber nicht nur, weil dieser häßlich gewesen sein soll; er war auch ungebildet und unbelesen, und das hieß: Er war nicht durch die Schule der *artes liberales* gegangen. Würde man heute einem Gott in Jeans und ohne Abitur trauen? Diese prekären Eigenschaften des Gottessohnes wurden von seinen Verteidigern nun keineswegs bemäntelt, sondern zum Kern der religiösen Propaganda erhoben: Die Wahrheit, die Worte des Kreuzes sind nicht schön, sondern rauh und roh. Das Rohe, Unförmige, Unpolierte, Häßliche sind das Gütesiegel der Natur. Die Wahrheit kennt kein Styling. Das wurde immer schon gesagt. Bereits der Sokrates des *Symposion* kleidete sich und seine Reden in das Fell eines »frechen Satyrs«.[30] Von Matth. 11, 8 geht auch eine Verachtung der weichen Kleider der Vornehmen aus. Die Folgen für Kleider und Reden lassen sich nicht übersehen. Zwar ist der Befund über den Stil der christlichen Autoren, den Eduard Norden in seiner *Geschichte der antiken Kunstprosa* gibt, paradox: »In der Theorie haben sie von der ältesten Zeit bis tief ins Mittelalter hinein fast ausschließlich den Standpunkt vertreten, daß man schlicht schreiben müsse, in der Praxis haben sie das gerade Gegenteil befolgt.«[31] Aber eine dichte und bis auf den heutigen Tag reichende Tradition glaubt an das Schlichte der Gedankenschwäche, an das Rauhe des Rohen, an das Häßliche des Natürlichen. Hoher Stolz auf sprachliche Mängel, Rhetorikfeindlichkeit, Feindschaft gegen das Gesetz wandern als eine barbarische Dreifaltigkeit durch die abendländische Geschichte. Sie werden in allen Anarchiebewegungen und Jugendkulten wiederaufgelegt. Ihre ersten und eifrigsten Vertreter waren aus den Ämtern gesprungene römische Juristen oder Rhetoriklehrer. Die lange Reihe der christlichen Rhetoriker, die rhetorikfeindliche Reden schwangen, geht von Paulus über Tertullian, Tatian, Chrysostomos bis hin zu Arnobius und Augustinus.

Emanzipation der Rauheit: Von Christus bis Beuys

Man werfe einen kurzen Blick auf diese Tradition: Der christlich getaufte römische Rhetor Arnobius stellte in seiner kurz nach 300 entstandenen Schrift *Gegen die Heiden* fest, daß die christlichen Urkunden »von ungebildeten und rohen (*indoctis et rudibus*) Männern verfaßt wurden und daher den an eingängige Reden gewöhnten Menschen unglaublich klingen«.[32] Sein Schüler Lactanz zitierte und bestätigte die Ansicht des Hierokles, daß Petrus, Paulus und andere Jünger »roh und ungelehrt« (*rudes et indoctos*) gewesen sind.[33] Papst Gregor der Große erklärt drei Jahrhunderte später: Er vermiede in seinen Schriften weder Barbarismen, noch achtete er auf den richtigen Kasus hinter den Präpositionen, denn er hielte es geradezu für unwürdig, die Worte des himmlischen Orakels unter die Regeln des Donat zu zwingen.[34] Die gleiche Formel findet man in Gregors Widmungsbrief zu seinem umfangreichen *Hiobkommentar*.[35] Der große Theologe Petrus Damianus leitet eine seiner *Epistolae* mit der Bemerkung ein, daß er in »ungehobeltem Stil und mit rauher Stimme sprechen werde« (*impolito stilo, raucis vocibus*). Hier ist bereits das elfte Jahrhundert erreicht. An anderer Stelle kokettiert Petrus

Damianus mit der »rauhen Einfachheit und ärmlichen Stilisierung« (*rudis simplicitas et sermo pauperculus*) seiner Rede.[36] Und geht man noch einmal fünf Jahrhunderte weiter, dann rühmt sich Martin Luther in seiner Entgegnung auf die Abhandlung über die Willensfreiheit des Erasmus von Rotterdam, daß er »immer als Barbar in der Barbarei« gelebt habe.[37] Damit versetzte er auch dem Humanisten Erasmus einen Hieb, der in seiner Schrift *Antibarbari* (Gegen das Barbarentum) die Literaturfeindlichkeit der Barbaren gegeißelt hatte. Außerdem finden sich dort so kühne Sätze wie: »Ich will nicht die Frage aufwerfen, ob das Blut der Märtyrer mehr Nutzen gestiftet hat als die Federn der gebildeten Schriftsteller. (...) Doch unter dem Gesichtspunkt des Nutzens verdanken wir manchen Häretikern mehr als manchen Märtyrern.«[38] Mit seinem Barbarenbekenntnis führte Luther einen Schlag gegen den eleganten Stil des Humanisten; zugleich schrieb er sich in die Tradition der Antirhetorik ein. Zum gleichen Kontext gehört Luthers Bemerkung in seiner *Auslegung von Psalm 5*, daß die Worte der Heiligen Schrift »struppig und rauh« seien.[39] Über gut zwei Jahrhunderte hinweg reichte Luther den Stab weiter an einen anderen deutschen Antirhetoriker und protestantischen juvenilen Propagandisten der Rebarbarisierung der Sprache: In seiner Schrift über das Straßburger Münster *Von deutscher Baukunst* aus dem Jahre 1772 tadelt sich Goethe zunächst selbst, daß er das Gotische fälschlich stets als »barbarisch« abgetan habe. Dann erfolgt die Umwertung. Den Baumeister des Münsters, Erwin von Steinbach, preist der junge Dichter als »starke, rauhe deutsche Seele«.[40] Das ist der Beginn jener wilden, rauhen literarischen Tonart, die der Sturm und Drang anschlug. Der Dichter Lenz preist in seinen *Anmerkungen übers Theater* die »höllische Barbarei« der Dichter vor und unter Königin Elisabeth.[41] Dem 20. Jahrhundert fällt dann die Erkenntnis zu, daß nicht in jeder Hose Unsterbliches geschaffen werden kann. Adolf Loos erklärt im Jahre 1908: »Die symphonien Beethovens wären nie von einem manne geschrieben worden, der in seide, samt und spitzen dahergehen mußte.« Daher weiß er auch: »der neue Werther verblüfft die welt in schnürschuhen und schottischen strümpfen, kniehose und rock aus rauhem stoff.«[42] Jede Kulturrevolution strickte die gleichen groben Muster aus der gleichen rauhen Wolle. Und der Stand heute? Die Wertschätzung des Rauhen und Ungehobelten als Merkmalen des Authentischen, Ungekünstelten, Natürlichen kann in einer weitgehend illiteraten Gesellschaft nicht mehr über Redeweisen demonstriert werden. In unseren Tagen tut das ideologische Rauhe seine guten Werke eher in selbstgestrickten Wollpullovern, Lammfelljacken und Jutesäcken. Indem die Grünen als Fraktionen in verschiedenen Parlamenten die alte Funktion der *viva vox legis* wahrnehmen[43], treten sie das Erbe eines Charismas unpolierter Oberflächen an, das sie verpflichtet, im *stilus impolitus und* mit einer *vox raucis* zu sprechen. Das ist aber nicht der einzige Schrecken, der von den christlichen Barbaren geblieben ist. Lederjackengangs, Skinheads, Punks kultivieren in unbewußter *imitatio Christianorum* das Pathos und die Praxis des Ungehobelten und der rauhen Oberflächen. Eine Poesie des Rauhen bewunderte die vom Authentischen verhexte Welt zuletzt in der Filzromantik von Joseph Beuys.

Woher kommen der Filz und das Fett des Joseph Beuys? Von den Barbaren. Von den barbarischen Tataren, die Beuys im Jahre 1945 nach dem Absturz des von ihm gesteuerten Kampfflugzeugs fanden, seinen Körper mit einer fetten milchartigen Masse bedeckten und mit filzartigen Stoffen wärmten. Die Tataren verfügen über ein großes mythisches Renommee, seit der byzantinische Schriftsteller Nikephoros Gregoras von ihnen sang: »Ihre Kleidung ist ohne jede Kunst angefertigt, lediglich aus Tierfellen bestehend. (...) Ihr Leben ist (...) völlig friedlich. Da es dort weder Prozeßhändel und Streitigkeiten, noch Intrigen und Morde gibt, braucht man auch keine Richter, keine Gerichtshöfe und keine Rechtskunde. Nicht einmal Beredsamkeit (...).«[44] Andere bezeugen, daß die Tataren das »gehorsamste Volk der Erde« sind, ohne Mord, ohne Lüge, ohne Diebstahl, mit keuschen

Frauen.[45] Die Tataren müssen zufolge anderer Dokumente ihren Namen für die häßliche Seite des Barbarischen hergeben. Im 13. Jahrhundert belebte die Tatarenfurcht eines bevorstehenden Sturms der Mongolen das apokalyptische Szenario Westeuropas. Das Jahr 1260 sollte nach den Berechnungen der damaligen Endzeitspezialisten das Ende der Zeit oder nach Joachim von Fiore das Ende der zweiten Weltperiode und den Beginn des Dritten Reiches bringen. Die Ahnentafel Jesu in Matth. 1, 1–17 zählt bis Jesus 42 Generationen. Also umfaßte für Joachim auch die zweite Periode im Zeichen des Sohnes 42 Generationen, und für schnelle Rechner jener Zeit ergab die Multiplikation von 42 mit der durchschnittlichen Lebenszeit von 30 Jahren ein Ende der zweiten Periode um das Jahr 1260.[46] So springen Endzeitstimmungen aus Zahlen hervor. Rechtzeitig um 1240 plante Papst Innozenz IV. die Missionierung der Mongolen. Er bezeichnete die Tataren in einer Schreckensmeldung, die sich nach platonischer Methode aus ihrem Namen ableitete, als »Satans Boten und Diener des Tartarus«.[47] Seine Botschafter meldeten unter anderem, daß die tatarische Kleidung aus Filz geschnitten war. Und Dschingis-Khan nannte sein Volk »diejenigen, die unter Filzzelten wohnen«.[48] Auch das tatarische Fett kommt in den mythischen Nachrichten über die Mongolen vor. In der *Ystoria Mongalorum* des päpstlichen Gesandten Johannes Plano de Carpini, der im Jahre 1246 mit dem Großkhan Güjük, Dschingis-Khans Enkel, Verhandlungen führte, konnte man lesen, daß die Mongolen gelegentlich verflüssigtes Menschenfett über die Häuser ihrer Feinde gießen, das nahezu unlöschbar brenne.[49] In den Fettecken und im Kunst-Mythos des Joseph Beuys wenden die Tataren der Welt im Erneuerungsprozeß ihre freundliche, rettende Seite zu. Allerdings hat Beuys nachdrücklich bestritten, daß seine Plastikmaterialien Fett und Filz allein aus dieser biographischen Episode bei den Tataren kämen. Sie seien erst theoretisch fundiert worden: Als rauhe, organische Materialien dienten sie zur wirksamen Darstellung seines Konzepts der lebenden

Skulptur.[50] Aber auf Fett und Filz, auf den Tataren und auf der Ästhetik des Rauhen ruht eine solche Last traditioneller Signifikation, daß sich hier ein ganzes mythisches System erschließt. Gesprächsweise erklärt Beuys, daß diese Materialien einen Inbegriff der irdischen Existenz bildeten. Das sei aber nicht die ganze Wirklichkeit: »Nur zum Teil leben wir auf diesem Planeten – und haben hier zu tun mit Holz, Filz, Fett, Eisen, Gummi oder welchen Hilfsmitteln auch immer.«[51] Alle diese Materialien tragen eine intime Kraft der Verweisung auf eine andere Existenz in sich. Das ist ein Glaube, den Beuys nicht erst zu erfinden brauchte. Die Rauheit ist die materielle Beschaffenheit aller Stoffe, die uns das Recycling anempfiehlt. Rauh ist die Oberfläche der Jesusstoffe, der Wahrheitsstoffe, der Naturstoffe, der Jugendkultstoffe.

Die rauhe christliche Kultur markierte keineswegs das Ende der antiken glatten. Die Klugen oder die Gebildeten unter den christlichen Apologeten und den Kirchenvätern spielten das von Eduard Norden beobachtete Doppelspiel: Antirhetorik mit rhetorischen Mitteln, das Rauhe mit glatten Worten predigen. Sie waren zum Teil so ausgezeichnete Redner, daß die heidnischen Römer nur zur Unterhaltung in ihre Veranstaltungen gingen, wie zu den Sophisten, und auch mit lautem Beifall nicht geizten, was den Bischof Johannes Chrysostomos zu zornigen Reaktionen veranlaßte. Er erblickte in der Entartung der Messe zu einem Unterhaltungsmedium erste gefährliche Anzeichen für jenen Ruin, in dem eben zu seiner Zeit das römische Imperium versank.[52] Diese Kunst der Rede und ihre hohe Bildung wurde den großen christlichen Autoren der ersten Jahrhunderte dann auch bestätigt, wenn Lactanz (ca. 260–320) von seinen Hagiographen der »christliche Cicero« genannt wurde oder wenn Sulpicius Severus (um 400) ein »Sallustius Christianus« hieß.[53] Seit dem fünften Jahrhundert sitzen die barbarischen Christen so fest im Sattel oder auf dem kaiserlichen Thron, daß ihnen der alte Titel und das präkulturelle Gütesiegel lästig wird. Das Feld ist bereitet, um die Heiden, die Ungläubigen, aber auch die

Ungebildeten auf jener Barbarenposition festzunageln, die sie freigeräumt hatten. Das gilt nicht nur für die Antipoden (und Doppelgänger) des Kaisers. Jetzt konnten die Illiteraten wieder als Barbaren denunziert werden, ohne Sorge, daß die alten »Fischer und Zeltmacher« beleidigt reagieren würden. Aus der Zeit König Ottos III. (um 1000) sind entsprechende Urkunden überliefert. Dort werden Barbaren diejenigen genannt, die keine Ahnung vom römischen Recht haben; und die nähere Definition lautet: »Ein ungebildeter und barbarischer Lehrer vermag wahr und falsch nicht zu unterscheiden.«[54] »Die Kunst, wahr und falsch zu unterscheiden« – das ist exakt die Definition der Dialektik, wie sie die *artes liberales* seit Jahrhunderten überliefern.[55] Es mutet daher schon merkwürdig an, daß sich die christliche Kultur so entschieden romanisiert hat und sowohl das römische Recht als auch die *artes liberales* zum Maßstab für Barbarentum erhob.

Wie man Germanen entbarbarisiert I/II: Apologie und Taufe

Wenn die Germanen in der lateinischen Welt von sich selbst sprechen wollten, mußten sie sich den Namen *Barbaren* geben. Daher hießen jene Leute, die beispielsweise den Erlassen des Ostgotenkönigs und römischen Regenten Theoderich noch im fünften Jahrhundert zu gehorchen hatten, *barbari* und *Romani*.[56] Zur Serienreife waren bereits zwei Prozeduren gelangt, aus denen die Germanen kulturell geläutert und mit deutlich verbessertem Ruf hervorgingen. Nur noch der gallische Bischof Apollinaris Sidonius (ca. 430–486) hoffte im fünften Jahrhundert wie deutsche Gymnasiallehrer im neunzehnten, daß die Barbaren durch Vergil-Lektüre zivilisiert werden könnten.[57] Die wirklich erfolgversprechenden Verfahren zur Zivilisierung lagen in den Händen der christlichen Theologen, obwohl ja auch diese noch am eigenen Barbarentum zu tragen hatten: die Apologie der Invasoren und die Taufe. Den barbarischen Invasoren und Eroberern Roms schrieben die Historiker um den Bischof Augustinus eine wichtige Rolle in dem von Gott gelenkten Geschichtsprozeß zu. Als (unbewußt handelnde) Lanzenträger Gottes hatten sie dem sündigen Rom das Ende bereitet. Und diese geschichtsmetaphysische Mission bestätigte sich dann darin, daß die Germanen in großer Zahl zur Taufe bereit waren.

Orosius wurde bereits als Verfasser eines Werkes erwähnt, das die römische Geschichte als eine Folge von Interventionen Gottes auf Christenverfolgungen der Cäsaren erzählt. In diesen *Historiae adversum paganos* setzte Orosius eine eingehende Apologie der gotischen Barbaren auf. Er führte damit fort, was Augustinus im *Gottesstaat* kurz nach der Eroberung Roms durch Alarich 410 begonnen hatte. Darin hatte er gegenüber den römischen Heiden klargelegt, daß ihre Erklärung des Zusammenbruchs und der Eroberung Roms auf unzureichenden Beobachtungen beruhte. Diese Partei hatte nämlich behauptetet, Rom habe mit der seit Konstantin geübten Toleranz gegenüber den Christen die eigenen Götter verärgert und damit alle Kriegschancen vertan. Augustinus erinnerte nun daran, daß eine große Zahl von Römern und Christenfeinden den Sturm der Goten auf Rom nur darum überlebte, weil auch ihnen eine Zuflucht in christlich geweihte Stätten geboten worden war:

»(...) sind nicht auch solche Römer dem Namen Christi feind, die die Barbaren um Christi willen verschont haben? Das bezeugen die Gedächtnisstätten der Märtyrer und die Kirchen der Apostel, die damals bei der Plünderung der Stadt die Fliehenden, mochten es Christen oder Heiden sein, aufnahmen. Nur bis hierher drang der blutdürstige Gegner, an dieser Schwelle machte halt seine mörderische Wut (...). Wenn sie bei rechtem Verstande wären, sollten sie vielmehr das Bittere und Harte, das sie von den Feinden erlitten, auf die göttliche Vorsehung zurückführen. Denn deren Weise ist es, durch Kriege dem menschlichen Sittenzerfall zu begegnen und zu steuern (...). Jenes Widerfahrnis aber, daß sie (...) dem Kriegsbrauch zuwider von den grimmen Barbaren verschont wurden, das hätten sie den christlichen Zeiten zurechnen, dafür hätten sie Gott Dank sagen sollen.«[58]

Das ist unmittelbar an die römische Partei gerichtet. Die Zurückhaltung der Barbaren ist nach Augustinus zwar keine Leistung ihrer eigenen Milde, sondern Gottes Werk; aber er bereitete so die Erzählung seines Mitarbeiters Orosius vor, der die Germanen doch in ein höheres Barbarentum erhebt, indem er Beispiele spontaner barbarischer Frömmigkeit bei der Plünderung Roms 410 erzählt:

»Als die Barbaren die Stadt stürmten, stieß einer der Goten, der eine höhere Stellung bekleidete und christlichen Glaubens war, in einem kirchlichen Gebäude auf eine bereits recht alte Nonne. Ohne ihr irgend etwas Böses anzutun, verlangte er Gold und Silber von ihr. Sie zeigte ganz die Festigkeit einer Gläubigen und erklärte ihm, daß sie reichlich davon hätte, ließ es rasch herbeibringen und vorzeigen. Da der Barbar im Anblick der Reichtümer über deren edle Form, Menge und Schönheit erstaunte, sagte die Nonne, ohne zu ahnen, daß er die Besonderheit der Gefäße bemerkte, zu dem Barbaren: ›Das sind die geweihten Gefäße des Apostels Petrus. Nimm sie nur, wenn du es wagst...‹ Der Barbar, den die Gottesfurcht und der feste Glaube der Nonne ehrfürchtig stimmten, schickte einen Boten mit Nachrichten über das Vorgefallene zu Alarich: Dieser befahl, auf der Stelle alle heiligen Gefäße in die Basilika des Apostels zurückzubringen und auch die Nonne in Begleitung einer Eskorte dorthin zu führen und mit ihr alle Christen, die sich ihr anschlössen (...).«[59]

So hellte die theologische Geschichtspropaganda die ehedem düsteren Züge der gotischen Barbaren auf. Augustinus zitiert sogar Passagen aus Vergils *Aeneis* über die Plünderung Trojas, um vor diesem Hintergrund die Zurückhaltung Alarichs bei der Eroberung Roms zu unterstreichen. Selbst kultivierte Griechen wie Odysseus schonten nach Homers Zeugnis keine Götterbilder. Und ist nicht jeder Sturm auf Städte und Festungen so verlaufen? Ist nicht damit der Gotensturm auf Rom die gottgewollte Ausnahme?

»Man lese nach und zeige an, ob irgendwo bei der Eroberung einer Stadt durch ein Fremdvolk berichtet ist, daß die siegreichen Feinde diejenigen verschont haben, die bei den Tempeln ihrer Götter Zuflucht suchten, oder ob jemals ein barbarischer Heerführer Befehl gegeben hat, beim Einbruch in die Festung niemanden zu erschlagen, den man in diesem oder jenem Tempel antreffen werde.«[60]

Roms Sturz wurde von Gott strategisch gewollt und taktisch begrenzt. Daß er sich dabei germanischer Arme, Schwerter und Äxte bediente, findet seine Erklärung darin, daß diese Germanen zum Teil bereits getauft waren. Im Barbarenland gibt es noch Unschuldsreste. Doch Lobsprüche über die Barbaren fließen auch aus anderen Federn. Denn die Germanen erweisen sich der Mission gegenüber als sehr aufgeschlossen. Die Erzählung des Orosius von dem bereits getauften gotischen Soldaten ist nicht unwahrscheinlich, weil nach mehreren Quellen die Goten vor allem durch gefangene Christen bekehrt worden sein sollen. Eine Reihe von Dokumenten enthält auch Anhaltspunkte dafür, daß der berühmte Wulfila, unter dessen Namen die erste Bibelübersetzung ins Germanische überliefert ist, sein Amt als Bischof bei den Goten im Jahre 341 nicht in erster Linie zur Missionierung seiner Landsleute übernommen hat, sondern zur Betreuung von römischen Gefangenen und deren Nachkommen.[61]

Eusebios, der »Vater der Kirchengeschichtsschreibung«, berichtet in seiner Biographie Konstantins des Großen, die vermutlich kurz nach dem Tode des Kaisers 337 entstand, daß Konstantin die Skythen zähmte, sie aus »gesetzlosem, wildem

Zustand« erlöste und unter die Gewalt von *nomos* und *logos* brachte. Der byzantinische Kirchenhistoriker Sozomenos fügte in seiner einhundert Jahre später verfaßten Kirchengeschichte hinzu, daß der Kaiser Kelten, Galater und Goten christianisierte und dem *logos* zuführte.[62] Beide Autoren benutzen zur Veranschaulichung dieses Vorgangs die Begriffe *ἡμεροεῖν* (zähmen) und *μεταμορφοεῖν* (verwandeln). Das letzte Wort ist eine Bildung christlicher Autoren und muß in hellenischen Ohren barbarisch geklungen haben. Der Barbarismus *μεταμορφοεῖν* bezeichnet also jene vollständige Umwandlung, die das schlechthin Wilde durch magische Berührung mit dem christlichen *logos* erfährt. Vorher nahezu wilde Tiere, verwandelt sie die Taufe schlagartig, und sie erhalten, in den magischen Augenblick des Glaubens gebannt, was Kafkas Affe Rotpeter nur in langen Jahren der Zähmung erwarb. Die Taufe desanimalisiert und debarbarisiert die Germanen. Dieses Barbarentum birgt unter seiner rauhen Schale freilich nichts von jener Reinheit, spontanen Rechtlichkeit und linguistischen Ursprünglichkeit, die die Christen ihren Fischern und Zeltmachern zugetraut haben. Der Mythos von der kulturellen Metamorphose durch Taufe gehört zur christlichen Propaganda. Aber viele christliche Autoren, unter ihnen Orosius und Eusebios, bestätigen, daß sich die Barbaren, sobald sie die christliche Metamorphose durchmessen haben, in zivilisierte, sanfte Menschen verwandelten und willig die Häupter unter das Joch der christlichen Geistlichkeit beugten. Eusebios gibt sogar Beispiele: Die Perser heiraten nicht mehr ihre Mutter, die Skythen lassen vom Kannibalismus, andrere Barbaren hören auf, mit Tochter oder Schwester geschlechtlich zu verkehren.[63]

Das ist alles nicht ohne Paradoxien. Denn die gesetzlosen Barbaren werden debarbarisiert, um unter das Gesetz des christlichen Glaubens zu treten, das ja eigentlich mit Christus die Abschaffung des Gesetzes in Aussicht gestellt hat. Und hatte nicht auch Paulus die barbarische Gesetzlosigkeit als einen Mangel an Schrift, nicht aber an Gewissen beschrieben?

Es wäre freilich nicht nötig, heute noch Paradoxien des fünften Jahrhunderts zu lösen, wenn es nicht nach wie vor unsere eigenen Paradoxien wären. Der Barbar bleibt ein Phantom und ein imaginärer Erlöser unserer kulturellen Ermüdung und Auszehrung. Er ist ein Phantom des großen Spiels, nicht des kleinen. Die Kultur besteht aus unzähligen kleinen Spielen und aus dem großen, sie prinzipiell in Frage zu stellen. Diese Geste ist ererbt; sie bildet einen Atavismus. Das große Spiel kennt jedoch eine ganz spezifische deutsche Variante. Der germanische Barbar, den sich römische Historiker wie Tacitus ausdachten und den sich christliche Intellektuelle als Missionar von Gottes historischer Gerichtsbarkeit zurechtstutzten, wurde eine geschichtsmächtige Figur. Eine moderne Version dieser alten Geschichte formuliert Houston Stewart Chamberlain in seinem zunächst 1899 erschienenen Werk *Die Grundlagen des neunzehnten Jahrhunderts*, aus dem der letzte deutsche Kaiser und erste deutsche Führer ihre weltgeschichtlichen Lektionen lernten. Seine Lesart: »die Besitznahme des weströmischen Reiches durch die Barbaren (war) wie das Es werde Licht der Bibel.«[64] Adolf Hitler hat vorerst als letzter die rauhen Kleider dieses Erlösers getragen.

Imperiale Wunder an den Barbaren

Die Metamorphose des Barbaren gehört in die Klasse der Wunder. Denn es handelt sich um die gleiche Bewegung: ob Christus die Lahmen gehend, die Besessenen vernünftig, ob die Kirchenväter die Löwen zahm machen oder die Kaiser die wilden Barbaren fromm. Es werden charismatische Leistungen akkumuliert, die jenes unwiderstehliche Ereignis buchstabieren, das jeder Glaube benötigt: das Wunder. Kaiserliches Renommee und theologisches Charisma lassen sich aber nicht durch zufällige Großtaten gewinnen. Bekehrungen müssen entweder als Kettenreaktionen oder als Massenmetamorphosen bezeugt werden. Augustinus erzählt in seinen *Confessiones* ausführlich, wie seine Bekehrung als Kettenreaktion ablief. Voraus geht der Bericht des Ponticianus von den Umständen seiner Bekehrung. Sie erfolgte, als ihm gemeinsam mit Freunden zufällig die *Vita Sancti Antonii* des Bischofs Athanasios in die Hände fiel. Zufällig laufen ihre Augen über die Erzählung von der Bekehrung des heiligen Antonius. Die Lektüre dieser Passage wirkt so unmittelbar auf Ponticianus, daß auch er »augenblicklich« innerlich umgewandelt wurde. Die Bekehrung des Augustinus schließlich wird durch den Bericht von dieser Bekehrung durch eine Bekehrung ausgelöst und bildet so das dritte Ereignis in einer literarisch vermittelten Kettenreaktion von Bekehrungen.[65]

Besonderen Grund, Wunder zu bestaunen, gaben die Bekehrungen ganzer Völker. Sie folgten einer wohlbekannten Gruppendynamik: Erst bekehrte sich der Fürst, dann das ganze Volk.[66] Aber auch dabei mußte bisweilen ein Wunder das neue Wunder hervorlocken. Die Russen ließen sich von der Wahrheit des Evangeliums erst überzeugen, als eine ins Feuer geworfene Bibel nicht verbrannte.[67] Das Vorbild aller dieser Wunder stammt natürlich von Christus. Athanasios, von 328 bis 373 Bischof von Alexandria, umreißt die geographischen Dimensionen dieses Wunders in seiner Schrift *De incarnatione verbi:*

»Wann vermochte je ein Mensch solche Strecken zu durchmessen und zu den Skythen, Äthiopiern, Persern, Armeniern, zu den Goten und zu den jenseits des Ozeans wohnenden Völkern zu gelangen, oder auch nur die Ägypter und die der Magie ergebenen (...) Chaldäer aufzusuchen und dort von Tugend und Keuschheit zu predigen und gegen den Götzendienst zu sprechen, so wie dies unser Herr Jesus getan hat?«[68]

Lange vor McLuhans Wort vom »elektronischen Dorf« verwandelte der Heilige Geist die bekannte Welt in ein vernetztes System und ein postbabylonisches Paradies. Alle diese kriegerischen und stets in Händel verstrickten Völker verwandelten sich, kaum hatte sie das Wort Gottes erreicht, tief in ihren Herzen in friedliche und freundschaftlich denkende Anhänger Christi. Solche Wunder kommen also entweder in Kettenreaktionen, als spontane Ereignisse, oder aber sie gleiten auf der Macht frommer Fürbitten in die Welt. Viel beschrieben sind die liturgischen Bitten, die den byzantinischen Kaisern die Kraft zur wunderbaren Verwandlung der Barbaren erflehen sollten. Eine politische Theologie in rituellen Formeln. So betete der Priester nach den Sprachregelungen in der Liturgie Basilios' des Großen (etwa 330–379):

»Gedenke, o Herr, unseres frömmsten und gläubigsten Kaisers, den Du gewürdigt hast, auf Erden zu herrschen; bekränze ihn mit der Waffe der Wahrheit und des Wohlwollens, stärke seinen Arm, erhöhe seine Rechte, unterwirf ihm alle Barbarenvölker (...). Sprich zu seinem Herzen, was Deiner Kirche und Deinem Volke gut ist (...).«[69]

Der Kaiser ist nach den Formeln der byzantinischen Zeremonialbücher »Herr der Erde«, und es ist seine Mission, das Missionswunder in immer größeren Kreisen zu wiederholen und die Kulturmenschheit zu totalisieren. Dies lief auf das absolute Wunder eines »consensus universalis«[70] hinaus, der eine politische Form jener Kommunikationsideale darstellt, die die Neuzeit so ungeheuer bewegen wird[71] und heute noch als Diskursethik philosophisches Thema ist. Die Stärkung des Kaisers durch Fürbitten sieht auch die Karfreitagsliturgie des *Missale Romanum* vor:

»Wir beten für unseren christlichsten Kaiser, daß ihm unser Herr und Gott alle barbarischen Völker zu Untertanen mache, damit wir in dauerhaftem Frieden leben können. – Allmächtiger ewiger Gott, in dessen Hand die Macht und die Rechte aller Herrschaften liegen: Schenke dem Römischen Reich Dein Wohlwollen, damit die Völker, die in ihrer Wildheit hoffen, durch die Gewalt Deiner rechten Hand bezwungen werden.«[72]

Auf den Flügeln der Gebete und gestärkt durch die Zurufe, die den Imperator bei allen festlichen Gelegenheiten als *Sieger über die Barbaren*[73] preisen, tut der Kaiser das Werk im Namen Gottes und breiten sich die Wunder in aller Welt aus. Später sollen dann aber die wunderbar verwandelten Barbaren auch Dankbarkeit zeigen und Gottes Stellvertretern Honorare zahlen. In dem Streit um die Finanzierung der Türkenfeldzüge Mitte und Ende des 15. Jahrhunderts richtete der italienische Kurienkardinal Enea Silvio Piccolomini in seiner unter dem Titel *Germania* berühmt gewordenen Schrift das Wort an die Deutschen. Er erinnert sie daran, daß sie nur dank der römischen Mission aus der Barbarei befreit worden sind:

»Ihr habt ja vordem in tiefer Finsternis gelebt, unbekannt mit dem rechten Glauben, Götzendiener ohne Hoffnung auf das Heil, Hörige des Teufels, Diener der Hölle. Jetzt seid ihr Söhne des Lichts, nachdem ihr dank dem Rat des römischen Stuhls das Evangelium angenommen habt.«[74]

Ehedem Kinder der Hölle, sind sie jetzt Kinder des Wunders, das für zwei Dinge taugt, für den Glauben und für die Politik. Man darf aber hier bereits die Ahnung entwickeln, daß europäische Politik, sofern sie das Schwert in die Hand nimmt, immer wieder Entbarbarisierungen betreibt. Die Fürbitten, die dem Kaiser die Barbaren zu Füßen legen sollen, bereiteten verschiedene Typen von Liturgien der Gewalt vor, die ihr pragmatisches und sanktioniertes Doppel bildeten. Im 20. Jahrhundert, so kann man bei Ernst Kantorowicz nachlesen, gab es immer noch (faschistische) Wiederbelebungen des Kampfrufes *Es lebe König Christus*. Und Mussolini ließ durch seinen Erziehungsminister im Jahre 1929 ein Buch mit modernisierten *laudes regiae* herausgeben, die dem Duce, dem Ruhm Italiens, Frieden, dauerhaftes Leben und Heil erbaten.[75]

4
Die Liturgie des Barbaren

Beobachtungen

Noch im 20. Jahrhundert lebt der Byzantinismus des rituellen Herrscherlobs. Mussolini ließ ihn wieder einführen. Die Lobpreisung der faschistischen Herrscher weckte in ihnen wie in ihren mittelalterlichen Vorbildern Kräfte, die später die Historiker in Berichten über Tote, Verstümmelte und Vergewaltigte, über Schändungen, geraubte Güter und Trümmer bilanzieren. Das Gebet für den Kaiser/Duce fördert Halluzinationen. Die Gläubigen in Byzanz feierten jeden Sieg, selbst Siege bei den Spielen im Hippodrom, als Bestätigung ihrer rituellen Bitten.[1] Da nun die imperiale Mission von Gott aufgetragen wurde und Gottes Wille, die Barbaren zu besiegen, aus allen Mündern der Akklamatoren widerhallt, ist auch das vergangene Barbarentum (Heidentum) des Kaisers und seiner Vorgänger vergessen. Mehrere Jahrhunderte lang hatten Apologeten und Kirchenväter die barbarischen »Fischer und Zeltmacher« dafür gepriesen, daß sie als Apostel und Notare des Gottessohnes geschrieben haben. Jetzt hat sich aus der Sicht der Byzantiner die Welt wieder in zivilisierte Neurömer und barbarische Fischer (Altrömer) zerteilt. Die alte Differenz zwischen Hellenen und Barbaren trennt jetzt den Westen und Osten des Römischen Reichs. Diese Kluft, die die christliche Welt spaltet, beschreibt sich seit 800 in den alten Schemata. Byzantische Münder überschütten die Altrömer mit heftigen Schmähungen: »Der dumme ungebildete Papst weiß wohl gar nicht, daß der heilige Konstantin die Herrschaft der Kaiser, den ganzen Senat, die ganze Ritterschaft, hierher herübergeführt hat, in Rom aber nur gemeine Knechte, nämlich Fischer, Trödler, Vogelsteller, Hurenkinder, Pöbel und Sklaven zurückgeblieben sind.«[2] Der kaiserliche Gesandte Liudprand von Cremona mußte aus Anlaß einer Mission im Auftrag Ottos II. im Jahre 968 in Byzanz hören, wie man den Papst einen *homo barbarus* nennt.[3] Die neue Frontlinie zwischen Neu-Rom, deren Bewohner sich Rhomäer nennen, und dem Westen des Imperiums, deren Bewohner in der Nomenklatur der Byzantiner »Lateiner« heißen, hat sich spätestens nach 800 aufgebaut. Die Westeuropäer galten den Byzantinern als lateinische Häretiker, fränkische Usurpatoren, unhellenische Barbaren.[4] Auch diese Barbaren werden liturgisch dem Segen Gottes und dem militärischen Glück des Kaisers anempfohlen. Das hat seine unberechenbaren Effekte. Die Beschimpfung des Westens als *barbarisch* weckt den schlummernden Barbaren in christlichen Politikern, die sich als Kreuzfahrer verkleiden.

Die Liturgie, die dem Kaiser die göttliche Hilfe erbittet, damit er alle Barbarenvölker unterwerfen kann, provoziert als ihr Korrelat eine barbarische Liturgie, die in den Kriegen von westlichen und östlichen Christen nicht zum erstenmal die gewalttätigen Handlungen dirigiert. Die Gleichförmigkeit dieses grausamen Zeremoniells, das die europäischen Eroberer von Städten an verschiedenen Orten und zu verschiedenen Zeiten entfalten, führt vor Augen, wie machtvoll die kulturelle Prägung auch noch des barbarischen Krieges sein kann. Diese Paradoxie und ihre blutigen Szenarien wurden vielfach protokolliert. Auch der Krieg ist ein Ausbund der Kultur und arbeitet mit Zeremonialbüchern. Nichts wäre hier abwegiger, als den Krieg anzuklagen und ihm seine ewigen Schrecken vorzuhalten. Der Kriegsschrecken ist ein monotoner Affekt zu allen Zeiten, bei allen Völkern, in allen Ländern. Und nicht wenige Kriegsherren und Wortmetze preisen die Authentizität seiner Gesten. Ist nicht der Krieg ein ewiges Original und Fest authentischer Gefühle, während die Zivilisation im Betrug versinkt? Aber einem Blick ohne Schrecken und ohne Lust präsentiert sich die krude Originalität aller Würger und Eroberer als bestimmte Negation der Zivilisation. Die größten Anarchisten und Lobredner der

Wildheit sind Zwangsneurotiker. Die barbarischen Liturgien montieren gern Elemente friedlicher Rituale. An der Spitze der Würgerheere marschieren Eroberer und Erlöser. Auch Dschingis-Khan, seine Söhne und Enkel wollten der ganzen Welt Frieden schenken.[5] Besonders leicht werden barbarische Grausamkeiten daher von Kriegern begangen, die ihr Schwert im Namen von Ermächtigern wie Gott, dem Papst, dem Volk, der Natur schwingen. Nicht Mord und Massenmord in erster Linie, sondern die Massaker, in denen das Blut für zivilisatorische Errungenschaften vergossen wird, sind der Schrecken. Solcher Schrecken breitete sich zum Beispiel im April des Jahres 1204 in Konstantinopel aus, als französische und flämische Kreuzfahrer unter Führung einiger Feudalherren und des Dogen von Venedig das Neue Rom eroberten. Über die Ereignisse beim Sturm auf Konstantinopel durch christliche Kreuzfahrer, die mit dem Anspruch, gegen die Ungläubigen zu kämpfen, in der Stadt vier Tage lang mordeten, vergewaltigten, plünderten, schändeten und schreckliche Verwüstungen anrichteten, führte ein byzantinischer Gelehrter, Niketas Choniates, detailliert Protokoll. Der Bericht zeigt anschaulich, wie die Handlungen der Eroberer das Echo auf die Feldmessen bilden, die zu Beginn des Kreuzzuges gefeiert wurden. Dort predigten die beteiligten Bischöfe von Soissons, Troyes und Halberstadt:

»Der Krieg ist rechtmäßig, denn alle Griechen sind Verräter und Mörder, und sie sind treulos, und sie sind schlimmer als die Juden (...). Allen wird im Namen Gottes und des Papstes vergeben, die die Griechen angreifen (...). Habt keine Angst, die Griechen anzugreifen, denn sie sind die Feinde Gottes.«[6]

So eingestimmt darauf, daß die Verbrechen bereits vergeben sind, bevor sie begangen werden, beginnen die Kreuzfahrer ihr Geschäft in Konstantinopel: »Sie stürmten als eine heulende und brüllende Masse die Straßen hinab und durch die Häuser, ergriffen alles, was glitzerte, zerstörten alles, was sie nicht wegtragen konnten, und hielten nur inne, um zu morden und zu vergewaltigen oder zu ihrer Erfrischung die Weinkeller aufzubrechen. Weder Klöster noch Kirchen noch Bibliotheken wurden verschont.«[7] Die Chronik des Historikers gibt die Elemente der Liturgie im Überblick. Die Soldaten werfen sich ins Fleisch der Barbaren, indem sie das *fünffache Jenseits* erreichen: jenseits der Sprache, jenseits der Schrift, jenseits des Gesetzes, jenseits der Scham, jenseits der kulinarischen Codes. In Einzelheiten führt die Schilderung des Niketas Choniates:

»Was soll ich als erstes, was als letztes aufzählen von dem, was die blutbesudelten Männer zu tun sich vermaßen? O welche Schändung, als sie die verehrten Ikonen zu Boden schleuderten, als sie die Reliquien derer, die für Christus gelitten, auf abscheuliche Orte warfen! (...) Diese Vorläufer und Vorboten des Antichrist, die damals schon die lästerlichsten Untaten verbrachen, die jener einst tun soll, raubten die wertvollen Gefäße und Behältnisse des Heiligen, zerbrachen sie und steckten sie in ihre Taschen oder stellten sie als Brotkörbe und Trinkbecher auf ihre eigenen Tische. Ja, dieses Volk zog wahrhaftig, wie es das schon einmal getan hatte, Christus die Kleider aus und verhöhnte ihn, teilte sein Gewand und warf das Los (...). Und das war nicht der einzige Frevel. Nicht daß etwa hier mehr Abscheuliches geschah und dort weniger, sondern einmütig verübten alle überall die ärgsten Gotteslästerungen. Hätten etwa jene Schandbuben, die so gegen Gott wüteten, ehrwürdige Frauen, heiratsfähige Mädchen, Bräute Gottes, die sich der Jungfräulichkeit geweiht, verschonen sollen? Diese Barbaren mit Bitten zu erweichen, ihr Mitleid anzuflehen und sie nur ein wenig sanfter und milder zu stimmen, das war in jedem Fall ungeheuer schwer und kaum zu erreichen. So reizbar waren sie. (...) Das Unheil kam über jedes Haupt. In den Gassen war Weinen und Jammern, die Straßen erfüllte Klagen und Geheul, aus den Kirchen tönte Wehgeschrei, Männer seufzten, Frauen schrien, überall wurden Leute verschleppt, versklavt, gezerrt, aus den Armen ihrer Lieben gerissen. (...) Andere wiederum liefen mit Schreibfedern und Tintenfässern umher und kritzelten ihre Unterschrift auf allerlei Papiere, um uns als Schreiberlinge zu verhöhnen. Viele setzten auch die von ihnen vergewaltigten Frauen aufs Pferd, darunter auch manche vornehme Frau, die in ihrem langen Gewand, entblößten Hauptes, die Haare zu einem Knoten im Nacken zusammengerafft, umhergeschleppt wurde, während ihre Frauenhaube mit dem dichten, weißen Haar über den Schädel eines Pferdes gestülpt war. Den ganzen Tag schwärmten die Eroberer umher, tranken ungemischten Wein und fraßen. (...) das waren die Männer, die so viel frömmer waren als wir elenden Griechen, so viel gerechter und genauer im Befolgen der Gebote Christi, das waren die Männer, die, was noch schwerer wiegt, das Kreuz auf ihren Schultern trugen, die oft auf dieses Kreuz und die Heilige Schrift den falschen Eid geschworen, sie würden Christenländer ohne Blutvergießen durchziehen, nicht nach links abweichen, nicht nach rechts abbiegen, weil sie nur gegen die Sarazenen ihre Hand gewaffnet hätten und ihr Schwert nur mit dem Blut der Zerstörer Jerusalems färben wollten, das waren die Männer, die geschworen hatten, keine Frau zu berühren, solange sie das Kreuz auf ihren Schultern trügen, weil sie als gottgeweihte Schar im Dienste des Allerhöchsten zögen! Ja, als Schwätzer, als Verfertiger leerer Worte erwiesen sie sich in Wahrheit! Sie wollten Rache für das Heilige Grab nehmen und wüteten offen gegen Christus (...). So sind nicht die Ismaeliten! Ja, diese benahmen sich geradezu menschenfreundlich und milde gegen die Landsleute dieser Lateiner, als sie Sion einnahmen. Sie fielen nicht brünstig wiehernd über lateinische Frauen her, sie machten nicht Christi leeres Grab zu einem Massengrab, sie machten nicht den Eingang der lebenspendenden Stätte zu einem todesbringenden Hadesschlund und die Auferstehung Christi zum Untergang vieler, sondern sie gewährten allen Lateinern den Abzug, bestimmten für jeden Mann nur ein geringes Lösegeld und ließen alles übrige den Besitzern, auch wenn dies zahlreich war wie der Sand am Meer. So verfuhren Feinde Christi mit den christlichen Lateinern.«[8]

Hatte nicht Augustinus die Eroberung Roms 410 als eine durch religiöse Achtung limitierte Gewalt der Goten beschrieben? Hatte er nicht angedeutet, daß es eine ursprüngliche Frömmigkeit gibt, der sich auch der Barbar unter Diktat seiner in sein Herz geschriebenen Gesetze beugt? Und hatte nicht Orosius von der natürlichen Frömmigkeit des Alarich und seiner Heerführer erzählt? Alle europäische Kriegsgewalt, die als ein grausames Naturereignis über eine feindliche Stadt hereinbricht, folgt einer detaillierten Regie: Das Szenario ist geschrieben, längst bevor die Opfer ihren Augen nicht trauen, längst bevor die Historiker sich über ihre Berichte beugen. Zu den Liturgien und ihren Protokollen gehört jedoch stets der Hinweis, daß es unter diesen oder anderen Barbaren Ausnahmen, nämlich singuläre Beispiele frommer Scheu gegeben hat. So berichtet auch Niketos Choniates: Die christlichen Kreuzfahrer und Venezianer wüteten schlimmer unter den christlichen Byzantinern als die Sarazenen einst unter den Lateinern in Jerusalem. Der Unterschied zwischen Barbaren und Barbaren macht sichtbar, aus welchen Einzelartikeln diese Liturgie des Barbarischen besteht: Mißachtung des Schwurs, sexuelle Gewalt, Schändung der Toten, kulinarischer Exzeß, Raublust, Tilgung der Schrift, Ikonoklasmus. Die Liturgie des Barbaren ist lehrreich, weil sie die elementaren zivilisatorischen Regeln so grell beleuchtet. Daß der Krieg für materielle Güter und für die Ausübung von Macht geführt wird, ist ein triviales Datum und bringt die ebenso triviale Heerführerlogik der Kriegshandbücher hervor. Aber der Krieg ist mehr als eine Elimination der gegnerischen Kraft, mehr als die Durchsetzung eines Willens, mehr als der Gewinn einer Beute. Im abendländischen Krieg schlägt die Stunde des Barbaren. Die Stunde des Barbaren und seines Doppels, des Imperators, der auf die ins Herz geschriebenen

Gesetze hört. Die Aufgabe des einen ist der Beweis für die Möglichkeit einer Welt ohne Gesetz. Die Sorge des anderen ist der Beweis des Gegenteils.

Die Liturgie des Barbaren verlangt zunächst, daß jene Zeichen, die eben als symbolische Garanten oder ikonische Doppel dieses Gesetzes dienen, spektakulär außer Kraft gesetzt, geschändet und zerstört werden. Die Gewalt und die Demütigungen katapultieren den Feind aus der Ordnung seiner Welt. Alle diese Handlungen werden gerechtfertigt, nämlich ins Recht gesetzt, weil der Feind jenseits des Rechts steht. Er ist ja der Barbar, und was ihm widerfährt, ist seine eigentliche Wahrheit.

Die Eroberung Konstantinopels durch Venezianer und Kreuzfahrer ist wahrhaftig nicht das erste oder einzige Beispiel für die Liturgie des Barbaren. Sie ist die monotone Melodie aller Kriegsberichte. Knapp zwanzig Jahre zuvor hatten die Normannen, die mit Byzanz bereits seit längerer Zeit um die Vorherrschaft in Süditalien gekämpft hatten, einen großangelegten Eroberungszug gegen den östlichen Rivalen unternommen und dabei im Jahre 1185 Thessaloniki, die zweitgrößte Stadt des Oströmischen Reiches, erobert. Auch von diesem Ereignis ist ein Augenzeugenbericht aus der Feder eines Geistlichen überliefert. Er stammt von dem Bischof Eustathios, der viele Jahre das Amt des Erzbischofs in der Diözese Thessaloniki innehatte. Was er bei der Eroberung der Stadt durch christliche Soldaten sah, hielt er in lebhaften Bildern fest:

»Die ganze Stadt, von den Osttoren angefangen, füllte sich mit Barbaren. Sie mähten die Unsern nieder und türmten aus zahlreichen derartigen Garben ganze Haufen auf, von denen sich der Hades zu sättigen pflegt. Wer auf der Straße flüchtete und dort fiel, wurde sofort ausgeplündert und blieb nackt liegen. So wurden aus den Straßen improvisierte, jämmerliche Friedhöfe, und die Sonne schien auf Bilder, die sie nicht bescheinen sollte. (...) Einstweilen lagen nur gewöhnliche Tote da. Sobald aber der Feind sich den allzu starken Ansturm leichter machte und sich bittere Scherze erlaubte, konnte man auf der tauben Erde (wie es heißt) auch andersartige Leichen liegen sehen. Der eine Tote bildete mit einem daliegenden Esel ein Paar, ein anderer hatte einen Hund zum Lagergenossen. Die meisten dieser Gefallenen waren zum Spott in der Stellung des Kusses und der Liebesumarmung hingelegt. (...) Daß man die Straße durchstürmte und die Häuser übel zurichtete, kann man nicht als neue Erscheinungsform des Krieges bezeichnen. Daß man aber über die Gotteshäuser willkürlich verfügte, das grenzt meines Erachtens an eine Kampfansage an Gott. Denn die Barbaren drangen in jede einzelne Kirche ein und verübten drinnen Schandtaten, die Gott zur Rache herausfordern mußten. Wie viele heilige Männer, gleichsam gepanzert in ihren heiligen Gewändern, haben sie niedergeschlagen, die meisten so, daß sie tot waren, teils im geweihten Chor, teils außerhalb, wo immer die Mörder die Gottesdiener zufällig antrafen. Dann die vielen Laien, denen mit einem ›Kyrie eleison‹ auf den Lippen der Kopf abgeschlagen wurde! Dabei fragten die Lateiner: ›Was heißt *Kyrie eleison*?‹ und lachten. Die ehrwürdigen Frauen, die in der Kirche von der Geilheit der Barbaren besudelt und in ihrer Keuschheit vergewaltigt wurden, die Verheirateten, die Jungfrauen, die Bräute des Herrn – sie alle sollen Zeugnis ablegen wider die Schuldigen! Geringer mag noch das Elend sein, wenn eine nur von einem mißbraucht wurde. (...) Etwas Gutes kann ich hier über die Barbaren sagen. Einige schleppten nämlich die Leute, die sie in den Kirchen töten wollten, hinaus und brachten sie dann um. So mäßigten sie sich etwas in ihrer Schandtat. Andere trieben mit den Heiligtümern Spott, wobei sie die geweihten Bilder, die keinen kostbaren Schmuck besaßen, zerschlugen, von den andern den Schmuck durch Hiebe raubten. (...) Wie unendlich langmütig ist Gott, wenn er es über sich brachte, einen Barbaren lebend entkommen zu lassen, der auf den heiligen, ehrwürdigen Altartisch sprang, seine Scham entblößte und ihn in weitem Bogen anpißte? (...) Der Schlüssel für dieses staunenswerte Verhalten war ihre Unwissenheit und die Tatsache, daß sie ein zivilisiertes und kultiviertes Leben nicht kannten.«[9]

Dieser Bericht kündet von den gleichen Serien und dem gleichen zeremoniellen Verlauf der Gewalttaten: Mord, Vergewaltigung, Schändung der Toten, Entweihung der Heiligtümer, Ikonoklasmus, Raub. Auch in dieser Liturgie der Schrecken gibt es eine Ausnahme, von der Eustathios berichten kann. Unter den Barbaren lebt ihr eigener Antipode, der auf Gott hört: »Sie hätten ihr Werk ganz zu Ende geführt, wäre nicht die Gottheit ihnen entgegengetreten und hätte die Besseren unter den Barbaren schnell herbeigeführt, um das Unheil zu verhindern.«[10] Ausgerechnet ein Eunuch und höherer Beamter des Königs reitet in die Metropolitankirche und hindert dort seine Landsleute daran, weiter zu morden, zu plündern und das heilige Grab zu überfallen. Wieder einmal missioniert Gott einen Barbaren, um die Exzesse der Barbarei zu limitieren. Aber nicht nur Gott, sondern auch einige seiner irdischen Kreaturen protestieren gegen diesen Einbruch der präkulturellen, nomosfeindlichen Macht: die Hunde Thessalonikis. Eustathios erzählt, wie die wenigen Hunde, die die Wut der Eroberer verschont hatte, die Verletzung der natürlichen Gesetze reklamieren: »Wenn irgendwo ein Hund am Leben blieb, so bellte er einen Rhomäer an und lief ihm zu; einem Lateiner aber ging er knurrend aus dem Wege.«[11] Wo Menschen aus dem Gesetz der Natur austreten, gibt es noch letzte sprachlose Zeugen für diesen Schrecken.

Und ein letztes Dokument. Von der Eroberung Jerusalems durch Pompejus im Jahre 63 v. Chr. berichtet Flavius Josephus:

»Das Blutbad wurde darauf ein allgemeines. Die Juden wurden teils von den Römern, teils von ihren eigenen Landsleuten niedergemetzelt (...). So fielen gegen zwölftausend Juden, von den Römern dagegen nur sehr wenige. (...) Der Tempel aber, dessen Inneres sonst unzugänglich und keinem Auge sichtbar war, wurde schwer geschändet. Denn Pompejus drang mit einer Anzahl seiner Begleiter in das Innere ein und sah, was kein Sterblicher außer dem Hohepriester erblicken durfte. Obgleich ihm aber der goldene Tisch, der heilige Leuchter, die Opferschalen, eine Menge Räucherwerk und außerdem im Tempelschatz gegen zweitausend Talente Geld zu Gesicht kamen, rührte er aus Frömmigkeit nichts davon an, sondern benahm sich, wie man von seiner Tugend erwarten konnte.«[12]

Flavius Josephus (38–ca.100) stammte aus dem jüdischen Hochadel. Als Statthalter in Galiläa und als Befehlshaber im Krieg gegen Rom hatte er große Leistungen vollbracht. Aber diesen Bericht verfaßte er lange nach den Ereignissen als reicher Pensionär der Kaisers Titus. Die römischen Untaten bei der Eroberung Jerusalems übergeht er daher großzügig. Wohl aber gibt er ein weiteres Beispiel für den Barbaren, der zugleich die Regel und die Ausnahme bildet. Die Erzählung von den Greueln bei der Eroberung ist zugunsten ihrer frommen Limitierung ganz lakonisch gehalten. Der Feldherr betritt den Tempel und entweiht mit seinen Blicken das Allerheiligste, aber vor Schändung und Raub schreckt er zurück. Fromme universale Wirkung des Gesetzes. Damit ist in dem Römer Pompejus noch einmal jener barbarische Antipode des Barbaren zum Leben erweckt, der zu den Schrecken und Entartungen des abendländischen Krieges gehört.

Theorien

Es gibt Philosophen und Theoretiker der barbarischen Liturgie. Einer von ihnen ist Giovanni Battista Vico, der in seine 1744 (in überarbeiteter Form) erschienene Abhandlung *Prin-*

zipien einer neuen Wissenschaft ein Kapitel über die Wiederkehr der barbarischen Zeiten aufgenommen hat. Was es damit auf sich hat, soll später näher beschrieben werden.[13] In diesem Kapitel demonstriert der neapolitanische Gelehrte das alte und neue Barbarentum an bestimmten Formen der Kriegsführung. Das alte Barbarentum glaubte, wie Macrobius bezeugt, daß die besiegten Völker von ihren Göttern verlassen wurden. Daher lautete auch eine Rechtsformel, daß diejenigen, die sich ergeben hatten, dem siegreichen Volk »alles Göttliche und Menschliche schuldeten«. Das hatte Folgen für die Kriegsführung:

»So (waren) die späteren Barbaren bei der Einnahme von Städten an erster Stelle auf nichts anderes bedacht (...) als darauf, berühmte Hinterlassenschaften oder Reliquien von Heiligen aufzuspüren, zu finden und aus den besiegten Städten fortzuschaffen; von daher kommt es, daß die Völker in jenen Zeiten äußerste Sorgfalt darauf verwandten, sie zu vergraben und zu verbergen, weshalb zu beobachten ist, daß diese Orte in den Kirchen die innersten und tiefstgelegenen sind, und dies ist auch die Ursache dafür, daß fast alle Überführungen heiliger Körper in jenen Zeiten stattfanden. Und davon ist als Spur geblieben, daß die besiegten Völker alle Glocken der eingenommenen Städte von den siegreichen Heerführern zurückkaufen müssen.«[14]

Vico kommentiert hier nicht die komplette Liturgie des Barbaren; aber er unternimmt im Rahmen einer Theorie des Barbarischen den Versuch, bestimmte Elemente dieser Liturgie – Ikonoklasmus, Bilderraub – als Elemente eines religiösen Systems zu denken und zu erklären. Allein dieser Versuch ist interessant, auch darum, weil diese Artikel der barbarischen Liturgie nicht einer allgemeinen menschlichen Natur und/oder Grausamkeit zugeschrieben, sondern als Elemente der Kultur selbst erklärt werden. Sie haben einen Grund, die alte wie neue Barbarei stehen auf der Basis eines Glaubens und einer Rechtsordnung, die die Handlungen steuert. Zwar sind nicht alle barbarischen Handlungen in diese alte magische Rationalität getaucht, nicht das Morden, nicht das Quälen, nicht die Vergewaltigung, aber die Wissenschaft wendet sich dieser Frage zu.

Ein zweiter und Vico in vielerlei Hinsicht verwandter Theoretiker der barbarischen Liturgie ist Friedrich Nietzsche. In der späten Abhandlung *Zur Genealogie der Moral* richtet er den Blick auf die grauenhaften dionysischen Gewalttätigkeiten, die in der Geschichte so viele Dokumente des »Barbarischen« hinterlassen haben. Nietzsche setzt den Begriff selbst in Anführungszeichen, denn er isoliert aus der Sicht des Opfers mit moralischem Akzent, was einer Einheit des tragischen dionysischen Lebens zugehört. Die *Genealogie der Moral* räumt mit den Antinomien der Moral auf, weil die Unterscheidungen von gut und böse nichts sind als Einrichtungen jenes Willens zur Macht, dessen Monotonie und unzerstörbare Einheit alles philosophische Wissen bislang überfordert hat. Freilich hat Nietzsche kaum den einen Dualismus ausgeräumt, da bildet sich unter seiner Feder bereits ein neuer. Das Barbarische nennt der Denker von Sils Maria die wahre und ursprüngliche Natur des Menschen, ehe sie sich von der Zivilisation und der Sklavenmoral das schlechte Gewissen hat einbrennen lassen. So zeigen selbst die »vornehmen Rassen« zwei Gesichter, eines zum inneren Gebrauch und eines, das sie dem Feind zukehren: »(...) dieselben Menschen, welche so streng durch Sitte, Verehrung, Brauch, Dankbarkeit, noch mehr durch gegenseitige Bewachung, durch Eifersucht inter pares in Schranken gehalten sind, die andrerseits im Verhalten zu einander so erfinderisch in Rücksicht, Selbstbeherrschung, Zartsinn, Treue, Stolz und Freundschaft sich beweisen, – sie sind nach Aussen hin, dort wo das Fremde, *die* Fremde beginnt, nicht viel besser als losgelassne Raubthiere.«[15] Nur hier, im Krieg, studiert der Menschenbeobachter sein Objekt unter natürlichen Bedingungen. Nietzsches Dekonstruktion der Moral führt den Nachweis, daß das

System der ethischen Unterscheidungen nicht aus naturalen Begriffen besteht. Es sind vielmehr Gewaltakte der Zivilisation, die das Raubtier Mensch in einen schnurrenden Bewohner des Moralkäfigs verwandelt haben. Um die wahre Wahrheit in den Blick zu fassen, muß das Grausame, die Barbarei, renaturalisiert werden, und die *blonde Bestie*, der wahre Name hinter dem Pseudonym des »Barbaren«, ist das Ergebnis dieses Gedankenspiels. Wir schreiben das Buch über den Menschen neu und stellen fest: Die Liturgie des Barbaren kommt aus einem dionysischen Ursprung:

»Sie geniessen da die Freiheit von allem socialen Zwang, sie halten sich in der Wildniss schadlos für die Spannung, welche eine lange Einschliessung und Einfriedigung in den Frieden der Gemeinschaft giebt, sie treten in die Unschuld des Raubthier-Gewissens *zurück*, als frohlockende Ungeheuer, welche vielleicht von einer scheusslichen Abfolge von Mord, Niederbrennung, Schändung, Folterung mit einem Übermuthe und seelischen Gleichgewichte davongehen, wie als ob nur ein Studentenstreich vollbracht sei (...).«[16]

Das Tier, das verspricht, löst sich aus dieser Zwangsjacke des Vertragens. Es wäre absurd, Nietzsche hier der Rechtfertigung oder der Schönrednerei der Barbarei zu beschuldigen. Die barbarische Liturgie ist ein monotones Stück Wahrheit aller Kriegsgeschichten, aller Eroberungserzählungen und ist mit der Geste des Entsetzens nicht abzutun. Nietzsches Lesart dieser Wiederkehr der natürlichen Grausamkeit ruht einer Anthropologie auf, die den Menschen als aufrecht gehendes Doppel anderer wilder Tiere beobachtet und dabei nicht selten auch richtige Wahrnehmungen hat. Die Anthropologie Nietzsches bildet aber den falschen Versuch, das Barbarische zu renaturalisieren, um das Moralische zu kulturisieren und außer Kraft zu setzen. Aber welcher Befund spricht für diese Lesart einer spontanen Wildheit? Alle Dokumente zeigen: Die Liturgie des Barbaren wird stets in kollektiven Handlungen abgewickelt. Sie besteht aus einzelnen Artikeln der Grausamkeit, die befohlen, gerechtfertigt und liturgisch durchgeformt sind. Die Tierwelt, zumal die Faunawelt der realen *blonden Bestien*, kennt keine Vergewaltigung, keine Schändung von Symbolen, keine Folter, keinen Mord, kein Frohlocken. Sie tötet und frißt in einem instinktiven Ritual, aber streng funktionell. Das Barbarische ist eine ausgefeilte Zeremonie triumphierenden Überschwangs. Es bildet – nur anders, als Nietzsche es zu denken versucht – die Kehrseite der Zivilisation: Die barbarischen Priester singen ihre Litanei stets im Namen einer Zivilisation gegen eine vermeintliche Wildnis.

Zum Beispiel Ernst Jünger. Priesterlich, feierlich und ernst erklärt er der Welt: Der Krieg macht einer degenerierten Zivilisation, die nur aus flirrenden Oberflächen besteht, ein Ende. In seiner Schrift von 1922 *Der Kampf als inneres Erlebnis* errichtet er diesem Ende der Kultur ein Denkmal:

»Im Schoße versponnener Kultur lebten wir zusammen, enger als Menschen zuvor, in Geschäfte und Lüste zersplittert, durch schimmernde Plätze und Untergrundschächte sausend, in Cafés vom Glanze der Spiegel umstellt, Straßen, Bänder farbigen Lichtes, Bars voll schillernder Liköre, Konferenztische und letzter Schrei, jede Stunde eine Neuigkeit, jeden Tag ein gelöstes Problem, jede Woche eine Sensation. (...) Doch unter immer glänzender polierter Schale, unter allen Gewändern, mit denen wir uns wie Zauberkünstler behingen, blieben wir nackt und roh wie die Menschen des Waldes und der Steppe. Das zeigte sich, als der Krieg die Gemeinschaft Europas zerriß, als wir hinter Fahnen und Symbolen, über die mancher längst ungläubig gelächelt, uns gegenüberstellten zu uralter Entscheidung. Da entschädigte sich der Mensch in rauschender Orgie für alles Versäumte.«[17]

Der Krieg ist die Offenbarung einer anthropologischen Realität. Nicht die zerstreuten, flirrenden und vieldeutigen Zeichen der urbanen Zivilisation sprechen die Sprache des inneren Menschen, sondern die Fahnen und Symbole, die die einfachste Unterscheidung von Leben und Tod erzwingen. Und die wahre, wahrste Sprache sind Schrei und Jauchzen. Klirren statt Flirren. Der Krieg ist die Schule der anthropologischen Evidenzen:

»Die Verfeinerung des Geistes, der zärtliche Kultus des Hirns gingen unter in einer klirrenden Wiedergeburt des Barbarentums. Andere Götter hob man auf den Thron des Tages: Kraft, Faust und männlichen Mut. Dröhnte ihre Verkörperung in langen Kolonnen bewaffneter Jugend über die Asphalte, so hingen Jauchzen und ehrfürchtige Schauer über der Menge.«[18]

Doch die archaische Gestalt des Menschen kann nur mit den Mitteln der Kultur aufgerufen werden. Die Macht des Glaubens leitet jene Metamorphose ein, die die nackte Wahrheit des bestialischen Menschen ans Licht bringt. Der Theoretiker des ewigen Barbaren ebenso wie der Landsknecht wollen aber gerade das nicht wahrhaben. Die Träger und Ethologen der barbarischen Liturgie hassen nichts mehr als die unter der »dünnen Tünche einer sogenannten Kultur« laufenden Legitimierungen des Krieges. Da ist ihnen das reine Barbarentum lieber, wie es Dschingis-Khan artikulierte, wonach es die höchste Freude sei, »seine Feinde zerschlagen, sie vor sich herjagen, sich ihre Güter aneignen, in Tränen die Wesen sehen, die ihnen teuer sind, ihre Frauen und Töchter in seine Arme drücken«.[19] Der Leser Jünger erklärt diesen grausamen Erhabenheiten seine Liebe:

»Wenn asiatische Despoten, wenn ein Tamerlan das klirrende Gewölk seiner Horden über weite Länder trieb, lag vor ihnen Feuer, Wüste im Rücken. Die Bewohner riesiger Städte wurden lebendig begraben oder blutige Schädel zu Pyramiden gehäuft. Mit tiefer Leidenschaft wurde geplündert, geschändet, gesengt und gesotten. Trotzdem: diese großen Würger sind sympathischer. Sie handelten, wie es ihrem Wesen entsprach. Töten war ihnen Moral, wie den Christen Nächstenliebe. Sie waren wilde Eroberer, doch ebenso geschlossen und rund in ihrer Erscheinung wie die Hellenen in der ihren. Man kann Genuß an ihnen empfinden wie an bunten Raubtieren (...). Sie waren vollendet in sich.«[20]

Was ist die Liturgie des Barbaren? Sie ist der Inbegriff der Handlungen, die den Feind in die äußerste Randlage drängen, wo die Grenzen von Leben und Tod, von heilig und profan, von Gesetz und Anarchie, gut und böse, von Schrei und Sprache, Wirklichkeit und Bild ausgelöscht werden. Denkt man aber daran, daß neben Mord und Vergewaltigung in der barbarischen Liturgie feierlich die Vernichtung von Schriften, Bildern, Gedenk- und Erinnerungsorten begangen wird, dann liest sich daran ab, daß zur Rebarbarisierung des Feindes alle symbolischen, religiösen, mnemonischen Doppel seiner Existenz, die die Dauer der Kultur ausmachen, ausgelöscht werden. Wildes Vergessen über die Feinde und über sich selbst verhängen. »Wir sind reine Vergeßmaschinen«, notiert Ernst Jünger über die soldatischen Barbaren, die diesen Namen aber nicht vom Feind empfangen wollen: »uns ist (...) das Schrecklichste, (...) daß sie nie uns anders nennen als (...) Barbaren«.[21] Das Löschen der Erinnerung gilt psychologisch wie strategisch. Der Landsknecht und der Feind verwandeln sich durch die barbarische Liturgie in Bestien ohne Gedächtnis.

5
Der germanische Barbar als Retter der Welt

Wie man Germanen entbarbarisiert III: Tacitus-Interpretationen

Vermutlich ist der Deutsche, soweit er sich für einen Germanen hält, ein Buchphantasma. Welche mythische Macht Bücher entfalten, ist eben den Menschen und Gesellschaften, die sich aus den Konstruktionen dieser Bücher heraus ein Selbstbild erlesen haben, nicht mehr zugänglich. Die deutschen Ideologen und Ritter des Germanen-Mythos sind fester in Papier gerollt und gewappnet als der bücherwahnsinnige Don Quichotte. Aus Büchern erhebt sich das phantastische Wesen, dem der Germanist Klaus von See den zutreffenden Namen des »Lesebuch-Germanen« verliehen hat.[1] Wo kommt er her?

Nach dem Jahre 1806 machten sich deutsche romantische Dichter und Gelehrte daran, die Verluste auszugleichen, die die Aufklärung der christlichen Religion und die die französischen Truppen dem Heiligen Römischen Reich deutscher Nation zugefügt hatten. Um ein kommendes zweites und drittes Reich auf die Grundlage einer deutschen Mythologie zu stellen, beriefen sie sich vor allem auf ein Buch, das der römische Schriftsteller Publius Cornelius Tacitus zu Beginn des zweiten Jahrhunderts zur Unterhaltung und moralischen Besinnung der gebildeten römischen Gesellschaft verfaßt hatte: auf die *Germania*. Dieses Werk, eine Kompilation aus verschiedenen mündlichen Nachrichten über die Bewohner Galliens und Germaniens, aus literarischen Darstellungen vor allem Cäsars, Livius' und Plinius' und aus älteren ethnographischen Berichten, wurde in der Zeit des Humanismus und im 19. Jahrhundert zu einer Bibel des Deutschtums. Jacob Grimm schrieb in der Vorrede zur zweiten Auflage seiner zuerst 1835 erschienenen *Deutschen Mythologie*: »durch eines Römers unsterbliche schrift war ein morgenroth in die geschichte Deutschlands gestellt worden, um das uns andere völker zu beneiden haben«.[2] Eduard Norden, der 1920 eine genaue philologische Analyse zu den verschiedenen Quellen der *Germania* vorlegte, die eigentlich alle Gemüter hätte abkühlen müssen, schlug in die gleiche Kerbe und behauptete: »Kein Volk darf sich eines gleichen Kleinods rühmen.«[3] Wäre dieses deutsche Volk eine Nation aus Philologen, so hätte es sich ein kritisches Verhältnis zu diesem Text erarbeiten können. Aber viele der *Germania*-Leser, die ihre Lektüre festhielten, erwiesen sich in einem besonderen Maße als Gläubige, die die ethnographischen Klischees des Tacitus-Berichts als seriöse Mitteilungen auffaßten.[4] Aus dem Glauben an Tacitus entwickelte sich die Anbetung des germanischen »wild blickenden blauen Auges«, der »blonden Haare«, die alle Phantasten des Deutschtums immer noch in den hochragenden Schädel der Germanen pflanzen. Auf diesem Bild findet man neben vielen anderen Namen auch die Signaturen Nietzsches und Himmlers. Die rassische Einzigartigkeit des Germanen, die Tacitus und nach ihm ein Heer von germanophilen Buchgelehrten beschrieben, besteht indessen aus einer Montage ethnographischer Gemeinplätze über die nördlichen Völker, die Autoren wie Hippokrates, Aristoteles, Poseidonios, Strabo, Vitruv, Galen zusammengerafft und voneinander abgeschrieben haben.[5] So könnte man auch eine Rassenlehre der Gallier auf Asterix und Obelix gründen. Die Germanen des Tacitus blicken nicht nur aus blauen Augen; sie verfügen über eine Reihe von moralischen Eigenschaften und kulturellen Gewohnheiten. Dazu gehören Gastfreundschaft, Treue, Tauschhandel, Sittenreinheit, Tapferkeit, Freiheitsliebe, strenge Rechtsbräuche, Spielleidenschaft, Trunksucht. Aus den positiven Qualitäten dieses Registers setzt sich nun jener naturbelassene Bewohner der Wälder und Sümpfe zusammen, der von Tacitus bis auf den heutigen Tag einen erhebenden Kontrast zur römisch/romanischen Amoral, zu Geldhandel, Luxus, Korruption verkörpert.[6] Aus der *Germa-*

nia des Tacitus (und weiteren römischen Quellen wie Cäsars *De bello gallico*[7]) ließ sich ein Modell kultureller Frühe zusammensetzen, das der zivilisierten Welt den Zustand vor ihrer Entartung oder nach ihrer Apokalypse vor Augen führte. Auch dieses Germanische ist rauh, ursprünglich und aus Gottes frischestem Lehm. Es kommt unmittelbar aus der grünen Unschuld wie das Holzspielzeug unserer Kinder. Aus dieser Roheit, Rauheit, Einfachheit, Unmittelbarkeit formt eine literarische Tradition jenes reine deutsche Lesebuchwesen, das dann Rührmischungen des rauhen Jesus und des rauhen Germanen erlaubte. Jesus und Judas, Siegfried und Hagen bilden im mythischen Blick des 19. Jahrhunderts die gleiche Konfiguration.

Eine merkwürdige Kontinuität schleppt das Deutsche in seinen literarischen Verbrämungen aus den antiken Quellen von Buch zu Buch. Der Germane als präkultureller Brutalo oder als unschuldiger Beginn der Kultur selbst übernimmt das alte Amt des Barbaren. Er ist zugleich der Schrecken und die Zukunft der Zivilisation. Beide Züge finden sich bereits bei Tacitus. Im 15. Jahrhundert setzt die Wiederentdeckung und kontroverse Interpretation der *Germania* ein.[8] Diese Rezeption ist von Anfang an durch politische Interessen und nationale Gegensätze bestimmt. Im Vorstadium der Reformation und im Frühstadium des Nationalismus sank die Stimmung im europäischen Haus: Römische und deutsche Interpreten des Tacitus buchstabieren am Text der *Germania* entlang das Verhältnis von Kaiser und Papst sowie das Verhältnis von germanisch und welsch. Der italienische Kurienkardinal Enea Silvio Piccolomini, der am 19. August 1458 als Papst Pius II. eingesetzt wurde, erwarb um 1457 das einzige noch vorhandene Manuskript der kleineren Werke des Tacitus. Zur gleichen Zeit, in den Wintermonaten 1457/58, verfaßte er ein umfangreiches Schreiben an den Kanzler des Mainzer Erzbischofs Martin Mayr, das als Antwort auf eine ihm angeblich zuvor zugeleitete Klage aus Mainz konzipiert war. Diese Klage hatte Enea zwar selbst formuliert, sie enthielt indessen

Beschwerden, die tatsächlich mehrfach vorgebracht worden waren. Es ging um Geld. Das deutsche Episkopat hatte sich darüber beschwert, daß der päpstliche Stuhl immer neue Vorwände schuf, um Macht und Geld in Rom zu vermehren. Und so gibt Enea ironisch die Stimmen der deutschen Kläger wieder: »Tausend Möglichkeiten werden ersonnen, mit denen der römische Stuhl mit raffinierter List aus uns Barbaren ›Geld‹ herauslockt. Dadurch ist unser einst ruhmreiches Volk, das durch seine Tüchtigkeit und sein Blut das römische Imperium erworben hat und Herr und König der Welt gewesen ist, nunmehr an den Bettelstab gebracht (...).«[9] Auf diese (von ihm selbst zurechtgemachte) deutsche Klage antwortet Enea in einem ausführlichen Traktat über die Zustände in Deutschland, das nicht wenig schmeichelhaft ausfällt. Das positive Bild gewinnt seine hellen Farben vor allem dadurch, daß der Verfasser die Lage um 1450 mit den von Tacitus beschriebenen Zuständen aus dem ersten Jahrhundert vergleicht. Wem aber haben die Deutschen die Bildung, den Wohlstand und die blühenden Landschaften von 1450 zu verdanken? Enea gibt selbst die Antwort: »das also hat euch, ihr Deutschen, der apostolische Stuhl gelehrt, (...) diese Wohltat hat euch der apostolische Stuhl erwiesen, aus Ungläubigen hat er euch zu Christen gemacht, aus Barbaren zu Lateinern, aus Lastervollen zu sittlich Guten, aus Verlorenen zu Geretteten. (...) Und da empfindet ihr es als eine Last, Geld an die Kurie zu schicken, Annaten zu zahlen und eurer Mutter etwas Hilfe zu leisten.«[10]

Dankbarkeit und ewige Zinsen für die Entbarbarisierung durch den Papst! So beginnt die Geschichte der *Germania*-Rezeption. Im Verhältnis der Völker zueinander scheint sich jedoch nichts geändert zu haben, seit Tacitus sein Werk redigierte. Gleich wieder öffnet sich die alte Kluft zwischen (Post-)Barbaren und Lateinern, obwohl die Barbaren sich doch längst zu Herren des Römischen Reichs erhoben haben. Daraus aber, meinten die Römer, die sich in den Trümmern der Ewigen Stadt eingerichtet hatten, erwüchsen den Erben des Imperiums bestimmte Verpflichtungen. Das Verlangen nach Geld und Unterstützung hatte zudem einen ganz aktuellen Grund. 1453 war Konstantinopel von den Türken erobert worden. Eine neue Mission für die christliche Welt zeichnete sich ab: die Entbarbarisierung der alten christlichen Metropole. Und dazu liefert Tacitus dem Enea brauchbare Argumente. Haben sich die germanischen Barbaren nicht einst durch große militärische Tüchtigkeit ausgezeichnet? Und haben sie mit dem Imperium nicht auch die Lasten der Grenzverteidigung zwischen Kultur und Antikultur auf sich geladen? Zwei uralte, bekannte Argumente tragen Eneas Traktat: einmal der Gedanke, daß die Germanen durch Christus aus der Barbarei erlöst wurden; und dann die *translatio imperii*, die von Kaiser Konstantin angeregte kirchliche Lehre, wonach die Reichsherrschaft von den Griechen über die Römer auf die Deutschen übertragen worden ist.[11] Beides aber haben die Deutschen Rom zu verdanken. Enea hält mit gutem Grunde die Lehre von der barbarischen Herkunft der christlichen Philosophie aus dem Spiel. Der neue politische Streit zwischen Deutschland und Rom spielte sich jetzt erst einmal als Tacitus-Exegese ab. Denn der römische Kardinal hatte in dem publik gemachten Brief an Martin Mayr für den Geschmack der Deutschen die *barbarischen* Züge der Germanen, von denen Cäsar, Strabo und Tacitus wußten, allzu stark hervorgehoben. Eine Kostprobe aus Eneas Traktat: »Alles war grauenhaft, alles abscheulich, alles roh und barbarisch und, um es beim rechten Namen zu nennen, tierisch und brutal.«[12] Unerwähnt blieben die vor allem von Tacitus breit ausgemalten positiven Züge des germanischen Wesens, aus denen dann der humanistische, der romantische, der faschistische Deutschland-Mythos montiert wird: die einfachen und moralisch nicht korrumpierten Germanen als Missionare Gottes und als Erneuerer des morbiden Römischen Reichs. Das wird einmal die reichsoffizielle Auffassung jener Geschichte in Deutschland werden. Houston Stewart Chamberlain, Kaiser Wilhelms II. und Hitlers historischer Lehrmeister[13], erklärt unter Berufung auf Gibbon und den deutschen Historiker Otto Seeck: »Nur die Einwanderung der kraftstrotzenden Germanen hat das chaotische Reich noch künstlich ein paar Jahrhunderte am Leben erhalten.«[14]

Die auf Tacitus gestützte römische Propaganda wurde dann noch durch den päpstlichen Legaten Giovanni Antonio Campano fortgesetzt, der für den Reichstag in Regensburg 1471 eine effektvolle Lobrede auf die Deutschen aufsetzte. Auch er wollte die deutschen Fürsten endlich zu militärischen Handlungen gegen die Türken mobilisieren, die bereits bis in die Steiermark vorgedrungen waren. Vor allem galt es jedoch buchstäblich, den deutschen Kaiser Friedrich III. zu wecken, von dem der Legat ein starkes Schlafbedürfnis während der Verhandlungen berichtete. »Wenn er einst so kämpft, wie er jetzt schnarcht, werden wir gewiß siegen!«[15] Gerade diese Privatbriefe Campanos, der längere Zeit in Deutschland gelebt hatte, die zusammen mit der Regensburger Rede 1495 veröffentlicht wurden, gaben den deutschen Lesern Anlaß, die welsche Doppelzüngigkeit anzuklagen. Denn dort konnte man lesen, daß die »Barbarei der Geister in Deutschland ganz unglaublich« sei und daß ihm, Campano, nicht nur angesichts deutscher Sitten übel werde, sondern bereits beim Vernehmen des Namens Deutschland.[16] Auch Campano zitiert in seiner Rede vor dem Türkenreichstag Cäsar und Tacitus als Gewährsleute für germanische Tapferkeit und Unbesiegbarkeit, um den Deutschen die Schwerter aus der Scheide zu locken. Bekanntlich ist das nicht gelungen. Dafür aber wurden Eneas und Campanos Texte mit den Tacitus-Belegen von den humanistischen Literaten gründlich gelesen. Auf dem Umwege über diese Propaganda des Heiligen Stuhls ist in Deutschland Tacitus zur Kenntnis genommen worden. Die Antwort war wieder Literatur. In höherem Auftrage antwortete zunächst der elsässische Humanist Jakob Wimpfeling auf Enneas Traktat von 1458, das erst im Jahre 1496 gedruckt erschienen war. Im Jahre 1510 redigierte Wimpfeling eine Schrift mit der Überschrift *Gravamina Ger-*

manicae nationis (Beschwerden der Deutschen), die dann 1520 gedruckt wurde. Daneben verfaßte er als politische Antwort die *Responsae et Replicae ad Eneam Silvium*. Wichtig für den sich entwickelnden Deutschland-Mythos aus Tacitus ist hingegen seine Schrift *Germania* von 1501. Neben Wimpfeling beteiligen sich aber noch weitere humanistische Gelehrte an der Verarbeitung der guten und der kritischen Tacitus-Nachrichten und am neuen Design des alten Germanen. Conrad Celtis, der nach 1500 in Wien die erste Tacitus-Vorlesung gehalten hatte[17], veranstaltete nicht nur einen Nachdruck des Werks, sondern besang in seiner Elegiensammlung *Quattuor Libri Amorum secundum quatuor latera Germaniae*, die er 1502 mit einer Widmung an Kaiser Maximilian I. veröffentlichte, effektvoll die germanische *simplicitas*. Die Germanen sind danach keine wilden Bewohner einer kulturellen Vorzeit mehr, sondern Abkömmlinge eines sittenreinen Naturvolkes, das aus der paradiesischen Frühe der entarteten Kultur kommt: kein Geld, keine geschriebenen Gesetze, kein Schacher, keine Amoral, kein Luxus.[18] Zwar mußten die Humanisten mit Kummer anerkennen, daß diese Germanen keine Literaten waren, aber um so lauter feierten sie im Vorgriff auf die neue Geschichte des Germanen-Italien-Gegensatzes die barbarischen Tugenden, die ganz den Gegensatz zum römischen Luxus bildeten. Noch ist die Stunde nicht gekommen, wo der Papst selbst zum Feind der Deutschen wird. Aber alle Vorbereitungen dazu sind getroffen. Zugleich taucht dank der wiederentdeckten *Annalen* des Tacitus eine neue Figur aus dem Dunkel der Vergangenheit empor, die zur Verkörperung aller künftigen Gegensätze dienen kann: Arminius.

Wie man Germanen entbarbarisiert IV: Arminius-Mythen und Deutschland-Missionen

Das bedeutende Geschenk, das die Wiederentdeckung des Tacitus und später des römischen Offiziers und Historikers Velleius Paterculus (geb. etwa 20 v. Chr.) dem humanistischen Nationalismus darbrachte, waren genauere Nachrichten über die Varusschlacht, die den Historikern bislang nur aus der Augustus-Biographie des Sueton bekannt war, die das berühmte Wort des Kaisers überliefert: »Quintilius Varus, gib mir meine Legionen wieder.« Auch von Arminius wußte man nur sehr wenig. Nun gaben die *Annalen* des Tacitus zu lesen: »Arminius war unstreitig der Befreier Germaniens« (*liberator haud dubie Germaniae*). Da rauschten die Humanistenfedern in die Tinte.[19] Als erster erhob Ulrich von Hutten in einem seiner Lukians Totengesprächen nachgebildeten *Dialoge* von 1517 Arminius zum »Champion und Symbol deutscher Einheit und Freiheit«.[20] Er läßt Arminius vor dem Gericht der Totenwelt den Anspruch erheben, als Feldherr noch vor Alexander, Scipio und Hannibal genannt zu werden. Das wird auch vom zuständigen Gott Minos anerkannt. Minos erinnert sich sogar daran, wie er sich seinerzeit höchlich gewundert habe, daß Barbaren über solche militärischen Fähigkeiten verfügten. Gleich wird Arminius durch Minos auch noch von dem bei Tacitus erhobenen Vorwurf des Verrats an Rom freigesprochen. Ein reiner entbarbarisierter Held tritt eine beispiellose Karriere als deutsche Leitfigur an.[21] Die Geschichtsläufe und die sich wandelnden Feindbilder machen Arminius dann zum Doppelgänger verschiedenster deutscher Großen. Hutten gab mit seinem Arminius dem verehrten Kaiser Maximilian einen mythischen Vorläufer. Kurze Zeit später erschien dann eine Arminius-Biographie zur Erbauung des protestantischen Publikums, und die antirömische Verehrung, die darin dem Sieger der Varusschlacht entgegengebracht wurde, gilt ersichtlich dem Reformator.[22] Der Verfasser dieser *Geschichte Armins* aus dem Jahre 1535 war Georg Spalatin, ein Freund Luthers und Ratgeber des sächsischen Kurfürsten Friedrich des Weisen. Der Reformator selbst lieferte auch seinen Beitrag zur Hermann- und Germanen-Mythologie. Er äußerte 1538 in einem Gespräch über Tacitus die Ansicht, daß die »Germanen die beste Nation« seien und fügte die sprachgeschichtliche Vermutung hinzu, daß »h in g sich gewandelt hat, so daß sie Hermani geheißen haben«.[23] Hermann ist nach Luther sogar der Gründervater der germanischen Nation. Gut zweihundert Jahre später feiert der Dichter Friedrich Gottlieb Klopstock erst Friedrich den Großen und anschließend auch noch den deutschen Kaiser im Namen des Arminius. In Heinrich von Kleists Drama *Hermannsschlacht* (1808) verbirgt sich hinter dem Helden der deutschen Befreiung und Cheruskerfürsten sowohl der aktive Heinrich von Stein als auch der zögerliche preußische König Friedrich Wilhelm III. Aber keiner wollte das Schwert schwingen wie der Held des Teutoburger Waldes. Die alte Tacitus-Geschichte schenkte den deutschen Dichtern zugleich einen Namen für die vielen Feinde Deutschlands: Varus (als Stellvertreter des Augustus) konnte bei Spalatin als Synonym des Papstes gelesen werden, in Kleists *Hermannsschlacht* als Synonym Napoleons, in Christian Dietrich Grabbes *Hermannsschlacht* (1838) als Pseudonym der Restauration.

Klopstocks »Bardiete«, eine Bezeichnung, die an den Bericht des Tacitus über einen Gesang *barditus* bei den Germanen anknüpfen will, heißen *Hermanns Schlacht*, *Hermann und die Fürsten* und *Hermanns Tod* (1769, 1784 und 1797 erschienen). Sie legen Hermann in seinen Triumphen und bei seinem Scheitern rauhe Verse in den Mund. Dem Drama *Hermanns Tod* bescheinigte der Klopstock-Forscher Karl Kindt im Jahre 1941, als man das beurteilen konnte, »wahrhaft barbarische Großartigkeit«.[24] Das Urteil paßt eher auf Kleists *Hermann*-Dichtung. Dieses Tacitus-Drama wurde in einer ähnlichen Absicht verfaßt wie Campanos Regensburger Rede: Die deutschen Fürsten sollten zum Krieg angefeuert werden. Das ist von der Forschung inzwischen klar nachgewiesen worden.[25] Welche Mission er seinem Hermann für die Theaterschlachten des Jahres 1808/09 in die Rolle schreiben wollte, das brachte Kleist in einem Beitrag zu seinem geplanten Wochenblatt *Germania* im Jahre 1809 zu Papier. Der Beitrag trug den Titel *Was gilt es in diesem Kriege?*. Es galt nicht weniger als die Gemeinschaft namens Deutschland. Und was dieses Deutschland war, das kann die Welt noch heute erstaunen:

»Eine Gemeinschaft gilt es, deren Wurzeln tausendästig, einer Eiche gleich, in den Boden der Zeit eingreifen. (...) Eine Gemeinschaft, die unbekannt mit dem Geist der Herrschsucht und der Eroberung, des Daseins und der Duldung so würdig ist, wie irgend eine. (...) deren ausgelassenster und ungeheuerster Gedanke noch, von Dichtern und Weisen, auf Flügeln der Einbildung erschwungen, Unterwerfung unter eine Weltregierung ist, die, in freier Wahl, von der Gesamtheit aller Brüdernationen, gesetzt wäre. Eine Gemeinschaft gilt es, deren Wahrhaftigkeit und Offenherzigkeit, gegen Freund und Feind gleich unerschütterlich geübt, bei dem Witz der Nachbarn zum Sprichwort geworden ist; die, über jeden Zweifel erhoben, dem Besitzer jenes echten Rings gleich, diejenige ist, die die andern am meisten lieben (...); in deren Schoß gleichwohl (wenn es zu sagen erlaubt ist!) die Götter das Urbild der Menschheit reiner, als in irgend einer andern, aufbewahrt hatten. Eine Gemeinschaft, die dem Menschengeschlecht nichts, in dem Wechsel der Dienstleistungen, schuldig geblieben ist; die den Völkern, ihren Brüdern und Nachbarn, für jede Kunst des Friedens, welche sie von ihnen erhielt, eine andere zurückgab, eine Gemeinschaft, die, an dem Obelisken der Zeiten, stets unter den Wackersten und Rüstigsten tätig gewesen ist: ja, die den Grundstein desselben gelegt hat, und vielleicht den Schlußblock darauf zu setzen, bestimmt war. (...) Eine Gemeinschaft mithin gilt es, die dem ganzen Menschengeschlecht angehört; die die Wilden der Südsee noch, wenn sie sie kennten, zu beschützen herbeiströmen würden; eine Gemeinschaft, deren Dasein keine deutsche Brust überleben, und die nur mit Blut, vor dem die Sonne verdunkelt, zu Grabe gebracht werden soll.«[26]

Es gilt, Deutschland zu retten. Es gilt, die Welt zu retten. Es gilt, die Menschheit zu retten. Es gilt, den Anfang und das Ende der Zeiten zu benennen. Es gilt alles. Kleist gravierte seinem Hermann und dem preußischen König eine wahrhaft religiöse Mission ins Schwert. Dieser Kriegstext, dieser Kriegsermunterungstext, ist in jenem vibrierenden Pathos gehalten, das deutsche Autoren und Philosophen gerne zu Beginn eines Krieges anstimmen. *Was gilt es in diesem Kriege?* ist die Frage. Gehör verschafft sich die Unschuld einer »Gemeinschaft, die unbekannt mit dem Geist der Herrschsucht und der Eroberung« ist. Es spricht die deutsche Unschuld, »deren Wahrhaftigkeit und Offenherzigkeit, gegen Freund und Feind, gleich unerschütterlich geübt« wird. Das ist Tacitus ins Preußisch-Pietistische übersetzt. Mit diesen Tacitus-Periphrasen sorgt Kleist dafür, daß die Leser seiner geplanten *Germania* auch religiös gestimmt werden. Alle Mythisierungen und Zuschreibungen, die den germanischen Barbaren seit eineinhalb Jahrtausenden nach und nach in einen adamitischen Novizen in der verdorbenen Welt verwandelt haben, paßt er in seinen Kriegsruf. Durch Selbstlizenzierung (»wenn es zu sagen erlaubt ist«) legt er eine Weiheformel nieder, daß Gott im Schoß dieser deutschen Gemeinschaft »das Urbild der Menschheit reiner, als in irgend einer anderen« aufbewahrt hat. Das ist nicht wenig. Anfang und Ende der Welt umfaßt auch der Hinweis, daß die Deutschen den »Grundstein zum Obelisken der Zeit gelegt haben und vielleicht den Schlußblock daraufzusetzen bestimmt« sind. Anfang und Ende der Zeiten: Adam und Christus sind ins deutsche Blut gemischt, das – wenn es zu seinem Untergange vergossen werden sollte – die »Sonne verdunkelt«: Ende der Mitteilung, Androhung der Apokalypse.

Was ist aus dem germanischen, barbarischen Bärenfell-Arminius hier geworden! Er ist Träger der verlorenen Unschuld und Ankündigung des Endes. Kleist brauchte das nicht zu erfinden: Alle diese Formeln standen bereit. Die Barbaren kommen aus der paradiesischen Präzivilisation, das haben bereits antike Schriftsteller phantasiert.[27] Die Barbaren führen das Ende der Welt herauf, so haben christliche Schriftsteller wie Ambrosius die Ereignisse der Völkerwanderung kommentiert.[28] Doch blättert man durch Kleists *Hermann*-Drama, dann wird auch klar, daß dieser engelhafte Unschuldsmensch durchaus über die Mittel verfügt, um mit Blut die Sonne zu verdunkeln. Die Menschheit, die ihr Urbild im Schoß der Deutschen gespeichert wissen soll, muß wissen, daß sich dieses Urbild mit den brutalsten taktischen Maßnahmen am Leben zu erhalten entschlossen ist. Kleists Hermann will einen Krieg jenseits der alten Kriegskonventionen in Gang bringen, bei dem er vor keinem Mittel zurückschreckt. Die strategischen Grundzüge entstammen, wie Wolf Kittler gezeigt hat, dem durch Gneisenau für deutsche Zwecke ausformulierten Konzept des Partisanenkrieges der Spanier gegen Napoleon. Gneisenau hatte in einer seiner Denkschriften aus dem Jahre 1808, in denen er den preußischen König zum Volkskrieg gegen Napoleon ermutigen wollte, auch das Beispiel Hermanns erwähnt: »Wieviel der feste Wille, unabhängig zu sein, vermag, bewies Sartorius in Spanien, Claudius in Belgien, Hermann in Deutschland gegen das mächtige Römerreich (...).«[29] So rechnet auch Hermann mit einem Krieg jenseits der Gesetze:

> »Ich aber rechnete, bei allen Rachegöttern,
> Auf Feuer, Raub, Gewalt und Mord,
> Und alle Greul des fessellosen Krieges!«[30]

Die »barbarische Großartigkeit« des Kleistschen Hermann zeigt sich aber an anderen Stellen. Nur ein Beispiel. Als ihm der römische Offizier Septimus in die Hand fällt, gibt Hermann den Befehl, ihn zu töten. Daraufhin entspinnt sich folgender kurzer Dialog:

»Septimus. Wie, du Barbar! Mein Blut? Das wirst du nicht –!
Hermann. Warum nicht?
Septimus *mit Würde.* – Weil ich dein Gefangner bin!
An deine Siegerpflicht erinnr' ich dich!
Hermann *auf sein Schwert gestützt.*
An Pflicht und Recht! Sieh da, so wahr ich lebe!
Er hat das Buch vom Cicero gelesen.
Was müßt ich tun, sag an, nach diesem Werk?
Septimus. Nach diesem Werk? Armsel'ger Spötter, du!
Mein Haupt, das wehrlos vor dir steht,
Soll deiner Rache heilig sein;
Also gebeut dir das Gefühl des Rechts,
In deines Busens Blättern aufgeschrieben!
Hermann *indem er auf ihn einschreitet.*
Du weißt was Recht ist, du verfluchter Bube,
Und kamst nach Deutschland, unbeleidigt,
Um uns zu unterdrücken?
Nehmt eine Keule doppelten Gewichts,
Und schlagt ihn tot!«[31]

Hier vernimmt man den O-Ton und sieht das »Urbild der Menschheit« in Aktion. Zunächst zeigt sich Hermann aufgeschlossen für eine Debatte über das ungeschriebene Recht, soweit es Cicero in *De officiis* und in *De legibus* niedergelegt hat. Für einen Augenblick ließe sich denken, daß die Diskussion zwischen Kreon und Antigone über den Widerspruch von Staatsräson und göttlichem Gesetz wiederaufgenommen wird. Aber der Barbar geht nur zum Schein auf das Angebot ein. Hermanns Position ist reinste politische Theologie: Wer das Recht der Rechte bricht, nämlich fremden Vaterlandsboden erobert, der hat die Welt in jenen vorrechtlichen Zustand zurückgeholt, auf den die Liturgie des Barbaren antwortet. Römische Rechtstheorie ist für ihn, wie man 1968 zu sagen beliebte, nur imperialistische Ideologie. Der Appell des Septimus an die im Herzen aller Menschen niedergelegten Statuten Gottes, an die natürlichen Rechte und Pflichten, die immer gelten, hilft da gar nichts mehr. Es geht ja um alles. Da erhebt sich der alte Barbar zu voller Größe und greift zur Keule mit dem doppelten Gewicht. Das Barbarische läßt sich nicht mehr steigern, wohl aber das Gewicht der Keule, mit der das Recht liquidiert wird. Alle Herzensschriften verlöschen, die Sonne verdunkelt sich, weil das Blut des deutschen »Urbildes der Menschheit« vergossen wurde. Es erhebt sich der adamitische Unschuldsengel, der Vollstrecker des gleichen Gesetzes, das auch Michael Kohlhaas die Keule in die Hand drückt. Kohlhaas erklärte: »wer mir (den Schutz der Gesetze) versagt, der stößt mich zu den Wilden der Einöde hinaus; er gibt mir (...) die Keule, die mich selbst schützt, in die Hand«.[32]

Aber die Paradoxie will nun, daß der Krieg, den Kleists Hermann auf Papier und mit dem Schwerte geschliffener Jamben anstelle des preußischen Königs ficht, ausgerechnet um die Geltung und die Erhaltung jener deutschen Gemeinschaft geführt wird, die Anfang und Ende der Menschheit, Anfang und Ende der Welt, Anfang und Ende des Gesetzes in sich geschrieben weiß. Der Kleistsche Hermann ist nicht viel kleiner als Christus, auf jeden Fall aber wehrhafter. Dieser Abkömmling paradiesischer Unschuld und Gerechtigkeit verwandelt sich blitzartig in einen Priester der Barbarenliturgie. So wie diese Liturgie immer eine positive Gegenfigur zitiert, die die Geltung der Herzensschriften beweist, so kann dieser adamitische Germane seinen schwarzen Antipoden aus sich selbst hervorbringen.

Nicht viel anders erledigen die Germanen im *Hermann*-Drama des Detmolder Juristen und Dramatikers Christian Dietrich Grabbe ihr Pensum. Sie zeigen zwar nichts von der »barbarischen Großartigkeit« des Kleistschen Figuren. Aber auch sie tanzen, wenngleich schwerfällig, auf den Buchstaben der *Germania*. Grabbe versucht, in den Lesebuch-Germanen des Tacitus lateinische Porträts seiner westfälischen Landsleute wiederzufinden. Und so zeigen sie die verbriefte germanische Abneigung gegen das römische Juristenwesen und gegen die aus Rom importierten Verwaltungsbeamten. Sie sprechen, trinken und spielen, als sollte das Stück deutschen Gymnasiasten die Lektüre der *Germania* versüßen. Am Ende dann, wenn der Sieg erfochten und beinahe schon wieder vertan ist, geben sie ein wenig von ihrem barbarischen Naturell zu erkennen. Eine in ihrem Recht gekränkte Frau verlangt, daß Rache an einen römischen Schreiber genommen wird: »Nageln wir den krummnasigen Bengel bei seinen Ohren an eine Eiche, und reißt ihm die Zunge aus, damit er nicht mehr krächzen kann! *(Es geschieht, und andere römische Schreiber und Advokaten werden von den übrigen Deutschen ebenso behandelt)*«.[33]

Kleists Schrift *Was gilt es in diesem Kriege?* und die juristischen Dialoge aus seinem *Hermann*-Drama sind keine einzelgängerischen Diskurse. Das ist die politische und philosophische Stimmung der deutschen Intellektuellen um 1808. Die gleichen Gedanken trägt Johann Gottlieb Fichte in seinen während des Winters 1807/08 gehaltenen *Reden an die deutsche Nation* vor. Auch das sind *Germania*-Vorlesungen. Wieder erhalten die Deutschen den ethnischen Adelsbrief als »Urvolk«, als ein »absolut Erstes und Ursprüngliches«. Aber nicht nur die Deutschen sind nach Fichte ein Urvolk, sondern alle, die Urvolk sind, sind Deutsche. Der Nullpunkt der Geschichte läßt sich nach beiden Richtungen rechnen: Alle, die »die Freiheit wenigstens ahnden, und sie nicht hassen, oder vor ihr erschrecken, sondern sie lieben: alle diese sind ursprüngliche Menschen, sie sind, wenn sie als ein Volk betrachtet werden, ein Urvolk, das Volk schlechtweg, Deutsche«.[34] Überall, wo die Natur regiert, breiten sich deutsche Lande aus. So sammelt man die zerstreuten Völker wieder ein, so nagelt man die Polysemien der Kulturen an eine Eiche. Fichte spricht nicht als Philosoph vom Katheder, sondern als Agitator eines ersten und letzten Sinns von der Kanzel. Der deutsche Idealismus überschlägt sich hier zur religiösen Sprache empörter Kriegsverlierer. Darum muß in dieser welthistorischen Stunde ein anderer gottgewollter welthistorischer

Augenblick, der barbarische Augenblick, angerufen werden. Noch einmal muß die Welt gerettet werden. Es geht um alles. Die Schlußbemerkung in Fichtes letzter Rede ist unmißverständlich:

»Die alte Welt mit ihrer Herrlichkeit und Größe, sowie mit ihren Mängeln, ist versunken, durch die eigne Unwürde, und durch die Gewalt eurer Väter. Ist in dem, was in diesen Reden dargelegt worden, Wahrheit, so seid unter allen neuern Völkern ihr es, in denen der Keim der menschlichen Vervollkommnung am entschiedensten liegt, und denen der Vorschritt in der Entwicklung derselben aufgetragen ist. Gehet ihr in dieser eurer Wesenheit zugrunde, so gehet mit euch zugleich alle Hoffnung des gesamten Menschengeschlechts auf Rettung aus der Tiefe seiner Übel zugrunde. Hoffet nicht, und tröstet euch nicht, mit der (...) auf bloße Wiederholung der schon eingetretenen Fälle rechnenden Meinung, daß ein zweites Mal, nach Untergang der alten Bildung, eine neue, auf den Trümmern der ersten, aus einer halb barbarischen Nation, hervorgehen werde. In der alten Zeit war ein solches Volk, mit allen Erfordernissen zu dieser Bestimmung ausgestattet, vorhanden, und war dem Volke der Bildung recht wohl bekannt, und ist von ihnen beschrieben (...). Kennen wir denn nun ein solches, dem Stammvolke der neuen Welt ähnliches Volk, von welchem die gleichen Erwartungen sich fassen ließen? Ich denke, jeder (...) werde diese Frage mit Nein beantworten müssen. Es ist (...) kein Ausweg: wenn ihr versinkt, so versinkt die ganze Menschheit mit, ohne Hoffnung einer einstigen Wiederherstellung.«[35]

Die deutsche Nation kann nicht auf eine erneute Rettung der Welt durch Barbaren hoffen, wie es nach dem Untergang Roms geschah. Warum? Die Römer kannten ja, wie Tacitus uns bezeugt, das halbbarbarische Volk, das ihnen die Erneuerung bringen würde. Wir aber kennen nur die Deutschen. Ihnen allein ist die Rettung der Menschheit von Anfang an aufgetragen. Nicht die Barbaren des Anfangs, sondern die Barbaren der Jetztzeit, das Urvolk, das unsere weltgeschichtliche Stunde schlägt. Da es auf der Erde kein anderes Stammvolk gibt, da ja alle Stammvölker eigentlich Deutsche sind, ist ihnen diese Mission ins Herz geschrieben. Erneute, aus einer Metaphysik der Geschichte deduzierte göttliche Mission des Volkes, des barbarischen, des Christus-Volkes. Papst Gregor der Große konnte das Ende Roms noch mit dem Ende der Welt gleichsetzen: »Was wir über das Elend Roms sagen, das gilt für alle Staaten des Erdkreises.«[36] Jetzt haben sich die alten Formeln, die einer weltgeschichtliche Begebenheit nachgerufen wurden, auf die eifernde Zunge des deutschen Professors Fichte verirrt: Die Welt wird untergehen, wenn das deutsche Volk sie nicht rettet. Weiter kann man die germanische Debarbarisierung im Namen von Tacitus nicht treiben.

Barbarische Antipoden des Papstes: Luther, Tannhäuser, Papageno

Debarbarisierung und Rebarbarisierung. In Max Schneckenburgers berühmten Gedicht *Die Wacht am Rhein* wird Vater Hermann beschworen, am Rhein zu wachen:

»Auf blickt er, wo der Himmel blaut,
Wo Vater Hermann niederschaut,
Und schwört mit stolzer Kampfeslust:
›Du Rhein, bleibst deutsch, wie meine Brust!‹«

Das war im Jahre 1840, als das Gerücht aufkam, Frankreich wollte in einem europäischen Krieg den Rhein wieder zu seiner Westgrenze machen. Bereits 1813 hatte Ernst Moritz Arndt in seinem Manifest *Der Rhein, Deutschlands Strom, aber nicht Deutschlands Grenze* den Cheruskerfürsten Hermann erneut aus dem Grab der Literatur geholt.[37] Der Rhein zieht die mythische Grenze zwischen romanischer und germanischer

Welt, zwischen welscher und barbarischer Kultur. Aus diesem Grunde wurde der Rhein zu einer Art Katalysator im mythischen System, das die Unterscheidung der Kulturen bearbeitet. Cäsar blieb am Rhein stehen. Das war ein Schwerthieb durch eine europäische Kultur. Heinrich Heine beschreibt in seinen Memoiren *Geständnisse*, wie er angeblich am 1. Mai 1831 über den Rhein nach Frankreich ins Exil reiste. Wer immer bei Straßburg über den Rhein geht, den fallen die Schatten Cäsars, Arminius', Siegfrieds, Hagens an:

»Den 1. Mai 1831 fuhr ich über den Rhein. Den alten Flußgott, den Vater Rhein, sah ich nicht, und ich begnügte mich, ihm meine Visitenkarte ins Wasser zu werfen. Er saß, wie man mir sagte, in der Tiefe und studierte wieder die französische Grammatik von Meidinger, weil er nämlich während der preußischen Herrschaft große Rückschritte im Französischen gemacht hatte (...). Den Straßburger Münster sah ich nur von fern; er wackelte mit dem Kopfe, wie der alte getreue Eckart, wenn er einen jungen Fant erblickt, der nach dem Venusberge zieht.«[38]

Das ist eine Selbststilisierung als der Sänger Tannhäuser, der bekanntlich einige Zeit im Venusberg verbracht hat. Als er dann in die Welt zurückkehrte, zog er nach Rom, um vom Papst die Absolution für die süßen Sünden im Schoße der Venus erteilt zu bekommen. Der römische Stuhl zeigte sich aber dem deutschen Sänger gegenüber hartherzig und begnadigte ihn unter der unmöglichen Bedingung, daß das Holz des weißen Bischofsstabes wieder grünen würde. Darauf zog der verzweifelte Tannhäuser zurück in den Venusberg und war nicht mehr zu finden, als aus Rom die gute Nachricht eintraf, daß der Stab des Papstes grüne Blätter getrieben hatte. Heines Venusberg lag jenseits des Rheins.

Die Geschichte ist voller mythologischer und biographischer Anspielungen. Zunächst der Rhein, der Katalysator, der Tranformator.[39] Im Rhein versinkt Siegfrieds Hort – Ursprung, Verwandlungsmacht und Kernmotiv des Nibelungen-Mythos. Hagens Tat, die Kriemhild aller Macht berauben soll, ist der Wendepunkt der Handlung. Sie treibt Kriemhild in die ehelichen Arme des Hunnenkönigs Etzel.[40] Der Rhein ist eine kulturelle Grenzscheide wie die Donau[41], die die Burgunder überschreiten, um am Hofe des Hunnen Etzel und seiner Kriemhild den Tod zu erleiden. Sie werden auf der Hinreise unweit der Donau auch von einem getreuen Eckhart gewarnt, der ähnlich wie das Straßburger Münster bei Heines Rheinübergang 1831 unwillige Zeichen gibt. Warnen ist das Amt des getreuen Eckhart. Er warnt nicht nur die Burgunder des *Nibelungenliedes* vor dem »wilden Heer« der Hunnen, sondern auch in der deutschen Sage warnt er vor dem wilden Heer, das aus dem Venusberg hervorkommt, und dies vor allem in der Walpurgisnacht zum 1. Mai.[42] Es bedarf keiner strukturalistischen Vorbildung, um zu erkennen: Es warnt vor der gleichen Gefahr. Die *wilden Heere* sind die unberechenbaren barbarischen Armeen der Völkerwanderung. So haben sich historische Ereignisse in ein mythisches Gedächtnis eingeschrieben: Die Katalysatoren Rhein, Donau, Venusberg barbarisieren und entbarbarisieren.

Drei Mythen, drei Barbarenhistorien ruft Heine in seiner Erzählung vom Übergang über den Rhein herauf: die Nibelungenerzählung mit der Reise ins Barbarenland der Hunnen; den Rhein-Mythos, die Grenze zwischen welscher und germanischer Welt; und schließlich die Tannhäusersage und den Venusberg. In den Venusberg hat nach Heine die christliche Zivilisation auch die römischen, griechischen und germanischen Götter verbannt.[43] Und wenn am 1. Mai diese wilden Scharen aus der Tiefe des Berges kommen, dann wird für eine Nacht die alte heidnische Zeit wiederhergestellt. Tannhäuser ist nun wiederum wie Hermann ein heroischer und – in der Stilisierung von Richard Wagners Musikdrama *Tannhäuser* – ein artistischer Antipode des Papstes. Der Tannhäuser der Volksdichtung hatte von Frau Venus die Auflage erhalten, in aller Welt von ihr zu singen; ob er diese Auflage erfüllte, wird nicht berichtet. In Wagners *Tannhäuser*-Version nun bestreitet der Dichter, der aus dem Venusberg kommt, seinen Beitrag zum Sängerfestival auf der Wartburg mit einem Loblied auf Frau Venus, was ihm die sofortige Verweisung vom Hofe einträgt. Aber er ist der einzige unter den Künstlern, der, mit Hilfe der verrufenen Mächte, neue Klänge, neue Worte in die erstarrte Kunstwelt einführt. Der Barbar aus der Unterwelt erweist sich als der Erneuerer einer erstarrten und dem Untergang geweihten Kultur. So erzählt Wagner die Geschichte: Dank der Rebarbarisierung springt die höfische Welt in der Zeit voran und erreicht sie die Kunst der Moderne. Das Tannhäuserlied des 15. Jahrhunderts, das Heine in seiner Erinnerung an die *Elementargeister* des germanischen Aberglaubens zitiert, besang noch die reformatorische Zukunft. Tannhäusers in heidnischer Sprache gesungenes Venuslob zeigt, daß das neue Konzept der Gnade wirkungsvoller ist als der unbarmherzige Spruch, den der Papst und seine Juristen fällen. Das Unmögliche geschieht: Der Stab des Papstes fängt an zu grünen.

Carl Schmitt stellte die Diagnose vom antirömischen Affekt: »Nicht nur fanatische Sektierer, Generationen frommer Protestanten und griechisch-orthodoxer Christen haben in Rom den Antichrist gesehen oder das babylonische Weib der Apokalypse.«[44] Hinzu kommen Aufklärer, Marxisten, Anarchisten. Schmitt erwähnt nur kurz den britischen Rassentheoretiker Chamberlain, der die Formel prägte: »Die römische Kirche (...) war von Hause aus und notwendiger Weise die Schild- und Waffenträgerin aller antigermanischen Bestrebungen. (...) Und dennoch verdankt sie ihre Existenz den Germanen!«[45] In Rom war man entgegengesetzer Ansicht. Enea Silvio Piccolomini verstärkte diesen antirömischen Affekt durch seine Versuche, die Deutschen Dankbarkeit für die päpstliche Entbarbarisierung zu lehren. Die antipäpstlichen Leidenschaften in Deutschland umgaben sich trotzig mit allen Insignien des Barbarischen. Nicht Luther, der immer »als Barbar in der Barbarei« gelebt haben wollte, verfaßte das ästhetische Progamm des rauhen, unzivilisierten antirömischen Affektes. Aber er war der beredteste aller Papstfeinde. Man erkennt in dem Anathema, das die *Babylonische Gefangenschaft der Kirche* gegen den römischen Stuhl schleudert, ein Muster, das später unermüdlich variiert wird: »Das Papsttum ist wirklich nichts anderes als das Reich Babels und der leibhaftige Antichrist. (...) dies alles hat die päpstliche Tyrannei schon seit vielen Jahrhunderten im Übermaß erfüllt. Sie hat den Glauben ausgelöscht, das Evangelium unterdrückt, ihre eigenen, nicht nur ganz gottlosen und gotteslästerlichen, sondern auch unmenschlichen und ganz törichten Gesetze durchgesetzt und endlos vervielfacht.«[46] Der päpstliche »Antichrist« stößt hier auf seinen Antipoden, der ihm seinen Barbarennamen aufnötigen will. Denn *Barbar* ist auch einer der zahlreichen Zweitnamen des teuflischen Antichrist.[47] Der römische Antichrist trägt Schuld an einer Hypertrophie und Polysemie der Gesetze, während alle Erfahrung, die Luther reklamiert, für die natürlichen Gesetze spricht: »Kein Staat kann nur mit Gesetzen gut regiert werden. Wenn nämlich der Rat gut ist, wird er mit natürlichen Empfindungen alles besser regieren als mit Gesetzen.«[48] Die Reformation tritt ein in die Geschichte der Barbarisierung durch Reduzierung der Polysemien und Recodierung des Rechts durch die Natur der Herzen.

Luthers stolze Selbstbezeichnung als Barbar und seine Übersetzung der beiden biblischen Bücher in diese barbarische Sprache haben auch etwas mit der Poesie und der legitimen Barbarei der Poesie zu tun wie die Venuslieder des sagenhaften Tannhäuser. Davon singen bereits die alten Kirchenmänner. In den *Stromata* (»Gedankenteppichen«) des großen alexandrinischen Gelehrten Clemens Alexandrinus, die etwa um das Jahr 200 verfaßt wurden, findet man den Hinweis auf die verbreitete Vorstellung unter Christen, daß Gebete in barbarischen Sprachen wirkungsvoller (*εὐχάς/δυνατωτέρας*) seien.[49] Noch Origines fühlt sich zu dem Hinweis an Celsus veranlaßt, daß Gott auch andere Sprachen außer den barbarischen und griechischen Dialekten verstünde.[50] Hier bewegen sich die Gedanken des Kirchenvaters in Bereichen der Sprachmagie, die aus jüdischer Tradition stammt. Für Origines kann kein Zweifel daran sein, daß Gebete, die in eine fremde Sprache übersetzt werden, alle Kraft und Wirkung verlieren.[51] Barbaren, betet auf barbarisch! Die Sprachen barbarischer Völker genießen in dieser alten Vorstellung darum besonderen Kredit, weil sie als schriftlose Medien noch nicht der Berarbeitung durch Grammatiker und Rhetoren unterliegen. Poesie ist der barbarische Zustand der Sprache. Darum auch fluchte der Dichter Hölderlin gerne auf französisch.

Luthers berühmte kräftige Sprache stammt nach eigenem Bekenntnis aus der Barbarei.[52] Noch Jacob Grimm unterstreicht die Rauheit der deutschen Sprache, »was sie nicht zu allem untüchtig macht, zu manchem befähigt. deutscher art angemessen ist ein sinniger ernst, der sie dem eitlen entführt und auf die spur des erhabnen leitet.«[53] Und nun gibt es eine weitere Verbindung des antirömischen Affekts, der Barbaren-Mythologie und der Poesie. Den Hinweis liefert wiederum Carl Schmitt. Spöttisch verweist er auf eine besonders triviale Version der antipäpstlichen Propaganda in Mozart/Schikaneders *Zauberflöte*: »Es gibt nichts Furchtbareres als diese beliebte Oper, wenn man sich nur die Mühe nimmt, sie unter einem großen ideengeschichtlichen Aspekt zu sehen. Man muß sie mit Shakespeares Sturm vergleichen und erkennen, wie aus Prospero ein freimaurerischer Priester und aus dem Caliban ein Papageno gemacht worden ist.«[54] Mozarts Papageno ist nach eigener Auskunft »so ein Naturmensch«[55] und stammt daher für das ethnologische Auge Schmitts aus dem Volke der Calibans. Dagegen repräsentiert die Königin der Nacht die Mutter Ecclesia, die Kirche. Sie ist die ins Märchenwienerische übersetzte nächtliche, nämlich schwarze Gegenwelt der freimaurerischen, aufgeklärten, lichten Humanität. Es gibt in der *Zauberflöte* zwei Katalysatoren, die den rituellen Übergang aus dem Barbarischen ins Humane bewerkstelligen. Das ist einmal der Klang der Zauberflöte, das aus dem Holz einer tausendjährigen Eiche geschnittene Instrument, das wilde Tiere und Barbaren magisch verwandelt wie Gottes Wort.[56] Und es gibt den Katalysator des Verstummens und des Todes. Taminos Initiierung in die Welt Sarastros erfolgt in einer Probe auf Todesmut und Verschwiegenheit. Die gleiche Probe besteht Papageno erst in der Wiederholungsprüfung. Er hat es ja auch schwerer, denn er ist der Naturmensch, der die Unterscheidung von *wahr* und *falsch* nicht beherrscht, dem die Differenz der Dialektik, nämlich *veris a falsis discernere*[57], nicht zur Verfügung steht. Das Gesetz nimmt Papageno, dem gefiederten Lügner, eine Zeitlang die Sprache (das Schloß, das seinen Mund verschließt). Das wird sich auch wiederholen. Zur Einleitung seiner Zivilisierung geht er durch die ein wenig komische Todesläuterung. Danach aber, das ist die poetische Idee, tritt er mit Papageno in eine neue Welt ein, und beide erlernen noch einmal das Sprechen. Das naive Duett, in dem beide aus den buchstäblich *barbarischen* Urlauten pa-pa-pa-pa-pa-pa den Namen des/der Geliebten formen, setzt einen solche Neubeginn des Sprechens in Szene.[58]

Das ist die operettenhafte Umsetzung des weltpolitischen Gedankens, daß der Papst der barbarische Antichrist ist und daß die wahren, neuen, ursprünglichen Worte aus einer Ursprache kommen, die allem Barbarischen vorhergeht. Da hat Carl Schmitt recht, daß diesem Stück alle Größe fehlt und daß hier der älteren Wächterin der Humanität, wie er meint, der römischen Kirche, kein ernsthafter Widerpart gegenübergestellt wird. Kein Zweifel: Dieser Widerpart wird der Nationalstaat des 19. und 20. Jahrhunderts sein, dem unzählige Theoretiker und Praktiker der Rebarbarisierung dienen werden.

Poetische und ikonische Emblematik des Barbaren

Der Barbar, so wurde gesagt, ist eine Figur aus der Reserve. In Krisensituationen, unter Endzeitstimmungen wird er beim Namen gerufen. Man konnte bisher seine Auftritte während der mythischen historischen Krisen verfolgen und sehen, wie der Barbar seines Amtes waltet: beim Ende Griechenlands, beim Ende Roms, beim Ende der heidnischen Götter, beim Ende des Papstes, beim Ende Deutschlands. Das sind noch längst nicht alle Krisen und apokalyptischen Augenblicke. Es wird noch weitergehen. Aber da hier der legitime Barbar, der Barbar der Poesie, bereits mehrfach vorgetreten ist, soll auch noch eine Seite seines Schicksals sichtbar werden. Wie überlebt der Barbar? Das ist keine Frage an das historische Gedächtnis: Dort gewährleisten Bücher und Bilder dem Barbaren eine komfortable Ewigkeit. Wie aber überlebt der Barbar im Imaginären dieser Kultur, die ihn in unregelmäßigen Abständen aufruft, damit er entweder dem Schrecken einen Namen gebe oder der Hoffnung auf Erneuerung? Bekanntlich ließ das Imaginäre der Deutschen den Kaiser Friedrich II. in Bergen und Höhlen überleben. Im Kyffhäuser wartet Barbarossa auf den Augenblick seiner Wiederkehr.[59] Der (poetische) Barbar hingegen überlebt in Ruinen, zumal in den Ruinen Roms.

Von den frühesten Schreckbildern, die den Untergang Roms vorhersagen, bis in unsere Zeiten hat dieser Barbar eine emblematische Existenz in den Ruinen der Ewigen Stadt gefristet. Den Ausgang für diese Vorstellung bildet die sechzehnte *Epode* des Horaz, wo die schwarze Zukunft der Stadt in folgendem Prospekt erscheint:

»Wir, die Sündbrut verfluchten Geblüts, wir stiften Verderben
Und wilde Tiere hausen wieder hierzuland.
Weh, der Barbar steht siegreich auf Aschehalden, der Hufschlag
Der Feindesrosse dröhnt laut durch die Römerstadt«.[60]

In der Literatur und Ikonik des römischen Untergangs wollte dieser Barbar die Trümmer nie mehr verlassen. Tausend Jahre nach Horaz klagte ein heute vergessener Dichter, Petrus Pictor, in seinem Gedicht über die *Zerstörung des römischen Reichs*: »Rom, zur Zeit seiner Macht die Hauptstadt der Welt (...), ist jetzt nur noch eine Höhle voller Diebe, sein Palast eine Hütte der armen Leute.«[61] Die Geschichte der von Erinnerungen und von Trauer geschüttelten Rombesucher und der römischen Ruinensentimentalität ist vielfach erzählt worden. Sie reicht von Petrarca oder der Trümmermelancholie der *Carmina Burana* bis in unsere Tage.[62] Die namhafte Dichtung, die in ihrem historischen Gedächtnis immer wieder die Ruinen der Ewigen Stadt wachsen läßt, setzt vielleicht nicht zufällig mit dem Tacitus-Wiederentdecker Enea Silvio Piccolomini ein, der um 1450, acht Jahre vor seiner Wahl zum Papst Pius II., die Trümmer Roms besang und sich darüber beklagte, daß die Römer den Marmor zu Kalk brennen, um neue Gebäude daraus zu errichten.[63] Eine Motivreihe kehrt in dieser Dichtung immer wieder: Die Ruinen, stolze Zeugen einer großen Vergangenheit, werden jetzt von wilden Tieren oder von Hirten bewohnt. Oder aber die Besucher der Jetztzeit erscheinen dem Beobachter als die neuen Barbaren.[64] Das Motiv erreicht über die berühmten Ruinenbilder Piranesis die literarische Empfindsamkeit des 18. Jahrhunderts. Denis Diderot schreibt 1765 über die Ruinenbilder Servandonis: »und schon lange ist die unzählbare Menschenmege verschwunden, die hier um diese Denkmäler herum lebte, sich erregte, sich bewaffnete, sich haßte, Pläne machte. Unter diesen Menschen gab es einen Cäsar, einen Demosthenes, einen Cicero, einen Brutus, einen Cato. An ihrer Stelle sind es jetzt Schlangen, Araber, Tataren, Priester, wilde Tiere, Brombeersträucher, Dornen. Wo Menschen und Lärm herrschten, gibt es nur noch Schweigen und Einsamkeit.«[65] Auch die romantische Romsentimentalität besiedelte die Ruinen mit alten und neuen Barbaren. Der 1803 zum römischen Legationssekretär Napoleons ernannte Schriftsteller François René Vicomte de

Chateaubriand veröffentlichte 1804 seine *Briefe an M. de Fontanes über die römische Campagna*, in denen er angesichts der zerstörten Villa Tivoli und der Villa Adriana eine Kostprobe für das Romsentiment der französischen Romantik gibt. Ihn überfällt der Gedanke, daß er selbst als Barbar auf den Trümmern ein Doppelgänger der ersten Invasoren und Zerstörer ist:

»nach zweitausend Jahren komme ich, ein gallischer Barbar, um auf den Trümmern Roms die Grabschriften einer verlassenen Behausung zu studieren. (...) Ich dachte zurück an die Ereignisse, die dieses überwältigende Gebäude zusammenstürzen ließen; (...) ich sah die Barbaren wie einen Wirbelsturm hindurchgehen, sich einige Male einquartieren und, um sich in den von ihnen selbst halb zerstörten Denkmälern zu verteidigen, die griechischen und toskanischen Säulenreihen mit gotischen Zinnen krönen.«[66]

Die Tourist ist ein Wiedergänger jenes Barbaren, der die Denkmäler zerstörte, der in den Ruinen hauste und sie weiter zerlegte. Indem er sie besichtigen kommt, belebt er die Stätte wieder mit allen diesen Figuren der Vergangenheit. Und indem er davon Zeugnis ablegt, hinterläßt er literarische Ruinen seines Lebens. Die Romantik montiert aus den Ruinen eine ganze Poetik. Denn der Dichter kann in diesen Ruinen nichts anderes lesen als Zeichen, die an die eigene Existenz erinnern sollen wie die Kunstwerke. Chateaubriand entziffert an den Ruinen mit der gleichen Akribie und Melancholie die Schriftzeichen der Antike und die Signaturen der Besucher. Der kriegerische, der poetische und der touristische Barbar verfolgen die gleiche Absicht, wenn sie sich in dieses Gedächtnis einschreiben. Ganz ähnliche Gedanken überfallen Heinrich Heine in der Stadt Verona, die er im dritten Teil seiner *Reisebilder* beschreibt. Häuser in Ruinen zu legen, das bildet nur die barbarische Version verschiedener Techniken, in die Erinnerung der Welt einzutreten:

»An die Römer mahnt besonders das Amphitheater und der Triumphbogen; an die Zeit des Theoderich, des Dietrich von Bern, von dem die Deutschen noch singen und sagen, erinnern die fabelhaften Reste so mancher byzantinisch vorgotischen Bauwerke; tolle Trümmer erinnern an König Alboin und seine wütenden Langobarden; sagenreiche Denkmale mahnen an Carolum Magnum, dessen Paladine an der Pforte des Doms eben so fränkisch roh gemeißelt sind, wie sie gewiß im Leben gewesen – es will uns bedünken, als sei die Stadt eine große Völkerherberge, und gleich wie man in Wirtshäusern seinen Namen auf Wand und Fenster zu schreiben pflegt, so habe dort jedes Volk die Spuren seiner Anwesenheit zurückgelassen, freilich oft nicht in der leserlichsten Schrift, da mancher deutsche Stamm noch nicht schreiben konnte, und sich damit behelfen mußte, zum Andenken etwas zu zertrümmern, welches auch hinreichend war, da diese Trümmer noch deutlicher sprechen, als zierliche Buchstaben. Die Barbaren, welche jetzt die alte Herberge bezogen haben, werden nicht ermangeln, eben solche Denkmäler ihrer holden Gegenwart zu hinterlassen, da es ihnen an Bildhauern und Dichtern fehlt, um sich durch mildere Mittel im Andenken der Menschen zu erhalten.«[67]

Das ist ebenso melancholisch wie wahr und unterstreicht die Existenz jenes poetischen Barbaren, der in den Trümmern die ewige Schrift seines Überlebens hinterläßt. Er ist eine emblematische Figur. Zeuge dafür ist Walter Benjamin, der in seiner Abhandlung *Der Ursprung des deutschen Trauerspiels* Agrippa von Nettesheim zitiert, wonach in Ruinen die Tiere des Saturn hausen.[68] Der dort ausgesprochene Gedanke, daß sich die Naturgeschichte als Ruine in das Trauerspiel einschreibt, lehnt sich ganz an Heine an. Aber die Emblematisierung des Barbaren in der Ruine vollendet sich eigentlich bei Freud. In seiner Abhandlung *Zur Ätiologie der Hysterie* von 1896 gibt der Archäologe des Unbewußten, der Romliebhaber und Sammler von antiken Resten, ein Gleichnis für die Methode der »anamnestischen« Datenerhebung in der Psychoanalyse:

»Nehmen Sie an, ein reisender Forscher käme in eine wenig bekannte Gegend, in welcher ein Trümmerfeld mit Mauerresten, Bruchstücken von Säulen, von Tafeln mit verwischten und unlesbaren Schriftzeichen sein Interesse erweckte. Er kann sich damit begnügen zu beschauen, was frei zutage liegt, dann die in der Nähe hausenden, etwa halbbarbarischen Einwohner ausfragen, was ihnen die Tradition über die Geschichte und Bedeutung jener monumentalen Reste kundgegeben hat, ihre Auskünfte aufzeichnen und – weiterreisen. Er kann aber auch anders vorgehen; er kann Hacken, Schaufeln und Spaten mitgebracht haben, (...) den Schutt wegschaffen und von den sichtbaren Resten aus das Vergrabene aufdecken.«[69]

Der Barbar repräsentiert in diesem Gleichnis das Bewußte. Er verwaltet die *oral history* der in Trümmer gelegten neurotischen Lebensgeschichte. Das vollständige Wissen werden die auf dem Papier wiederhergestellten ursprünglichen Konstruktionen und ihre schriftlichen Spuren sein. Zwar ist in diesem Gleichnis Freuds nicht ausdrücklich von Rom die Rede, dennoch liefern Rom, die Ruinen, ihre alten und neuen Bewohner den kleinen Wortschatz einiger europäischer, abendländischer Denkfiguren: Erneuerung, Wiederkehr, Vergessen. Der Barbar, der Held der Krise, der Beamte der Erinnerung, der Meister des Vergessens, ist darin emblematisch geworden. Als wilder Rest hält er zusammen, was zuletzt noch die Metaphysik Hegels zusammenhielt, die Geschichte, das Bewußtsein, das Wissen.

6
Europäische Denkfiguren: Erneuerung, Wiederkehr, Vergessen

Der emblematische Barbar im Kulturrecycling I: Von Platon bis Luther

Wenn dem Barbaren überhaupt Sprachvermögen zugetraut wird, wenn er also über das *barbarbar* der griechischen Onomatopoesie, das *papapapapapa* von Mozart/Schikaneders Papageno oder das *Hojotoho! Hojotoho!* der Wagnerschen Walküren hinausgelangt, dann fehlen ihm prinzipiell eine Reihe von Institutionen und Gedächtnissen der Kultur: das Gesetz, die Schrift, das Geld, die Bilder. Die Armut der barbarischen Kultur faßt sich so zusammen: Sie verfügt über keine Medien und über keine Repräsentation. Der Barbar lebt oder vegetiert ohne symbolische und ikonische Doppel seiner selbst, seiner Rede, seiner Götter, seiner Güter. Darum gehört zur *Liturgie des Barbaren* die entschlossene Anstrengung, dem Feind (oder sich selbst) alle diese Repräsentationen zu nehmen, zu zerstören, zu entheiligen: ihn symbolisch auf den Stand des mythischen Barbaren zu bringen. Die barbarische Welt spiegelt sich nicht. An die Feststellung über dieses Fehlen schließt sich nun immer wieder die Frage an, ob es sich dabei um einen Mangel handelt oder um eine Stärke, um einen Rückstand oder einen Vorteil. Das ist nicht nur eine antike Frage, sondern eine Frage, die in modernisierter Gestalt in unseren Glaubensartikeln geschrieben steht.

Die abendländische Geschichte durchzieht ein unablässig aufflackernder Wille, die Kultur und ihre Errungenschaften wieder zu vereinfachen, ihre Komplexität zu reduzieren, die Polysemien der Sprache, der Gesetze zu bändigen, die Flut der Zeichen, der Bilder, der Bücher, der Filme einzudämmen, die Zerstreuung der Repräsentationen, der Vorschriften, der Interpretationen zu vereinheitlichen. Es gehört offenbar zum Amt der Theologen, der Philosophen und Moralisten, solche Modelle der Vereinfachung, der Bereinigung, der Reform aller Repräsentationen vorzuschlagen. Und im Zuge der großen Krisen, Revolutionen, Reformationen wurden sie jedesmal in Angriff genommen und bisweilen auch durchgesetzt. Seine Armut an Repräsentation macht den Barbaren daher nicht selten zur höchsten Autorität solcher Reformen. Jeder Revolutionär ist Medienkritiker. Die Klagen der Neil Postmans, die Ankündigung des Zusammenbruchs der Welt sind ein historisches Dauerrauschen.[1] Und so verbündet sich die apokalyptische Prognose gern mit dem Lob des Barbaren. Das läßt sich bereits bei Platon klar erkennen. Die Kritik an der Schrift im *Phaidros* beruft sich zwar nicht ausdrücklich auf schriftlose Völker, die für die Griechen im barbarischen Kulturzustand steckengeblieben waren; die Buchstaben haben ja nach der Sokratischen Erzählung des *Phaidros* ihren Ursprung außerhalb der hellenischen Welt, in Ägypten; nach anderer Ansicht kamen sie aus Indien. Man weiß, daß die Platonische Kritik der Schrift auf ihren Mißbrauch zielt. In welcher Weise wird vom Gedächtnis der Lettern Gebrauch gemacht? Der barbarische König Thamus erklärt das dem stolzen Erfinder der Buchstaben ganz deutlich: Die Schrift erzeugt Scheinwissen und nicht Wahrheit. Die durch Schrift instruierten jungen Leute werden allenfalls scheinweise, aber nicht wirklich wissend sein.[2] Das Wissen, die Kultur muß in den natürlichen Menschen eingeschrieben werden und nicht in künstliche Medien. Platons Denunziation des falschen Gebrauchs der Schrift setzt die im gleichen Dialog vorgebrachte Kritik an den Sophisten fort. Was ist an den Sophisten zu kritisieren? Sie verkaufen ihre Reden gegen Geld; sie interessieren sich nicht für die Wahrheit; sie mißbrauchen die Sprache; sie ruinieren das Gedächtnis. Dagegen steht das positive Bild eines Lehrenden, der seine Rede »mit Einsicht (...) in des Lernenden Seele« schreibt.[3] Gegen diese ins Seelenleben geschriebene Rede erscheinen die Buchstaben nur als ein Schatten. In vier Punkten läßt sich die Platonische Kritik an der sophistischen Kultur zusammenfassen: 1. Das Gedächtnis wird zerstreut. 2. Der Unterricht ist auf materiellen Gewinn ausgerichtet. 3. Die Sprachtheorie ist falsch. 4. Die Sophisten überlassen die Gerechtigkeit dem Zufall wie den Sieg im Wettkampf.[4] Alle diese Mißbräuche und die daraus resultierende Zerstreuung des Wissens sollen, so lautet das Platonische Programm, wieder auf Wahrheit zentriert werden.[5] Das ist die bekannte – ohne daß das Wort fällt – *barbarische* Reduzierung der Polysemien. Im *Kratylos* diskutieren Sokrates und seine Gesprächspartner dagegen ausgiebig die Mutmaßung, daß das barbarische Lexikon, daß die alten, bildhaften Wörter für die Repräsentation der Wahrheit geeigneter seien als die abstrakten Begriffe der griechischen Sprache, die die ursprünglichen Namen ins Unverständliche verändert haben: »Es kann aber auch von ihrem Alter herrühren, daß die ersten Worte uns unerforschlich (*ἀνεύρετα*) sind.«[6] Diese Frage nach den natürlichen Ursprüngen der Bezeichnungen entwickelt sich zur heißen Debatte darüber, wie eine wahre Rede möglich sei, denn »ein Teil des Redens ist das Benennen«.[7] Alle Sätze, die dabei fallen, richten sich wieder gegen den sophistischen Unterricht und advokatorischen Betrieb: Für die Sophisten ist Sprache Konvention, und das Ziel der Rede ist Wirkung. So beantworten die Sophisten mit ihren Theorien der *Vereinbarung* und des *Effektes* die beiden sprachphilosophischen Fragen nach Herkunft und Richtigkeit der Wörter. Das ist für Sokrates eine unmoralische Verwaltung der Tradition. Die Platonische Kulturkritik betrachtet die Sophisten wie wir die Werbung: »Aber weißt du denn nicht, du Schwieriger«, seufzt Sokrates, »daß die ursprünglichen Namen schon ganz zusammengeschmolzen worden sind von denen, welche sie prächtig machen wollten und nun Buchstaben darum hersetzten und andere herausnahmen des bloßen Wohlklangs wegen, so daß sie auf vielerlei Weise verdreht sind, teils der Verschönerung wegen, teils aus Schuld der Zeit.«[8] Medienschelte vierhundert Jahre vor Christus. Die Buchstaben sind mitbeteiligt an jener Entstellung der Benennungen, die den Rückweg zum Ursprung, zur Taufe der Dinge verrammelt. Diese Probleme beunruhigen aber nicht nur den Verstand der Platonischen Linguisten und Sprachphilosophen. Sokrates fährt fort: Da die Namen nicht einfach aus der Natur springen, sondern von Gesetzgebern (νομοθέτης) nach Prinzipien der Richtigkeit und Ähnlichkeit festgelegt werden, bildet die Frage nach den adäquaten Benennungen zugleich ein Übungsfeld für das Nachdenken über die richtigen Gesetze. Die Platonische Staatsreform will daher die Wörter, die Gesetze, die Bilder der Kontrolle philosophischer Experten unterwerfen. Die Sophisten bleiben selbstverständlich von diesem Staatsdienst ausgeschlossen, weil sie die Gerechtigkeit dem Zufall, dem rhetorischen Geschick, dem Geld anheimgeben. Wenn erst das Problem der Gerechtigkeit philosophisch gelöst ist, verspricht Platon, dann verschwindet auch das juristische Problem der Gesetze. Gesetze sind die wilden Tiere der Zivilisation. Wer das Gemeinwesen durch immer neue Vorschriften zu verbessern sucht, der schneidet am Hals der Hydra, warnt Platon in der *Politeia*.[9] Ein Aphorismus des Isokrates faßt das Problem und die Lösung der Gesetzesfrage zusammen. In seiner *Lobrede auf den Areopag* erklärt Isokrates im Jahre 355 v. Chr.:

»Die Bürger, die richtig regiert werden, benötigen nicht haufenweise auf Säulen niedergelegte Gesetze, sondern sie tragen die Gerechtigkeit geschrieben in ihren Herzen.«[10]

Die in den Herzen niedergelegte Gerechtigkeit zitiert das Naturrecht immer wieder als höchste Referenzformel. Das *Herz* ist dabei nicht unser sentimentales Liebes- und Gefühlsorgan, sondern Metonymie für ein natürliches Gedächtnis. Man denke an die französische Wendung »apprendre par cœur« (auswendig lernen). Die Herzensschrift der Gesetze gehört zu den Haupt- und Staatsgedanken in der griechischen Rechtstheorie. Ursprünglich zählt sie jedoch zu den Privilegien der königlichen Souveränität. Der König in älterer Zeit war das Gesetz selbst oder trug den *nomos empsychos*, wie man dann später sagte, in seiner herrscherlichen Seele. Die *Politik* des Aristoteles nimmt diesen Gedanken ebenso auf wie der *Politikos* Platons.[11] Die Theorie von dem im König niedergelegten *agraphos nomos* und späterhin des *nomos empsychos* ist vermutlich aus Persien eingewandert. Der Theorieimport stellt mithin eine (aus griechischer Sicht) barbarische Formel zur Verfügung.[12] Es wurde oben schon gezeigt, wie dieser *nomos empsychos* über verschiedene Vermittlungen in die Kodifikationen Justinians Eingang fand und daher nicht aufhörte, Rechtstheorie zu schreiben.

Für die hier skizzierte Geschichte der Kriege gegen die Polysemien und der Martyrien für die Vereinfachung der »haufenweise geschriebenen Gesetze« ist nun die spätere christliche Wendung interessant, die den Barbaren ins Spiel bringt. Das ins Herz oder in die Seele des Barbaren geschriebene Naturgesetz legt durch seine unwiderstehliche Evidenz alle beschriebenen Gesetzestafeln in Schutt und Asche. Damit sind die schriftlosen Kulturen in den Blick gefaßt, damit betritt der Barbar als Referenz und Beweis für das göttliche Gesetz die vornehmen Zirkel der Verfassungsjuristen. Denn als ein Legitimationsheros wird er bei allen radikalen Reformen benötigt, das heißt in jenem Spiel, das durch unsere Geschichte hindurch als Recycling des Gesetzes betrieben wird.

Ein Blick in die christliche Reform des jüdischen Gesetzesapparates: Wie die Platonische Kritik an den Sophisten polemisiert auch die christliche Dogmatik mit einem Vierersatz kritischer Argumente gegen die jüdischen Rechtsdogmatiker: 1. Mißbrauch der Sprache durch referenzloses Gerede. 2. Erosion (Zerstreuung) des natürlichen Gedächtnisses. 3. Machtmißbrauch durch Übermaß an Vorschriften. 4. Profitgier statt Wahrheitsstreben. So legt sich das unsterbliche Quartett der Medien: Sprache, Schrift, Gesetz, Geld. Jesus warf den Gesetzesexperten und Schriftgelehrten Israels vor, gemäß dem Wort Jesajas »mit Lippen und Zungen« statt mit dem Herzen zu sprechen (Matth. 15, 8). Weiter geben sie der buchstäblichen Auslegung ihrer Tradition (*traditio*) den Vorzug gegenüber dem ursprünglichen Wort (*verbum*) (Markus 7, 13). Den Schriftexperten gelingt daher keine Erkenntnis der ursprünglichen Verheißung, sondern sie verfälschen nach und nach das niedergelegte Zeugnis. Schließlich müssen die Gelehrten und Pharisäer auch noch den Vorwurf der Gewinnsucht vernehmen (Matth. 23, 14 u. 23). So kehren alle vier Punkte, das Quartett der alten Medienkritik, wieder: Entstellung des gemeinsamen Schriftgedächtnisses durch Unmaß der Auslegungen, Vergessen des ursprünglichen Sinns, Expertentum aus Geldgier. Und wie Platon erneuert auch die christliche Revolution die Worte durch ein sprachtheoretisches Konzept. Zum Beispiel der Linguist Origines. Er beruft sich zunächst auf Paulus, wenn er unterstreicht, daß die christliche Doktrin von Barbaren entdeckt wurde. Den Vorwurf des Celsus, daß die christliche Moral Allgemeinplätze verbreite, kontert er mit der Feststellung, daß Gott eben die gleiche Erkenntnis in alle Seelen gesät und das gleiche Gesetz in alle Herzen geschrieben habe.[13] Nicht nur in die Herzen (Gedächtnisse) der Christen, sondern auch in die der *Barbaren*. Das ergänzt ausdrücklich der Apologet und Bischof von Lyon, Irenäus.[14] So setzt die christliche Gesetzesreform ein, die als Recycling Platonischer Ideen läuft. Die Sprachreform, die Origines in die Wege leitet, schließt an die Lehre von den archaischen natürlichen Namen der Dinge an, auf die sich Sokrates und Hermogenes nach längerer Debatte im *Kratylos* geeinigt hatten. Origines glaubt die Ansicht des Epikur zu teilen, wenn er sagt, daß die »ersten Menschen alle sprachlichen Laute gemäß den Dingen geäußert haben (*φώνας, κατὰ τῶν πραγμάτων*)«.[15] Erneut sehen sich Barbaren in den Zeugenstand gerufen, notorische Naturmenschen (Origines nennt Ägypter, Perser, Brahmanen), um einen Zustand der Sprache zu repräsentieren, den Meinungen, Gewohnheiten, Vergessen, Gesetze entstellt haben. Darum muß eine Archäologie die Schriften, die Gesetze, die falschen Auslegungen beiseite räumen und die Geldgeschäfte mit der Wahrheit schließen. Die christliche

Lehre von der Sprache und vom Gedächtnis kämpft um die Wiederherstellung einer ursprünglichen Lesbarkeit allen Wissens.

Seitdem geht das Projekt, die in die Herzen geschriebenen Gesetze, die von Gott gesetzten Zeichen vor aller Schrift wieder zu entziffern, durch ein unaufhörliches Recycling: bei Augustinus, Luther, Rousseau, in der Französischen Revolution, bei Nietzsche, Benjamin, Heidegger. Gestützt werden diese Bereinigungsversuche durch mythische Erzählungen von den wunderbaren schriftlosen Gesellschaften der Barbaren. Tacitus glaubt zu wissen: »Die Menschen der ersten Zeit lebten frey von schändlichen Begierden, ohne Laster, ohne Verbrechen, folglich ohne Strafe und Zwangsmittel.«[16] Schöner noch ist die Schilderung der Tataren bei dem byzantinischen Schriftsteller Nikephoros Gregoras:

»Auch ihre Kleidung ist ohne jede Kunst angefertigt, lediglich aus Tierfellen bestehend. Silber und Gold, Perlen und Edelsteine gelten bei ihnen nicht mehr als Staub. Bei ihnen gibt es keine feierlichen Spiele und keine prunkvollen Schaustellungen (...). Aber ihr Leben ist andererseits völlig friedlich und ohne Aufstände. Da es dort weder Prozeßhändel und Streitigkeiten, noch Intrigen und Morde gibt, braucht man auch keine Richter, keine Gerichtshöfe und keine Rechtskunde. Nicht einmal Beredsamkeit, verzwickte Beweisführungen und scharfsinnige Wortgefechte haben dort eine Berechtigung.«[17]

Das ist die gute, alte, schöne Barbarenwelt. Eine Literaturwelt: In rauhe Kleider gehüllt, ohne Theater, ohne Juristen, ohne Gerichte, ohne Rhetorik, besiedeln die tatarischen Barbaren jenen immerwährenden Frieden, von dem die Menschen nur träumen können. Aber ohne diese Mythen verfügten auch die revolutionären Kirchenväter, Apologeten und ihre später zur Macht gelangten Juristen und Päpste über keine Wirkung. Und ohne diese Barbaren-Mythen gäbe es keinen Augustinus, keinen Luther, keinen Rousseau, keinen

Marx, keinen Benjamin, keinen Adorno – lauter königliche Denker der Recyclings und Barbarisierungen.

Und ihre Frage lautet: Wie können die altväterlichen Texte, wie können die gestifteten Sakramente, wie können die von Gott ins Herz geschriebenen Gesetze, die ursprünglichen Laute, die allerersten Regungen wiedergefunden werden? Wie holt man unter den dicken Schichten von Interpretationen, Dogmen, Konzilsbeschlüssen, Gesetzesbüchern, Konventionalisierungen die Zeichen, mit denen Gott das Paradies beschriftet hatte, wieder hervor und macht sie lesbar? Die Frage geht an den Barbaren Martin Luther!

Luthers Recycling, seine Wiederherstellung der Urschriften, erfolgt auf allen vier Gebieten der Tradition: Sprache, Gesetz, Gedächtnis, Geld. Das erste Thema spricht er bereits mit seiner Opposition gegen die Rhetorik an. So eröffnet er seine Polemik gegen Erasmus von Rotterdam. Der Barbar gegen den Meister der Rhetorik und Sophistik – das ist die strategische Lage und die kulturtheoretische Front in der Debatte darüber, ob Gottes Vorsehung noch kleine Spielräume für den freien Willen läßt. Der eigentliche Gegner jedoch, gegen den das Recycling der originären Mitteilungen und die Eindämmung der Polysemien erkämpft werden müssen, ist der Papst. Als neuer Nimrod trägt er die Verantwortung für alle Zerstreuungen der Welt. Gleich auf der ersten Seite der Abhandlung über die *Babylonische Gefangenschaft der Kirche* von 1520 verbindet Luther die Enthüllung von Nimrods Pseudonym mit dem alten Problem der Rechtshypertrophie und der betrügerischen Sprache:

»als ich dem Papsttum das göttliche Recht bestritt, ließ ich noch zu, daß es aus menschlichem Recht stammt, aber seit ich die subtilsten Spitzfindigkeiten (i. e. Sophistik) der römischen Gecken gehört und gelesen habe, mit denen sie ihren Abgott kunstvoll aufrichten, (...) weiß ich jetzt und bin überzeugt, daß das Papsttum das Reich Babylon ist und die Herrschaft des gewaltigen Jägers Nimrod ist«.[18]

In diesen Sätzen erfolgte die Umstellung des babylonischen Szenarios: Das Unglück der Welt erzeugen nicht mehr linguistische Barrieren, sondern eine durch Interpretationen provozierte Unverständlichkeit der Schrift. Beide Katastrophen lassen sich (mythisch) beschreiben als Vermehrung allgemeiner Sprachen. Nimrods Macht überlebte allerdings die Zerstreuung der Sprachen nicht. Wollte man nun umgekehrt den Souverän der neuen Zerstreuung stürzen, die Macht des päpstlichen Nimrod beseitigen, so galt es vorerst, das Zerstreute, die Interpretationen einzusammeln. Luthers Reform wollte die Schrift wieder lesbar machen, die römische Juristerei abschaffen, das kollektive Gedächtnis durch die Klärung der Sakramentalsemiotik reinigen, die römische Geldgier abstellen. Und wodurch sollte diese Polysemie auf *einen* Sinn gebracht werden: durch allgemeine Lektüre *unius libri*, eines einzigen Buches.[19]

Die Grundoperation des Recycling: Das Vergessen des Gesetzes

Auf diskrete, aber wirkungsvolle Weise sorgt die christliche Tradition dafür, daß sich das Gesetz über das Vergessen zur Geltung bringt, während die Strafe bekanntlich das Erinnern in Anspruch nimmt. Das Subjekt soll dem Gesetz zwar folgen, dies aber ohne bewußte Hilfe des Gedächtnisses; es soll die Strafe vermeiden, doch wenn eine Sanktion trifft, dann bringt sie sich dauerhaft in Erinnerung. Für unendlich viele Einrichtungen und Ereignisse richtete die christliche Kultur Gedächtnisfeiern und -rituale ein. Der Kalender ist gespickt mit den Namen von Heiligen und Märtyrern. Feiertage und Messen stören das Vergessen Gottes und der Heiligen Familie. Die Wochentage speichern nicht nur die Namen der Planeten, sondern auch die der heidnischen Götter. Die Erinnerung ruft die Namen der Toten, der Vorfahren, der großen

Künstler und Wissenschaftler auf, ganze Gedenkjahre holen die Entdeckung Amerikas oder die Erfindung des Kinos aus der Sklerose des Wissens. Das Gedächtnis öffnet sich den Opfern der Geschichte, dem unbekannten Soldaten und den nur allzu bekannten Heerführern. Die Erinnerung beugt sich über unendlich viele Dinge, seit einigen Jahren sogar über das Erinnern selbst. Doch für die Erinnerung an das Gesetz – an das gebietende und verbietende Gesetz – gibt es keine Rituale. Als ob das Gesetz nicht erinnerungswürdig wäre oder als ob es sich von selbst in Erinnerung brächte wie der Tod.

Die jüdische Tradition und ihre religiöse Kultur hingegen kennt das Fest Schabuot. An Schabuot, dem Wochenfest, fünfzig Tage nach Ostern, belebt die jüdische Welt die Erinnerung an die Übergabe der Gesetzestafeln auf dem Berge Sinai. Die christliche Reform machte daraus das Pfingstfest: Dieser Gedächtnistag feiert die Zusammenfassung und Auflösung aller Gesetze, aller Schriften und technischen Medien: den Geist.

Die Christen kultivieren über ihr Kreuzeszeichen das Gedächtnis einer Strafe, einer Hinrichtung. Und wie sie sich erinnern! Das Kreuz grüßt den Wanderer an jeder vierten Wegbiegung, von bayrischen Schulwänden, es prangt über den Betten der Hotelzimmer, es glänzt an Frauen- und Männerhälsen. Vor allem aber an Ostern erinnert sich die christliche Welt an die Kreuzigung des Mannes, der von sich behauptete, das Ende des Gesetzes herbeizuführen. Der Tod am Kreuz durch das Gesetz ist dem Ende des Gesetzes dargebracht. Das wichtigste Fest des Kirchenjahres widmet die Christenheit der Erinnerung an das Vergessen des Gesetzes.

Christus ist das Ende des Gesetzes. So lautet der christliche Glaube. Im Galaterbrief schreibt der Apostel Paulus: »Christus aber hat uns erlöst von dem Fluch des Gesetzes, da er ward ein Fluch für uns, denn es steht geschrieben (5. Mos. 21, 23): Verflucht ist jedermann, der am Holze hängt.«

Selbst für den Christen ist es nicht so ganz einfach, dies zu glauben. Kann man an das Ende des Gesetzes hier und jetzt glauben? Offenbar nur mit Hilfe eines Gesetzes. Denn nicht ganz vier Jahrhunderte nach dem Ereignis auf Golgatha ergeht im Februar 380 jener Befehl des Kaisers Gratian, der diesen Glauben verordnete und der im allerersten Abschnitt des *Corpus Iuris Civilis* als Gesetz erlassen wurde: »Diejenigen, welche diesem Gesetz folgen, sollen den Namen katholischer Christen führen, die übrigen aber, welche wir für thöricht und aberwitzig erklären (*dementes vesanosque*), als Abtrünnige vom Glauben, mit Ehrlosigkeit bestraft und zunächst mit dem Zorne Gottes, dann aber auch nach Unserm Dafürhalten, welches Wir aus himmlischem Rathschlusse schöpfen wollen, mit (anderer) Strafe heimgesucht werden.«[20]

So regelt ein Gesetz den Glauben an das Ende des Gesetzes, und diese heitere Paradoxie hört auch anscheinend nicht auf, bis auf den heutigen Tag zu funktionieren. Wer weiter an die Geltung des alten Gesetzes glaubt, ist nach alter Gesetzesmeinung ohne Verstand und rasend, einfach wahnsinnig. Damit gehört es zur Macht des Kaisers und des Gesetzes, Vernunft vom Wahnsinn zu unterscheiden. Diese Diagnose ist Staatssache. So wird ja auch in einem anderen Abschnitt des *Corpus Iuris Civilis*, in der Novella 146 »De Hebraeis«, ausdrücklich das jüdische Verständnis, die jüdische Auslegung des Gesetzes für verrückt (*insensatae interpretationes; ἄλογαι ἑρμενεῖαι*) erklärt.[21]

Wie aber konnte eine solche Paradoxie wie die vom Gesetz über das Ende des Gesetzes die Macht in einer Kultur ergreifen und ein folgenreiches Recycling einleiten? Weil die neue Kultur die ins Herz geschriebenen Gesetze (des Kaisers, des Barbaren) zur Geltung bringt. Damit gewinnt die Paradoxie des Gebotes einen anderen Akzent. Denn jetzt heißt es: »Vergeßt das Gesetz, weil es ja doch kein Mensch vergessen kann.« Das christliche Gesetz wird aus der Abschaffung, aus dem Vergessen des Mosaischen Gesetzes geboren. Auch das Mosaische Gesetz kommt übrigens aus einem primären Tilgung, einem pragmatischen Vergessen. Denn was die Zehn Gebote überliefern, bildet eine zweite Auflage von Gottes Gesetz.

Zunächst empfing Moses auf dem Berg Sinai zwei Steintafeln, die Gott mit seinem eigenen Finger beschriftet hatte. Als Moses zu den Israeliten zurückkehrte und sah, daß diese aus Ungeduld das Goldene Kalb als neuen Götzen errichtet hatten, da zerschlug er vor Wut die beiden Tafeln und Manuskripte des Herrn. Erst am Ende seines zweiten vierzigtägigen Aufenthaltes auf dem Sinai schrieb Moses auf Befehl Gottes mit eigener Hand die zweite Version der Zehn Gebote. Die Urschrift Gottes ist verloren.

Immerhin erinnern sich die Juden an dieses Ereignis, während sich die Christen an Ostern an das Vergessen erinnern. Diese Paradoxie bleibt konstitutiv. Die christliche Kultur und ihr Gesetz verlangen, daß die Schriftversion des Gesetzes, das in aller Menschen Herz (Gedächtnis) eingeschrieben wurde, vergessen werde. Nicht das Gesetz, sondern sein Vergessen ist die eigentliche Stiftung der christlichen Kultur. Doch hinterläßt dieses Vergessen keine *tabula rasa*. Das Vergessen prozediert nicht die Tilgung, sondern die Naturalisierung des Gesetzes. Sonst vermöchte niemand darüber zu reden. Das Gesetz wird daher in das Unbewußte geschrieben. Was offenbar vergessen werden soll, ist die Geschriebenheit des Gesetzes oder vielmehr: seine Gegebenheit, seine Stiftung, sein nomothetischer Anfang. Durch diese Naturalisierung und durch dieses Paradoxwerden funktioniert das Gesetz besser.

Und von Luthers Polemik gegen die »römischen Bullen, Siegeln«, gegen die »römischen Spitzfindigkeiten« geht erneut jener »antirömische Affekt« aus, der dann die Französische Revolution beherrscht. Auch dort faßt man den Beschluß, die alten römischen Gesetze zu vergessen und nur noch jenes Gesetz gelten zu lassen, das in die Herzen aller Bürger geschrieben ist. Die Theorie hierzu formulierte bereits Rousseau im *Contrat social* von 1762. Im 12. Kapitel des zweiten Buches, das den Gesetzen gewidmet ist, unterscheidet Rousseau vier Typen: die Staatsgesetze, die bürgerlichen Gesetze, die Strafgesetze und schließlich die wichtigsten:

»Zu diesen drei Arten von Gesetzen fügt sich eine vierte, die wichtigste von allen, die weder auf Marmor noch auf Erz, sondern in die Herzen der Bürger geschrieben wird; in ihr liegt die eigentliche Verfaßtheit des Staates; sie (...) belebt oder ersetzt die anderen Gesetze, wenn sie altern oder verblassen, sie erhält ein Volk im Geist seiner Einrichtung und setzt unmerklich die Macht der Gewohnheit an die Stelle der Staatsgewalt. Ich rede von den Sitten und Gebräuchen (...).«[22]

Sitten und Gebräuche schreiben das ungeschriebene Gesetz. Wenn die Staatsgesetze, die bürgerlichen und Strafgesetze altern oder in Vergessenheit geraten, dann lassen sie sich anhand der Herzensschriften wieder rekonstruieren. Ein Jahrhundert zuvor, 1651, hatte Thomas Hobbes in seinem *Leviathan* noch das in die Herzen geschriebene Gesetz – ganz in der Tradition des Naturrechts – mit der Vernunft gleichgesetzt. Es bedarf gar keiner Schrift, sagte auch Hobbes, um die vernünftigen Gesetze zu erkennen: Ein König oder Gesetzgeber braucht nur in seinem eigenen Herzen zu lesen, wenn er nach den Regeln sucht, wie er einen Staat vernünftig leiten soll. »Wer eine ganze Nation zu regieren hat, muß in sich selbst lesen.« Aber dieses Lesen im eigenen Herzen ist nach Hobbes nicht einfach, weil die Kultur, die Zeit diese Schriften verwischt und verwirrt haben: »die Inschriften des menschlichen Herzens, befleckt und durcheinander wie sie durch Heucheln, Lügen, Nachahmen und Irrlehren sind, (werden) nur von demjenigen gelesen werden können, der die Herzen erforscht«.[23] Die Herzensschrift bei Hobbes ist ein Palimpsest. Der *Leviathan* will daher diese Schrift wieder lesbar machen, das Gesetz in seinen gereinigten Ursprüngen nachschreiben, dem natürlichen Gesetz seine Natürlichkeit zurückgeben. Andere darüber gelegte Schriften haben die Urschrift unlesbar gemacht. Bei Rousseau haben sich die Dinge im Anschluß an Montesquieu ein wenig geändert. Nicht die Vernunft, sondern regional und national verschiedene Kulturen schreiben die ungeschriebenen

Regeln. Entscheidend ist jedoch, daß die ins Herz geschriebenen Gesetze das Fundament, ja das vergessene Unvergeßliche eines jeden Volkes bilden. Aus diesen Urschriften kann sich ein neues Gesetzessystem herausbilden, wenn die alten Gesetze veraltet, ungerecht geworden oder aber auch vergessen sind.

Die Beispiele zeigen, daß die Theorie des Gesetzes, das Gesetz des Gesetzes, wie es der *Leviathan* oder der *Contrat social* formulieren, keine Neuschöpfungen sein wollen, sondern juristische Anamnese. Das gleiche Argument und die Anwendung dieser Theorie findet man dann in der Französischen Revolution. Robespierre, der den sterbenskranken Rousseau noch im Jahre 1778 in Ermenonville besucht hatte, erklärt in seiner berühmten Rede vom 2. Januar 1792 über die Menschenrechte:

»Es ist leichter, sie auf das Papier zu schreiben, oder sie in Erz zu graben, als in den Herzen der Menschheit ihre heiligen Züge wiederherzustellen, die durch Dummheit, durch die Leidenschaften oder durch den Despotismus verwischt sind.«[24]

Das könnte geradezu von Hobbes abgeschrieben sein. Zwei Jahre später, im Februar 1794, wird der gleiche alte Gedanke mehr im Geiste Rousseaus erneut vorgetragen. Diesmal sagt Robespierre:

»Was ist der Zweck, nach welchem wir streben? Der ruhige Genuß der Freiheit und Gleichheit; die Herrschaft jener ewigen Gerechtigkeit, deren Gesetze nicht in Marmor oder anderen Stein, sondern in die Herzen der Menschen, sogar in das Herz des Sklaven, der sie vergißt und des Tyrannen, der sie verleugnet, geschrieben sind.«[25]

Die Sklaven, das heißt die unterdrückten Völker, haben die ewigen Gesetze tatsächlich vergessen. Die Revolution ist das Unternehmen der Erinnerung. So geht der Wille zur Freiheit aus der Erinnerung an das ungeschriebene Gesetz und aus dem Vergessen des geschriebenen Gesetzes hervor.

Warum aber überläßt die abendländische Gesetzestheorie einerseits die Stiftungen und Gründungen des Gesetzes dem Vergessen, würdigt sie jedenfalls keiner Erinnerung; und warum andererseits beschwört sie bei allen Reformen und Recyclings das Gesetz jedesmal aus der Tiefe dieses Vergessens herauf? Die Antwort lautet: Weil kein Gesetz ohne Referenz in Kraft gesetzt werden darf, weil ein Gesetz einer Autorität bedarf, die diejenige des Gesetzgebers selbst übersteigt. Der Gesetzgeber muß sich berufen: auf Gott, auf die Natur, auf das Volk, auf die Wahrheit.

Wie tief sich aber ein bestimmter Typus von Gesetzeskritik und eine Pädagogik der Herzensschrift in die Populärkultur vorgearbeitet haben, zeigt eine Szene in Goethes Roman *Die Wahlverwandtschaften* aus dem Jahre 1809. Mittler, der das Wort führt, ist ein Geistlicher, der durch einen Lottogewinn in die Lage versetzt worden ist, sein Amt aufzugeben. Gleichsam aus interesselosem Wohlgefallen am Frieden in der Welt eilt er zu allen streitenden Familien und Paaren, um dort zu schlichten. Der Friedensengel bekennt sich aber als ein geschworener Feind aller Verbote. Verbote sind Mittlers Lieblingsthema:

»Mittler war gerade auf eine seiner Lieblingsmaterien gekommen. Er pflegte gern zu behaupten, daß sowohl bei der Erziehung der Kinder als bei der Leitung der Völker nichts ungeschickter und barbarischer sei als Verbote, als verbietende Gesetze und Anordnungen. (...) ›Wie verdrießlich ist mirs oft, mit anzuhören, wie man die Zehn Gebote in der Kinderlehre wiederholen läßt. Das vierte ist noch ein ganz hübsches, vernünftiges, gebietendes Gebot. ‚Du sollst Vater und Mutter ehren.' Wenn sich das die Kinder recht in den Sinn schreiben, so haben sie den ganzen Tag daran auszuüben. Nun aber das fünfte, was soll man dazu sagen? ‚Du sollst nicht töten.' Als wenn irgendein Mensch im mindesten Lust hätte, den andern totzuschlagen! Man haßt einen, man erzürnt sich, man übereilt sich, und in Gefolg von dem und manchem andern kann es wohl kommen, daß man gelegentlich einen totschlägt. Aber ist es nicht eine barbarische Anstalt, den Kindern Mord und Totschlag zu verbieten?‹«[26]

Da erscheint er wieder: der Barbar. Allerdings ist er hier an eine ganz andere Stelle der Kultur gerückt, nämlich an ihr Ende, an die Entartung der Zivilisation. Das ist das Thema des nächsten Abschnittes. Hier vernimmt die erstaunte Gesellschaft ein ganz offenes Plädoyer dafür, den Zugang zum Gesetz, das man sich allgemein doch als ein verbietendes Gesetz vorstellt, zu verschließen. Nicht zufällig prangert Mittler eine traditionelle Mnemotechnik an, nämlich die Katechismusrepetition der Zehn Gebote. Sie nennt er barbarisch. Gewiß, man vergißt sich selbst bisweilen und schlägt einen tot. Aber das ist nicht das Vergessen des Gesetzes. Vergeßt die Verbote! Die Herzensschrift, das Regelwerk also, das die Kinder, wie er sich ausdrückt, in ihren »Sinn schreiben«, soll nur aus Geboten bestehen. Vertuschung der Schriftform, Vertauschung der Sprechaktform: Eskamotage des Gesetzes. Obgleich der Gedanke Mittlers sehr genau der Lehre aus Matth. 22 entspricht, wo Jesus auf die Frage der Pharisäer nach dem vornehmsten Gesetz die beiden Liebesgebote gegenüber Gott und gegenüber dem Nächsten nennt. Doch hat Mittler den Ton verschärft. Die Konfrontation mit den Pharisäern überträgt er in einen Gegensatz zum Barbarischen. Dies unterstreicht aber die gewonnene Erkenntnis, daß es die Kultur selbst ist, die in diesem Streit zur Debatte steht. Die gleiche Grenze zieht das christliche Gesetz des Kaisers Justinian gegenüber den Juden, den Barbaren und den wahnsinnigen Nichtchristen.

Die christliche Anamnese erzeugt das Gesetz als Original durch Verschwinden und aus dem Verschwundensein: Wenn das Gesetz verblichen ist, dann kann es – nach Hobbes, Rousseau, Robespierre – aus dem Original der Herzensschrift rekonstruiert werden. In der gleichen Logik arbeitet die Vergessensmeditation des heiligen Bernhard. Dort geht es um eine Technik der Sündenerlösung durch Vergessen. Bernhard widmet sich dem Problem, wie die im Gedächtnis gespeicherten Sünden wieder gelöscht werden können. Seine Frage lautet: Wie bleiche ich die Flecken, die mein Wissen vom Gesetz, von der Übertretung des Gesetzes in meinem Gedächtnis hinterlassen hat? Und seine Antwort lautet: durch Erinnerung an das Versprechen *Deine Sünden sind dir vergeben.* Durch Erinnerung daran, daß das Ende des Gesetzes versprochen worden ist. Durch Wiederherstellen der Unschuld des Gewissens (Rebarbarisierung des Gedächtnisses).[27] Das gemeinsame Motiv aller dieser Rekonstruktionen und Recyclings bildet die unglückliche Suche, das obsessive Verlangen nach dem Original, nach dem *verlorenen* Original. Wohlgemerkt: Ein Original, das es gibt, wäre hier ohne Interesse. Das macht die Neurotik dieses kulturellen Betriebes aus. Ihre Anweisung lautet: Werde wieder der Barbar der Herzensschrift! Das aber ist nur die eine Seite. Die andere Seite der gleichen Neurotik gibt sich darin zu erkennen, daß alle Triebkräfte der Zivilisation ja darauf gerichtet sind, diesem Barbarenstadium zu entkommen, ihm den Rücken zuzukehren. Es scheint, als wollte das Schicksal, daß wir immer wieder Barbaren werden müssen, um keine Barbaren mehr zu sein.

Auch Nietzsche kennt diese Neurose einer Hypertrophie des Gedächtnisses. Die Überlast im kulturellen Speicher zählt er zu den Symptomen der Dekadenz. Für den entlaufenen Theologen leidet das 19. Jahrhundert nicht mehr unter dem Gedächtnis der Sündenlast. Das moderne Leiden ist vielmehr ein Zustand der Kultur, den er als *barbarisch* beschreibt: die Übermacht der Bildung und des historischen Wissens. In der zweiten *Unzeitgemäßen Betrachtung* des Jahres 1874, in *Vom Nutzen und Nachteil der Historie für das Leben* heißt es dazu: »und so ist die ganze moderne Bildung wesentlich innerlich: auswendig hat der Buchbinder so etwas darauf gedruckt wie: Handbuch innerlicher Bildung für äusserliche Barbaren. Ja dieser Gegensatz von innen und außen macht das Aeusserliche noch barbarischer als es sein müsste, wenn ein rohes Volk nur aus sich heraus nach seinen derben Bedürfnissen wüchse.«[28] Nietzsche bringt nun diesen modernen deutschen Barbarismus, der aus der zerebralen Überlast des historischen Gedächtnisses resultiert, in eine Parallele zur Entartung Roms. Dabei vollzieht er jedoch keinen wirklichen Perspektivwechsel von der Theologie der Dekadenz zur Philologie der Dekadenz:

»Wie der Römer der Kaiserzeit unrömisch wurde im Hinblick auf den ihm zu Diensten stehenden Erdkreis, wie er sich selbst unter dem einströmenden Fremden verlor und bei dem kosmopolitischen Götter-, Sitten- und Künste-Carnevale entartete, so muss es dem modernen Menschen ergehen, der sich fortwährend das Fest einer Weltausstellung durch seine historischen Künstler bereiten lässt; (...) Noch ist der Krieg nicht beendet, und schon ist er in bedrucktes Papier hunderttausendfach umgesetzt (...).«[29]

Nur für wenige Monate oder Jahre ist der Krieg ein Original, dann schon verwandelt er sich wieder in eine Kopie aus buchstabenschwarzer Historie. Das ist die maschinenhafte Verwandlungskraft des Dekadenzgeistes: Aus einer einzigen Tat wuchern tausend Schriften. Der Gedanke Nietzsches läßt sich pointieren: Nur solches bedruckte Papier taugt etwas, das wieder neue Kriege und Revolutionen hervorbringt. Das Recycling soll nicht den Gesetzen neues Leben schenken, sondern den Taten. Wir müssen vergessen zugunsten der schönen heiligen Originale der Taten! Weg mit den Denkmälern, her mit dem heroischen Hier und Jetzt der Schlachten! Denn Nietzsches wahrer Souverän ist der Held, nur den Führern siegreicher Schlachten schreibt Gott den *nomos empsychos* in die Seele. Diese Kritik ist wie alle Dekadenzkritik Nietzsches auf Papier geboren, ein in Tinte gewiegtes Gedankenkind der christlich-römischen Gesetzesneurose und des

Vergessensgesetzes. Es gibt beinahe nur eine einzige Frage, die das von Nietzsche beschworene Gespräch der großen Geister in Gang hält: Wie werden wir Römer und wie bleiben wir Römer? Der Untergang Roms ist das abendländische Trauma.

Der emblematische Barbar im Kulturrecycling II: Vico und Rousseau

Die Geschichtsphilosophie ist die traumatische Spur von Roms Untergang. Das Trauma erzeugt den neurotischen Wiederholungszwang, der darin besteht, die Wiederholung zu leugnen und zugleich diese Leugnung unablässig zu repetieren. »Seit Flavio Biondo lieferte jede Generation ihre eigene Theorie oder ihre eigenen Theorien über den Niedergang Roms«, schreibt der Historiker Arnaldo Momigliano.[30] Neben diesen Theorien türmen sich die Gedanken und Spekulationen über eine Erneuerung des Römischen Reichs. Als sich Konstantinopel den Namen *Neues Rom* gab, setzte eine Traditionslinie ein, auf der der Gedanke der *renovatio Romae* immer wieder aufgegriffen wurde. Im Westen waren es germanische Eroberer, das bezeugen die von Cassiodor aufgesetzten Briefe Theoderichs des Großen, die als erste an die Wiederherstellung des Imperiums dachten. Erleichtert wurde dieses Projekt Theoderichs dadurch, daß sich die Goten für alte Nachbarn des Römischen Reiches hielten und sich dem wieder angliedern wollten. Der König richtete an seine Landsleute daher den dringenden Appell, sich zu entbarbarisieren: »O daß Ihr (...), die Ihr durch Gottes Hilfe in die alte Freiheit zurückgekehrt seid, Euch nach den Sitten der Toga kleidet, das Barbarentum auszieht, die Härte der Geister abwerft.«[31] Das Schicksal der Goten ist bekannt. Sie warfen gerade noch ihre rauhen Felle ab, als ihnen schon die Langobarden aufs Haupt schlugen. Dann kamen die Franken. Der fränkische Kaiser Karl der Große ließ auf der Kaiserbulle die

Inschrift *Renovatio Roman. Imp.* niederlegen. Seitdem gibt es auch bei den Kaisern, Königen und Päpsten des Westens eine ununterbrochene Kontinuität dieses Wiederholungszwangs. Daß hierzu eine nicht einfache diplomatische Abstimmung mit den byzantinischen Herrschern erfolgen mußte, ist bekannt. Dabei waren die sächsischen Kaiser keineswegs alle auch leidenschaftliche Romreisende wie so viele Dichter der Zeit um die Jahrtausendwende. Sie verachteten die Zustände in der alten Stadt aufs herzlichste. Der bereits erwähnte Diplomat Ottos II., Liudprand von Cremona, behauptete gegenüber dem byzantinischen König, daß *Römer* das schlimmste Schimpfwort im deutschen Lexikon sei. »Damit fassen wir alles zusammen, was es an Gemeinheit, Feigheit, Geiz, Prunksucht, Verlogenheit gibt.«[32] In den Augen der deutschen Kaiser waren die Römer zu Barbaren degeneriert. Aber es gab einmal das große Rom. Erst der junge Kaiser Otto III. genoß bei seinen Lehrern und Beratern eine so klassische Ausbildung, daß er bei seinem zweiten römischen Aufenthalt 996 bis 998 gleich mit einer *renovatio* alter kaiserlicher Zeremonielle begann. Damit tat er nur den ersten Schritt zur Wiederherstellung Roms als Kaiserstadt und Apostelstadt, die im Jahre 1001 urkundlich wurde.[33]

Natürlich blieb die *renovatio* eine in Urkunden, Juristenformeln fortlebende Fiktion. Aber sie hat riesige Soldatenfriedhöfe gefüllt. Sie bildet das königliche Siegel, den Purpurrand einer philosophischen Tradition, die Roms Schicksal zum Weltschicksal, zum Prototyp aller Historie erklärt. Die beiden Geschichtstheoretiker Vico und Rousseau schufen dafür Beiträge, die hier besonders interessant sind, weil sie das Barbarenemblem in ihr Gedankenspiel einsetzen. Giovanni Battista Vicos *Prinzipien einer neuen Wissenschaft über die gemeinsame Natur der Völker* kommen aus dem Kopf eines gelehrten Juristen. Dieses Dokument eines höchst eigenwilligen Denkens wurde zu Lebzeiten Vicos ebensowenig rezipiert wie nach seinem Tode. Die *Neue Wissenschaft* erschien in zwei Versionen 1725, 1730 und 1744. Vico konstruiert darin ein

Geschichtsmodell und eine allgemeine Kulturtheorie, die als Biographie einer jeden Zivilisation gelesen werden sollen. Vico rechnet sein Modell aus den Daten des einzigen Staates auf alle Völker hoch: »die Ursachen, die in der ewigen idealen Geschichte betrachtet werden, (lassen) sich in der römischen Geschichte aufs genaueste wiederfinden«.[34] Roms Chronik liefert den Grundtext aller Historie. Für die Regelmäßigkeit dieser idealen Geschichte sorgt die Vorsehung. Diese Vorsehung ist aber eine ausgezehrte Steuerungsmacht, sie liegt in den Händen eines zu Tode ermatteten Gottes, der über keine augustinische Entschlußkraft mehr verfügt. Vicos Vorsehung will also, daß jedes Volk durch drei Phasen geht, ehe es einen nekrotischen Zustand erreicht, in dem es auf sein Wiedererstehen warten muß. Das ist dann – der Begriff stand Vico noch nicht zur Verfügung – das Recycling der Kultur. Die drei Zyklen beschreibt Vico nun zunächst in der Tradition Hesiods als einen Lauf (*corso*) durch drei *Naturen*. Das sind die Zeitalter der Götter, der Heroen und der Menschen. Aus diesen Naturen gehen wieder drei verschiedene Typen von Sitten hervor, aus den Sitten entfalten sich drei Systeme natürlicher Rechte der Völker und daraus wieder drei Arten von politischen Verfassungen: zunächst göttliche Regierungen, dann heroische oder aristokratische und zuletzt demokratische oder monarchische. Diese Phasen des Kulturlaufs unterscheiden sich vor allem nach der Struktur und Qualität ihrer Medien. Das sind die gleichen Elemente der Kultur, das Quartett der Medien, über die sich auch die platonische, die christliche und lutherische Reform prozessierten. Bei Vico heißen die vier Medien *Sprache, Schrift, Recht (Jurisprudenz, Gerichte)* und *Zeitgeist*.[35] Jede Phase baut ihr System aus einer eigenen Sprache, einer eigenen Schrift (Gedächtnismedien), einem eigenes Rechtssystem sowie aus einem eigenen Zeitgeist (*sètte de' tempi*[36]). Dieser *Zeitgeist* ist der Inbegriff der jeweiligen Gedächtniskultur: Sie besteht aus Formen der Götterverehrung und der Schriftauslegung.

Vicos Kulturtheorie ruht einem breit ausgeführten Konzept des Barbarischen auf. Als barbarisches Zeitalter gilt ihm vor allem die zweite, heroische Phase. Allerdings bewohnen noch weitere barbarische Typen verschiedene weitere Zustände der Kultur. Einmal kann das barbarische Zeitalter in einem zweiten *corso*, den die Kulturen bisweilen durchlaufen, in neuer Gestalt wiederkehren.[37] Auf den ersten *corso*, den die Geschichte Roms modellhaft erzählt, folgte der zweite *corso* der christlichen Staaten. Einen solchen zweiten Lauf, der gleichfalls göttliche, heroische und menschliche Perioden umfaßt, schenkt die Vorsehung doch nicht allen Kulturen: Karthago, Capua, Numantia zum Beispiel bewahrten ihre monarchische und menschliche Staatsform vor dem Verfall, bis sie aus anderen Gründen untergingen. Der Barbar des zweiten *corso* unterscheidet sich nun elementar von dem des ersten. Und es gibt einen dritten Typus. Er ist der Exponent der von Vico so getauften »Barbarei der Reflexion« (*la barbarie della riflessione*).[38] Diese Barbarei charakterisiert die Dekadenzphasen. Zum Umriß solcher Zeiten zählt Vico eine Reihe vertrauter Symptome auf. Er liest nämlich die Dekadenz mit platonischen Augen. Als prominentes Zeichen des Verfalls gilt ihm vorderhand die »falsche Beredsamkeit, die gleichermaßen gerüstet war, in den Prozessen beide entgegengesetzten Parteien zu unterstützen«.[39] Im allgemeinen findet die Vorsehung, die für die Gleichmäßigkeit aller natürlichen Abläufe sorgt, auch gegen diese Dekadenz ein Mittel. Entweder erhebt sich ein Monarch, um die Barbarei der Reflexion zu beenden; oder das Volk wird durch ein anderes versklavt, »und auf diese Weise sollten, im Verlaufe langer Jahrhunderte der Barbarei, die boshaften Spitzfindigkeiten bösartiger Geister allmählich verrosten, die sie mit der Barbarei der Reflexion zu schrecklicheren Tieren gemacht hatten, als sie es während der ersten Barbarei der Sinne gewesen waren«.[40] Die Vorsehung verfügt noch über eine dritte Möglichkeit: Sie läßt diese Barbarei einer kulturellen Endzeit einfach bestehen. Auch ein Kulturfinale währt nicht ewig, sondern schließt an einem Verfallsdatum. Denn am Ende versinken diese Völker in einer solchen Abstumpfung und Verblödung, daß schließlich nach einer Latenzphase die »frühere Schlichtheit der ersten Welt der Völker« wiederkehrt.[41] Es gibt viele Chancen auf ein Recycling.

Dieser Gedanke, daß Kulturen in ihrem Endstadium der Barbarei der Reflexion verfallen, ist notwendig wieder der römischen Geschichte abgelauscht. Horaz, Tacitus, Livius, Seneca schrieben ihrem Volk vernehmliche kulturpessimistische Diagnosen. Und bisweilen überfiel sie die Ahnung, daß sie selbst jene von Polybios beschriebenen inneren Barbaren waren, die irgendwann durch ihre äußeren Doppelgänger abgelöst werden sollten. Von diesem römischen Pessimismus machte Vico in seiner Theorie der gemeinsamen Naturen und kulturellen Schicksale der Völker kräftig Gebrauch. Aber die *Scienza nuova* ist voller überraschender Gedanken und Einzelbeobachtungen, ja sie entwickelt höchst moderne Ansichten darüber, daß die Kontinuität und auch die Veränderung kultureller Zustände von Techniken der Kommunikation abhängt. So besteht Vico auch darauf, daß Sprache und Schrift gleichzeitig entstanden sind. Er will beweisen, daß sie als »Zwillinge geboren wurden und in allen ihren drei Arten sich im Gleichschritt entwickelten«.[42] Wie sehen die aus? Der Barbar der Frühzeit ist noch in eine »geistige göttliche Sprache« getaucht, die aus stummen Zeremonien besteht. In der zweiten Phase organisiert sich die Gesellschaft der Barbaren semiotisch über »heroische Embleme« und »Wappen«, die sich nur noch in militärischen Zeichen erhalten haben. Das ist die eigentliche barbarische Sprache, die also über visuelle Machtzeichen kommuniziert. Erst die postbarbarischen Menschen sprechen artikulierte Worte. Und über welche Schrift verfügt die eigentliche barbarische Kultur? Nach der Phase der göttlichen Zeichen, der Hieroglyphen und ihrer phantastischen Bedeutungen, entwickelt die zweite Zeit aus diesem Schriftsystem heroische Schriftzeichen, die allmählich Begriffe darstellten, aber immer noch als Piktogramme und Ideogramme notiert werden. Alle diese Zeichen und Repräsentationen denkt Vico als *Bilder*. Das ist in Stichworten die barbarische Medienwelt. Auch hier bringt erst die postbarbarische Wende das System der phonetischen Buchstaben. Nur wenige Bemerkungen fallen über den Mediengebrauch des *Barbaren der Reflexion*. Offensichtlich versinkt er in einer Polysemie von Zeichen. Ihm geht die Referenz der Worte und Zeichen, ihre Verwurzelung in der Wahrheit verloren. So kann er dies und jenes für wahr halten, er kann es so oder so sagen, seine Rede schaukelt auf dem Wellenkamm der Kontingenzen. Der Barbar der Reflexion ist ein pluralistischer Weichling, ein Medienfreak.

Nicht viel anders denkt Vico die beiden barbarischen Zustände der Jurisprudenz. Als Repräsentanten des ersten heroischen Barbarentums zitiert er Odysseus, der sich bei Homer »stets so klug ausdrückt, daß er den erstrebten Vorteil erlangt, wobei immer der eigentliche Sinn der Worte bewahrt wird«.[43] Er ist zwar noch kein Sophist, dennoch stellt auch er seine Fallen. Odysseus, der Meister der barbarischen Polysemien, steckt einen Barbaren der ersten Phase wie Polyphem, einen Barbaren der hypergöttlichen Natur, leicht in die Tasche. Die Doppelgänger oder Revenants des Odysseus im zweiten Zeitalter, in der Wiederkehr der barbarischen Jurisprudenz, sind die spitzfindigen Rechtsgelehrten, die Rabulisten, die durch Unmengen von Kautelen und Klauseln in den Verträgen alle Mehrdeutigkeiten bannen wollen; tatsächlich vermehren sie aber jene Verworrenheit und Unübersichtlichkeit, die nach Reform und Revolutionen schreit. Mit diesen Bemerkungen stenographiert die *Neue Wissenschaft* die zeitgenössischen Zustände, in denen die Barbarei der Reflexion allenthalben zu beobachten ist.

Die Jetztzeit ist eine Zeit der Dekadenz. Diese Diagnose macht das 18. Jahrhundert nach und nach salonfähig. Jean-Jacques Rousseau gewinnt mit solchen Behauptungen europäischen Ruhm. Die erste Abhandlung, die Rousseau den Preis und eine Goldmedaille der Akademie der Wissenschaften und der Literatur von Dijon eintrug, der *Discours über*

Wissenschaften und Künste von 1750, trägt als Motto das berühmte Ovid-Wort aus den *Tristien*: »Hier gelte ich als Barbar, da mich die anderen nicht verstehen« (*Barbarus hic ego sum, quia non intelligor illis*). Für Ovid sind die *anderen* die Völker der Schwarzmeerküste, wo er sein Exil verbringt; für Rousseau sind es jene Völker und Kulturen, die sich dem Fortschritt der Wissenschaften und Künste entziehen konnten und mit Recht den französischen Bürger als Barbaren bezeichnen. Rousseau verblüfft die Juroren von Dijon mit der These, daß sich Europa zwar aus der Barbarei des Wissens, die das Mittelalter auszeichnete, befreit hat; dafür ist es aber um so schlimmer in eine Barbarei der Sitten gestürzt:

»Heutzutage aber, da man durch spitzfindige Untersuchungen und einen verfeinerten Geschmack die Kunst zu gefallen in Regeln gebracht, herrscht in unseren Sitten eine niedrige und betrügerische Einförmigkeit, und alle Gemüter scheinen nach einem Muster gebildet zu sein: immer fordert die Höflichkeit und gebietet der Anstand, immer folgt man angenommenen Gebräuchen und niemals seinem eigenen Sinne. Man wagt sich nicht zu zeigen, wie man ist, und unter diesem beständigen Zwang handeln alle Menschen, welche diese Heerde, welche man Gesellschaft nennt, bilden und sich in einerlei Umständen befinden, immer einförmig (. . .).«[44]

Die Menschen haben sich unter der Wirkung der Gesetze in eine homogene Masse falsch denkender und unaufrichtig handelnder Ungeheuer verwandelt. Während sonst Rousseaus Reform die Welt von den wuchernden Polysemien zu erlösen sucht, moniert er hier eine schlechte Gleichförmigkeit: Alle betrügen in der gleichen Sprache. Die wahre, nämlich natürliche Sprache sprechen die Körper; ihre Codes lassen sich nicht beliebig erweitern. Nicht die Verwirrung der Sprachen ist die Katastrophe! Der Babylonische Turm ist vielmehr das Symbol einer Sprache, die in eine selbstverschuldete linguistische Verderbnis gestürzt ist: in die Zerstreuung durch

Synonymik und Polysemien. Und was jetzt in Europa geschieht, das ist die Reprise der Katastrophen Ägyptens, Griechenlands, vor allem jedoch Roms. Rom bleibt der Fall der Fälle. Die Stadt ging an ihren hohen Wissenschaften und künstlichen guten Sitten zugrunde: »der Tag ihres Falles war der Vorabend des Tages, an welchem man einen ihrer Bürger zum Richter des guten Geschmacks machte«.[45] Wie wenig das Wissen wert ist, fügt Rousseau hinzu, ersieht man auch daraus, daß der weiseste Mann aller Zeiten, Sokrates, der Unwissenheit eine Lobrede hielt. Über Jahrhunderte reichen sich zwei Theoretiker des Ursprungs und Träger rauher Kleider die Hände. Doch erst in seiner zweiten Abhandlung über den *Ursprung der Ungleichheit* von 1754 geht Rousseau so weit, die Grenzlinie zur Dekadenz und zur Zivilisation als die gleiche Markierung zu ziehen. Sprache, Schrift, Gesetz, Gesellschaft (das Quartett der Medien) bilden verhängnisvolle Errungenschaften, die zwar zeitweise zu schönen Zuständen geführt haben, aber notwendig zuletzt Luxus, Zügellosigkeit und Sklaverei in die Welt brachten. Mit seinem Lob des wilden Menschen, das die zweite Abhandlung durchzieht, holte sich Rousseau einen Zeugen für die Feststellung, daß »die Einführung des Eigentums und der Gesetze diese Ungleichheit dauerhaft und rechtmäßig gemacht habe«.[46]

Die Sprache, die Gesetze, die Drucktechnik, die Theater, der Eigentumstrieb – das alte Register der Ursünden schlägt Rousseau erneut auf. So analysiert er auch zwei Zustände des Barbarischen: einen ursprünglichen und neutralen Zustand der Wildheit sowie einen modernen schlechten Zustand der Degeneration. Die Folgerungen aus dieser Diagnose zieht der Pädagoge Rousseau. Das Recycling liegt in den Händen der Erzieher. Denn der Zögling, den die pädagogischen Maximen des *Émile* formen, soll ein junger Wilder und ein sanfter Barbar werden. Emile avanciert zum emblematischen Barbaren im modernen Erziehungssystem, das so ungeheure Wellen geschlagen hat. Um den natürlichen Barbaren, der ein jedes Kind ist, in einen kultivierten Barbaren zu verwandeln, baut Rousseaus Erziehungslehre eine künstliche Welt auf, aus der alle zivilisatorischen Ablenkungen verbannt werden. Diese Welt besteht vorderhand aus Sprachpädagogik. Der junge Wilde muß von den Verführungen der Sprache bewahrt werden. Wenn er über zu viele Worte verfügt, verfällt er der Lust, mit mechanischen Permutationen sinnloser Worte die Welt zu betrügen. Die Konsequenz:

»Schränkt also den Wortschatz der Kinder so sehr wie möglich ein. Es ist ein großer Nachteil, wenn es über mehr Worte als Vorstellungen verfügt und wenn es mehr sagen kann, als es zu denken vermag.«[47]

Es versteht sich, daß in dieser künstlichen Welt des jungen Wilden nicht nur die Worte, sondern auch die Bücher, die Rhetorik, das Wissen, die Gesetze drastisch beschränkt werden. Das gesamte Verhalten des Zöglings soll sich aus praktischer Konditionierung entwickeln und nicht aus Gehorsam gegenüber Reden. Das ist die rousseausche Variante einer Gesetzlichkeit ohne Gesetz. Seine Schule eröffnet eine Filiale jener bekannten europäischen Institution, in der das Vergessen des Gesetzes befohlen wird.

Das Vergessen des Gesetzes: Pädagogik des Vergessens

Woher kommt diese abendländische Leidenschaft, das Gesetz zu naturalisieren und aus dem Bewußtsein wie aus dem Wissen zu streichen? Sie steht auf dem gleichen Grund wie Rousseaus Traum, aus seinem Émile einen Spartaner zu machen: der alte Traum vom ungeschriebenen Gesetz.

Justinians *Institutionen* verweisen in dem Abschnitt über die geschriebenen und ungeschriebenen Gesetze auf den immateriellen Zustand der Gesetze in Sparta. Die Spartaner pflegten »so zu verfahren, daß sie das, was sie als Gesetz beachteten, lieber dem Gedächtnis anvertrauten, während die Athener das befolgten, was sie in Gesetzen schriftlich festgehalten hatten«.[48]

Das spartanische Gesetz operierte unter der entsprechenden Paradoxie, als das Verbot des Lykurgus »Ihr sollt keine geschriebenen Gesetze anwenden« *(μὴ χϱησθαί νόμοις ἔγγϱαφοις)* notiert wurde. Aber das Charisma der ungeschriebenen Gesetze verlieh der umgekehrten Paradoxie eine viel größere Wucht. Wie läßt sich das Vergessen des Gesetzes, das die abendländische Kultur über sich selbst verhängt hat, organisieren? Wie kann man aus Athenern wieder Spartaner machen? Auf keinen Fall durch unablässiges Memorieren der Gebote im Katechismus, wie Mittler in Goethes *Wahlverwandtschaften* sagt. Paradoxien löst man durch Verzeitlichung. Das zeigt der kluge Immanuel Kant. In der *Kritik der reinen Vernunft* aus dem Jahre 1781 übertrug Kant die Lösung des Problems der Zeit:

»Es gibt eine gewisse Unlauterkeit in der menschlichen Natur, die am Ende doch, wie alles, was von der Natur kommt, eine Anlage zu guten Zwecken enthalten muß, nämlich eine Neigung, seine wahren Gesinnungen zu verhehlen, und gewisse angenommene, die man für gut und rühmlich hält, zur Schau zu tragen. Ganz gewiß haben die Menschen durch diesen Hang, sowohl sich zu verhehlen, als auch einen ihnen vortheilhaften Schein anzunehmen, sich nicht bloß *zivilisiert*, sondern nach und nach, in gewisser Maße (!), *moralisiert*, weil keiner durch die Schminke der Anständigkeit, Ehrbarkeit und Sittsamkeit durchdringen konnte, also an vermeintlich echten Beispielen des Guten, die er um sich sah, eine Schule der Besserung für sich selbst fand. Allein diese Anlage, sich besser zu stellen, als man ist, und Gesinnungen zu äußern, die man nicht hat, dient nur gleichsam *provisorisch* dazu, um den Menschen aus der Rohigkeit zu bringen, und ihn zuerst wenigstens die *Manier* des Guten, das er kennt, annehmen zu lassen; denn nachher, wenn die echten Grundsätze einmal entwickelt und in die Denkungsart übergegangen sind, so muß jene Falschheit nach und nach kräftig bekämpft werden, weil sie sonst das Herz verdirbt, und gute Gesinnungen unter dem Wucherkraute des schönen Scheins nicht aufkommen läßt.«[49]

Was Kant hier entwickelt, ist eine These zur Evolution von Moral: Daß man dem Gesetz folgt, ist zunächst eine ostentative, eine künstliche, eine gespielte Handlung. Der Schein hat aber den Vorteil, daß er dazu beiträgt, nach und nach zu habitualisieren, was zunächst Betrug ist und was endlich echt und wahr sein sollte: die Moralität. Dies klingt wie eine Modernisierung des Paulus-Wortes aus dem Galaterbrief, daß das Gesetz »unser Zuchtmeister gewesen sei auf Jesum, daß wir durch den Glauben gerecht würden«. Das Gesetz des Alten Testaments war eine Schule; jetzt sind wir genug belehrt, um die Lehre des Glaubens in uns aufzunehmen und durch Glauben das Gesetz in unseren Herzen zu erfüllen. Eine noch viel ältere Theorie, die sich von Hippokrates und Euripides herschreibt, kultivierte den Gedanken, daß sich der konventionelle *nomos* in *physis* verwandeln könnte.[50] Doch im Unterschied zur Theorie, daß Gott oder die Natur den Menschen das Gesetz ins Herz geschrieben haben, macht Kant deutlich, daß die Natur den Menschen den Hang, oder besser: die Gabe zum Betrug ins Herz geschrieben hat. Der von der Natur vorgesehene Betrug dient aber – weil die Natur nur vernünftige Dinge schreiben kann – am Ende einem vernünftigen Zweck. Der Betrug oder die Wiederholungen des Betruges schreiben sich fest und verwandeln sich in Natur, in die berühmte zweite Natur der Gewohnheit. Das kann die Erfahrung bestätigen. Tausendmal wird das Kind aufgefordert, »danke« zu sagen, wenn es beschenkt wird. Am Ende sagt es von selbst »danke«, und der abertausendste Gehorsam gegenüber dem elterlichen Befehl verwandelt sich in ein Schauspiel herzlicher Spontaneität. Es gibt also ein ästhetisches Provisorium, worin die Menschen zum Scheine moralisch sind, um endlich natürliche Automaten der Moral zu werden. Vielleicht darf man auch sagen: Es gibt das Ästhetische als Provisorium. Auf diese Weise tragen der Schein, die »Unlauterkeit«, wie Kant sagt, das Spiel, dazu bei, das Gesetz so zu naturalisieren, daß es zuletzt der Natur zu ähneln beginnt. Dabei besteht kein Zweifel, daß sich nach Kant Gebote und Verbote im Hinblick auf die Struktur des Vergessens nicht voneinander unterscheiden – auch wenn Goethes Mittler eine solche Theorie aufstellt. Für ein Kind gilt das Verbot, ein Geschenk ohne das gemurmelte »danke« anzunehmen. Denn sonst droht die Sanktion, daß das Geschenk nicht ausgehändigt wird.

So erläßt Kant durchaus eine neue Version des Gesetzes über das Gesetz des Vergessens, das die Kaiser Hadrian und Justinian der Christenheit zum Geschenk gemacht hatten. Am Ende seiner Überlegung zur Naturalisierung der Moral steht die Anweisung, daß der Schein nicht ewig dauern darf, daß das Gesetz irgendwann nicht mehr aus dem Willen zum Gesetz, sondern unter einem Diktat der Spontaneität befolgt werden muß. Die Endform dieses Gesetzes über die Spontaneität notiert Kant an anderer Stelle, nämlich in den Bemerkungen über den Schein und die Wirklichkeit seiner *Vorlesungen über die philosophische Religionslehre*: »Der Mensch handelt nach der Idee von einer Freiheit, *als ob er frei wäre*, und eo ipso *ist er frei.*«[51] Das »als ob« formatiert den temporären Verschleiß des Müssens, das Vergessen, neu und schreibt es um in einen logischen Schluß. Im Winkel, den das »als ob« und das »eo ipso« bilden, verschwindet der Schein wie das geschriebene Gesetz bei Rousseau oder die Sünde bei Sankt Bernhard. Der Schein ist die Bedingung der Naturalisierung der Freiheit. Und hier erscheint wenigstens in der Theorie genau das, was R. Lachmann mit Umberto Eco als »unmöglich« bezeichnet hat: die *ars oblivionalis*, eine der Gedächtniskunst analoge Kunst des Vergessens.[52] Der Kant-Leser Schiller schließt in seinen *Briefen über die ästhetische Erziehung* das Vergessen und die Kunst (den Schein) kurz. Die Kunst des Vergessens ist die Kunst. Die im sechsten Brief gestellte Frage: »Woran liegt es, daß wir noch immer Barbaren sind?«, steht ganz im Banne des von Kant diagnostizierten unvollendeten Vergessens, der *Als-ob*-Freiheit. Aber die klassische Lösung winkt Schiller im 27. Brief herbei: »mitten in dem heiligen Reich der Gesetze baut der ästhetische Bildungstrieb unvermerkt an einem dritten, fröhlichen Reiche des Spiels und des Scheins, worin er dem Menschen die Fesseln aller Verhältnisse abnimmt«.[53]

Dieses Vergessen wird erst nach einer langen Zeit effektiv. Das wäre die Perspektive der Kultur in der Zeit selbst. Die von Vico oder Rousseau oder Schiller beschriebenen modernen barbarischen Zustände, die Dekadenz, die Barbarei der Reflexion, bilden ein Übergangsstadium auf dem Wege zu einer zweiten Natur, oder besser: zu einer Zivilisation ohne Anstrengung. Das Vertrauen auf die Zeit gehört der Zivilisation an; das Vertrauen auf Rebarbarisierungen hingegen der Barbarei selbst. Oder sollte man nicht dem Beispiel Gottes folgen, über den der Apologet Aristides sagte: »Gott vergißt nicht«?

7
Der Barbar und die Medien

Träume von medienfreien Paradiesen

Nicht erst in dem von Walter Benjamin so getauften Zeitalter der technischen Reproduzierbarkeit wandern die Intellektuellenaugen zurück in paradiesische Frühzeiten, in denen Menschen mit einem kleinen Satz von Zeichen und ohne Medien ein Höchstmaß an Unschuld und Glück organisierten. Jeder Vogel, jeder Stein trug damals einen Namen wie ein Gesicht. Sokrates stellte sich den Nomotheten, den philosophischen Namengeber, als einen Täufer vor, der den Dingen erst nach eingehender Prüfung, welches denn ihr Wesen sei, einen Namen zuteilte.[1] Im *Kratylos*-Gespräch findet Sokrates Beispiele dafür. Was dachte sich der Nomothet bei der Taufe des (menschlichen) Körpers? In dem Wort für Körper (*σῶμα*) steckt die Erkenntnis, daß die Seele den Körper als Zeichenträger (*σῆμα*) nutzt, durch den sie gleichsam schreibt (*σημείνω*).[2] Der Körper ist die Schreiboberfläche, das Medium der Seele. Dieses Schreiben folgt wie jeder Taufakt des Nomotheten dem Prinzip strengster Äquivalenz von Zeichen und Bedeutung. Seitdem ist die Körpersprache das Lieblingsidiom aller New-Age-Denker. Auch der Apologet Origines konnte sich Klang und Gestalt der Wortkörper nicht anders als von Nomotheten-Gedanken komponiert vorstellen.[3] Ebenso Quintilian. Ihm verdankt die Welt die schöne Erklärung des *lucus a non luceno:* Der Wald (*lucus*) trägt seinen Namen daher, daß es darin kein Licht (*lux*) gibt. Isidor, der Bischof von Sevilla (570–636), machte sich in seiner Enzyklopädie *Origines* oder *Etymologiae* (Ursprünge) daran, auf der Spur der sokratischen Poesie und Kalauerkunst im *Kratylos* alle diese Verbindungen der Wörter mit den Dingen, der Bezeichnungen mit dem Bezeichneten, wiederherzustellen. So führt *lingua* (Zunge/Sprache) ihren Namen von *ligare* (binden), weil sie *per articulatos sonos verba ligat* (»durch Gliederung der Laute bindet sie die Worte zusammen«).[4] Die Zeichen des Leibes feiert die Neuzeit als Ursprache. Vico sah die Barbaren der göttlichen Zeit zunächst nur über Körperzeichen miteinander Kontakte aufnehmen.[5] Rousseau billigte den barbarischen Wilden gerade zwei Signale zu: den Schrei um Hilfe und den Schrei aus Schmerz. Diese Zeichen umgibt das Prestige der linguistischen Frühe, weil sie erst vom Instinkt und dann von den Lippen geformt wurden.[6] Eine himmlische Unmittelbarkeit umschlang den barbarischen Informationsaustausch. Erst Adams Apfelbiß und Nimrods Hybris brachten die vielen Sprachen, die Synonymien, Polysemien und damit das Mißverstehen in die Welt. Die Wiederherstellung der paradiesischen Linguistik durch eine künstliche Sprache bildet dann spätestens seit Comenius ein pädagogisches und mediendidaktisches Ziel. Darüber weiter unten mehr. Noch Walter Benjamin träumte davon, daß alle Wesen und Dinge von Adam bei ihren jeweils eigenen Namen gerufen wurden, ehe der Sündenfall die Welt in den Ruin der Begriffe trieb.[7] Unberührt von aller Schrift, stützt sich die Traumwelt der Barbaren rein auf Namen und ostentative Gesten. Zu ihnen drängt es alle Ökologen der Buchstaben und Medien. Das späte Auftreten der Schrift ist historisch unbestreitbar; nur Vico wollte die Menschen gleich mit Schriftzeichen aus Gottes Lehm hervorgehen lassen. Sonst gilt für alle Philosophen des Anfangs die Unschuld als Analphabetin. So läßt sich das kleine Repertoire der linguistischen und skripturalen Paradiese zusammenfassen.

Zum Mangel an Schrift gesellte sich nun die Vorstellung, daß im wilden Klima der Vorzeit auch keine Paragraphen wuchsen. Die barbarische Welt ist unrechtlos und daher gesetzlos. Diese Feststellung kann positiv wie negativ ausfallen. Die einen sagen: Die alten Völker stehen unter der Wirkung eines eingeschriebenen Gesetzes[8]; die anderen meinen: Die Barbaren sind eben wegen ihrer Gesetzlosigkeit wild, unmoralisch, habgierig, grausam etc.[9] Aber seit der Antike erblicken viele kulturkritische Autoren in der Evolution der Gesetze (des Rechtssystems) ein Dekadenzphänomen. Tacitus feierte in den *Annalen* die Menschen der ersten Zeiten. Damals benötigte man noch keine Abschreckungen, »weil keine unsittliche Neigung da war«.[10] In der Neuzeit beriefen sich die Kulturtheoretiker wieder gerne auf die treuen *Lesebuchgermanen* des Tacitus: Moralität ohne fixierte Normen. Geschworene Feinde des Gesetzes wie Rousseau oder Schillers Karl Moor preisen daher das Sparta Lykurgs, weil es dort keine Gelehrsamkeit gab und keine geschriebenen Gesetze galten.[11] Wieviel schöner sind Helden als die brillentragenden Büchermenschen! Und als wäre Rom an seinem Erkenntnisdrang untergegangen, macht sich Nietzsche in der *Morgenröthe* darüber lustig, daß wir uns mehr vor dem Ende der Kultur fürchten als vor dem Ende der Menschheit: »Ja, wir hassen die Barbarei, – wir wollen Alle lieber den Untergang der Menschheit, als den Rückgang der Erkenntnisse.«[12] Das Lob der Taten und der Degout der Literatur springen leichtfüßig von Buch zu Buch. Früher lobte man die Schreie statt der Bücher, heute preisen die neuen Rousseauisten die Immaterialität der elektronischen Datenflüsse statt der alten Zeugen der Gravitation: der Bücher. Keine Wilden, sondern Ingenieure sollen die Welt von den Lettern erretten. Der Tacitus-Leser Vico zählt im aufsteigenden *corso* der idealen Geschichte die barbarische Justiz, die Rabulistik mit ihren unzähligen Klauseln, zu den Vorläufern der menschlichen Justiz, die allein auf die »Wahrheit der Tatsachen« sieht und die Gesetze dem anpaßt, was die »Gleichheit der Fälle« verlangt.[13] Rousseau wiederum glaubte zu wissen, daß das geschriebene Recht die Wirksamkeit natürlicher Instinkte wie die spontane Solidarität des Mitleids getilgt hat.[14]

Ebensowenig wie unsittliche Neigungen kennt die barbarische Welt die Wertrepräsentation durch Geld. Man benötigt keine genaue Kenntnis der antiken und neuzeitlichen Literatur, um zu ahnen, wie hoch die leeren Geldbeutel und nicht gebauten Banken der Barbaren geschätzt wurden. Weil das Plädoyer vor Gericht, die Auslegung der Gesetze, die Buße der Sünden und jeder Federstrich eines Aktuars honoriert und durch Geld abgedeckt werden mußten, fanden die Kulturrevolutionen Platons, Jesus', Luthers, Rousseaus so starken Rückhalt bei den Moralisten des selbstlosen Tauschs. Den Germanen hingegen versagten die Götter, wie Tacitus berichtet, Silber und Gold, und er fügt hinzu, daß er nicht weiß, ob diese Versagung aus Huld oder aus Zorn erfolgte.[15] Dabei sorgt das Geldmedium auf höchst effektive Weise für die Homogenisierung des Sinns; dennoch wird es bei den Anklägern der Polysemien nicht geschätzt, weil es innerhalb des Sozialen alles gegen jedes konvertierbar macht. »Das Geld repräsentiert alle Dinge«, stellt Hegel ohne Wertung in der *Rechtsphilosophie* fest.[16] Sein Schüler, der junge Karl Marx, schließt sich dann aber wieder in die Reihe der Moralisten des Geldes ein: »Es ist die allgemeine Hure, der allgemeine Kuppler der Menschen und Völker.«[17] Da Gold und Geld die guten Sitten untergraben, gilt die alte Welt des selbstlosen Tausches, wo die Hydra der Händler noch nicht ihr Haupt vervielfachte, auch als das Reich der intakten Moralität. Noch einmal der junge Marx der *Philosophisch-ökonomischen Manuskripte*: »Setze den *Menschen* als *Menschen* und sein Verhältnis zur Welt als ein menschliches voraus, so kannst du Liebe nur gegen Liebe austauschen, Vertrauen nur gegen Vertrauen etc.«[18] Das Geld löst die Tugenden in ungezählte Polysemien auf. Zwar hatte der von Max Weber beschriebene Geist des Kapitalismus das Geld längst zu einem allgemeinen Äquivalent der Vernunft, der Zeit, der Natur erhoben, wie es bereits Platon im *Phaidon*-Dialog angedeutet hat.[19] Doch diese historischen Tatsachen konnten den schlechten Ruf des Geldes bei allen apokalyptisch gestimmten Kulturtheoretikern nicht heben. Geld ruiniert die Kultur. Die Keuschheit der Germanen ist daher bei den Deutschen legendär. Aber auch Dante berichtet, daß Barbarenfrauen schamhafter sind als die Florentinerinnen, die ihre Brüste unverdeckt tragen.[20] Alle Schaustellung fehlt, alle Repräsentation, alle Verlockung, kein Auge verliert sich im Schwindel des Zirkus. Doch dies ist der letzte Baustein des Barbarenparadieses: Wie die Juden ersparen auch die Germanen ihren Göttern die Schmach, im Bild zu erscheinen. Nach dem Zeugnis des Tacitus weihten die Germanen ihren Göttern Lichtungen und Haine (*lucus*), aber sie verewigten die Unsterblichen nicht in menschlicher Gestalt.[21]

Die barbarische Welt – sofern die Berichterstatter ihr gegenüber positiv eingestellt sind – führt in ihren Ökomagazinen keine falschen Doppel, keine Synonyme, kein Geld, keine Bilder, keine Götzen, die aus trügerischen Ähnlichkeiten gefertigt wären. Solche Reinheit wollen die puritanischen Reformer und Märtyrer der Welt zurückgeben. Bei den von ihnen veranstalteten Recyclings der Sprache, der Schrift, des Gedächtnisses lassen sie daher auch stets die Bilder stürmen: Barbaren der Reflexion wollen die Welt in den bilderlosen Barbarismus zurückholen: Sokrates, Jesus, der Byzantiner Leon III., Savonarola, Calvin. Die Namen ihrer Nachfolger werden noch fallen. Das Bild, seine Macht, sein Recht, sein Wesen, ist ein Thema von ungeheurer Ausstrahlung und tief in Mythen und Blut getaucht.

»Bilder sind Schrift für Idioten«: Der glotzende Barbar

Moses kommt vom Berg Sinai, auf den Schultern die beiden schweren Steintafeln, Gottes Autograph der Zehn Gebote. Er muß sehen, daß die Israeliten, mit denen er gerade Anlauf nimmt zum Evolutionssprung vom Polytheismus und der Polysemie zum monotheistischen Einheitssinn, das Bild des Goldenen Kalbes errichtet haben. Da packt ihn der Zorn, und er wirft die beiden Tafeln an den Fuß des Berges, daß sie zerspringen. Aber er gibt nicht auf. Das Kalb wird geschmolzen, das Gold zu Pulver zerrieben, mit Wasser gemischt und dem

Volk zu trinken gegeben: Sie sollen mit ihrem eigenen Leib den Abgott zum Verschwinden bringen. Moses kümmert sich dann um die Zweitschrift des Dekalogs.

Der Zorn des Propheten ist begreiflich, wenn man der mythischen Prämisse glaubt, daß der evolutionäre *Fortschritt* vom Bild zum Buchstaben, von analogen zu digitalen Codes führte. Dieser Gedanke hat sich allerdings tief in das abendländische Bewußtsein eingegraben. Unzählige Geschichten berichten von den Tauschakten, in denen, weit weg vom Sinaigebirge, Bilder für Schriften oder Gesetze geopfert wurden. So schmolz man in Athen 487 v. Chr. die Statue des Hipparchos Charmidou auf Beschluß des Volkes ein und errichtete an seiner Stelle eine Gesetzestafel gegen Staatsfeinde.[22] Hier öffnet sich ein erster Blick auf die große Geschichte der Bilderstürme, über die weiter unten zu sprechen sein wird. Bereits antike Philosophen verwarfen den bildgestützten Götterkult und stärkten die Ansicht, daß die Gottesvorstellung in die Seele geschrieben sei.[23] Das Argument taucht wieder auf bei den Christen, die sich unter wiederholten Loyalitätsbeteuerungen vom Bilderkult an den römischen Cäsaren fernhalten. Der Apologet Athenagoras rechtfertigt diese Haltung mit dem Hinweis, daß nur die unvernünftigen Seelenteile Götterbilder erzeugen.[24] Tertullian fragt, was das für eine Verehrung sei, wenn ein Saturn wie so manch anderer Hausgott seine materielle Gestalt aufgeben muß und in eine Bratpfanne verwandelt wird.[25] Der Jurist und Bilderfeind Johannes Calvin leitet die französische Version seiner *Institutio Christianae Religionis* von 1541 mit der Bemerkung ein: Kein Volk sei so barbarisch, kein Stamm so verwildert, daß nicht die Überzeugung, es gebe einen Gott, in alle Herzen fest eingeschrieben sei.[26] Gottes Pädagogik, die Vorsehung, ist demnach über die Bilder hinweggegangen. Calvins radikale Formel hinterließ in der Theorie allenthalben Spuren. Kaum eine theoretischen Anschauung zeigt eine solche Resistenz gegen Tatsachen wie die Ansicht, daß alle Evolution über Abstraktionen läuft. Vico rekonstruiert die Entwicklung der Sprache ebenso wie die der Schrift als Übergang aus der barbarischen Bildkommunikation (Gleichnisse, Vergleiche, Bilder, Metaphern) in die Codes der Wörter und Buchstaben.[27] Darin folgen ihm Rousseau in seinem *Essay über den Ursprung der Sprache*[28] und auch Condorcet, der in seiner Abhandlung über den *Fortschritt des menschlichen Geistes* die Schrift als *véritable peinture* beginnen läßt.[29] Zuletzt rückt die Hegelsche Hierarchie der Formen, in denen sich der Geist »seine Interessen« repräsentiert, auch die Kunst (Vorstellung) an den untersten Platz, während Religion und Philosophie darüber firmieren. In der *Rechtsphilosophie* fällt dann das passende Wort von der »Barbarei der Vorstellung«.[30] Die Abstraktion tauft den Barbaren und leitet seine Wiedergeburt als erfolgreich pädagogisierte Zweite Natur ein.[31]

Aus dieser evolutionären Theorie saugen nun Bischöfe, Päpste, Pädagogen, Layouter, Anthropologen, Literaturwissenschaftler, Medienkritiker ihren süßen oder bitteren Honig. Soll man die Menschen pädagogisieren und ihnen die unwiderstehliche Lust an den Bildern verbieten? Oder soll man gerade diese Lust nutzen und ihnen zähneknirschend die Erlösung aus einem Comicstrip zulächeln lassen? So reißt man abwechselnd die Bilder von den Wänden und hängt sie dann wieder auf. Zunächst ein Dokument aus dem Archiv der unsterblichen Worte. In einem mahnenden Brief an den Bischof Serenus von Marseille, der sich durch drastische ikonoklastische Maßnahmen hervorgetan hatte, formulierte Papst Gregor der Große um 600 das kirchliche Dogma zum Status der Bilder: »quod legentibus scriptura, hoc idiotis praestat pictura«.[32]

Bilder sind Schrift für Idioten (nämlich für Analphabeten und Heiden), meint der Papst. Wer keine Bücher lesen kann, der liest in Bildern. Also darf das *Medium* nicht zerschlagen oder verworfen werden. Und da der kluge Gregorius kein platonischer Schriftverächter war, fiel er nicht zurück auf die Propaganda der Mündlichkeit und der Präsenz. Die Formel des Papstes erlaubt einen weitreichenden Kommentar: In der

Medienkonkurrenz dienen die Bilder den Idioten. Aber das führt keineswegs zu jener allgemeinen Theorie des Pöbels, die ebenso altehrwürdig ist wie das päpstliche Diktum über die Idioten und die zu wissen glaubt: »Bei dem einfachen Volke dringen die Dinge wirksamer über die Augen als über die Ohren ein.«[33] So doziert die Medienidiotie der Mächtigen (oder Medienpädagogen). Doch um dieser ikonoklastischen Pädagogik keinen Kredit zu geben, fügte Papst Gregor in seinem Brief an den Bischof Serenus noch die Erklärung hinzu, warum die Idioten das Bild benötigen: »qui in ipsa vident quid sequi debeant«.[34] Sie erkennen darin das, was sie befolgen müssen. Das Bild gibt den Illiteraten das Gesetz zu lesen und richtet ihr Auge auf die höchsten Embleme der Macht. Wer nicht liest oder lesen kann, der benötigt wenigstens das *Bild* des anderen. Daran hat sich bis heute nichts geändert. Und es hat sich auch an einem anderen Sachverhalt nichts geändert, der in der päpstlichen Ermahnung mit zum Ausdruck gebracht wird: Kein Bild (außer Darstellungen körperlicher Funktionen) liest sich ohne Kommentar (*subscriptio*). Der Betrachter muß wissen, woher oder von wem das Bild kommt, in welchem Kontext es steht, sonst kann er es nicht lesen. Jeder Blick auf ein Bild kommt mit der Frage: Wer gibt mir zu sehen? Was gibt er mir zu sehen? Diese Fragen hat die moderne Kunst, die sich in einer Ikonoklastik verflüchtigt, verdrängt. Daher konnte auch keine Kritik weiter an der Sache des Bildes vorbeigehen als die höhnische Installation Hans Holleins auf der *documenta 8*, in der er das Größenverhältnis von Gemälde und Dokumentationstafel umkehrte. Er brachte ein großes Schild mit dem Namen Piero della Francescas an und setzte eine winzige Reproduktion der *Geißelung* darunter.[35] Die Originalgenies aller Zeiten wollen die Kunst als erhabene Natur. Doch kein Bild läßt sich lesen ohne Text und Kontext. Künstler, die das Auge in die kommentarlose Vision der Bilder tauchen wollen oder die den Betrachter an die Unmittelbarkeit ketten wollen, sind die Marseiller Bischöfe und Ikonoklasten unserer Tage.

Der Glaube an die erste und ursprüngliche Macht der Bilder, weil sie den Sinnen unmittelbar gegeben wären, ist eine unbewältigte Torheit der frühen Moderne. Es gibt vermutlich ein präzises Datum für das Entstehen der Meinung, daß auch Kinder die Welt nur aus Bildern verstehen. Wer hat das Bilderbuch erfunden? Es war der Magister Sigismund Evenius, der im Jahre 1636 den braven Kindern deutscher Zunge die *Christliche gottselige Bilderschule* zum Geschenk machte.[36] Die Novität der Illustrationen in diesem Werklein für Kinder von drei bis fünf Jahren rechtfertigt Evenius ausdrücklich mit dem Hinweis auf das Diktum Papst Gregors: *quod legentibus scriptura, hoc idiotis praestat pictura*, daß also, wie er übersetzt, Kinder und Einfältige durch »Bildnis und Gleichniß besser bewegt werden«.[37] Wenig später, im Jahre 1658, veröffentlicht Johann Amos Comenius seinen berühmten *Orbis sensualium pictus*, ein Werk, das bis Ende des 19. Jahrhunderts in über 250 Ausgaben gedruckt worden ist. Comenius beruft sich in seiner Vorrede nicht auf den Papst Gregor, sondern auf Francis Bacon und dessen methodische Neubegründung der Wissenschaft, wenn er sagt: »Es ist aber nichts im Verstand, wo es nicht zuvor im Sinn gewesen ist.«[38] Das Motto des *Orbis pictus* stammt indessen aus dem 1. Buch Moses 2, 19, 20 und zitiert die Erzählung, wie Adam einem jedem Tier und Vogel einen Namen gibt. Comenius setzte mit diesem Lehrbuch seine pansophische Vorstellung in die Tat um, daß die paradiesische und babylonische Katastrophe rückgängig gemacht werden können. Dazu benötigte man nur eine neu geschaffene Sprache, die ein vollkommenes Abbild der Welt gäbe und die alle Synonymie (und Polysemie) ausräumte. Eine entschiedene Bereinigung und Reduzierung des symbolischen Überflusses bildete den ersten Schritt. Der zweite Schritt wird dann in einem komplizierten Programm entwickelt. Comenius trägt es ausdrücklich in rauhem Stil (*ruditas stili*) vor, zunächst im *Prodromus Pansophiae*. Eine neue Ordnung der Dinge sorgt für die Äquivalenz von drei Registern: Gottes, der Natur und des Wissens. Diese drei Register müssen ihre Ähnlichkeit durch unmittelbare Abbildungsverhältnisse sicherstellen, das heißt durch Medien ohne Manipulationsspielräume. Wie das funktioniert, beschreibt Comenius in technischen Begriffen der Typologie: »Daher sind die Vernunftgründe der Dinge die gleichen und diese unterscheiden sich nur durch ihre Seinsweise, weil sie in Gott wie in einem Urbild (*archetypus*) sind, in der Natur wie in einem Prägestempel (*ektypus*), und in der Kunst (*ars*) wie in einen Abdruck (*antitypus*).«[39] Das Projekt einer Allgemeinen Sprache verkündet Comenius dann in der Schrift *Panglottia*, dem fünften Teil seiner *Allgemeinen Beratung über eine Verbesserung der Grundordnung der Menschen.*[40] Die *Panglottia* entwirft ein vollkommen gedachtes System, das eine Nomenklatur der Sachen, der Laute und ihrer Transformationen umfaßt. Sie enthält keine Lücken für semantische Zweifel. Denn eine der wesentlichen Regeln darin verlangt, daß »niemand über den Sinn eines Wortes nachzudenken braucht, da dieses vollkommen mit der Sache übereinstimmt«.[41]

Das ist die Theorie seines *Orbis pictus* für Kinder: eine harmonische Einheit von Sache, Begriff, Wort. Mit dieser Lehre knüpft Comenius eben nicht an die päpstliche Idiotenlehre, sondern an die sokratische Sprachdoktrin und an deren Nachbeter an.[42] Das Ziel ist die Rebarbarisierung der Sprachenvielfalt[43], die Wiederherstellung der linguistischen Simplizität, die Errettung der Welt aus dem Sündenstand der lexikalischen Unordnung. Weil die Sprache der Engel, das linguistische Modell der *Panglottia*, ein vollkommenes »Bildnis der Dinge« ist, wie Comenius betont, muß man von Bildern aus die Sprache erarbeiten. Seitdem füllt sich die infantile Welt mit Bilderbüchern. Die sind gut und bisweilen schön, und niemand will sie missen. Fatal ist der diesen Büchern aufruhende Glaube (der Eltern- und Pädagogen-, der Philosophenglaube) an die Priorität der Bilder in der Organisation der menschlichen Intelligenz. Kinder lernen jedoch erst sprechen und tauchen zuallererst in die Poesie, in den Barbarismus, in die Magie der Sprache, vertiefen sich zuerst in Spiele mit Kombinationen,

Reimen und Derivationen, ehe sie dem Trug der Einheit von Syntax und Rationalität verfallen. Durch nichts ist die Priorität des Diskurses zu tilgen. Wer glaubt, Bildern zu verfallen, oder wer die Faszinationsmacht von Bildern anklagt, steckt in einer Idiotie des Imaginären. Bilder sind schön oder häßlich oder schrecklich oder großartig, aber sie sprechen nur als sprachlose Doppel des Diskurses.

Die päpstliche und von den Pädagogen bis in unsere Tage geschleppte Vorstellung von den Idioten, die Gott, den Staat, die Wahrheit, die Welt nur über Bilder zu erfassen vermögen, hat eine Pseudo-Apokalypse über uns verhängt. Wir beugen uns einem *common sense*, wonach die fernsehglotzenden Menschen und Kinder dem irrationalen Verhängnis, der Amoral, der Sucht, der Fiktion, der Derealisierung, dem Wahnsinn verfallen sind. Der *common sense* glaubt zu wissen, daß das glotzende Sehen die Worte, die Ratio, die diskursive Identität des Rezipienten überflutet und unter sich begräbt.

Blicken wir in die platonische Gedankenwelt eines Medienpädagogen dieser Tage. 1987 erschien das Buch *Illusion und Manipulation. Die Wirkung von Film und Fernsehen auf Individuum und Gesellschaft* von Heinz Buddemeier, nach Mitteilung des Impressums Professor für Medienwissenschaft. Das Buch, Beispiel für eine ganze pädagogische Kulturindustrie, sichert sich den ersten Kredit, indem es mit der berühmten Klage Goethes in seinem Brief an Schiller vom Dezember 1797 einsetzt. Das Publikum, so beschwert sich darin der Medienpädagoge Goethe, wünscht nach Lektüre eines jeden Romans den Gegenstand auf dem Theater zu sehen und möchte jede interessante Situation gleich in Kupfer gestochen haben. Und der wütende Goethe fügt hinzu: »Diesen eigentlich kindischen, barbarischen, abgeschmackten Tendenzen sollte nun der Künstler aus allen Kräften widerstehn, Kunstwerk von Kunstwerk durch undurchdringliche Zauberkreise sondern (. . .).«[44] Goethes Ärger ist begreiflich. Es ist ein mosaischer und medienkritischer Ärger. Die Leser, die sich immer gleich wieder in glotzende Barbaren verwandeln wollen, begreifen nicht den Unterschied zwischen Epos und Drama. Was diese beiden Gattungen trennt, hatte Goethe eben in einem Schiller zur Abstimmung vorgelegten Aufsatz über *Epische und dramatische Dichtung* erneut mit Blick auf ihren Ursprung festgeschrieben. Gerade der Unterschied zwischen den lebendigen Medien der Erzählung und der Darstellung, zwischen dem Rhapsoden und dem Mimen, begründet auch die Differenz zwischen dem Epischen und dem Dramatischen.[45]

Das Barbarische im Auge Goethes ist der Wunsch nach Medienwechsel, nach Illustration und optischer Lebendigkeit. Goethes Barbaren sind wie Papst Gregors Idioten *Bilderleser.* Und das gilt auch für Heinz Buddemeiers Bilderglotzer. Sein Buch verfolgt nun die These, daß die Entzauberung der Welt durch Materialismus und Rationalismus auch die Phantasie abgetötet hat. »So mußten sie den Raum, aus dem sie die Götter, Engel und Ideenwesen vertrieben hatten, mit Zerstreuungskünsten füllen. (...) Das Fernsehen ist das jüngste und bei weitestem mächtigste Zerstreuungsmittel.«[46] Die Kritik der Zerstreuung ist, man konnte es sehen, die älteste (vermutlich einzige) Medienkritik. Sophistische Zerstreuung durch Worte und Schriften, babylonische Zerstreuung der Wörter, Zerstreuung des Gedächtnisses durch die Juden, Zerstreuung des einen Gottes durch die heidnischen Idole, Zertreuung der Sakramente durch den Papst, Zerstreuung der Sinne durch Lesen, Zerstreuung der Vernunft und Moral durch Bilder, durch Photos, Zeitungen, Filme, Fernsehen, Discos. Zerstreuung bei Goethe, Zerstreuung bei Nietzsche, Zerstreuung bei Benjamin, Zerstreuung bei Heidegger, Zerstreuung bei Adorno, Zerstreuung bei Flusser. Wie kann der Mensch wieder eingesammelt werden? Die moderne Besorgnis sorgt sich wie Goethe vor allem darum, daß die Leute ihrer Imagination nichts mehr zu tun geben wollen. Gut zweitausend Jahre früher war dies allerdings gerade das Übel. Die Trägheit wechselt ihren Namen, nicht aber das gramvolle Stichwort der Kulturdiktatoren: Zerstreuung.

Buddemeiers Kritik läßt sich auf einen Nenner bringen:

Bilder sind nicht die Wirklichkeit. Die sensorische Verarbeitung der Wirklichkeit verlangt seiner Ansicht nach erheblich mehr Anstrengungen als die Betrachtung eines Photos. Buddemeier meint nun naiv, daß die meisten Menschen im Realen, sein Beispiel ist der Herbstwald, von »Sinneseindrücken nur so überschüttet« werden und »den Eindruck einer völligen Überforderung haben«. Im Gegensatz dazu fordert »das Foto des herbstlichen Waldes (...) vom Betrachter nicht die Spur einer Anstrengung«.[47] Das Bild ist trivial, und von der Substanz der Welt ging nichts in seine Punktraster ein: Auf der Photographie beschreibt die Welt mit ihren Tiefen und unendlichen Daten buchstäblich nur eine Oberfläche. Für die Sinne ein Stenogramm. Die physiologische Rezeption des Photos analysiert Buddemeiner als ein in Trance übergehendes Starren. Zu einer noch stärkeren Passivität verleitet nun das Fernsehbild: »Die technisch erzeugte Bewegung führt somit, im Vergleich zur Fotografie, zu einer erheblichen Verlängerung des Starrens, was wiederum den Zustand der Trance begünstigt.«[48] Der Glotzer kommt hervor aus der Vereinfachung des Sehens und aus der Unterbietung des Seheindrucks durch die technische Reproduktion. Solche Privation des »natürlichen Sehens«, das wird dem Leser zuletzt nahegebracht, macht aus den Medienkonsumenten lauter Kaspar Hausers.

Selige Einfalt der Medienpädagogik! Wunderbares Beispiel des deutschen Waldes! Wenn der Medienpädagoge glaubt, daß die Besucher des Waldes intellektuell überfordert werden, dann kann dies nur an der mythischen Beschaffenheit des Waldes liegen. Er ist das deutsche Thema. Der deutsche Wald ist so von Literatur durchweht, daß kein Deutscher unter mehrere Bäume tritt, ohne in seinem Herzen (Gedächtnis) ganze Bibliotheken von literarischem Waldweben aufzuschlagen. Das hat Elias Canetti mit seinen präzisen Bemerkungen über den Wald als »Massensymbol der Deutschen« gezeigt.[49] Dieses Wissen mobilisiert auch jedes (deutsche) Auge, das ein Waldphoto betrachtet. Ein solches Beispiel, das die Mythen in der reinen Unmittelbarkeit von Natur aufgehen läßt, die Reproduktion jedoch in eine Anklage wegen Mangels an Unmittelbarkeit verwickelt, kann nur in einem deutschen Werk gewählt werden. Im Deutschen gibt es eine weitgehende Synonymie von Natur und Wald. Die Priorität der Worte, des Diskurses, der Mythen, des Wissens gegenüber allen Repräsentationen der Welt gilt freilich auch für weniger mythische Objekte. Zum Beispiel für ein Gesicht. Jedes Photo ist materiell eine Fläche, um es zu lesen, benötigt man immer Wissen. Der aus seinem Verlies in die Welt gestürzte Kaspar Hauser hätte kein Photo lesen können. Auf romantische Szenen reagierte er nach Feuerbachs Zeugnis mit Abscheu.[50] Oder man gebe seinem Hund ein Photo zu betrachten; er wird diese Vereinfachung ablehnen. Das gleiche gilt für Film und Fernsehen. Wer meint, daß das Fernsehen nur aus Bildern besteht, ist taub. Das Fernsehen (wie der Film) besteht aus Reden, auf dem Bilder laufen. Und wenn einmal die Rede verstummt, dann ertönt sogleich Musik, die die laufenden Bilder in einen rhythmischen, emotionalen, historischen Kontext bringt. Es gibt keine stillen Bilder. Bilder können nur erfaßt werden, wenn sie von narrativen, diskursiven, symbolischen Kontexten getragen werden, die entweder mitgeliefert oder vom Rezipienten erzeugt werden. Idiotie ist, dies zu übersehen. Nicht die Betrachter, sondern die Theoretiker des Bildes sind die Nachfahren von Gregors Idioten.

Wenn man bei Buddemeier lesen kann, daß das Fernsehen die menschliche Apperzeption unterfordert, so findet man im nächsten medienpädagogischen Standardwerk exakt die entgegengesetzte These. Die einflußreiche Medienpädagogin Herta Sturm stellte fest, daß das Fernsehen im Unterschied zum Gang lebensrealer Erfahrungen keine Zeit zur inneren Verbalisierung der Erlebnisse läßt. Dieser innere Monolog vor dem Bildschirm ginge dann etwa so: »Das ist ein Löwe, das ist ein Hochhaus, das ist Heinz Sielmann, das ist der amerikanische Präsident.« Aber das Tempo der Bilder läßt nach

Herta Sturm diese innere Deixis nicht zu. Die fatale Folge heißt Überforderung. Damit ist das Stichwort der *fehlenden Halbsekunde* (für die Verbalisierung) in die medienpädagogische Diskussion eingeführt und die Theorie selbst in ihr höchstes Stadium der Torheit getreten. *Verbalisierung* ist die verunglückte Beschreibung dessen, was Kant eigentlich *Apprehension* nennt, nämlich die Synthese der mannigfaltigen Wahrnehmungen, die »im Gemüte an sich zerstreut und einzeln angetroffen werden«.[51] Nach Kant vollzieht die Einbildungskraft diese Operation. Und das ist völlig richtig. Aus dem pädagogischen Gedanken der *fehlenden Halbsekunde* resultiert Herta Sturms Forderung nach einer veränderten Fernsehdramaturgie, die dem überforderten Zuschauer ausreichende Pausen zur Verbalisierung einräumt.[52] Hinter dieser Forderung steckt immer noch der Platonische, von Comenius erneuerte, von Rousseau zur Sprachpädagogik radikalisierte Gedanke, daß die Dinge und die Worte in reiner Entsprechung zu halten sind. Ein Wort ohne Dinge oder ein Bild ohne *subscriptio* setzt die Katastrophe in Gang, die *Babylon* oder *Dekadenz* oder *TV-Sucht* heißen. Gleich welche Sorge aus den Pädagogenherzen quillt, gleich ob Überforderung oder Unterforderung durch die Bilder: Stets wollen sie die Welt durch wiederhergestellte Äquivalenzen von Dingen und Zeichen retten. Einig sind sich die Erzieher und Philosophen daher in der Denunziation der Medien. Diese Monotonie der Kritik beruht keineswegs auf einem Konsens etwa der Wissenschaft, sondern auf einer blinden Wirkung der Tradition. Das Glotzen hält die Konsumenten in einer Idiotie, aus der nach Meinung der philosophischen Pädagogen in Deutschland nur der Gang in den Wald die Erlösung brächte: Wandervogel-Erlösung allenthalben. Walter Benjamin senkt die Einmaligkeit in eine Landschaftserfahrung, wenn er »ruhend einem Gebirgszug am Horizont oder einem Zweig« folgt.[53] Darf ich dies aber zweimal tun? Jetzt und später, heute und morgen? Auch ihn quält wie Goethe das Verlangen der »gegenwärtigen Massen (...) des Gegenstands aus nächster Nähe im Bild, vielmehr im Abbild, in der Reproduktion, habhaft zu werden«. Die gegenwärtigen Massen sind illustriertenblätternde Barbaren. Aber Bild und Idee der auratischen Erfahrung kommen aus der romantischen Literatur. Chateaubriand erzählt in seinem *Essai sur les révolutions*, wie die Welt ins Auge der glücklichen Wilden gleitet. Bisweilen gelingt dieser Blick auch einem Europäer, wie in seinem *René*, einem bei den Indianern rebarbarisierten melancholischen Europäer. Ein europamüder Blick regeneriert sich in ursprünglicher Unmittelbarkeit. Eintaucht das Auge in auratische Unmittelbarkeiten. Der Wandervogel der Vorzeiten erblickt die Dinge so: »Das Auge haftet am Lauf einer Welle, auf den vom Wind bewegten Grashalmen oder auf den flüchtigen Wolken über seinem Haupt (...).«[54] Das gleiche Paradigma zitiert Heidegger in der *Metaphysik*: »Ein ferner Höhenzug unter einem großen Himmel (...).«[55]

Dem Vorbild Goethes oder Benjamins oder Heideggers nacheifernd, stellen nun zeitgenössische Nachbeter, die Litanei des Originären auf den Lippen, jene absurde Konfrontation nach, in der Archetypen, auratische Augenblicke, Seiendes und ihre mediale Entstellung gegeneinander aufgebracht werden. Eine Frontstellung, die offenbar suggestiver auf den kritischen Verstand wirkt als die Medien selbst. Was gewinnt die Welt aus dem Nachweis, daß das Reale an sich komplexer, tiefer, wahrer, originärer ist als das Mediale oder das Symbolische? Die Differenz von Welt und Bild/Zeichen ist trivial, und sie existiert nur, weil einer sie macht. Neurophysiologisch sind das Reale und sein Abbild Reizquellen. Man erkennt vom einen wie vom andern um so mehr, je mehr Codes zur Verfügung stehen. Was aber hat das Bild für eine Schuld abzutragen? Müßte nicht auch das Wörtlein *Wald* vor Scham vergehen, weil es nicht das Versprechen des *Dadaistischen Manifestes* von 1918 erfüllt, wo es heißt: »aus den drei (!) Buchstaben Wald, tritt der Wald mit seinen Baumkronen, Försterlivreen und Wildsauen, vielleicht tritt auch eine Pension heraus«.[56]

Die Idiotie und das Barbarentum der (Massen-)Menschen, die am Bild hängen, ist eine uralte Konstruktion der Clerks: »Die meisten Menschen, vornehmlich aber der Pöbel, sind von solcher Beschaffenheit, daß bei ihnen die sinnliche Empfindung mehr als Witz und Verstand vermögen; deshalb werden sie durch Dinge, die die Sinne kitzeln und in die Augen fallen, mehr als durch die bündigsten und deutlichsten Motiven commovieret.«[57] Die meisten lieben den Sinnenreiz und die Zerstreuung. Sie sind Kinder. Das Kind ist für die Idioten unter den Clerks in einem Imaginären zu Hause, das aus Bildern besteht. Das Bild gehört jedoch zur Welt des Symbolischen. Es ist Schrift, wie das alte Wort *Photographie* so truglos sagt, als sei es von Sokrates gebildet. Von Platon bis Vilém Flusser machen sich die Clerks Gedanken, wie die Massen aus der Zerstreuung der Bilder wieder zu erlösen sind. Als ob es je eine radikalere Homogenisierung des Sinns und der Sinne gegeben hat als durch die Ausrichtung von Milliarden Augenpaaren auf die Punktraster der Fernsehschirme. Nie wäre die Bastille gestürmt worden, wenn am 14. Juli 1789 ein Europapokalendspiel zwischen St. Germain und AC Mailand ausgestrahlt worden wäre. Allerdings hätte eine Live-Übertragung des Bastillesturms noch mehr Teilnehmer angezogen. Das Bild sehen, im Bild erscheinen: Das ist Partizipation an der Macht. In völliger Verkennung der Tatsache, daß das Bild auf den Diskursen und auf den Symbolen der Macht tanzt, möchten die Clerks die Zerstreuung durch optische Sinnesdaten wieder rückgängig machen. So träumte sogar Vilém Flusser von der Revolution, die die alte Medialität in neue Unmittelbarkeit auflöst: »Da die zerstreuenden Bilder die Leute zu langweilen beginnen und ein dialogisches Spiel durch Bilder hindurch mit anderen Menschen spannend und aufregend sein kann, ist es vorstellbar, daß es den Revolutionären gelingt, den Feedback-Verkehr zwischen Bild und Mensch zu brechen und einen neuen dialogischen Konsensus herzustellen.«[58] Beendigung der Zerstreuung und Wiederherstellung einer idealen Kommunikation: Loyaler kann man sich nicht in den Dienst eines mehrere tausend Jahre alten Gedankens stellen.

Bildersturm I: Barbarische Ikonoklasten

Der Ikonoklasmus gehört zur Liturgie des Barbaren. Es gibt aber auch eine barbarische Praxis eigenen Rechts und vor allem eigener Theorie. Ikonoklastische Stürme folgen zwei imperialen Parolen: dem Befehl der Macht und dem ihres Schattens, dem Befehl der Wahrheit. Machtwechsel und Herrscherwechsel lösen notwendig Bilderstürme aus. Bereits den Bewohnern des Neuen Roms, Byzanz, über die mehrere Bilderstürme hinweggingen, galt ein Kaiser wie Theophilos, der sich im neunten Jahrhundert mit ikonoklastischen Befehlen hervortat, als *Barbar*.[59] Im Oströmischen Reich gehörte der Kult um das Kaiserbild seit Jahrhunderten zu den Zeremonien der Loyalität. Das Bild des Kaisers am Rock wies den Träger als Beamten aus. Und die byzantinische Diplomatie führte dann die Versendung und Annahme des Kaiserbildes in das Protokoll von Herrschaft und Loyalität ein.[60] Den Anlaß zum Bilderstreit gab das einkömmliche Geschäft mit Reliquien und Bildern, das die Mönche der an den heiligen Stätten gelegenen Klöster betrieben. Dort begann eine regierungsfeindliche Ikonik zu florieren. Das erste Verbot, das Kaiser Leon III. die Synode im Jahr 730 aussprechen ließ, richtete sich daher gegen diese Praxis der Mönche und gegen die vermutete Macht, die sie über das einfache Volk ausübten.[61] Mühelos läßt sich von diesen Mönchen eine Linie bis hin zu unserem zeitgenössischen Bilderhändler und Medienmonopolisten Leo Kirch ziehen. Das Verbot Leons hob das Konzil von Nicäa II 787 wieder auf. Kaiser Leon V. ließ auf dem Konzil von 815 erneut die ikonoklastische Doktrin in Kraft setzen, ehe dann 843 der alte Zustand wiederhergestellt wurde. Der Wechsel erfolgte ziemlich genau mit dem Wechsel der Herrscher.

Der letzte ikonoklastische Sturm ging durch Europa nach dem Zusammenbruch des Kommunismus. Der Systemwechsel rückte McDonald's-Schilder an die Stelle der Stalin-Büsten. Fortschritt oder Rückschritt? Von anderer Art als die Abrisse und Recyclings der Herrschaftsbilder sind die Bilderstürme der Wahrheit. Mit wütenden Worten erhob Calvin gegen die Idiotendoktrin Papst Gregors I. Einspruch: »Wenn also die Papisten noch einige Scham in sich haben, so mögen sie sich fürderhin nicht mehr der Ausflucht bedienen, die Bilder seien der ›Laien Bücher‹.«[62] Zwingli hatte bereits 1522 vorgearbeitet und die Priester beschuldigt, daß sie die »Bilder als stäb oder stecken der blöden« eingesetzt hätten.[63] Calvin beruft sich auf Augustinus, der im *Gottesstaat* erklärt, sogar der Heide Varro habe erkannt: »die zuerst Bildnisse der Götter einführten, die haben den Menschen die (Gottes-)Furcht weggenommen und ihnen dafür den Irrtum gegeben«.[64] Auch den Heiden ist der Haß auf Idolatrien in die Seele geschrieben. Calvin führt Krieg gegen die Illusion, daß vor Bildern gesprochene Gebete die Erfüllung der Wünsche sicherten. Warum begnügt er sich nicht mit der Wahrscheinlichkeit, daß solche Gebete nichts fruchten? Die Wahrheit soll herrschen. So lautet die Botschaft des reformatorischen Ikonoklasmus. Aus der theologischen Bereinigung aller Zeichen und aus den geköpften Sakralbildnissen geht die Nachricht hervor: Gottes Gnade ist kontingent. Man hat die Gnade oder hat sie nicht. Taten, Gebete, gute Werke sind gut, aber sie helfen nicht, die Gnade hervorzulocken. Nur der Glaube hilft (vielleicht). Das ist die neue Doktrin. Aber so wüteten immer schon die Bilderstürmer: Alle Bilder und Fetische, die durch imaginäre Rückkopplung Lebenszuversicht oder kriegerischen Optimismus auslösen könnten, werden den Feinden aus den Händen geschlagen.

Bilder sind (wie Schrift) Gedächtnisse. Sie setzen jedoch Schrift voraus, damit sie als Speicher von Erzählungen, Diskursen, Begriffen dienen können. Das lehrte die alte traditionsreiche Mnemotechnik. Bilder stellen sich jedoch nicht dem Vergessen in den Weg, sondern sind die Omnipräsenz des Dargestellten. Denn alle Kultur funktioniert durch Repetitionen – die orale wie erst recht die skripturale Kultur. Das ist ihr Spiel. Und die ikonoklastische Zerstörung der kleinen Speicherkapazität, die das Bild erst einmal ist, löscht eine Gedächtniszone der Kultur selbst. Doch nicht nur Bilder werden vom Diskurs getragen, sondern auch die Kriege um die Bilder. Welche Art von Ähnlichkeit zwischen Prototyp und Abbild erlaubt das Gesetz? 754 verfügte Kaiser Konstantin V., dem seine Gegner den Beinamen *Kopronymus* (»Scheißnamiger«) anhängen, daß der Prototyp und sein Abbild *konsubstantiell* sein müßten. Damit verschaffte er Hostien und Reliquien das Monopol auf dem Markt der Erinnerungsmedien. Demgegenüber schrieben die *Horos* (»Definitionen«) des Konzils von Nicäa II 787 die Gedächtnisfunktion der Ikonen für die Gläubigen fest: »Immer wenn sie (die Heiligen) auf Ikonen sehen, werden die Betrachter zur Erinnerung angehalten und zum Verlangen nach den Prototypen selbst.«[65] Diese Ikonen stehen unter einem Gesetz der Ähnlichkeit. Da das Äußere des Prototyps unbekannt ist, muß die Ikone ihrem eigenen Prototyp ähnlich bleiben. Das heißt in dieser Kunst *authentisch.*[66] Ein ganz ähnlich konstruiertes Prinzip bildete die ideologische Grundlage des nationalsozialistischen Bildersturms. Hitler dekretierte in seiner Rede zur Eröffnung des Hauses der Deutschen Kunst das Gesetz, daß jedes Kunstwerk für eine organisch und medizinisch meßbare Übereinstimmung zwischen Prototyp und Abbildung zu sorgen habe.[67] Das faschistische Bild sollte dem *homme moyen* mathematisch konsubstantiell sein.

Der Diskurs, der die Bilderstürme der Reformation trug, verband den Kampf gegen die Bilder und gegen die Idolatrie mit der alten Utopie der paradiesischen Medienlosigkeit. So bezeugen es alle überlieferten Dokumente über den Münsteraner Bildersturm und das westfälische Experiment eines *Tausendjährigen Reiches*. Die Stifter solcher Reiche sind konsequent, daher vergehen die tausend Jahre jedesmal sehr rasch.[68]

Auch in Münster fielen 1534 alle Medien der Vernichtung anheim: Bilder, Geld, Bücher, Schriften, Gesetzestexte. Und mit ihnen solche Menschen, die weiter als Kopien der falschen Lehren umherliefen. Alles und alle verschwanden, um die Auslöschung des Gedächtnisses und die Herstellung der absoluten und ungetrübten Unmittelbarkeit zu erreichen. Münster erhielt den Namen eines »Neuen, von aller Sünde gereinigten Jerusalems«.[69] Am 2. März 1534 erfolgte die Einführung der Gütergemeinschaft, nachdem zwölf Tage lang nicht nur zahlreiche Bildwerke zerstört, sondern auch alle Güter der geflüchteten Oberschicht und der Kirchen eingetrieben worden waren. Zugleich beendete der Rat die Geldwirtschaft. Endlich konnten Liebe gegen Liebe und Vertrauen gegen Vertrauen getauscht werden. Nachdem früher bereits bei den Plünderungen der Privathäuser und der Kirchen alle »Bücher und Briefschaften (...) Rechnungsbücher und gerichtliche Akten« verbrannt oder zerrissen worden waren, folgte am 15. März 1534 die Schlußoffensive gegen die Schrift. Auf dem Domplatz wurden auf Befehl des Wiedertäufer-Propheten Johann Matthißon alle Bücher und Schriften außer dem Alten und Neuen Testament verbrannt. Der Zeuge Hermann von Kerssenbroick vermutet, daß mit dieser Maßnahme alle Auslegungen der Heiligen Schrift durch die Kirchenväter »sollten in Vergessenheit kommen«.[70] Aus Bücherflammen steigt der homogenisierte Sinn. Der gleiche Furor und, wie Kerssenbroick sich ausdrückte, »diese mehr als cyclopenmäßige, und wider alle Menschlichkeit streitende Grausamkeit und viehische Wildheit der Wiedertäufer«[71] vernichtete zahlreiche Marienbildnisse, denn die Mutter Gottes galt ja auch als Medium aus Fleisch und Materie. Dazu hatte der führende Ideologe der Wiedertäufer, der schwäbische Kürschner Melchior Hoffmann, die Lehre verbreitet, daß Jesus ohne körperliches Zutun seiner Mutter seine lebendige Gestalt angenommen habe.[72] Dies entspricht, wie Martin Warnke hervorhebt, der verbreiteten Lehre, Christus sei durch Maria hindurchgegangen »wie Licht durch das Glas«.[73]

Im reinen medienlosen Äther horchten die Münsteraner Revolutionäre nur noch auf Mitteilungen des Geistes. Und es war daher nur konsequent, daß auch die Gesetzesschrift getilgt wurde. So gaben auf Veranlassung des Münsteraner Königs Johann von Bockelsohn, der als der Prophet Johann von Leyden in die Geschichte eingehen sollte, die zwölf Ältesten des Wiedertäuferrates ein Edikt heraus, worin zu lesen stand, daß es nicht mehr nötig sei, »das Werk des Herrn unseres Gottes schriftlich vor Augen zu legen«, weil es »die Schuldigkeit unser aller in dieser heiligen Stadt Münster, in deren Herzen das Gesetz und der Wille des Allerhöchsten durch den Finger Gottes geschrieben ist, erfordert«.[74] Der Endzeitprophet Johann van Leyden trug nun, wie der Musikkritiker Greil Marcus entdeckte[75], den gleichen Namen wie John Lydon, der berüchtigte Sänger der Punk-Band *Sex Pistols*, die Mitte der siebziger Jahre der Welt in ihrem Song *God save the Queen* die *no future*-Parole schenkten. Der Punk-Apokalyptiker Johnny Rotten, der sich in dem Song *Anarchy in the U.K.* selbst mit »I am an antichrist« ankündigte[76], und der Münsteraner Antichrist Johann von Leyden sind, wie weiter unten zu zeigen sein wird, Unterhalter aus dem gleichen barbarischen Impuls.[77]

Auf den Flügeln von wahnsinnigen Gedanken kann sich eine Kultur in ein barbarisches Stadium zurückkatapultieren. In blinder Hörigkeit gegenüber dem altehrwürdigen Ideal einer medienlosen Kultur, die sich in purer Unmittelbarkeit und Einmaligkeit hält, löscht eine wild gewordene Gesellschaft ihre eigene kulturelle Existenz aus. Der Furor hält gerade eben vor der äußersten Schwelle ein, die nur die fremden Barbaren noch überschreiten: Allein die Ähnlichkeit mit dem eigenen Bild wird nicht angetastet. Allerdings zerstreut der Drang zur Sammlung die Gebeine der Toten und Heiligen und zerschlägt ihre Bilder. Martin Warnke erkannte in der Semiotik der Münsteraner Bilderverstümmelung von 1534 Praktiken der zeitgenössischen Gerichte, ihre Foltermethoden und körperlichen Strafen, wieder.[78] Es ist nur zu plausibel, daß dieser Furor, wie alle barbarischen Liturgien, aus einem genau ausgearbeiteten Zeremoniell hervorging. Die Zerstörung der Bilder und das Verlangen nach dem Einmaligen kopieren die ältesten Traditionen.

Bildersturm II: Aufgeklärte Ikonoklasten

Adornos vielzitiertes Wort, »nach Auschwitz ein Gedicht zu schreiben ist barbarisch«[79], gehört als eine prominente Äußerung zu jenem Ikonoklasmus, der in diesem Jahrhundert für lange Zeit die ästhetische Theorie beherrscht hat. In fast allen Künsten brachte dieser Ikonoklasmus nach 1900 den Durchbruch zu einem definitiven Ausdruck der Moderne. Der antimimetische Furor ging bis an die äußersten Ränder: an den Rand der Stille, an den Saum des Schweigens, an die Schwelle der Zeichen, an den Schemen des Bildes. Diesseits der musikalischen Melodie, diesseits der literarischen Semantik, diesseits der abbildenden Form in der Kunst. Das geschah mit einer gewissen Logik, als Geste der Überbietung oder vielmehr als Geste der Unterbietung. Aber auch diese äußerste, letzte, radikale Bewegung der Avantgarde folgte einem alten Programm. Die abstrakte Kunst, die Zwölftonmusik, der literarische Expressionismus und Dada entwickelten Doktrinen, die die Desemantisierung aller Zeichenrepertoires als Option für eine besondere geistige Form proklamierten. Erneut eine Revolution der Bereinigung, der Tilgung von Vieldeutigkeiten, Synonymien und Polysemien. Das hieß Debarbarisierung. Es waren aber Programme, um die Immaterialität des medienlosen Paradieses abzutasten. Nur noch das Spiel mit dem Grenzwert des Schweigens sollte der Kunst zugerechnet werden. Diese Ästhetik brachte auch den Alltag unter das neue Gesetz. Der Ikonoklast der Ornamente, Adolf Loos, verkündete 1908: »Der papuaneger bedeckt seinen ganzen hausrat mit ornamenten. (...) Wir können das nicht. (...) Sind wir dadurch feinde der kunst, weil wir sie vom handwerk trennen wollen? Mögen die unmodernen künstler darüber jammern, daß man ihrer hilfe bei der schuhfabrikation nicht bedarf, während doch (...) Albrecht Dürer noch schuhschnitte anfertigen durfte. Aber der moderne mensch, der glücklich ist, heute und nicht im sechzehnten jahrhundert zu leben, empfindet einen solchen mißbrauch von künstlertum als barbarei.«[80] Die Moderne duldet keine Ornamente. Das Auschwitz-Entsetzen duldet keine Ornamente. Beide Male bestimmte Negation aus der Feder ästhetischer Cäsaren.

Man weiß nur zu gut, daß der »Endlösung« aller jüdischen Auslegungen nach 1933 auch Opfer zugetrieben wurden, die der Faschismus der Gruppe der *Entarteten* zurechnete und die wiederum Opfer eines barbarischen Ikonoklasmus wurden. Kann man aber im Namen von Auschwitz Kunstgesetze erlassen? Nach dem Massenmord, meinte Adorno, darf das schlichte Gemüt nicht mehr reimen. Darf es nach Auschwitz auch kein schlichtes Gemüt mehr geben? Eine erhabene Philosophentrauer befiehlt allen Poeten zu schweigen, außer den Imperatoren des Schweigens selbst. Adornos Verdikt kommt aus dem gleichen ästhetischen Willen wie die Unterbietungen der Moderne. Es ist der Wille zum Erhabenen. Der Ikonoklasmus, der die Mimesis der Natur, die Ornamente, den Wohlklang, den romantischen Vers *ästhetisch* erledigt, will nur noch das Äußerste gelten lassen. Daher spricht Adorno auch in seiner *Ästhetischen Theorie* unbekümmert von einem »Kanon der Verbote«, der aus den Idiosynkrasien der modernen Künstler gewachsen sei: »Schwer vorstellbar ist, daß Kunst, nachdem sie die Heteronomie des Abbildlichen einmal erfahren hat, das je wieder vergißt und zu dem bestimmt und motiviert Verneinten zurückkehrt.«[81] Nie wieder Bilder! In dieser späten Reflexion Adornos verstockt sich der ehedem neue radikale Gedanke und will eine Darstellung des Undarstellbaren nie mehr zulassen. Die ästhetische *Praxis* der Moderne, die alle Zeichen an den Rand des Nichts, des uranfänglichen Nichts treibt, steht in einer Tradition von Moses,

Platon, Augustinus, Calvin mit ihren kriegerischen Begleiterscheinungen. Die *Theorie* selbst freilich kommt aus einem anderen Milieu.

Zwei Bedingungen gehören zur ikonoklastischen Einstellung. Das Gefühl, das Wissen von einem Zeitenende oder einem kulturellen Verfall sowie der Wille, die Welt, die Kunst wieder von neuem beginnen zu lassen. Zeugnisse dafür finden sich nach 1900 allenthalben, und alle erweisen sich natürlich als Lesefrüchte. So notiert Paul Klee im Jahre 1902 in sein *Tagebuch*: »Lektüre: Erster Band Zola' Rom, Tacitus' Kaisergeschichte, Tiberius und Nero, das furchtbar großartige Bild der letzten Antike. An die Ablösung durch die Germanen glaube ich heute mehr als je. Besonders, da Deutschland lateinisch nicht durchkultiviert werden konnte. Und wenn wir Rußland nicht germanisieren werden können, gehört ihm die letzte Zukunft.«[82] Das ist die vergangene Endzeit und ihre künftige Repetition. Die Russen sind allerdings schon da, um die zweite Endzeit anzukündigen und um sich die Zukunft danach zu sichern. Zum Beispiel Wassily Kandinsky. Im Jahre 1911 erscheint Kandinskys Buch *Das Geistige in der Kunst,* das Manifest einer neuen Ästhetik und einer neuen Reinheit. Die Lage beschreibt der Autor in biblischen Formeln: Wir stehen vor den Trümmern des Babylonischen Turmes und am Rande der Apokalypse:

»Da liegt ein zum Himmel reichender, kolossaler, aus vielen spitzenartigen, aber ›unsterblichen‹ geistigen Pfeilern gebauter Turm in Trümmern. Der alte vergessene Friedhof bebt. Alte vergessene Gräber öffnen sich, und vergessene Geister heben sich aus ihnen. Die so kunstvoll gezimmerte Sonne zeigt Flecken und verfinstert sich, und wo ist der Ersatz zum Kampf mit der Finsternis?«[83]

So leichthin fließen nach 1900 die Endzeitstimmungen aufs Papier. Auch Karl Kraus prophezeit 1908 den Weltuntergang, aber er wird ihn den Journalisten in die Schuhe schieben.[84]

Das Ende der Welt kommt immer dann, wenn unter Künstlern die Stimmung schlecht ist. Die apokalyptische Druckerschwärze muß nur noch den Nachweis führen, daß es eine Stimmung der Elite ist und daß das Verlangen nach einer ikonoklastischen Erneuerung des Lebens aus einem Bedürfnis vieler kommt. Daher spricht Kandinsky von den Menschen, die sich hilfesuchend den Dingen zuwenden, die »unseren Sinnen nicht zugänglich sind«. Woher gewinnen die ihre neue Orientierung?

»Und ebenso wie in der Kunst, welche bei den Primitiven Hilfe sucht, wenden sich diese Menschen halbvergessenen Zeiten zu mit ihren halbvergessenen Methoden, um da Hilfe zu finden. Diese Methoden sind aber noch lebendig bei Völkern, auf welche wir von der Höhe unserer Kenntnisse mitleidig und verächtlich zu schauen gewohnt waren. Zu diesen Völkern gehören z.B. die Inder (...). Die Frau H.P. Blawatzky war wohl die erste, die (...) ein festes Band zwischen diesen ›Wilden‹ und unserer Kultur gebunden hat. Von hier ab beginnt in dieser Beziehung eine der größten geistigen Bewegungen, die heute eine große Anzahl von Menschen vereinigt und sogar eine materielle Form dieser geistigen Einigung in ›Theosophischer Gesellschaft‹ gebildet hat.«[85]

Von Osten kommt die Befreiung, wenn die zivilisatorische Stimmung im Westen sinkt. Der Osten schenkt uns jene Inspirationen, die dann in der SteinerschenTheosophie wieder das Format einer Erlöserreligion annehmen. Steiner ist der ikonoklastische Präzeptor des 20. Jahrhunderts. Ihm verdanken wir Universitäten, Krankenhäuser, Schulen, Kindergärten, wo uns auf allen Fluren die Natur grüßt. Ein Gegenmilieu zur Idolatrie der wissenschaftlichen Vernunft läßt sich wohl nur mit östlichen Fetischen stabilisieren: Indienkleider, Jutetaschen, Tschandalas. Das ist die Stimmung, das ist das Konzept der Erneuerung. Woher aber kommt die ästhetische Theorie?

Kant errichtet in seiner *Kritik der Urteilskraft* das terminologische Gerüst für alle neuen Künste, die das Unsichtbare zu ihrem Gegenstand machen. Bilder unter Bilderverbot. Für diese moderne Theorie des Erhabenen in der abstrakten Kunst kennt auch er nur ein gültiges Modell: das Bilderverbot des Dekalogs. Das große Format der Abstraktion beschreibt Kant ganz deutlich:

»Man darf nicht besorgen, daß das Gefühl des Erhabenen durch eine dergleichen abgezogene Darstellungsart, die in Ansehung des Sinnlichen gänzlich negativ wird, verlieren werde; denn die Einbildungskraft (...) fühlt sich doch auch eben durch diese Wegschaffung der Schranken derselben unbegrenzt. (...) Vielleicht gibt es keine erhabenere Stelle im Gesetzbuche der Juden, als das Gebot: Du sollst dir kein Bildnis machen, noch irgend ein Gleichnis, weder dessen was im Himmel, noch auf der Erden, noch unter der Erden ist u.s.w.«[86]

Das ist die Theorie des Erhabenen, die sich von Moses und Platon über zahlreiche Kirchenväter bis in die moderne Kunst fortschreibt. Schönberg, Kandinsky, Adorno beerben und beatmen dieses alte Gesetz. Adorno in der *Ästhetischen Theorie*: »In den authentischesten Gebilden ist die Autorität, welche einst kultische Werke über die gentes ausüben sollten, immanentes Formgesetz geworden.«[87] Wer Augen hat zu lesen, der entziffert in dieser Erklärung den traditionellen Gegensatz zwischen Juden/Christen und Heiden (*gentes*). Und wie sollten die jüdisch-christlichen kultischen Werke Autorität über die *gentes* ausüben, wenn nicht durch Gesetze und durch die Ankündigung des Endes? Wenige Seiten später gibt Adorno das auch zu: »Kunst heute ist anders denn als die Reaktionsform kaum mehr zu denken, welche die Apokalypse antizipiert.«[88] Endzeitmythen bilden den einen Grenzwert der Moderne, Anfangsmythen den anderen. Die theoretische Anregung hierzu kommt von einer alten Theorie der Poesie als *Ursprache*, die als erster für die Neuzeit Vico in der *Scienza nuova* beschrieben hat: »Und durch dieses ganze Buch wird gezeigt werden, daß, soviel die Dichter anfangs von der gewöhnlichen Weisheit empfunden hatten, ebensoviel die Philosophen später von der geheimen Weisheit begriffen; so daß man sagen kann, jene seien der *Sinn,* diese der Verstand des Menschengeschlechts gewesen.«[89] Die Kultur erarbeitet sich ihren ersten *corso* aus einer barbarischen Poesie, auf die dann die Philosophie folgt. Daran glaubte auch der Dichter in dürftiger Zeit, Hölderlin, der in der Widmung seines *Hyperion* an die Prinzessin Auguste von Homburg wußte: »Meist haben sich Dichter zu Anfang, oder zu Ende einer Weltperiode gebildet. Mit Gesang steigen die Völker aus dem Himmel ihrer Kindheit ins thätige Leben, ins Land der Kultur. Mit Gesang kehren sie von da zurück ins ursprüngliche Leben.«[90] Großartiger klang dieser Dichter-Mythos nur noch in der Abhandlung über die *Dramatische Poesie* von Denis Diderot aus dem Jahre 1758. Diderot nennt Poesie überhaupt ein postkriegerisches Ereignis:

»Eben dann, wenn die helle Wut des Bürgerkrieges oder wenn der Fanatismus den Menschen die Mordwaffe in die Hände drückt und wenn das Blut in großen Strömen über die Erde vergossen wird, dann rauscht und grünt der Lorbeer Apolls. In Zeiten des Friedens und des Müßiggangs welkt er dahin. (...) Wann sieht man, daß Dichter geboren werden? Nach Zeiten der Katastrophe und großen Unglücks; wenn die gepeinigten Völker wieder zu atmen beginnen.«[91]

Poesie aus den ersten Atemzügen nach der Katastrophe. Liegt darin das Geheimnis der apokalyptischen Phantasmen? Auch Chateaubriand, der 1797 erklärte, man müsse die Barbaren studieren, wenn es gälte, die wahre Bestimmung des modernen Menschen zu finden[92], war der Meinung, daß das Ende einer Welt und der Aufstieg einer neuen der (epischen) Poesie besonders zuträglich seien.[93] So kennen die Theoretiker zwei

Zeiten des Erhabenen und der Kunst: den Anfang erster poetischer Worte und die Endzeit, die Lichtung des Chaos und die Katastrophe der Zivilisation. Ihr gemeinsames Gesetz verlangt: Alle Zeichen an den Rand der Unlesbarkeit, alle Töne an den Rand der Unhörbarkeit, alle Bilder an den Rand der Unsichtbarkeit! Dieses Erhabene des Unlesbaren, des Unhörbaren, des Unsichtbaren muß dann dennoch immer wieder semantisiert werden. Das lehrt die Erfahrung der jüdischen Gesetzgebung. Das lehrt die Erfahrung des Ikonoklasmus. Auch da gibt es moderne Reprisen. So erhält man zum Beispiel die Auskunft: Im Nichts der Abstraktionen wohnen der Geist und seine Fülle. Vielleicht auch die Freiheit. Auf jeden Fall gibt es in der Abstraktion keine Lüge. Einen weiteren Semantisierungsversuch unternimmt Kandinsky auf einigen Seiten von *Das Geistige in der Kunst*. In einer geradezu goetheschen Anstrengung schreibt er den Farben Bedeutungen zu. Auf allen ikonoklastisch gereinigten Feldern wachsen die Bildchen nach. Auch der Weltuntergang muß regelmäßig stattfinden.

Eine Allegorie dieser Spiralbewegung der Moderne erzählt Thomas Mann in seinem Künstlerroman *Doktor Faustus*. Der junge Adrian Leverkühn stößt in jungen Jahren von selbst auf das Prinzip der enharmonischen Verwechslung. Die Folgerung, die er aus dieser Entdeckung zieht, lautet: »Daß Musik die Zweideutigkeit ist als System. – Nimm den Ton oder den. Du kannst ihn so verstehen oder beziehungsweise auch so, kannst ihn als erhöht auffassen von unten oder als vermindert von oben und kannst dir, wenn du schlau bist, den Doppelsinn beliebig zunutze machen.«[94] Das ist die Entdeckung der Synonymie und der Polysemie in der Musik. Die Musikerkarriere, die beim Zwölftonsystem und im Wahnsinn endet, zieht ihre Dynamik aus dem Bestreben, diese postbabylonischen Bedeutungen der musikalischen Sprache zu bannen. Adrian nennt es die »Wiederzurückführung ihrer heutigen Rolle auf eine bescheidenere, glücklichere im Dienst eines höheren Verbandes, der nicht gerade, wie einst, die Kirche zu sein brauche«.[95] Die schöpferische Existenz des Komponisten endet mit dem apokalyptischen Oratorium *Apokalipsis cum figuris*, das zahlreiche akustische Mittel benutzt, um das Musikalische zu überschreiten oder eben um im Vorfeld der Musik zu bleiben: Posaunen- und Pauken-Glissandi, Johlen, Kläffen, Kreischen, Meckern, Heulen und Wiehern sowie Salven von Hohn- und Triumphgelächter. Der Erzähler erhebt hier auch den Vorwurf des *Barbarismus*[96], wohl wissend, daß sein Freund als Gegensatz der bürgerlichen Kultur *nicht* die Barbarei, sondern die Gemeinschaft bezeichnet hatte.[97]

Fleißige Interpreten trugen inzwischen die zahlreichen Haupt- und Nebenbedeutungen zusammen, die Thomas Mann seinem wahnsinnigen Künstler in die Biographie geschrieben hat. Sie wird aber auch in dieser Zweideutigkeit des absoluten Anfangs und des Endes gehalten: das Ende der Welt und ein Neubeginn der Kunst aus der Poesie körperlicher, organischer Sprachen. Genauer kann der Irrtum nicht bezeichnet werden.

8
»Waiting for the barbarians« im 19. und 20. Jahrhundert

Nietzsches Neue Barbaren: Blonde Bestien

Der Barbar ist Held jener Malaise, die Freud das »Unbehagen in der Kultur« genannt hat. Im 20. Jahrhundert findet diese Malaise nicht nur ihren psychoanalytischen Theoretiker, sondern auch zahlreiche Intellektuelle, die einer barbarischen Kulturrevolution die Therapie zutrauen. Die Malaise verlangt radikale Schritte: Man muß stets aufs Ganze gehen, sonst fehlt der angekündigten Kulturrevolution jenes Flair, das sich in Europa bewährt hat: Man muß das vollständige Recycling wollen, wie Sokrates, wie Jesus, wie Luther, wie Robespierre, und es auch noch überbieten. Diese Heroen der Kulturrevolutionen hüllten sich in rauhe Satyrfelle, um mit rauhen Worten den Velours der Zivilisation abzubürsten. Doch ändert sich nach 1789 das Design der rauhen Worte: Die Nationen, die nationalen Charaktere, die Rassen kommen langsam in der Weltgeschichte an und rufen die Parolen der Philosophen. Die Hoffnung auf die Barbaren, auf die Neuen Menschen, springt aus den Kirchen, philosophischen Hörsälen und Dichterstuben in die politischen Programme, und revolutionäre Massen spielen das Barbarenspiel auf den Straßen. Dennoch geben im 19. Jahrhundert in Deutschland immer noch endzeitlich gestimmte Dichter und Philosophen den Ton an, wenn von der Hoffnung auf barbarische Recyclings die Rede ist. In Hölderlins *Hyperion*-Briefen oder in Nietzsches kulturkritischen Büchern kommt der neue Diskurs erst langsam in Schwung, um dann in revolutionäre Theorien einzugehen. Dieser nächste Umschwung ist ein europäisches Ereignis. Die Pariser Commune, die russische Revolution, der deutsche Faschismus kopieren ihre Programme aus den alteuropäischen Projekten zur Rebarbarisierung. Es gibt daneben unzählige weitere Pläne: Zurück-zur-Natur-Pläne, Sozialistenpläne, Anarchistenpläne und natürlich Imperialistenpläne. Vor allem Neue-Menschen-Pläne füttern die Bücherregale. Der Wahnsinn Hölderlins und Nietzsches wiederum wächst aus heroischen Erlöserplänen. Sie sind Symptome der Umstellung von Philosophie auf Politik. Doch alles beginnt mit der intellektuellen Malaise. Sie ist stets historisch aufgeklärt und bezieht ihre Stichworte aus ferner Vergangenheit. Welche Erfahrung macht zum Beispiel Hölderlins Hyperion (1797/99) unter den Deutschen?

»Barbaren von Alters her, durch Fleiß und Wissenschaft und selbst durch Religion barbarischer geworden, tiefunfähig jedes göttlichen Gefühls, verdorben bis ins Mark zum Glük der heiligen Grazien, in jedem Grad der Übertreibung und der Ärmlichkeit belaidigend für jede gutgeartete Seele, dumpf und harmonielos, wie die Scherben eines weggeworfenen Gefäßes (...)

Es ist ein hartes Wort und dennoch sag' ichs, weil es Wahrheit ist: ich kann kein Volk mir denken, das zerrißner wäre, wie die Deutschen. Handwerker siehst du, aber keine Menschen, Denker, aber keine Menschen, Priester, aber keine Menschen, Herrn und Knechte, Jungen und gesezte Leute, aber keine Menschen – ist das nicht, wie ein Schlachtfeld, wo Hände und Arme und alle Glieder zerstükelt untereinander liegen, indessen das vergoßne Lebensblut im Sande zerrinnt?«[1]

Eine Literaturerfahrung aus lateinischen Büchern und ihren Kopien. Deutsche Barbaren, gefühllos, poesielos, zerstreut, zerrissen wie kein Volk sonst, zerstückelt wie Leichen auf dem Schlachtfeld: unrettbare Endzeitbarbaren. Was ist zu tun? Hölderlin schickt seinen Hyperion zunächst in den griechischen Befreiungskampf, um zu sterben oder, wie die naturfromme Malaise und Todessehnsucht um 1800 singt: »um wieder der Natur ans Herz zu fliegen«. Doch am Ende des

Romans überträgt der Dichter seinem Helden eine andere Endzeitmission. Hölderlin glaubte daran, daß der Dichter zu Anfang oder zu Ende einer Weltperiode auftritt. Seine Aufgabe sei es, die Völker mit Gesang aus der Natur in die Kultur und von dort wieder zurückzugeleiten.[2] Am Ende des Romans winkt die Synthese, naht die Rettung: »Alles Getrennte findet sich wieder«, wenn der Dichter singt. Das heißt: Einsammlung der Zerstreuung in der Poesie statt im Krieg.[3] Im *Hyperion* singt und siegt der Literaturglaube noch einmal.

Friedrich Nietzsche schickte seiner *Geburt der Tragödie* in der Hochstimmung von 1871 ein Vorwort an Richard Wagner voraus. Die kathartische Sammlung des Krieges hatte ihm die Geburt der *Geburt der Tragödie* zu denken erlaubt. An die Adresse Wagners bekannte Nietzsche, daß er sich Monate zuvor »in den Schrecken und Erhabenheiten des eben ausgebrochnen Krieges zu diesen Gedanken sammelte«.[4] Alle großen Gedanken kommen aus dem Krieg! Auch Nietzsche spricht die alte Erkenntnis nach, daß Krieg und Ästhetik nicht zwei, sondern eine Sache sind und daß sein Buch daher mit einem »ernsthaft deutschen Problem« befaßt ist. Wie ernsthaft deutsch das Problem ist, ersieht der Leser daran, daß Nietzsche in den Wald zurückkehrt. Von dort ruft er seine dionysischen Satyrn, die griechischen Waldmenschen, heraus. Sie sollen den Kulturmenschen die Natur in ihrem unerkannten Zustande repräsentieren, sie sollen ihnen die »unverhüllten und unverkümmert großartigen Schriftzüge« dieses Urbildes zu lesen geben. Denn auf dem Bilde des Satyrn weilte das griechisch-dionysische Auge »in erhabener Befriedigung; hier war die Illusion der Cultur von dem Urbilde des Menschen weggewischt, hier enthüllte sich der wahre Mensch, der bärtige Satyr, der zu seinem Gotte aufjubelt«.[5]

Ein altes, neues Urbild des Menschen. Immerhin ist es kein Germane; aber die klassische Besetzung der Rolle wird bald revidiert. Denn auch aus deutschen Wäldern soll ein solcher rauher Gesell hervorbrechen und die städtischen Kulturmenschen als »lügenhafte Caricatur« entlarven. Aber wo wird er nun erscheinen? Das ist die deutsche Frage in der *Geburt der Tragödie.* Die Antwort ist längst ins Seil der Nornen geknotet, da Richard Wagner nicht nur die dionysische Tragödie wiederbelebt, sondern auch bereits mit Waldhornmotiven einen Helden auf die Bühne gelockt hatte, der dem Satyrn nur allzusehr ähnelte: Siegfried. Ihn kündigt Nietzsche dann auch in seiner *Geburt der Tragödie* als Erlöser an. Zuvor rückt er noch den Nachweis ein, daß es ein solches deutsches Bedürfnis nach Befreiung und Rückkehr in die dionysischen Wälder auch gibt:

»Dabei lebt in uns die Empfindung, als ob die Geburt eines tragischen Zeitalters für den deutschen Geist nur eine Rückkehr zu sich selbst, ein seliges Sichwiederfinden zu bedeuten habe, nachdem für lange Zeit ungeheure von aussen her eindringende Mächte den in hülfloser Barbarei der Form dahinlebenden zu einer Knechtschaft unter ihrer Form gezwungen hatten. Jetzt endlich darf er, nach seiner Heimkehr zum Urquell seines Wesens, vor allen Völkern kühn und frei, ohne das Gängelband einer romanischen Civilisation, einherzuschreiten wagen.«[6]

Das ist in bester Siegesstimmung dahergeplaudert. Nach beinahe zweitausend Jahren römischer und romanischer Zivilisation lockt die Aussicht auf das Wiedereintauchen in Germaniens Wälder. Die Befreiung bringt die Rückkehr in die barbarischen Seligkeiten, aus denen die in Felle gekleideten Vorfahren durch römische Invasoren getrieben worden sind. Nietzsche glaubt noch an die Mission des blöden Siegfried, dessen furchtbares » Hoho! Hoho! Hahei! Hahei! Hoho!« eine Ahnung von dem poetischen Uridiom gibt, das die Barbaren nach ihrer Rückkehr zur Verkehrssprache erheben würden. Ein rauhes Volapük der beseelten Bärenfelle beschließt dann die romanische Barbarei der Form! Nicht weniger grauenhaft klingt Siegfrieds Lachen, das Nietzsche in seiner später einsetzenden Feier der *blonden Bestie* als »entsetzliche Heiterkeit und Tiefe der Lust in allem Zerstören« vernimmt.[7] Der blonde Satyr Siegfried findet sich nach seinem Wiedererwachen mit allen Insignien der Naivität und Barbarei ausgestattet, mit der schwereren Zunge und dem feinen Ohr des Natursprachlers, illiterat, keusch, furchtlos, brutal. Gleich macht er sich daran, wie die Kyklopen das Schwert zu schmieden, das Wotans Speer zerstücken wird. Der Speer trägt die Runen des von dem pensionsreifen Gott garantierten Rechts: Der Erlöser wirft nach bewährtem Muster erst einmal das Gesetz zum Müll.

»Glaube Niemand, dass der deutsche Geist seine mythische Heimat auf ewig verloren habe, wenn er so deutlich noch die Vogelstimmen versteht, die von jener Heimat erzählen. Eines Tages wird er sich wach finden, in aller Morgenfrische eines ungeheuren Schlafes: dann wird er den Drachen tödten, die tückischen Zwerge vernichten und Brünnhilde erwecken – und Wotan's Speer selbst wird seinen Weg nicht hemmen können!«[8]

Der Gedanke läßt Nietzsche nicht mehr los. Doch findet er immer wieder neue und überraschende Wendungen für dieses Design eines Helden, der in unerschütterlich guter Laune, barbarisch, lachend die Zivilisation und ihr gebrochenes Triebleben zu Grabe trägt. In *Jenseits von Gut und Böse* diagnostiziert er die Krankheit des Willens, die dort am heftigsten wütet, wo die Kultur am längsten heimisch ist, und sich dort am wenigsten bemerkbar macht, wo der »*Barbar* noch – oder wieder – unter dem schlotterichten Gewande von westländischer Bildung sein Recht geltend macht«.[9] Erste Anzeichen für segensreiche Wirkungen von Siegfrieds Mission? Jedenfalls schreibt der Denker von Sils Maria die Stärke und Größe der Wagnerschen Kunst dem evolutionären Rückstand zu, weil »wir Deutschen der Barbarei noch näher stehen als die Franzosen«.[10] Aber ganz sicher ist er sich auch nicht, denn noch in der *Morgenröthe* stellte Nietzsche die

Frage: »Warum fürchten und hassen wir eine mögliche Rückkehr zur Barbarei?«[11] Natürlich macht uns die Zivilisation diese Angst. Nietzsche stärkt den gebildeten Mut: »Die Barbaren aller Zeiten hatten *mehr* Glück: täuschen wir uns nicht.« Schmiedet die Schwerter, ihr lieben Deutschen! Ihr seid unglücklich, die Barbaren aller Zeiten waren es nicht!

So avanciert Nietzsche im 19. Jahrhundert zum ersten deutschen Denker eines Neuen Barbarentums. Den Gedanken griff er bei einem seiner kurzen und häufigen Lektüre-Raubzüge bei den Autoren jenseits des Rheins auf.[12] In Frankreich springt zu dieser Zeit der Barbarenbegriff pingpongartig zwischen bürgerlichen und antibürgerlichen Parteien hin und her. Der Streit der Rechten und Linken läuft indessen nicht entlang der Grenze zwischen Barbarei und Zivilisation; alle wollen die Zivilisation verteidigen. Nur der politische Gegner ist stets der Barbar. Nietzsche hält die Prozession seiner Neuen Barbaren von Sozialisten oder radikalen Christen rein. Doch nimmt er wieder einmal eine *translatio barbaritatis* vor. Nach dem Bruch mit Wagner überträgt er die Mission Siegfrieds auf eine Figur, die er dann die *blonde Bestie* nennt.[13] Diese blonde Bestie trägt als Haarschmuck die unvermeidliche Germanenfrisur, die ihr für alle Zeiten der Römer Tacitus gelegt hat. Unter Berufung auf diesen mythischen Blonden schließt Nietzsche die Lage der europäischen Kultur endgültig mit der des Römischen Reiches kurz. Die *blonde Bestie* kommt auch aus der Wildnis und ist eigentlich nur ein aufgenordeter Satyr. Aber sie übernimmt in Nietzsches Denken eine emblematische Funktion. Die Abhandlung von 1887 *Zur Genealogie der Moral* holt diese Figur ins Sichtfeld. Nirgendwo ist Nietzsches antiplatonischer Affekt härter, ironischer als hier. Mit einem Federstrich beseitigt er alle *Kratylos*-Romantik. Gleich zu Beginn der Abhandlung spricht der Autor statt vom *Nomotheten*, der erst nach langem Besinnen die Dinge und Wesen beim ihrem Namen rief, vom »Herrenrecht, Namen zu geben«. Dieses Recht betrachtet er wie den Ursprung der Sprache unter dem allesverschlingenden Aspekt des Willens zur Macht. Bereits im gestammelten *barbar* und gejauchzten *hojotoho* vernimmt sein feines Ohr das erste Lallen der Macht. Wo sich Leben regt, da regt sich der Wille zur Macht. Die ganze verzwickte Philosophenwelt, alle Differenziertheit des Kosmos verschluckt das schwarze Loch dieses Willens. Wie alle großen Kulturrevolutionäre verlockt auch Nietzsche seine Leser mit kühnen monistischen Entlastungen des Denkens. Wer will auch mit gedankenschwerem Kopf in den Wald zurück? Und wer mit noch belastetem Gewissen? Daher ergeht die frohe neue Botschaft: Auch den Gegensatz *Gut* und *Böse* schrieb uns das Wörterbuch des Machtmenschen ins Herz. Wie kann eine Moral, die aus willkürlichen tyrannischen Sätzen geformt ist, Anspruch auf unseren Glauben und auf unseren Gehorsam machen? Und wissen wir denn überhaupt, daß die Aufführung dieser Moral allein aus kleinen, unter Peitschenhieben erlernten Kunststückchen der Menschenbestie besteht? Im elften Abschnitt der *Genealogie der Moral* folgt die abschließende Erkenntnis und Verkündigung. Nietzsche richtet alle Leseraugen auf die Kühnheit »vornehmer Rassen«, die dort, wo das Fremde, wo die Fremde beginnt, »nicht viel besser als losgelassne Raubtiere« sind:

»Sie geniessen da die Freiheit von allem socialen Zwang, sie halten sich in der Wildniss schadlos für die Spannung, welche eine lange Einschliessung und Einfriedigung in den Frieden der Gemeinschaft giebt, sie treten in die Unschuld des Raubthier-Gewissens *zurück*, als frohlockende Ungeheuer, welche vielleicht von einer scheusslichen Abfolge von Mord, Niederbrennung, Schändung, Folterung mit einem Übermuthe und seelischen Gleichgewichte davongehen, wie als ob nur ein Studentenstreich vollbracht sei, überzeugt davon, dass die Dichter für lange nun wieder Etwas zu singen und zu rühmen haben. Auf dem Grunde aller dieser vornehmen Rassen ist das Raubthier, die prachtvolle nach Beute und Sieg lüstern schweifende *blonde Bestie* nicht zu verkennen

(...). Die vornehmen Rassen sind es, welche den Begriff ›Barbar‹ auf all den Spuren hinterlassen haben, wo sie gegangen sind.«[14]

Die *blonde Bestie* ist der Ausnahmezustand des zivilisierten, aber rassisch privilegierten Menschen, der zu seiner Natur zurückgefunden hat. Ohne störende Gewisseneinreden nutzt er den Krieg, um die Liturgie des Barbaren blutig-fröhlich abzufeiern. Anschließend kehrt er/sie gesammelt, nämlich ein wenig beruhigt in den Käfig der Gesellschaft zurück und überläßt die Chronik der Greuel den Dichtern. Die Liturgie des Barbaren schenkt uns eine Bilanz der Verluste, die wir der zivilisatorischen Dressur verdanken. Was wird aus diesen edlen Bestien in der dekadenten Kultur gemacht! Alexander der Große frißt aus der Hand; Tamerlan gibt Pfötchen. Aber besteht überhaupt Hoffnung für die Menschen, die von ihrem Gewissen zermahlen werden? Schickt die Natur vielleicht noch Retter? Ja, am Horizont bewegen sich bereits ihre Schatten. Nietzsches Notizbücher aus dem Jahr 1885 versprechen sich die Herankunft *»neuer Barbaren* (...). Die Cyniker. Die Versucher. Die Eroberer«.[15] Das werden nicht die Barbaren aus den Angstträumen der (französischen) Demokraten sein, die Barbaren aus der Tiefe, sondern solche aus der heroischen Höhe: »Es giebt auch eine *andere Art Barbaren*, die kommen aus der Höhe: eine Art von erobernden und herrschenden Naturen, welche nach einem Stoffe suchen, den sie gestalten können. Prometheus war ein solcher Barbar.«[16] Die *Genealogie der Moral* zeichnet das Profil dieser *anderen Art* noch schärfer:

»Geister, durch Kriege und Siege gekräftigt, denen die Eroberung, das Abenteuer, die Gefahr, der Schmerz sogar zum Bedürfniss geworden ist; es bedürfte dazu der Gewöhnung an scharfe hohe Luft, an winterliche Wanderungen, an Eis und Gebirge in jedem Sinne, es bedürfte dazu einer Art sublimer Bosheit selbst, eines letzten selbstgewissesten Muthwillens der Erkenntnis, welcher zur grossen Gesundheit gehört (...). Aber irgendwann, in einer stärkeren Zeit, als diese morsche, selbstzweiflerische Gegenwart ist, muss er uns doch kommen, der *erlösende* Mensch der grossen Liebe und Verachtung, der schöpferische Geist, den seine drängende Kraft aus allem Abseits und Jenseits immer wieder wegtreibt, dessen Einsamkeit vom Volke missverstanden wird, wie als ob sie eine Flucht *vor* der Wirklichkeit sei –: während sie nur seine Versenkung, Vergrabung, Vertiefung *in* die Wirklichkeit ist, damit er einst aus ihr, wenn er wieder an's Licht kommt, die *Erlösung* dieser Wirklichkeit heimbringe: ihre Erlösung von dem Fluche, den das bisherige Ideal auf sie gelegt hat.«[17]

Was ist das für ein Barbar? Was für eine blonde Bestie? So waren einmal die »vornehmen Germanen«, ehe sie in der Menagerie der Kirche gezähmt wurden. Jetzt also kann man nur hoffen, wie die Juden auf den Messias hoffen, wie die Christen auf die Erlösung hoffen, daß dieser Messias der Wirklichkeit erscheint. Wir leben in der Reprise des Untergangs des Römischen Reiches. Komme eine bessere Reprise der Erlösung! Bei aller Ressentimentschärfe aber klingt durch diese Zeilen auch ein Verzweiflungston, der alle vergleichbaren Barbarengesänge im 19. Jahrhundert übertönt. Unüberhörbar auch, daß dieser Barbar weniger eine blonde Bestie als ein Philosoph mit wildem Bart sein wird, der unter der Maske des Kulturbringers und Menschenfreundes Prometheus die Erlösung in seinem Gedankengepäck herbeischleppt.

Immer noch *adveniat.* Wie Prometheus an den Kaukasus gefesselt, stand dieser antichristliche Denker im Banne der Denkfiguren, die er auslöschen wollte! Wie viele gläubige und – das ist das Kapitel »Nietzsche im 20. Jahrhundert« – wie viele blinde Leser hat er gefunden!

Benjamins Neue Barbaren: Menschenfresser, menschliche Massen

Auch Walter Benjamin gehört in die Reihe der ernstzunehmenden Autoren, die an einer Positivierung des Barbaren gearbeitet haben. Allerdings war Benjamin zu tief von jüdischem Denken geprägt und der Überlieferung zu treu, als daß er von Siegfrieds Natursprache oder von blonden Bestien träumen konnte. Zwar betrachtete auch er alle Dinge und Verhältnisse so, als käme sein Blick vom allerersten Anfang her, aber diese erste Stunde war biblisch, eingefaßt in den adamitischen Augenblick, in die nomothetische Taufe des Lebendigen. Dafür fehlen in seinem Denken apokalytpische Stimmungen. Alle Sätze zur Erneuerung und zur Barbarisierung bilden nervöse Eingebungen in einer unendlichen Zeit, im Warten, in der Hoffnung auf eine messianische Aufhellung der Verhängnisse. Wo lange vergeblich gewartet wird, da mehren sich die paranoischen Interpretationen der Welt. Und so faßt Benjamin die radikalen Tendenzen seiner Zeit ins Auge. Ihnen traute er zu, den Bruch mit einer konformistischen Tradition zu vollziehen, die die Überlieferung nur noch als tote Objekte um sich häuft. Da zog er die barbarischen Neuerer vor. Was sonst alle Theoretiker des Recyclings gerne leugneten, daß solcher Neubeginn nur ganz traditionelle Denkfiguren radikalisieren konnte, gerade das brachte Benjamin klar zum Ausdruck.

Seinen Beitrag zur Rebarbarisierungsdebatte formulierte er zunächst in dem Aufsatz *Erfahrung und Armut,* der vermutlich während der Monate April und Mai 1933 entstand. Das war die Zeit, in der Hitler jedem, der es wissen wollte, erklärte, daß die Nazis die Neuen Barbaren wären, auf die man nur allzu lange hatte warten müssen. Doch hatte Benjamin sein Konzept des *neuen* oder *positiven Barbarentums* bereits früher umrissen. In den Notizen zu seinem Essay über Karl Kraus finden sich Gedanken und tastende Formulierungen, die um den später auf Kraus gemünzten Namen des *Menschenfressers* kreisen. Benjamins Menschenfresser ist der mythische oder märchenhafte Name eines Unmenschen, der in sich die Eigenschaften eines Kindes und eines Engels vereinigt: »Er hat sich mit der zerstörerischen Seite der Natur solidarisiert. So wie der alte Kreaturbegriff von der Liebe ausging (...), geht der neue, der Kreaturbegriff des Unmenschen, vom Fraße aus.«[18] Die Menschenfresser haben alles gefressen: »die Kultur« und »den Menschen«. Benjamins Karl Kraus ist der Oger mit den schärfsten Zähnen. Zu den Brüdern des anthropophagen Satirikers zählt Benjamin um 1930 noch Adolf Loos, Bertolt Brecht, Paul Klee, Paul Scheerbart. Aus dem exzessiven Verzehr und Stoffwechsel des Wiener Polyphem, aus der Krausschen Gewalt, die Benjamin das »Walten der Gerechtigkeit« nennt, aus der unermüdlichen Polemik der *Fackel* ist nur nichts Neues hervorgegangen. Die Satire kennt keine schönere Zukunft, sondern nur eine vages Déjà-vu besserer Zeiten. Allein die Tierwelt bewahrt für Kraus eine buchstäblich unmenschliche Erinnerung an den guten Anfang und an den lichten Ursprung. Benjamin über Kraus: »Die Kreatur ist (...) für ihn der wahre Tugendspiegel der Schöpfung, in welchem Treue, Reinheit, Dankbarkeit uns aus verlorener Zeitenferne herüberlächeln.«[19] Auch die *Fackel* laboriert am Ganzen eines Weltzustandes und möchte von vorn beginnen. Das macht Karl Kraus zu einem Bewohner des Lazaretts, das sich am Anfang des 20. Jahrhunderts mit prominenten Künstlern und Philosophen füllt. Diesen Namen des *Menschenfressers* vergibt Benjamin allerdings, um sich zu distanzieren und um Unterschiede hervorzuarbeiten. *Literarisch* sind es nur hingehauchte Nuancen. *Politisch* hat Benjamin zuletzt an die Barbaren geglaubt.

Der Herausgeber der *Fackel* arbeitete mit dem Vierersatz der Elemente, die die Helden des Recyclings erneuern wollen: Sprache, Gesetz, Medien, Geld. Nur die Übeltäter tragen einen neuen Namen. Nicht mehr Sophisten, nicht mehr Schriftgelehrte, nicht mehr papistische Nimrods: Jetzt fließen die gleichen Verhängnisse aus den Federn der Mörder-Journalisten. Tinte verwandelt sich in Blut. Tötung der Sprache, Tötung des Rechts, Tötung des Lebens, Tötung der Phantasie, Tötung des Waldes. Apokalyptische Nachrichten drängen sich in allen Spalten der *Fackel*. Und so wird die Meldung vom Abholzen der Wälder zur Miniatur des Weltuntergangs. Benjamin zitiert die Notiz der *Fackel*: »Der englische Lord Northcliffe, der etwas über 60 Zeitungen besitzt oder mitbesitzt, verbraucht für die Herstellung des erforderlichen Papiers täglich rund 50.000 Baumstämme.«[20] Unter jedem Federstrich eines Journalisten sinken ganze Baumreihen dahin. Wer aber soll retten? Kraus traut die Rettung der Welt nur einer reineren Sprache zu. Retten können allenfalls die Dichter. Unermüdlich trug Kraus zu diesem Behufe die Texte der Tradition von Shakespeare bis Wedekind und Karl Kraus öffentlich vor. Ein Dichter, der die Endzeit beim Namen nennt und nicht anders als Hölderlin seine Zeit kommen und gehen sieht. So kann Benjamin sagen: Aus dem beinahe vierzigjährigen Krieg, den die *Fackel* gegen die kulturelle Zeitgenossenschaft geführt hat, ist kein Neuer Mensch hervorgegangen, sondern »ein Unmensch, ein neuer Engel«.[21]

Zur Zeit des Kraus-Essays zählen Adolf Loos, Paul Klee, Paul Scheerbart noch zu den Menschenfressern in Benjamins Menagerie. In *Erfahrung und Armut* bilden sie dann eine eigene Gruppe. Jetzt heißen sie die neuen Barbaren, die positiven Barbaren. Ein Mann wie Loos hat seine Berufung als Siegfried bestätigt, weil er in einem heroischen »Kampfe mit dem Drachen Ornament« gesiegt hat. Woher kommen aber diese Neuen Barbaren? Sie ziehen Konsequenzen aus einer Lage, die durch die unvermittelten Erfahrungen des Ersten Weltkrieges und der Zeit danach bestimmt ist: »Denn nie sind Erfahrungen gründlicher Lügen gestraft worden als die strategischen durch den Stellungskrieg, die wirtschaftlichen durch die Inflation, die körperlichen durch den Hunger, die sittlichen durch die Machthaber.«[22] Doch traten die Barbaren, die Benjamin prominent macht, längst vor dieser Enttäuschung auf, und ihr ikonoklastischer Ruf festigte sich bereits, als alle Erfahrungen noch zu stimmen schienen. Eine andere Inflation entwertete alle Erfahrung und Überlieferung:

»Denn was ist das ganze Bildungsgut wert, wenn uns nicht eben Erfahrung mit ihm verbindet? Wohin es führt, wenn sie geheuchelt oder erschlichen wird, das hat das grauenhafte Mischmasch der Stile und Weltanschauungen im vergangenen Jahrhundert uns deutlich gemacht, als daß wir unsere Armut zu bekennen nicht für ehrenwert halten müßten. Ja, gestehen wir es ein: Diese Erfahrungsarmut ist Armut nicht nur an privaten, sondern an Menschheitserfahrungen überhaupt. Und damit eine Art von neuem Barbarentum.«[23]

Nicht das Bildungsgut fällt dem Sturm der neuen Barbaren zum Opfer, sondern die Formen der Traditionsaneignung in der Vergangenheit. Die Menge und der Polysemie der Stile, die sich der Erinnerung verschrieben. Die blinde Häufung und trügerische Kultur der Überlieferung erfordern den radikalen Neubeginn. In einer Bildungsfrömmigkeit ohne Glauben sind die Verbindungen verlorengegangen, die aller Tradition das Leben der Erfahrung eingeben. Die Tradition selbst kann ja nicht falsch sein. Sie muß vielmehr durch eine Erneuerung gehen. Die neuen Barbaren stehen bereit, an das morsche Alte Feuer zu legen:

»Barbarentum? In der Tat. Wir sagen es, um einen neuen, positiven Begriff des Barbarentums einzuführen. Denn wohin bringt die Armut an Erfahrung den Barbaren? Sie bringt ihn dahin, von vorn zu beginnen; von Neuem anzufangen; mit Wenigem auszukommen; aus Wenigem heraus zu konstruieren und dabei weder rechts noch links zu blicken. Unter den großen Schöpfern hat es immer die Unerbittlichen gegeben.«[24]

Das Neue predigen. Warum nicht? Warum immer wieder? Jede kritische Situation läßt das Ende aufblitzen. Benjamin kommentiert die Lage aber nicht apokalyptisch. Vielmehr glaubt er zu wissen: Alle Krisen erwecken den Wunsch, an den Anfang zurückzukehren. Seine Barbaren beginnen tatsächlich von vorn. Paul Scheerbart verweigert seinen Romanhelden den menschlichen Eigennamen wie die Russen, die nach der Revolution ihren Kindern gern »entmenschte« Namen gaben. Keine nomothetischen, keine adamitischen Uranfänge, sondern radikale Taufen aus dem Lexikon barbarischer Phoneme wie *Peka, Labu, Sofanti, Lesabéndio* bei Scheerbart oder *Oktober, Fünfjahresplan* in Rußland. Und die Künstler des Dada sind aus dem Holz des gleichen Barbarenwaldes geschnitten. Ihnen widmet Benjamin in seinem Aufsatz über *Das Kunstwerk im Zeitalter seiner technischen Reproduzierbarkeit* eine Bemerkung, die den Ikonoklasmus als religiöse Geste sichtbar macht:

»Die derart zumal in den sogenannten Verfallszeiten sich ergebenden Extravaganzen und Kruditäten der Kunst gehen in Wirklichkeit aus ihrem reichsten historischen Kräftezentrum hervor. Von solchen Barbarismen hat noch zuletzt der Dadaismus gestrotzt. (...) Es ist unmöglich, vor einem Bild von Arp oder einem Gedicht von August Stramm sich wie vor einem Bild Derains oder einem Gedicht von Rilke Zeit zur Sammlung und Stellungnahme zu lassen. Die Versenkung, die in der Entartung des Bürgertums eine Schule asozialen Verhaltens wurde, tritt die Ablenkung als eine Spielart sozialen Verhaltens gegenüber. (Das theologische Urbild dieser Versenkung ist das Bewußtsein, allein mit seinem Gott zu sein).«[25]

Die Barbaren treten in einer Zeit des Verfalls auf den Plan und kennen aus der Geschichte solcher Dekadenz (von Rom ist die Rede) Vorbilder und Doppelgänger. Wieder organisiert die Kulturrevolution einen Aufstand gegen eine desemantisierte Tradition: sophistische Reden, pharisäerhafte Interpretationen, papistische Bullen, juristische Spitzfindigkeiten, literarische Regelhörigkeiten. Am Film und in der Dada-Bewegung zeichnen sich für Benjamin die Triebkräfte der neueren Künste ab. Sie repräsentieren und erzeugen die moderne Zerstreuung. So montiert auch Benjamin die vier Elemente, das Quartett des Recyclings. Alles entscheidet sich jedoch an den Kräften der *Sprache* und des *Medialen*: Die technische Reproduktion riß das Kunstwerk aus seiner auratischen Einmaligkeit. Indem nun die Vervielfältigung »an die Stelle seines einmaligen Vorkommens sein massenweises« setzte, wiederholt sie jene Entstellung der Sprache, die auf den Fall des ersten Barbaren Adam folgte: die Inflationierung der Namen zu Worten und Begriffen.[26] Dann die *Zerstreuung*: Wie einst die Sprache werden die Kunstwerke im Gefolge der technischen Zertrümmerung der Aura in die Welt zerstreut. Doch gewinnt dieser Begriff der Zerstreuung, der in der platonischen und paulinischen Kritik gehärtet wurde, in der Moderne eine neue Kraft. Jetzt sind nicht mehr die Sprachen und Völker, die Bedeutungen und Worte zerstreut; jetzt sind es die Gedanken und Bewußtseine.

Woher kommmt die Rettung? Wer sammelt alles wieder ein? Ausgerechnet die Massen oder: wieder einmal die Massen. »Die Masse ist eine matrix, aus der gegenwärtig alles gewohnte Verhalten Kunstwerken gegenüber neugeboren hervorgeht. Die Quantität ist in Qualität umgeschlagen: *Die sehr viel größeren Massen der Anteilnehmenden haben eine veränderte Art des Anteils hervorgebracht.* Es darf den Betrachter nicht irre machen, daß dieser Anteil zunächst in verrufener Gestalt in Erscheinung tritt.«[27] Die barbarische Kunst lockt die verrufenen Gestalten hervor. Das ist im Jahre 1935 geschrieben. Die Irritation hat sich zuletzt doch eingestellt. Aber der Gedanke, die Hoffnung, das *messianische Zitat* kam nun doch nicht aus der Beobachtung. Wo anders läßt sich eine solche Masse beobachten als auf dem Papier? Und dort allein stehen die Versprechungen, die Verheißungen. Das Ende des Aufsatzes *Erfahrung und Armut* spricht eine solche Verheißung aus:

»Arm sind wir geworden. Ein Stück des Menschheitserbes nach dem anderen haben wir dahingegeben (...). Festhalten ist heute Sache der wenigen Mächtigen geworden, die weiß Gott nicht menschlicher sind als die vielen; meist barbarischer, aber nicht auf die gute Art. Die anderen aber haben sich einzurichten, neu und mit Wenigem. (...) Und was die Hauptsache ist, sie tun es lachend. Vielleicht klingt dies Lachen hie und da barbarisch. Gut. Mag doch der Einzelne bisweilen ein wenig Menschlichkeit an jene Masse abgeben, die sie eines Tages ihm mit Zins und Zinseszinsen wiedergibt.«[28]

Eine lachende Masse schenkt dem Barbaren seine auf Kredit gegebene Menschlichkeit zurück. Ob das Geschäft je abgeschlossen wird? Nietzsche hoffte auf einen lachenden Prometheus. Heiterkeit und Brutalität machen die Erlösung zu einer keineswegs feierlichen Sache. Wer ist uns lieber? Siegfried mit seinem barbarischen *hahahaha!* allein oder die lachende Masse, die im Realen stets als johlende auftritt? Oder dachte Benjamin an eine aus Polysemien auftauchende Gestalt, an einen von der Technik zerstreuten Messias?

Jüngers Neue Barbaren: Arbeiter, Menschentum

Bei Ernst Jünger gibt es in den Texten um 1930 keine Hoffnung, sondern immer ein Delirium dessen, was ist. Das Ende der Gegenwart ist da, die Barbaren sind da, die Zukunft ist da, der totale Staat ist da. Dabei ist er ein scharfer Beobachter, aber nur sein Degout trügt ihn nicht. Sobald er die Wahrnehmungen und Bilder, die ihm ein kalter, präziser Blick zuspielt, zu einer allgemeinen geschichtlichen Betrachtung hochrechnet, entgleist (*de lira ire*) die intellektuelle Unternehmung. Dennoch ist die Jüngersche Prophetie ein einzigartiges Zeugnis von Theorie-Poesie. Das gilt um so stärker, als alles, wie er unablässig betont, sehr ernst gemeint ist. Jüngers Diskurs möchte selbst *gefährlich* sein. Er will eine barbarische Gefahr verkörpern. Das ist der Beschwörungsgestus. Technik magisch zu denken ergibt ein Resultat, das nur als Literatur gelesen werden kann.

Den seiner Barbarenprophetie opponierenden Term *Zivilisation* setzt Jünger in zwei Bedeutungen ein. Einmal zitiert er der das Wort in Anführungszeichen, zwischen denen der Ekel wohnt. Diese »Zivilisation« ist die absolut feindliche Sphäre. Der Feind ist alles, was die bürgerliche Welt mit diesem Begriff »Zivilisation« positiv konnotiert. Aber es gibt auch eine höhere *Zivilisation* ohne Anführungszeichen, die von einem *Neuen Menschentum* getragen wird. Dieses Menschentum muß man sich als eine organische, homogene anthropoide Masse vorstellen, deren Einzelexemplare aus der Sicht der alten »Zivilisation« als Barbaren gelten müssen. Um diesen barbarischen Typus zu geschichtlicher Wirksamkeit gelangen zu lassen, muß Jünger zu keinem Ursprung zurück. Seine Barbaren haben zwar lange in »Urlandschaften« gelebt, von dort aber treiben sie jetzt gewaltige Energiequanten vorwärts, die aus »metaphysischen Notwendigkeiten« zusammengeballt sind. Wenn ihnen überhaupt einmal Auftritte im historischen Raum vergönnt waren, dann in den vielbeschworenen Materialschlachten des Ersten Weltkriegs. Ihre Mission jedenfalls ist klar: Sie brechen als elementare Mächte in den bürgerlichen Raum und schließen die Epoche der Zivilisation in Anführungszeichen. Ein Sturm wirbelt die alte Kultur des 19. Jahrhunderts mit ihren gemüthaften Vorstellungen von Innerlichkeit, Individualität, Liberalität ins Vergessen.

Wie der Silen des Aelian, wie Nietzsches Barbaren, wie Benjamins Barbaren, wie Thomas Manns Leverkühn, so erfüllen auch Jüngers Barbaren ihre Mission *lachend*. »Es findet (...) eine Wiederentdeckung des Gelächters als eines Kennzeichens schrecklicher und primitiver Feindschaft statt (...).«[29] Diese Charakteristik des barbarischen Humors gibt Jünger in seiner Schrift von 1923, *Der Arbeiter.* Das Buch liefert eine lupenreine Theorie des faschistischen Staates. Noch 1960 erklärte Jünger im Vorwort zur zweiten Auflage des Werkes zur »großen Wende« des Jahres 1933: »Hätten die großen Akteure sich nach den hier entwickelten Prinzipien gerichtet, so würden sie viel Unnötiges, ja Unsinniges unterlassen und Notwendiges getan haben, vermutlich sogar ohne Waffengewalt.«[30] Die Prinzipien des *Arbeiters* kommen aus einer Konstruktion der Zeitenwende. Die *Weltrevolution*, das ist die zweite Phase des Weltkriegs, wird aber von keinen weltlichen Kräften getragen, sondern von metaphysischen. Der Autor ist der beredte Apostel einer radikalen Selbsterneuerung der Welt. Man kann mittun oder wird mitgerissen. Dieses Ereignis übertrifft »an Bedeutung nicht nur die Französische Revolution, sondern sogar die Deutsche Reformation«. (167) Sie erreicht ihr Ziel rascher als die christliche Revolution, wie die Verbreitungsgeschwindigkeit der technischen Symbole zeigt: »In dieser kurzen Zeitspanne nach dem Kriege haben sich ihre Symbole bis in die entferntesten Winkel des Erdballes schneller verbreitet als vor tausend Jahren das Kreuz und die Glocke in den Urwäldern und Sümpfen Germaniens.« (169) Aber keineswegs ist die Technik der Motor dieser Weltrevolution, die sich ausdrücklich in die Reihe der anderen großen Revolutionen stellt, um sie zu überbieten; sie ist nur Medium: »In der Technik erkennen wir das wirksamste, das unbestreitbare Mittel der totalen Revolution.« (178) Als *Mittel* untersteht auch die Technik anderen höheren Antriebskräften. Das sind kosmische *Gestaltgesetze*. Die anthropoide Figur, der diese Revolution ihre höheren Zwecke anvertraut, ist der Arbeiter. Der Arbeiter ist keine empirische Erscheinung, der dies oder jenes tut; er ist allein als *Gestalt* zu verstehen. Die Gestalt des Arbeiters bietet sich der Beobachtung durch ein typisches Äußeres dar, sie kommt daher auch nur als Typus und als Masse vor. In dem späteren Essay *Typus, Name, Gestalt* präzisiert Jünger den Term *Gestalt*. Er will darunter eine verallgemeinerte Anschauung verstanden wissen – ähnlich der Goetheschen Urpflanze. Die Verallgemeinerung der *Gestalt* ist eine Prozedur, die »Sonderungen reduziert«.[31] Die *Gestalt* führt ins Ungesonderte, an den Rand des Amorphen. In eine Welt der einfachen Namen und Benennungen. So treibt die Barbarisierung, die Gestaltwerdung des Menschen, einen neuen Anfang hervor: Neuanfang der Sprache in Namen, Neuanfang des Menschen in der Gestalt. Die in Arbeitergestalten strömende amorphe Masse drängt in die Leere, die der »Untergang des Individuums« hinterläßt. »Alle Menschen und Dinge dieser Zeit treiben einem magischen Nullpunkt zu. Ihn passieren, heißt der Flamme eines neuen Lebens ausgeliefert zu sein«, lautet eine Notiz in *Das abenteuerliche Herz* von 1929. Am Nullpunkt bildet sich die Gestalt. Es ist der Moment der Namengebung. Gestalten führen Krieg, Gestalten bedienen die technischen Geräte. Die Jugend bereitet sich im Prozeß der Barbarisierung darauf vor: Soldaten in Wohnzimmern warten auf ihre endgültige Verwandlung.[32] Das *Neue Menschentum* erfuhr eine erste Prägung während des Krieges und verkörpert eine Spielart des Seienden, die Jünger mit glühender Feder beschwört: das *Gefährliche*. Das *Gefährliche* lauert aber nicht nur auf den Schlachtfeldern, es hat archaische, kosmische, metaphysische Ursprünge:

»Das Gefährliche, das unter den Zeichen der Vergangenheit und der Ferne erschien, beherrscht jetzt die Gegenwart. Es scheint aus uralten Zeiten und aus der Weite der Räume in sie eingebrochen zu sein, gleichsam unter den Aspekten eines drohenden Gestirns, dessen Wiederkehr aus kosmischen Abgründen sich auf den Bahnen einer unbekannten Gesetzmäßigkeit vollzieht. (...) Mögen die einen dies als Rückfall in eine moderne Barbarei erkennen, die anderen es als Stahlbad begrüßen – wichtiger ist es, zu sehen, daß sich ein neuer und noch ungebändigter Zufluß elementarer Kräfte unserer Welt bemächtigt.« (64)

Beschwörung des Neuen. Denn es geht wieder einmal um alles. Und die Weltrevolution, die sich aus dem Kosmos durch die beiden Medien der Technik und des Arbeiters in der Welt verbreitet, erfaßt den ganzen Planeten. Die Geschichte kennt nur ein Modell für diese Veränderung, und das ist die *barbarische Völkerwanderung*:

»Weltrevolutionär ist die Technik als das Mittel, durch das die Gestalt des Arbeiters die Welt mobilisiert, weltrevolutionär der Typus, in dem dieselbe Gestalt sich eine herrschende Rasse schafft. Die geheime Anlage der Mittel, der Waffen, der Wissenschaften zielt auf Raumbeherrschung von Pol zu Pol, und die Auseinandersetzungen zwischen den großen Lebenseinheiten streben weltkriegerischen Charakter an. Es gibt keinen Raum, kein Leben, das sich diesem Vorgange entziehen kann, der seit langem den Stempel einer barbarischen Völkerwanderung trägt (...).« (239)

Das Neue ist eine gesteigerte Wiederholung. Eine Wiederholung ist freilich auch der Diskurs, der all dies sagt: Es geht wieder um eines, nämlich die Vereinheitlichung, die Entdifferenzierung. Jüngers planetarische Revolution, die mobilisiert, die Räume eröffnet, die Technik totalisiert, die Menschen desindividualisiert, die barbarisches Menschentum typisiert, will vor allem Vereinheitlichung und Eindeutigkeit. Den feindlichen Pluralismus der Kultur spürt er in allen Winkeln auf: in der Kunst, in der Kleidung, im Bild der Städte, in der Struktur der Landschaften, in den Gesetzen, in den Medien, im Geldwesen, im Parteiensystem, im Gesellschaftssystem, im Denken. An die Stelle solcher Mannigfaltigkeit oder, wie es Benjamin ausdrückte, des *Mischmasch,* rückt nach Beendigung des Krieges eine großartige Einheit. Die Kulturrevolution benötigt daher nicht viel. Im Vorwort zum *Arbeiter* von 1960 spricht Jünger von der »rücksichtslosen Gepäckerleichterung«. Aller kulturelle Ballast soll abgeworfen, die Differenzierung der »Zivilisation« durch »Eintritt in eine sichere und abgeschlossene Formenwelt« (257) rückgängig gemacht werden:

»In der die reine Werkstättenlandschaft ablösenden Planlandschaft, als deren Träger nicht mehr Individuen (...) auftreten, schlägt die typische Bildung bereits deutlicher durch. Einer umfassenden Erscheinung des Staates, der andersartige Aufgaben zu bewältigen hat, entspricht ein Menschentum, das sich unter rassemäßigen Kennzeichen auszuprägen beginnt und das widerspruchsloser, eindeutiger, entschiedener in Dienst gestellt werden kann.« (256)

Ende der Widersprüche, Ende der Vieldeutigkeit, Ende der Unentschlossenheit, Ende der Gefahrenlosigkeit. Um die Gefahr in ihrer Reinheit, nämlich Ungeheuerlichkeit, auch wieder aussprechen zu können, muß weiter ein traditioneller Typus von Ketzerei verschwinden, der sich im »Glauben an den Dualismus der Welt und ihrer Systeme erfüllt«:

»Diesem obersten Zwiespalt entspringen alle jene vergiftenden Gegensätze von Macht und Recht, Blut und Geist, Idee und Materie, Liebe und Geschlecht, Mensch und Natur, Körper und Seele, weltlichem und geistlichem Schwert – Gegensätze, die einer Sprache angehören, die als Fremdsprache erkannt werden muß.« (251)

Notwendig ist daher eine Sprachreform. Alle Zweideutigkeit, alle leeren semantischen Räume, alle ungenutzten linguistischen Potentiale sollen verschwinden. Jünger hat auch Prinzipien aus der Notation der Naturwissenschaft und Technik für diese Reform ausersehen:

»Der ›Siegeszug der Technik‹ läßt eine breite Spur von zerstörten Symbolen zurück. (...) Die zerstörerische Seite dieses Vorgangs ist erkannt. Seine positive Seite liegt darin, daß die Technik selbst kultischen Ursprungs ist, daß sie über eigentümliche Symbole verfügt (...). Diese Sprache tritt hinter der Maske eines strengen Rationalismus auf, der die Fragen, vor die er stellt, von vornherein eindeutig zu entscheiden vermag. Sie ist ferner primitiv; ihre Zeichen und Symbole sind einleuchtend durch ihre bloße Existenz. Nichts scheint wirkungsvoller, zweckmäßiger, bequemer, als daß man sich dieser so verständlichen, logischen Zeichen bedient. (...) Je größer der Umkreis ist, den sich die neue Sprache als scheinbar neutrales Verständigungsmittel schafft, desto größer ist auch der Kreis, den sie in ihrer eigentlichen Eigenschaft als Befehlssprache vorfinden wird.« (177 ff.)

Der technische Code wird in der Kommunikation des *Neuen Menschentums* (179) als neue *Elementarsprache* gesprochen und daher immer »deutlicher verstanden« werden. »Dies wird in demselben Maße der Fall sein, wie das Gesicht des Arbeiters seine heroischen Züge enthüllt.« (179) Eine *Mathesis imperialis* reinigt die Sprachen und Physiognomien von allen Zweifeln und Mißverständnissen. Befehle verabschieden alle Hermeneuten, Soldaten beenden die Psychologie. Wie so viele Kulturrevolutionen arbeitet auch die Jüngersche Weltrevolution an einer Revision der babylonischen Erblast. Seine technisch geprägte Elementarsprache operiert allerdings über ein anderes linguistisches System als jene pfingstliche oder dionysische Kommunikation, die der Welt seit langem versprochen wurde. Die Auslöschung der Polysemien und Antinomien, die immer noch die alte bürgerliche Linguistik durchsetzen, erledigt jetzt das Lexikon der Ingenieure. Daß dies funktioniert, erscheint als sicher. Denn der Arbeiter legt alle Züge bürgerlicher Individualität ab und reguliert sogar durch Mutation und Kosmetik das babylonische Durcheinander der physiognomischen und sexuellen Differenzen. Der aufklärerische und feministische Traum von universeller Gleichheit realisiert sich in einer körperlichen Ordnung. Die totalitäre Gleichheit eliminiert alles Mißverstehen und etabliert einen natürlichen Universalismus:

»Was zunächst rein physiognomisch auffällt, das ist die maskenhafte Starrheit des Gesichts, die ebensowohl erworben ist, wie sie durch äußere Mittel, etwa Bartlosigkeit, Haartracht und anliegende Kopfbedeckungen, betont und gesteigert wird. Daß in dieser Maskenhaftigkeit, die bei Männern einen metallischen, bei Frauen einen kosmetischen Eindruck erweckt, ein sehr einschneidender Vorgang zutage tritt, ist schon daraus zu schließen, daß sie selbst die Formen, durch die der Geschlechtscharakter physiognomisch sichtbar wird, abzuschleifen vermag.« (129)

Man muß alle diese revolutionären Semiotiken unter dem einen und ganz traditionellen Gesetz der Vereinheitlichung lesen. Sie war immer das Ziel der Kulturrevolutionen. Stets liefen Welterneuerungen als semiotische Bereinigungsversuche: Doch klingt die Sokratische Polemik gegen die Sophisten höchst geistesschlicht im Vergleich mit diesen Vorstellungen, wie sich die Welt aus aller Uneindeutigkeit, Vielsinnigkeit, Pluralität, Differenziertheit, Zerstreuung reißen soll. In den Polysemien erlebt der antizivilisatorische Affekt die wirkliche *Gefahr.* Der Krieg ist gefährlich, aber er macht aus den Menschen gleichförmige Mengen: Leichen oder Armeen. Die Polysemien sind gefährlich, doch nicht weil mit ihnen der Tod droht. Der Tod ist eine Ordnungsmacht. Die Polysemien zerstreuen die Welt in Unterschiede. Will der Jüngersche Arbeiter das Fürchten erlernen, dann zieht er nicht in den Krieg, sondern er blättert in einem Buch. Und um eine Rettung der Welt aus der Malaise der Konventionen geht es. Der Jüngersche Barbar, der auf seiner Völkerwanderung in die bürgerliche Welt einströmt und alle Differenzen unter seinen Fäusten ausgleicht, ist eine erhabene Gestalt und nicht irgendein unzufriedener Lohntütenquerulant. Immerhin arbeitet er als Delegierter einer planetarischen Transformation. Alle diese Erhabenheiten sind so erhaben, daß sämtliche irdischen Unterschiede gelöscht werden. Jede Gestalt ein Moses. Jedes Individuum ein Goldenes Kalb. Der Arbeiter, aus dessen Physiognomie alles Bildhafte radiert wird, ist der Garant einer, wie Jünger stets sagt, *organischen Totalisierung* des Lebens. Die Kulturrevolution – Jünger schreibt keine kleine Prosa – wurde in den Sternen beschlossen.

Was der *Arbeiter*-Essay als notwendigen Prozeß metaphysischer Ordnung suggeriert, ist auch eine Renaturalisierung. Zurück zur Natur – weitreichender und radikaler, als das etwa Rousseau je gedacht hat. Denn woher nehmen wir die Evidenzen, daß die Natur in die Homogenität zurück will, aus der die zivilisatorische Entartung desertiert ist? »Es gibt nichts Regelmäßigeres als die Achsenstellung der Kristalle oder als die architektonischen Verhältnisse jener kleinen Kunstwerke aus Kalk, Horn oder Kieselfasern, mit denen der Boden der Meere besiedelt ist, und nicht ohne Grund hat man den Durchmesser der Bienenzelle zum Urmaß einer Längeneinheit zu machen versucht.« (242) Wieviel eigentlich religiöser, rousseauscher, blinder Naturglaube selbst in den kühlen Bemerkungen über den Krieg, den Typus, den Staat, die Technik und das barbarische Recycling der Zivilisation steckt, das geben die Gedanken des Beobachters und Tagebuchautors Jünger Ende der zwanziger Jahre zu erkennen. In der ersten Fassung der Notizen *Das abenteuerliche Herz* sinnt Jünger einer eigentlich rousseauschen Sprachtheorie nach. Es zieht ihn zurück zur einfachen Deixis der Gesten und zur reinen Seelensprache der Schreie! Also konzipiert er eine *Lautlehre,* die »im Sinne der Goetheschen Farbenlehre, also unwissenschaftlich verfahren« müßte. Das Lexikon solcher unartikulierten Laute interessiert ihn. Wie könnte man sie vernehmbar machen? Die Zeitenwende verspricht ihre Wiederkehr, ihre Rückkehr in den akustischen Raum. Sorgfältig notiert Jünger alle Barbarisierungsprozesse, die die Artikulation in amorphe Geräusche zurückdrängen. Welche Beobachtungsmöglichkeiten böte doch ein Schauspiel, wo so ungeheure und eindringliche Dinge gezeigt werden, daß das Publikum gewisse Laute, archaische Laute des Staunens hervorbringen müßte. Das gäbe, so denkt sich der Autor, Gelegenheit zum Studium einer Ursprache:

»Hier müßten der Zuhörerschaft wie einem großen Tier die Urlaute aus der Brust gerissen werden – man müßte sie einmal gründlich buchstabieren lehren. Wir nähern uns Zuständen, in denen das wieder möglich scheint. Der Mensch in den Städten beginnt einfacher, das heißt in jenem gewissen Sinne tiefer zu werden. Er wird zivilisierter, das heißt barbarischer. Die Natur ergreift auf sehr seltsame Weise wieder von ihm Besitz. (...) Man marschiert, jeder auf seine Weise, einem gemeinsamen Treffpunkte zu.«[33]

Barbarisierung als Naturalisierung, als Vertiefung, als *Zivilisation* ohne Anführungszeichen. Und an dieses Experiment zur Wiederkehr der Ursprache schließt der Vico-Leser[34] Jünger die Phantasie einer Begegnung mit dem Mann im Mond. Mit welchen Zeichen sollte er den planetarischen Gast begrüßen? Wie könnte er mit ihm sprechen? Er würde ihm zwei Worte unserer Sprache vernehmlich machen:

»(...) einmal eine jener Benennungen der organischen Chemie, in denen der Intellekt einige Zeilen braucht, um sich zum Ausdruck zu bringen, und dann den ebenso unmißverständlichen, gedehnten, heiseren, zwischen A und U vibrierenden Schrei, den man bei Sturmangriffen hören konnte und der vom kochenden Blute nur durch ein hauchdünnes Häutchen geschieden war.«[35]

Das sind die zwei Pole der barbarischen Sprache, wie Jünger meint. Die beiden polaren Paradigmen aus dem Lexikon der Universalsprache sind strukturell völlig gleich, da sie *unmißverständlich*, nämlich eindeutig sind und auf natürliche organische Referenten verweisen: auf einen kriegerischen Erregungszustand und eine Substanz der organischen Chemie. Kein semantisches Flimmern, keine Störung durch Synonymie, kein Rauschen. Der Schrei zwischen A und U kommt aus dem Repertoire der barbarischen Zeichen, er ist den archaischen Lauten, der uralten Onomatopoesie *barbar* homolog. Und er ist der oberste, signifikanteste Laut einer sich auflösenden Zivilisation. In diesem Prozeß, in dieser Weltrevolution, die zwei Jahrhunderte miteinander konfrontiert, die aber die Geschichte selbst in einer endgültigen Totalisierung abschließt, ist der Barbar selbst nur eine Übergangserscheinung. Er ist der Bote einer Regression, die die Zivilisation an ihren absoluten Endpunkt der Differenzlosigkeit treibt. (In den fünfziger Jahren, nach dem Scheitern des Projektes, übernimmt der *Waldgänger*, ein Nachfahr von Nietzsches Silen, den Part des Barbaren.[36]) Zuletzt bleibt es den Maschinen überlassen, jene Differenzen und Spannungen zu prozessieren, die überhaupt die Unterscheidung von Leben und Nichtleben, von Ordnung und Entropie ausmachen. Das Totale, das vollendet Homogene läßt sich nicht mehr ordnen. Der totale Staat ist der Wärmetod der Unterschiede.

Theorien des Neuen Menschen

Das Recycling seit Platon will nicht nur die Sprache ordnen, das Gedächtnis regulieren, die Zweideutigkeit verbieten, das Gesetz vereinfachen, das Geld renaturalisieren; aus allen diesen Entdifferenzierungen soll immer wieder ein Neuer Mensch hervorgehen. Zwar vermag kein Philosoph den Lehm zu handhaben wie Gott, der den Neuen Menschen schuf, aber der Denker verfügt über seine eigenen Mittel. Aus welchem Lehm wird der Neue Mensch sonst geformt? Aus neuen Gesetzen (Platon), aus keinen Gesetzen (Christus), aus dem Glauben und aus der Lektüre *unius libri* (Luther), aus der Natur (Rousseau), aus der Gleichheit (Robespierre), aus der Erziehung (Fichte), aus den Produktivkräften (Marx), aus der Umwertung aller Werte (Nietzsche), aus dem Krieg (Jünger), aus dem Karma (Rudolf Steiner), aus der Züchtung (Benn), aus der Kunst (Joseph Beuys).

Der Neue Mensch des 19. Jahrhunderts ist jung und alt zugleich. Er ist eine Replike, er tritt hervor aus einem Szenario, das alle kennen. Im Jahre 1856 hält Karl Marx eine Rede zur Jahresfeier der sozialistischen Zeitung *People's Paper* in London. Er nutzt die Gelegenheit zu einer knappen welthistorischen Darlegung zur Rolle des Proletariates, des Barbaren und Neuen Menschen einer Verfallsepoche. So erklärt er:

»Auf der einen Seite sind industrielle und wissenschaftliche Kräfte zum Leben erwacht, von der keine Epoche der früheren menschlichen Geschichte je eine Ahnung hatte. Auf der anderen Seite gibt es Verfallssymptome, welche die aus der letzten Zeit des Römischen Reiches berichteten Schrecken bei weitem in den Schatten stellen.«[37]

Technisch lebt man in der Moderne, moralisch-politisch wiederholt sich der Untergang des Imperiums. Das ist ein Widerspruch, den die List der Vernunft dazu nutzt, um einen Sprung in der Evolution des *homo sapiens* zu tun:

»Einige Parteien mögen darüber wehklagen; andere mögen wünschen, die modernen technischen Errungenschaften wieder loszuwerden, um die modernen Konflikte loszuwerden. (...) Wir für unsern Teil verkennen nicht die Gestalt des arglistigen Geistes, der sich fortwährend in all diesen Widersprüchen offenbart. Wir wissen, daß die neuen Kräfte der Gesellschaft, um richtig zur Wirkung zu kommen, nur neuer Menschen bedürfen, die ihrer Meister werden – und das sind die Arbeiter.«[38]

Die Arbeiter wiederholen, was Engels im marxistischen Katechismus der Weltgeschichte, *Der Ursprung der Familie, des Privateigentums und des Staats* von 1884, den germanischen Barbaren zuschrieb: die Verjüngung der Welt. Und daß es sich bei diesen beiden Verjüngungen im 5. und im 19. Jahrhundert jeweils um eine strukturelle Reprise handelt, das belegt die Bemerkung von Engels über das Ende des Imperiums durch die Barbaren, wonach es nicht »ihre spezifischen nationalen Eigenschaften waren (...), die Europa verjüngt haben, sondern einfach – ihre Barbarei«.[39]

Der Neue Mensch des 20. Jahrhunderts ist jung und alt zugleich. Der Neue Adam soll in der Jugend mit roten Wangen wiederauferstehen. Die Jahrhundertwende entdeckt die Jugend als soziologische Größe, und ein erschreckter Weltgeist fragt sich seitdem immer wieder: »Was denkt die Jugend?« Jugendbewegungen, Jugendkulturen, Jugendvereinigungen, Jugendphilosophien wuchern zunächst im Schoße des Wilhelminischen Staates. Niemand machte sich bisher die Mühe zu untersuchen, wieviel Wandervogelromantik in den Büchern kulturkritischer Meisterdenker von Benjamin über Jünger bis Heidegger[40] steckt. Eine plötzlich von Pädagogik besessene deutsche Kultur schreibt der Jugend alle jene Missionen auf die Stirn, die die Philosophen – von Fichte bis Nietzsche – zu Papier gebracht haben. Die Jugend, die Neuen Menschen des 20. Jahrhunderts, soll ihre moderne Seele entweder aus den Händen anderer Erzieher (freie Pädagogik, sozialistische Pädagogik) empfangen; oder sie schärft ihre harten Züge an einer technisch veränderten Umwelt. Was sind aber ihre Eigenschaften? Kampfeswille, Rauheit, antizivilisatorischer Affekt, Homogenität. Wo immer im ersten Jahrhundertdrittel die Rede ist vom Neuen Menschen, da erweist sie sich als Gedankenfiliale des Ideologen der Freien Schulgemeinde und der Wandervogelbewegung, Gustav Wyneken. Wyneken hat nicht nur großen Eindruck auf Walter Benjamin[41] gemacht, er hat Ernst Jünger die Verachtung der Spießerwelt, die heroische Auffassung des Lebens[42] gelehrt, er hat dem österreichischen Theoretiker des Neuen Menschen, Max Adler, die Stichworte geliefert.[43] Schließlich hat auch Adolf Hitler von der Wandervogelromantik (Führerkult, Heil-Gruß, Körperkultur, Uniformierung, Männerbünde etc.) gelernt.

Die Moderne ist die Politik des Neuen. Auch Wynekens Pädagogik des Neuen Menschen, der Neuen Jugend erarbeitet sich ihr Design anhand des Modernitätsbegriffs, den Adolf

Loos so kunstvoll und plakativ formuliert hat: rauh, aber schnörkellos. Diese Moderne ist ein Stilbegriff, ihr Traum erfüllt sich in einer radikalen Homogenisierung der Welt. Pädagogik, Revolution, Krieg, Technik sind ihre Kräfte. So erklärt Wyneken in seinem Buch *Schule und Jugendkultur* von 1913:

»Was wir beseitigen wollen, sind die sinn- und zwecklosen Ornamente und Schnörkel des Lebens; und wir empfinden es geradezu als Pflicht, in diesem Sinne zu *modernen* Menschen zu erziehen. Dieses moderne Leben ist praktischer, hygienischer, sauberer, als das gemütliche. An ein solches Leben soll sich schon die Jugend gewöhnen. Die alte Lebensstillosigkeit ist nun doch ein für allemal dahin; es gilt einen neuen Stil zu schaffen, der aus den Anforderungen des neuen Lebens hervorwächst.«[44]

Diese Moderne folgt in ihrem Entwurf einem längst bekannten Modell der Vereinheitlichung. Wyneken ist nämlich bei Martin Luther in die Lehre gegangen. Im gleichen Buch, das einen »pädagogischen furor Teutonicus« auslösen möchte, heißt es am Ende: »die neue Schule wird sein, als was Luther die neue Kirche definiert: ›eine Sammlung der Seelen in *einem* Geist‹«.[45] Wenn Wyneken die Reformation als Homogenisierungsmodell anerkennt, so übertrifft nach Ernst Jüngers Traum die totale Revolution des Krieges und der Technik, die das *Neue Menschentum* erzeugt, sowohl die Französische Revolution als auch die deutsche Reformation.[46] Schließlich beruft sich Gottfried Benn in seinem Gesang auf den Neuen Menschen mit dem Titel *Züchtung I* von 1933 auf Moses und die mosaische Rassehygiene. Moses ist für ihn »der größte völkische Terrorist aller Zeiten und großartigste Eugeniker aller Völker«.[47] Moses trägt diese Titel, weil er in mythischer Frühe bereits den *totalen Staat* zu planen versuchte, den jetzt die Geschichte zum Programm erhoben hat. Dieser Staat ist »monistisch, antidialektisch, überdauernd und autoritär«. Und er benötigt Neue Menschen, die nicht mehr aus dem pluralistischen Staat, dem *Durchkreuzungsstaat* der vergangenen Epoche, stammen. Es geht darum zu erkennen, daß »jede politische Entscheidung, die heute fällt, (...) eine Entscheidung anthropologischer Art« ist.[48]

Es ist große, traditionsreiche Intellektuellenarbeit, einen geistlosen Gleichlauf der Zeit zu unterbrechen, die in ununterbrochenem *Intellektualismus* bestand, und das Neue zu verkünden, das allerdings in einer großartigen neuen Gleichförmigkeit bestehen wird. Das Programm lautet regelmäßig: Der Einbruch das Homogenen als Ereignis. Gottfried Benn, der Pastorensohn, diente als der Apostel dieser Revolution, als der meisterhafte Meister ihrer poetischen Beschwörung. Sein Gesang auf den Neuen Menschen verdient ein Denkmal. Worin liegt die Leistung des großen Moses?

»Der Achtzigjährige, der Stotterer, der die in fünfhundertjähriger Zwangsarbeit zermürbten Israeliten zum Abmarsch bewegte, in der Wüste die Alten, die Ägyptischen, die Fleischtopfmaterialisten, die Rotte Korah buchstäblich und bewußt zugrunde gehen ließ, um allein die Jugend, das gute Material, nach Kanaan zu führen. Sein Gesetz hieß: quantitativ und qualitativ hochwertiger Nachwuchs, reine Rasse –; aus ihm seine brutalen Maßnahmen gegen sein Volk wie gegen die ihnen begegnenden fremden Stämme; Prügelstrafen, Handabhauen, Steinigung, Erschießen, Feuertod gegen Rassenvermischung. (...) Aus den gleichen rassehygienischen Gründen gebot er die völlige Vernichtung aller in Kanaan, also dem usurpierten, dem Wirtsland angetroffenen Stämme, verbot, Bündnisse mit ihnen zu schließen, Gnade an ihnen zu üben, sich durch Ehe mit ihnen zu vermischen. Das war Moses.«[49]

Nicht das Gesetz Gottes, der Dekalog, sondern das Gesetz der Rassehygiene verbindet sich mit dem Namen des Stotterers Moses. Damit ist für den Pastorensohn zugleich erwiesen, daß »Rassezüchtung uralt ist, heimisch in allen Geschichtskreisen, daß sie keineswegs ein Volk von vornherein moralisch belastet«. Rassezüchtung, die eugenische Produktion des Neuen Menschen, ist auch heute erforderlich, weil der Überlebenskampf bevorsteht:

»Ein Jahrhundert großer Schlachten wird beginnen, Heere und Phalangen von Titanen, die Promethiden reißen sich von den Felsen, und keine der Parzen wird ihr Spinnen unterbrechen, um auf uns herunterzusehen. Ein Jahrhundert voll Vernichtung steht schon da (...). Also gibt es nur eins: *Gehirne* muß man züchten, Gehirne mit Eckzähnen, Gebiß aus Donnerkeil. *Verbrecherisch, wer den neuen Menschen träumerisch sieht*, ihn in die Zukunft schwärmt, statt ihn zu hämmern.«[50]

Wunderbare Intellektuellenprosa, die alle großen Namen und Zeitsynthesen herabruft: die Jahrhunderte, die Titanen, die Parzen, das Aufbegehren des Prometheus (man erinnere sich: Nietzsche nannte Prometheus einen Barbaren[51]). Was früher Schicksal war, geht nun aus der Züchtung des Helden hervor, der – deutlich eine Evolutionsstufe über Wagners und Nietzsches Siegfried hinaus – Träger eines Hirns sein wird, aus dem dann direkt die Zähne wachsen. Die gleiche Rhetorik kriegerischer Animalität wie bei Jünger: Dort dringt der Kampfesschrei durch ein Häutchen aus dem Blut, hier wachsen die Zähne aus den Gehirn. Noch einmal, träumt Benn, werden die Kulturen durch die Stadien gehen, wenn sich die weiße Rasse jener Kräfte besinnt, die ihre Erfolge ausmachten:

»Noch einmal die weiße Rasse, ihr tiefster Traum: Entformung und Gestalt, noch einmal, im Norden: der Sieg des Griechen. Dann Asien, der neue Dschingis-Khan. Das ist die Perspektive.«[52]

Antibarbar und Barbar: Griechen und Skythen. Das Sublimierte und das Panische. Nietzsche und Dostojewski. Lokale klassische Kultur und mongolische Steppenzähigkeit. Sie werden »um die Wiege des neuen deutschen Menschen stehen«. Wo aber stand bislang die Wiege des deutschen Genies? Benn gibt in seinem Aufsatz *Der deutsche Mensch* die Antwort, »daß nämlich seit der Reformation kaum ein bedeutender Mann in Deutschland erstanden (ist), dessen Stammbaum nicht irgendwie mit dem evangelischen Pfarrhaus zusammenhinge«.[53] Was aber macht die innere Dynamik des Pfarrhauses aus? »Es gibt in (...) der ganzen Geschichte der abendländischen Zivilisation überhaupt keinen Stand, der so konservativ und traditionsgebunden durch die Jahrhunderte zog wie dies protestantische Pfarrhaus, ganz auf Sammlung, Schließung, Verdichtung einer inneren Lage eingestellt, also äußerst erbbestimmend wirkend.«[54]

Wieder einmal geht es darum, die Reformation zu übertreffen in einer Entscheidung für die Sammlung, Abschließung, Homogenisierung. Ein erstaunlicher Befund. Denn sieht man die Gleichförmigkeit dieses Programms, von Moses über Platon, Paulus, Luther, Robespierre, Marx sowie ihre deutschen intellektuellen Nachfolger im 20. Jahrhundert, so ist es die Mission des genialen Exzentrikers, das Weltende oder die Zeit der Apokalypse, oder den Neuanfang auszurufen, um einen neuen, homogenen Menschen, um eine neue antizivilisatorische Kultur auszurufen. Der Neue Mensch ist ein anderer Name des Barbaren. Er ist die nächste Stufe, die Rekultivierung des Barbaren, die postzivilisatorische Zivilisation. Gottfried Benn wollte dann auch nicht der Versuchung widerstehen, seine eigene Lebensgeschichte als Pastorensohn zu erzählen. In wenigen Zügen entsteht die Biographie einer Zivilisierung und Nivellierung. Hier spricht er von sich in der dritten Person:

»Er wurde geboren in einem Pfarrhaus aus Lehm und Balken, erbaut im siebzehnten Jahrhundert, von einem Schafstall nicht zu unterscheiden. Wuchs auf in einem großen roten Steinbau, nahe der Kirche (...). Er beendete seine Jugend in einem villenartigen Bau, errichtet 1910 (...). Auch das Pfarrhaus verfiel der Nivellierung und der Zivilisation. Würde es weiter seine Ursprünglichkeit bewahren, die Geschlossenheit der Erbmasse, die Dichte seines intellektuellen und moralischen Fonds nochmal durch Jahrhunderte seines Volkes tragen – das scheint die Frage. Alles Landpfarrhäuser, von denen wir gesprochen haben, die Heimat dieser bedeutenden Geister. Heute scheinen ihnen neue Aufgaben bevorzustehen. Die Rückführung der Nationen aus den Großstädten aufs Land, die Erziehung zu einem neuen Ackergefühl, vielleicht wird das ihr neuer Sinn. Von guter Rasse sein heißt Heimatgefühl haben. Vielleicht werden, nachdem die alten Pfarrhäuser der deutschen Nation Bildung, Kultur und Besitz an Genialität, also die Reiche des Geistigen, erschaffen und hinterlassen haben, ihre jungen Söhne dazu bestimmt sein, dem leidenden Volk den Segen der Erde zu erneuern.«[55]

Geboren in einem Schafstall, ist er berufen zur Überbietung der Reformation, zur Reprise der Moses-Mission – zur Rückführung ins gelobte Ackerland. So mythisch, so ursprünglich, so barbarisch (Else Lasker-Schüler widmete Benn zwei Gedichte mit der Anrede *Dem Barbaren*[56]), so genial ist dieser Pastorensohn. Bevor steht die Rebarbarisierung der Nation durch die Pfarrhauszöglinge, die selbst eben noch der zivilisatorischen Nivellierung entgangen sind. Remobilisierung der Erbmasse, Reaktivierung des intellektuellen und moralischen Fonds, Wiederherstellung des Heimatgefühls: Der neue deutsche Mensch ist der alte deutsche Mensch – gehärtet im Feuer des neuesten Intellektuellendiskurses.

9
Barbaren werfen sich ins Fleisch: Die zwei Körper des Barbaren

Furor teutonicus idealistisch: Jugendbewegung um 1910

Der König hat nach alter Theorie, die aus der Feder englischer Juristen floß, zwei Körper, den lebendigen, sterblichen *Körper/body* sowie den unsterblichen Gesetzeskörper, das *corpus.*[1] Darum erklärten auch französische Königstheoretiker: »Le roi ne meurt jamais.« Die schöne Konzeption von den zwei Körpern läßt sich auch auf den Antipoden des Königs anwenden, auf den illegalen Barbaren. Die Barbarentheorie darf feststellen: »Le barbare ne meurt jamais.« Die Mythen und die Geschichte salbten diesen Leib des Barbaren sogar noch unsterblicher ein als den edlen Königskörper, der doch bisweilen von Henkershand zerteilt wurde. Gerade weil ihm nach alter Vorstellung die ewigen Gesetze ins Herz geschrieben sind, lebt der Barbar in einem zeitlosen Antigesetzeskörper. Er kehrt als kollektiver, aufgefrischter Souverän des zivilisationsfeindlichen Aufbegehrens immer wieder zurück. Der unsterbliche Theoriebarbar kommt aus der Geschichte, aus den Denkerköpfen, und genießt auch dort seine exklusive Immortalität. Aber bisweilen wirft er sich ins Fleisch: Er legt sich einen oder zumeist gleich mehrere (sterbliche) Körper zu. Während der irdische ebenso wie der ewige Körper des Königs die einmaligen mystischen Körperschaften Christi und der Kirche beerbten, treten die Barbaren, wenn sie sich ins Fleisch werfen, als ungeordnete Körpermassen auf. Die Barbarentheorien geben ihnen ein Repertoire voll häßlicher Zeichen an die Hand und die Zertifikate über ihre Mission des Aufbegehrens. Diese Revolte benutzt sonst nur ein kleines Lexikon, das die Embleme der barbarischen Erneuerung festhält: Der illegale unsterbliche Wortkörper des Barbaren baut sich aus einfachen Gegensätzen auf: *alt* und *neu*, *Frieden* und *Kampf*, *Unglaube* und *Glaube*, *Gesellschaft* und *Natur*, *Gesetz* und *Freiheit*, *Bedürfnis* und *Ideal*, *Stillstand* und *Krise*, *Vergangenheit* und *Zukunft* usw.

Oder auch: *glatt* und *rauh*. Dieser Gegensatz gibt in der Topik der kulturrevolutionären Rede die fließende Antinomie von Zivilisation und Barbarei als ästhetische Formel wieder. Alle erkennen sich darin: Hellenen und Christen, Rhetoren und Kirchenväter, Römer und Germanen, Erasmus und Luther, Rokoko und Sturm und Drang, Girondisten und Sansculotten, Bourgeois und Proletarier, Philister und Jugendbewegte, Spießer und Halbstarke, Kapitalisten und Achtundsechziger, Spießer und Skinheads, Bürger und Punks. Zwar folgten auf die erste literarische Jugendbewegung des deutschen Sturm und Drang die politischen Jugendbewegungen des Jungen Deutschland, des Jungen Europa, des Jungen Italien, aber erst das 20. Jahrhundert reservierte den politischen und antipolitischen Jugendbewegungen einen festen Platz im Kulturrecycling. Unübersehbar stehen alle diese Bewegungen im Banne von Traditionsmächten. Längst vergilbte Texte diktieren ihre Reden und steuern ihre provokanten Zeichen. Man erkennt das zunächst daran, daß diese Jugendbewegungen ihre lärmenden Auftritte, ihre skandalösen Gesten, ihre brutalen Rituale und barbarischen Gewaltakte bevorzugt in den Kulturen des »germanischen« Sprachkreises vollführen: Von den Wandervögeln über die Hooligans bis zu den Skinheads und Punks aus neuerer Zeit stehen englischsprachige und deutsche Vertreter in der ersten Reihe. Man ahnt, welche Geschichte da zurückkehrt: das alte, nie verstummende christlich-germanisch-protestantische Ressentiment gegen die Zivilisation.

Aus welcher Kulturkrise kommen die Jugendbewegungen der Jahrhundertwende wie die *Wandervögel*, und durch welche Zeichen geben sie sich zu erkennen? Da ist zunächst der Traditionsbezug: Das Wandern, früher einmal die Bewegungsform der Besitzlosen im transkulturellen Raum, erfanden deutsche antibürgerliche Bürger neu: Wandern, Schauen, Singen erhoben sie zu den Ekstasen einer deutschen, romantischen Massenbewegung. Im historischen Gedächtnis der Wanderer liegen Dokumente über gewaltige Landnahmen. Sie ziehen durch jenen Wald, aus dem die germanischen Völker zur mythischen Migration aufbrachen, um in der Zivilisation zu enden. Diese Erinnerung ist nur ein grauer vager Rest, aber er bewohnt die deutsche Wander- und Waldideologie, ihre Lieder und Philosophien. »Wald ist in diesem Sinne überall«[2], sagt Ernst Jünger, aber eben nur dort, wo Deutsche ihr zivilisatorisches Unbehagen in die Eurhythmie der Fußmärsche und in die Andacht des halbdunklen Waldwebens ergießen. Hans Breuer, der Herausgeber des in zahllosen Auflagen gedruckten *Zupfgeigenhansl*-Liederbuchs, entwarf im Vorwort der Kriegsausgabe von 1915 ein Ethnogramm der deutschen Wanderlust: »Wandern ist der deutscheste aller eingeborenen Triebe, ist unser Grundwesen, ist der Spiegel unseres Nationalcharakters überhaupt.«[3] Dieser Charakter formt sich erst nach 1800. Was aber bringt das Wandern zum Ausdruck? Vor allem geht es darum, sich zu unterscheiden und das Gütesiegel der Moderne zu tragen: »Nicht daß wir jung sind, macht den Unterschied von den Älteren aus, sondern daß wir neu (...) sind.«[4] Der juvenile Wanderer beansprucht einen extrasozialen modernen Status. Anders als der Tourist, der nur Ort und Habitus wechselt, um nach der Rückkehr wieder in die alte soziale Konfektion zurückzuspringen, verläßt der romantische und postromantische Wanderer ostentativ sein kulturelles Milieu.[5] Das machte die Fußreisen um 1800 auch für die Künstler so attraktiv.[6] Wenn ihn der Friede der Metropolen quält, dann bewaffnet sich der *furor teutonicus* am liebsten mit Knotenstöcken. Die Wanderer schnüren die Ränzel als nostalgische Nachfahren der Gesellen und Vaganten, der großen deterritorialisierten Gesellschaft, denen in unseren Tagen Deleuze / Guattari das Nomadendenkmal setzten.[7] Seßhafte Leute lieben die Nomaden.

Die Wandervogelbewegung ging offenbar 1896 aus Wochenendunternehmungen des Berliner Stenographievereins hervor, die der Lehrer Hermann Hoffmann-Fölkersambs veranstaltete.[8] *Vita nuova* im Zeichen *spartanischer* Einfachheit – aus diesen Formeln bestand die erste Philosophie dieser kleinen Gruppe.[9] Nachfolger Hoffmanns, der später in den diplomatischen Dienst wechselte, wurde sein Schüler Karl Fischer, unter dessen Führung die Bewegung sich eine überregionale Vereinsstruktur und eine kulturkritische Satzung erarbeitete. Aus Lesefrüchten seiner Mittelalterstudien formte Fischer dann die Gruppenhierarchie und altfränkische Nomenklatur von *Scholaren, Burschen, Bachanten und Oberbachanten* für die Schüler und Studenten, die an den Wanderungen teilnahmen. Die pädagogischen Führer wollten den Anschluß dieser Moderne an ein imaginäres Mittelalter nicht verlieren. Hans Blüher, der 1912 seine *Geschichte des Wandervogels* veröffentlichte, glaubte im Rückblick, daß die Bewegung »revolutionären Inhalt hatte«.[10] Den Führer Karl Fischer jedenfalls beseelte nach Blühers Eindruck das *Germanische*, und das erlas er sich wiederum bei Paul de Lagarde, bei Nietzsche und bei dessen gescheitertem Erwecker aus dem Wahnsinn: August Julius Langbehn. Langbehns 1890 anonym veröffentlichtes Werk *Rembrandt als Erzieher* diente der Jugendbewegung als Programmschrift, denn Langbehn forderte die *Wiedergeburt* Deutschlands im Zeichen einer Metaphysik, in der »das gesamte Weltleben (...) nur ein Kampf zwischen Alter und Jugend« ist.[11] Die (bei wem auch immer) angemahnte Neugeburt sollte (wieder einmal) eine alte Welt aus dem Geist der Zeit erlösen. Dieser Geist wirkte nämlich »demokratisierend nivellierend atomisierend«.[12] Für den »Rembrandtdeutschen« Langbehn vollstreckte die Zivilisation des 19. Jahrhunderts die Barbarei. Mit Rembrandt und Goethe wollte Langbehn aus den atomisierten Leuten endlich den *Menschen* hervorgehen lassen: »Dem Menschen ist der Barbar entgegengesetzt.«[13]

Die Ideologen der Wandervogelbewegung verwandeln

sich in »wilde Gesellen«, um die Barbaren der Reflexion zu erschrecken. Durch das Wandern käme ein neuer Nomadentypus in die Welt, dem die Zukunft gehöre, weil er die Natur versöhne. Zwei Merkmale geben diesem Neuen Menschen seinen Adel: Er ist ein Bürger, aber er sieht nicht so aus.

»Der Wandervogel von echtem romantischen Blute ist eine Mischung aus deutschem Schüler, einem Kunden und einem fahrenden Scholasten aus dem Mittelalter. (...) Ein brauner dreckiger Kerl mit einem Schlapphut, ein paar grün-rot-goldenen Bändern irgendwo, den Rucksack auf dem Buckel, draußen einen rußigen Kochtopf und auf der Schulter eine Guitarre, – dieses Bild ging nie verloren, und wenn so ein Bengel des Mittags am See stand, (...) so war es, als ob die Natur ihr Versöhnungsdenkmal schmückt.«[14]

Die Versöhnung mit der Natur – heute sozialdemokratisches Parteiprogramm – gehörte um 1900 zur Propädeutik einer Kulturrevolution, die nur nicht recht wußte, was sie umwälzen wollte. Weiter ausformulierte Revolutionsrezepte stammen daher aus Lehrerbroschüren. Neben dem Ideologen und Freudianer Hans Blüher, der sich nach 1913 um die Analyse der latenten Homosexualität in der Jugendbewegung kümmerte, sorgte der Erfinder der Freien Schulgemeinde Gustav Wyneken für bedrucktes Papier.[15] Wynekens Proklamation: Die Jugend, die mit der Wandervogelbewegung die »Flammenzeichen einer neuen Zeit« geschrieben hat, benötigt ein Programm. Die Lage ist nämlich desolat: »das Gesamtbild der europäischen Kultur läßt uns mit Sicherheit erkennen, daß es sich aus tausend Lügen der Einzelnen zusammensetzt«, schreibt Wyneken um 1911.[16] Europa benötigt ein Recycling, am besten eine *Neugeburt des Menschen.*[17] Was ist zu tun? Es folgt der Aufruf zum Kreuzzug gegen die Lüge, zum Kreuzzug gegen den Mammon, zum Kreuzzug gegen den Pluralismus. Die Ausbildung zum Kreuzfahrer der Zukunft setzt eine neue Schule voraus. Sie sollte Ort einer Züchtung sein, deren

Bildungsziel Wyneken mit dem Label des *Vollmenschentums* schmackhaft macht. Den schweren Weg zum Vollmenschentum bahne sich die Jugend, indem sie ihr Leben auf Schopenhausers Devise gründe: »Das Höchste, was ein Mensch erlangen kann, ist ein heroischer Lebenslauf.«[18] Dieses Wort wiederholt Wyneken dann in seiner Abschlußrede bei der großen Versammlung der deutschen Jugendverbände auf dem Hohen Meißner am 12. Oktober 1913, einhundert Jahre nach der Völkerschlacht bei Leipzig. In seiner Ansprache reiht er sonore, kriegerische Worte aneinander, idealistisch gemästete Parolen der Vorkriegszeit. Sie heißen: *Kampf, Begeisterung, Größe, den Blick auf das Höchste richten, der Erde letzter Sinn, Freiheit, Deutschheit, Jugendlichkeit.*[19] Walter Benjamin gehörte zu den Teilnehmern der Meißner-Feier, und in seinem Bericht über die Veranstaltung stellte er nüchtern fest: »Diese Jugend hat den Feind, den geborenen, den sie hassen muß, noch nicht gefunden.«[20] Man haßt, aber weiß nicht recht wen. Das ist ein wiederkehrendes Problem juveniler Unruhen und Proteste (Benjamin hätte mit Familie und Schule als Feinden gerechnet). Wyneken ist zu aufgeklärt, um die Gespenster des Jubiläums aufzurufen und den Haß auf die Franzosen neu zu beleben, während die Führer des nationalistischen Jungdeutschland-Bundes auf antifranzösische Kriegslust setzen. Was aber kann die Freie Schulpädagogik dem Haß der Barbaren und jungen Wilden aus der Wandervogelbewegung bieten? Wyneken verspricht einen pädagogischen *furor teutonicus*.[21] Der *furor teutonicus* oder *furor tedesco* ist nach Lucan und Petrarca eine todesindifferente Kampfweise, die im nördlichen Halblicht kurzer und wolkentrüber Tage heranwächst.[22] Doch mit welchen Aussichten lockt Wyneken den *furor* hervor? Sie heißen die *Welt*, die *Sache*, die *Gottheit*. Zur Einübung des *furors* verlangt er das Vergessen der eigenen Bedürfnisse, der eigenen Individualität: »Was ist denn Erziehung anderes, als den Menschen daran gewöhnen, seine Bedürfnisse zu vergessen zugunsten der Welt, der Sache, der Gottheit.«[23] Was die Lehrer einflößen, ist Begeisterung und

Idealismus für etwas, das niemand wissen und worüber niemand entscheiden darf. Jugend ist noch kein Programm.

Die Schriften der Jugendbeweger Blüher und Wyneken gehören keineswegs zu den radikalen oder völlig abwegigen Äußerungen der Zeit.[24] Sie geben prägnant die Zeichen zu lesen, die den Anfang der deutschen Jugendbewegungen und ihrer Programme markieren. Darin stehen auch ernsthafte Gedanken zur Sexualerziehung. Sowohl der sozialistische Hegelianer Wyneken als auch der Freudianer Blüher geben starken Worten ihren Atem. Die Kultur des Geschlechtstriebes bewege sich auf der Stufe der Barbarei.[25] Der Beweis? Die Jugend wende sich mit Grausen vom Anblick der Badekleidung: »Wie geschmacklos und barbarisch erscheint ihr, die täglich bei der Gymnastik und dem Bad den Anblick nackter Körper gewöhnt ist, die Benutzung einer Badehose! (...) Die erste Stufe zur sexuellen Kultur ist die Rehabilitierung des Geschlechtstriebes; wer seine Organe glaubt ins Dunkel verbannen zu müssen, der proklamiert damit seine Ansicht über den Trieb überhaupt.«[26] Da Wynekens deutsche Jugend im Vergessen der Bedürfnisse bereits weit fortgeschritten ist, blickt sie entweder unbeteiligt oder verständnislos auf jede Beschönigung der Nacktheit. Eine gleiche Lehrersynthese aus Idealismus und naturtümelnder Reform des Sexuellen prägt die Schriften Hans Blühers. Das Mischwerk aus Wandervogelideologie und Freuds Psychoanalyse ergibt indessen keine Programmschrift für Weltrevolutionen. Immerhin hielt man Blüher für so fortschrittlich mit seiner These von der *Wandervogelbewegung als erotisches Phänomen*[27], daß ihm Wieland Herzfelde die Seiten seiner 1917 gegründeten Zeitschrift *Neue Jugend* öffnete, in der sonst Texte erschienen, unter denen die großen Namen des Expressionismus standen. Auch im Expressionismus steckt reichlich Wandervogel-*furor.*

Die Grundtendenzen der Jugendbewegung: Dezivilisierung und *furor* des Rauhen, männerbündische Körperkultur und kriegsbereiter Idealismus, lassen sich der Epoche vor 1914 zurechnen. Die älteren Schriftführer der Jugendbewegung,

Paul de Lagarde und Langbehn, erklärten den *Idealismus* zur Hauptaufgabe der Erzieher und Führer. Die Jugend benötige notfalls künstlich erzeugte Kampfesstimmung. Die Wandervogel-Jünglinge stürzen sich daher mit jenem rätselhaften teutonischen *furor*, den Petrarca der Wiedereroberung Jerusalems dienstbar machen wollte, in die Schlachten des Ersten Weltkrieges. »Von Schlagwörtern betrunken, sind sie in den Abgrund dieses Krieges gestürzt«, notierte der Beobachter Ernst Jünger später in *Der Kampf als inneres Erlebnis*.[28] 1914 fand endlich der Haß ein Objekt, endlich erhielten die Feinde einen Namen. Bei allen Autoren der Zeit tauchen diese rasanten Leerformeln und die verbalen Mobilisierungen auf. Sie gehören auch heute noch zur Charta der Jugendkulturen: Krieg oder Kriegstänze und feierliche Emblematisierung, vielleicht nur als Wochenendabwechslung: Hooligans, Rocker, Punks, Skinheads führen weiter diese beiden Spiele auf. Pädagogen und Soziologen singen dazu den Choral von der jugendlichen Identitätsfindung.[29] Alles beginnt damit, daß Erzieher und Schriftsteller die magischen Kreise einer radikalen nichtssagenden Sprache um die Jugendlichen ziehen. Ernst Jünger wird 1922 predigen: »Der Krieg ist eine große Schule, und der neue Mensch wird von unserem Schlage sein.«[30] Die Parolen Wynekens (andere Redner vom Hohen Meißner fallen unter die gleiche Feststellung) sagen nicht mehr als die Irokesenfrisuren der Punks oder die Glatzen der Skinheads. Es scheint das Schicksal der Jugendkulturen zu sein, daß sie kollektive Synthesen über desemantisierte, allenfalls klirrende konnotationslose Zeichen bilden müssen. Diese Zeichen oder Schlagworte gingen dahin wie Rauch, ohne je Schaden zu stiften, wenn sie nichts anderes zu sagen vorgäben als keinen Sinn. Oder als eine Poesie hochkarätigen Klingklangs. Ersichtlich entsteigen den Prophetenreden aber soziale Integrationseffekte: Kollekte der zerstreuten Bürgerkids. Rebarbarisierung der Polysemien und der allzu vielen Meinungen. Antibabylonismus mit dem Versprechen einer sozialistischen oder nationalistischen Einheit. Homogenität des gemeinsamen Glaubens gegen *tausend-*

fache bürgerlich-individualistische Wahrheiten.[31] Und dazu kriegerische Stimmung, ohne dem Feind einen Namen zu geben. Noch einmal Wyneken:

»Das ist unser Begriff von Persönlichkeit: nie passiv sein, sich letzten Grundes beständig kosmisch, ja, sub specie aeternitatis orientiert haben und dann sich mit Wissen und Willen eingliedern in das Heer des Geistes.«[32]

Homogenisierung ist das Programm. Die Homogenisierung sichert eine Reserve, die sich leichter entdifferenzieren läßt als andere. Diese Entdifferenzierung erfolgt in zwei Zuständen: Armee oder Leichen. Adolf Hitler wird in seiner Rede an die Hitlerjugend auf dem Reichsparteitag 1933 die Jugend als Einheit vor der Differenzierungsmacht der Gesellschaft ansprechen: »Ihr habt noch nicht die trennenden Einflüsse des Lebens kennengelernt (...). Ihr müßt in eure jungen Herzen nicht den Eigendünkel, Überheblichkeit, Klassenauffassungen, Unterschiede von reich und arm hineinlassen.«[33]

Furor teutonicus wöchentlich: Hooligans

Im Jahre 1908 gründete der britische Baron und General Robert Stephenson Smyth Baden-Powell die Pfadfinderbewegung. In seiner Programmschrift *Scouting for boys* beschwor er die Dekadenz Roms und begründete er die Scout-Bewegung mit den Sorgen eines neuen Rom-Schicksals. Der Untergang der westlichen Zivilisation droht durch junge Fußballfans herbeigeführt zu werden:

»Einer der Gründe für den Niedergang Roms war die Tatsache, daß Menschen, weil sie vom Staat ernährt wurden, (...) jede Verantwortlichkeit für sich oder ihre Kinder von sich wiesen und eine Nation von Tagedieben wurden. Sie besuchten den Circus, wo bezahlte Schausteller vor ihnen in der Arena auftraten, ähnlich wie wir heute die Menge sich drängen sehen, um dem Spiel bezahlter Fußballer zuzuschauen (...). Tausende von Knaben und jungen Männern, bleiche, schmalbrüstige, erbärmliche Zeitgenossen mit krummen Rücken, eine Zigarette nach der andern rauchend, vielfach Wetten eingehend, allesamt auf dem besten Weg, hysterisch zu werden, wenn sie in panischem Einklang mit ihren Nachbarn stöhnen oder brüllen (...).«[34]

Mit diesem Zitat beginnt der Schriftsteller Bill Buford seinen Bericht *Unter Hooligans*, der einen lebendigen Einblick in die Szene britischer Wochenendkrieger liefert, die als Fans diverser Fußballclubs ihre Mannschaften begleiten und regelmäßig Kämpfe mit Anhängern der gegnerischen Vereine oder mit der Polizei ausfechten. Junge Burschen, die völlig unmotivierte Gewaltakte auch gegen vom Zufall erwählte Personen begehen, sind in England keine Neuigkeit. Doch erst die beiden letzten Generationen inszenierten Kriege oder *fights* im Rahmen von Fußballveranstaltungen. Alle Erkenntnisse, die sich aus den Berichten von Feldforschern und anderen Beobachtern gewinnen lassen, setzen sich zu keiner Psychologie dieser jungen Rowdies und ihrer Motive zusammen. Es sind im Durchschnitt weder besonders sozial benachteiligte Underdogs noch besonders familiär gezeichnete Randfiguren, noch übermäßig dumme Säufer, auch wenn solche Fans gelegentlich die Meinung vertreten, daß die italienische Stadt, in der sie sich gerade zu einem Europapokalendspiel aufhielten, *Juventus* hieße.[35] Warum soll man die Welt nicht neu taufen? Für den Fan nimmt der Feind immer wieder neue Gestalt an. Fan (und damit Feind) von Zeichensystemen zu werden – Fan von Vereinen, Musikgruppen, Modeartikeln –, dieser Entscheidung entgeht heute kein Jugendlicher mehr. Als Fan trifft er eine Wahl, die ihm zahllose weitere Wahlen erleichtert: Werbemanager schenken ihnen komplette semiotisch und ideologisch aufbereitete Kulturen.

Hooligans gehören einfach zur Fan-Armee ihres Clubs. Ihre Selbstrekrutierung erfolgt fast nur zur Planung und Durchführung der allwöchentlichen Kriegszüge; während der Woche oder außerhalb der Ereignisrahmen, den Fußballspiele liefern, gibt es kaum weitere persönliche Verbindungen. Das Hooligan-Leben besteht aus den Partisaneneinsätzen zum *weekend*, aus Randalen oder *fights* unter dem emblematischen Patronat eines Fußball-Clubs. Die mehr oder weniger teilnehmend beobachtenden Soziologen geben diesen zyklischen Auftritten der Fans und ihrer kampfbezogenen Gruppendynamik den beziehungsvollen Namen einer *episodalen Schicksalsgemeinschaft*.[36] Sie entsteht nur situativ im bewußt aufgesuchten kleinen Kriegstheater, um gleich wieder zu verschwinden.

Der Kampf schenkt auch den Hooligans ein *inneres Erlebnis*, das sich nie aus Kriegszielen oder gar aus höheren Ideen zusammensetzt. So wußte ja auch Ernst Jünger, daß Unrast und Gefahr die Faszination des Krieges ausmachen und daß die Landsknechte, die den Kampf um des Kampfes willen lieben, sich stets gleich bleiben.[37] Der Kampf ist keine Erfahrung, weil er immer wieder als der gleiche gesucht wird; das *innere Erlebnis* läuft durch todestriebgeformte Wiederholungen und zeigt ausgeprägt rituelle Züge. Bekanntlich dienen Rituale dazu, ungleiche Teilnehmer gleich zu machen. Dies gilt im Unterschied zum Spiel, an dessen Ende die Partizipanten als ungleiche Sieger und Besiegte ihrer Wege gehen. Das Verhaltens- und Kampfritual der Hooligans, die prinzipiell unpolitisch sind, auch wenn sich ihnen gerne politisierte Typen aus der rechten Szene zugesellen, geht auf völlige Gleichheit. Man nennt sich daher auch nicht beim Namen.[38] Die Schicksalsstunden des Wochenendes sollen alle unter gemeinsam anerkannten Zeichen und in einer rein affektiven Gruppenbildung so gleich machen, wie es nur geht. Dafür sorgen erstens der Alkohol und zweitens die feierliche, nicht selten gesungene Bekräftigung, zur Gruppe zu gehören. Solche Äußerungen haben nicht die Differenziertheit der religiösen Bekenntnisse, sondern lauten zum Beispiel *England, England, England, England.*[39] Die Égalité der Hooligans benötigt keine äußeren Stützen, keine Uniformen, keine modische Kleidung, keine Symbole. Anders als die geometrisierten, mit Uniformen, Rang- und Hoheitszeichen massierten Soldatenkörperschaften betreiben die Hooligan-Krieger keine semiotische Aufrüstung. Ihr Erlebnis ist ein inneres, innerlicher als das von Jüngers Frontsoldaten.

Der Hooligan-Aktionismus läßt sich also psychologisch nicht entschlüsseln. Es geht stets darum, feindliche Gruppen zu finden und sie anzugreifen; aber da die feindlichen Gruppen auch zur Wiederholung der gleichen Kriegshandlung bereit sein müssen, gelten vage Regeln der Fairneß, mit Carl Schmitt zu reden: *Hegungen* des Vereins- oder Städtekrieges. Dieser Krieg ist ein zu köstliches Ding, als daß man es riskierte, den Feind einfach auszurotten. Feindschaften dienen der wechselseitigen Anerkennung. Denn die Hooligan-Kriege des *weekends* richten sich im Prinzip gegen die restliche zivilisierte Umwelt, der die Kombattanten unter der Woche wieder partiell zugehören. Kleine Theaterkriege als barbarische Fortsetzung des Alltags mit anderen Mitteln und mit dem Ziel: Zerstören, Verletzen, Lärmen, Empörung ernten. Die Grenzüberschreitungen bis hin zur einkalkulierten tödlichen Verletzung der Gegner verschaffen eine Lust, eine durch Drogen und Alkohol intensivierte Ekstase, die in Erinnerungen immer wieder nacherlebt wird:

»Noch ein dumpfes Krachen, noch eine Windschutzscheibe. Und dann splittert überall Glas. Was zuerst zerstört wird, damit wir über diese Schwelle hinwegkommen, ist *Sacheigentum:* das Symbol des Behaustseins unter dem Schutzdach des Rechts.

Und dann sind sie weg, und die Schranke ist nicht mehr da. Es gibt ein Aufbrüllen, und dann stürzen sich alle in den Kampf, als ob die Schwerkraft aufgehoben sei. Jetzt sind sie gesetzlos. Nichts kann sie mehr aufhalten (...). Sie reden darüber, wie es sie beknackt und angeschwirrt und gefixt hat. Sie sagen, sie müßten's jetzt kriegen, sie würden's nie vergessen können, wenn sie's kriegten, und es nie vergessen wollen – niemals. Sie sagen, wie es sie aufrechterhält, wenn sie erzählen und immer wieder erzählen, was passiert ist und was es ihnen für einen Eindruck gemacht hat. Sie reden davon mit dem Stolz von Privilegierten, von Menschen, die etwas gehabt, gesehen, empfunden, durchgemacht haben, was andere nicht kennen.«[40]

Das sind Kostproben von Kriegserlebnissen, die sich Bill Buford sowohl als Augenzeuge verschaffte und die er sich von britischen Hooligans erzählen ließ. Es sind Erlebnisse, die sich nicht im geringsten unterscheiden von den Kriegsekstasen Ernst Jüngers. Auch der Hooligan ist ein Freiwilliger, der mit dem Namen seines Vaterlandes auf den Lippen in die Schlacht stürzt. »Das ist ein Rausch über allen Räuschen, eine Entfesselung, die alle Bande sprengt. Es ist eine Raserei ohne Rücksicht und Grenzen, nur den Gewalten der Natur vergleichbar. (...) Und schlagen die schwarzen Wolken über ihm zusammen, so fehlt ihm längst das Bewußtsein des Übergangs.«[41] Der kleine, vielleicht nur literarische Unterschied liegt darin, daß Jünger den deutschen Soldaten als *neuen Menschen* feiert, als *Sturmpionier,* als *die Auslese Mitteleuropas.*[42] Eine Auslese, eingefangen auf dem Scheitelpunkt des Mutationssprungs zum *Prachtmenschen.* Auserlesene Freiwillige, die dabei unfreiwillig ein paar anthropologische Erkenntnisse abwerfen. Während Jünger trotz aller Landsknechtsphilosophie darauf beharrt, daß die Kriegshelden ihren Todesmut und Kampfgeist aus Ideen ziehen, schließen die Hooligan-Gefechte definitiv die abendländische Epoche der Glaubenskriege. Pure Gewalt ohne Gründe, ohne Bemäntelungen, allerdings nur so lange, bis die Pädagogen und Soziologen kommen und den juvenilen sinnlosen Krieg resemantisieren. Die Jungens setzen Körper und Gesundheit aufs Spiel und geben den Körperschaften dieses Barbarentums ein großes Fest.

Natürlich stellt sich die Frage, wieso diese ausgeprägte Kriegslust der Hooligans gerade im nördlichen und westlichen Teil Mitteleuropas aufgeblüht ist. Manche Theorien der Soziologen zu den Hintergründen dieser Gewalt klingen zunächst plausibel: Die Gewalt ist – da man nicht nicht kommunizieren kann – eine Form der Kommunikation. Die jungen Leute reagieren nach außen auf die innerfamiliäre Regel, Konflikte und Brüche nicht offen zur Sprache zu bringen: »Erfahrungen einer nicht-offenen Kommunikation sind es, auf die die Jugendlichen in der öffentlichen Begegnung mit Provokation reagieren.«[43] Dennoch bleibt die Frage, warum gerade der Krieg gewählt wird. Warum jene rituellen Randale und Straßenschlachten unter den Emblemen von Fußballclubs? Warum dabei die barbarischen Grausamkeiten? Und die Eskalation? Buford schildert den Auftritt eines Anhängers des englischen Clubs Chelsea, der nach dem Zeugnis seiner eigenen Frau etwa mit 25 Jahren zum *wilden Mann* mutiert war, was sie aber nicht besonders tragisch nahm. Zu welchen Taten sich ein solcher wilder Mann aufschwingt, wenn die »schwarzen Wolken über ihm zusammenschlagen«, berichtet Buford auch. Ein Barbar exekutiert einen Polizisten nach dem Vorbild des odysseischen Krieges gegen Polyphem: »Harry faßte den Polizisten bei den Ohren, zog den Kopf hoch bis auf die Höhe seines eigenen Gesichts, sog an einem Auge, bis es aus der Höhle sprang und er es hinter seinen Zähnen spürte. Dann biß er es ab.«[44] Vielleicht war er Thomas-Mann-Leser, der in seinen *Betrachtungen eines Unpolitischen* zu erzählen wußte, daß die »Blindgeschossenen in den Lazaretten unter allen Patienten die muntersten sind. Sie balgen sich, *sie werfen nacheinander mit ihren Glasaugen*«.[45] Die kleine Szene aus dem fröhlichen Leben der Kriegsblinden ließ der Dichter während des Ersten Weltkrieges den allzu weichen Seelen zum Troste auferstehen. Harry, der Chelsea-Fan, ging nach dem Verzehr des Polizistenauges guter Laune mit seiner Frau essen. Woher die barbarischen Riten der Gewalt? Vielleicht gibt Gottfried Benn die Antwort: »Wir tragen die frühen Völker in unserer Seele, und wenn die späte Ratio sich lockert, in Traum und Rausch, steigen sie empor mit ihren Riten, ihrer prälogischen Geistesart (...). Wenn der logische Oberbau sich löst, die Ringe, müde des Ansturms der vormondalten Bestände, die ewig umkämpfte Grenze des Bewußtseins öffnet, ist es, daß das Alte, das Unbewußte, erscheint in der magischen Ichumwandlung (...).«[46]

Tragen die Hooligans die alten barbarischen Völker in sich? Sie tragen sie ebenso in sich wie die prominenten Träger der Kultur. Aber ihnen fällt die Rolle zu, diese Vergangenheit zu inszenieren. In keiner Kultur kommen Rituale oder gar Gewaltrituale aus der schöpferischen Erfindung einer Gruppe allein, erst recht nicht aus der vielgerühmten Spontaneität von Jugendlichen. Alle Barbarisierungsrituale bilden eine gemeinsame kulturelle Erbmasse. Im 20. Jahrhundert zeigen die teutonischen Kulturen die gemeinsame Bewegung, daß sie die traditionsreichen Barbarisierungsmissionen einer Jugend übertragen. Die Jugendlichen zeigen und erleiden physisch das Innovationsgesetz der Moderne: Ins Herz geschrieben ist ihnen die Regel, daß das kulturrevolutionär Neue das aufgerüstete Wahre ist.

Furor teutonicus rasiert: Skinheads

Nicht alle Leute, die eine Glatze tragen, sind Skinheads. Aber unter Jugendlichen ist die Glatze ein starkes Zeichen: die provokative Desemantisierung des Schädels und des Gesichts. Nach dieser Bereinigung bleiben nur Markierungen des Männlichen. Nahezu alle Jugendkulturen betreiben eine hochaktive Politik der Zeichen. Über nichts sonst laufen die Kriege der Gruppen: Haare, Kleider, Musik, Drogen, Kampfstile machen Unterscheidungen, die Feindschaften ermöglichen. Auch die Welt der Skinheads baut sich aus solchen semiotischen und kulturellen Elementen auf: Glatze, Stiefel, Musik, Saufen, Gemeinschaft, Rauflust, Feindbilder, rechte, nationalistische Anschauungen: »Sich von anderen abheben, ultrakurze Haare, smarte Klamotten, Liebe zu schwarzer Musik, Spaß haben, 'rumsaufen, Working Class, Hippies an den Haaren ziehen, Roller fahren.«[47] Das reduzierte Inventar an Zeichen, Glaubenssätzen und Aktivitäten sichert allerdings die Erkennbarkeit. Und darum geht es: als abweichende Figur erkannt werden. Das erfordert Entschlossenheit, denn Glatze und Tätowierungen wachsen unter schmerzhaften Instrumenten. Der kurzfrisierte junge Ernst Jünger meinte dann auch, daß Leiden ein *aristokratischer Zustand* sei.[48] Die Schwelle zum Skin-Sein führt über eine Schwelle masochistischer Bejahung. Das gilt zumal für das Skin-Gefühl »Gehaßt werden und das gut finden«. Dies führt dazu, daß die meisten Skins nur in dem Freiraum des *Denkens* und des *Seins*, den sie sich durch Opfer zu erobern glauben, ganz alltäglich-triviale positive Erfahrungen machen. Die Glatzen sammeln Selbstbehauptungen. In deutschen Skin-Bekenntnissen findet man den Sprechakt *Ich bin stolz auf*... ebenso inflationär wie in Dokumentationen über die amerikanische Szene.[49] Ein erstaunlicher internationaler Nationalismus. Wie viele Jugendliche leben auch Skins in radikal simplen Alternativen: Freund–Feind, gut–böse, harte Männer–Müslifresser, Deutsche–Fremde, sauber–schmutzig etc. Da viele der jungen Glatzköpfe nicht nur *working-class*-Stolz ausposaunen, sondern auch aus Milieus stammen und in Milieus leben, wo Prügel eine Rolle spielt, machen sie körperliche Gewalt zum obsessionellen Thema. Das rechts und national ausgerichtete Weltbild ist stets paranoisch: Darin wimmeln unentwegt Feinde, gegen die eine psychische und physische Bewaffnung erforderlich ist. Und wenn sich auch ganz harmlose Leute Skinheads nennen und zur *Szene* gehören wollen, bleibt die *Bewegung* als ganze der subkulturellen Herkunft, zu der Gewalt und Gewaltspiele gehören, verhaftet.[50]

Streetworker, Soziologen, Journalisten, die den Skinheads hinterherschwärmen und ihnen ein wachsendes fasziniertes Publikum bescheren, reagieren gerne mit jenen Schocks, die gerade das Ziel vieler öffentlicher Glatzenauftritte sind. Ihre Lust an der Provokation bekennen viele Glatzköpfe, und nicht wenige genießen ausdrücklich »das Gefühl, gehaßt zu werden«.[51] Die so konzipierte Feedback-Schleife zwischen Skinheads (oder anderen radikalen Jugendgruppen) sowie den alarmierten Medienbeobachtern schenkt beiden Seiten ein hohes Maß an Befriedigung. Sie ist ein wesentliches Bauelement der öffentlichen Kommunikation. Das Aufsehen gibt dem Skinhead die gewünschte Resonanz auf seine mehr oder weniger heftigen Provokationen; die Beobachter können sich an diesem Schauspiel und an der Gewaltlust der harten Männer empören (oder eher klammheimlich erfreuen) und – je nach gewählter Einstellung – den wiedererwachten Faschismus, die brutale Gesellschaft, den Kapitalismus etc. anklagen. Diese Kooperation ist das besondere Merkmal der öffentlichen Auftritte mancher Skins, die so gerne die Gemeinschaft besingen und sich in Rudeln bewegen: Die radikalisierte Stilisierung des Äußeren, die gewählt wurde, um im Auge der anderen häßlich zu erscheinen, sowie die Provokation und Gewalt gehören in eine Epoche der Medien, wo das Sozialsystem sich fast ausschließlich über TV-Monitore beobachtet. Das neue Subjektkonzept verachtet das Spiegelarrangement des *Ich denke, also bin ich* und taucht hinein in den medialen Cartesianismus: »Ich und meinesgleichen werden mit Schrekken wahrgenommen, also sind wir.« Dies gilt für Skinheads ebenso wie für ihre diversen Feinde. Die Medien betrachten sie daher auch als Ursache aller großen Übel im Skin-Weltbild. Auf die Frage, was sie in Deutschland ändern würden, wenn sie könnten, antworten Skins, die selbst Fan-Magazine machen, mit lauten TV-Idiosynkrasien: »Berufsverbot für Arabella Kiesbauer, Bärbel Schäfer, Ilona Christen, Jürgen Fliege, Hans Meiser und Margarethe Schreinemakers«, oder: »Ich würde Maren Gilzer die Beine brechen, Ilona Christen ihr Brille fressen lassen und diese fette, absolut unwitzige Koschwitzsau zwingen, seine Sendung zehn Stunden lang anzuschauen.«[52] So schlecht viele dieser Sendungen auch sind, sie geben gerade dadurch sehr deutlich Auskunft über den Stand der Gesprächskultur in Deutschland. Die vielbesungene Coolness der Glatzen und ihre Gemeinschaftsbildung im Rausch oder im Kampf kommt auch aus Opposition zu dialektischen Formen der Kommunikation. Ihr Redestil ist zumeist geifernd. Während die Provokation befriedigt, erzeugen bösartige oder verzerrte Darstellungen der Skinhead-Szene im TV gleich wieder Aggressionen. Ein Szene-Aussteiger meint: »Je mehr von diesen Berichten und Filmen in den Medien auftauchen, desto mehr treten auch die Dinge ein, die von den Medien in eben diesen beschrieben bzw. behauptet wurden. Irgendwann haben sich die Medien dafür entschieden, daß Punks ›Asoziale‹ und Skins ›Nazis‹ sind. Im Lauf der Zeit trat dann genau das ein, was herbeigeredet wurde.«[53] Neorechte und sozialpädagogische Medienkritik unterscheiden sich lediglich im Tonfall. Ein Skin beantwortet die Frage nach seinen politischen Vorstellungen: »Ich würde natürlich auch das Kabelfernsehen abschaffen. Das ist nämlich Volksverdummung. Besonders Kinder sehen sehr viel fern und dann womöglich noch ›Umerziehungs‹-Scheiße wie *›Ping-Pong‹, ›Biskids‹* u.ä. Die Kinder werden dadurch total verprägt auf Multischeiß und Amikacke.«[54]

Die Skinhead-Kultur kommt aus England. Ihre Moral und ihre sichtbaren Zeichen sind weiß-proletarisch; die Musik hingegen schwarz-minoritär. Bereits die Skinheads im England von 1960 stilisierten ihre Körper weiß, männlich, hart, proletarisch, aggressiv, puritanisch, chauvinistisch. Sie gaben sich durch kurzgeschorene Haare, Tätowierungen, kurze, weite Levi's Jeans, Hosenträger und Doc-Martens-Stiefel zu erkennen. Dieses Outfit ist offenbar traditionsreich. Es bildete, als die linke Romantisierung der Proletarier aufkam, die ebenso nostalgische Antwort der Arbeiterkids.[55] Die Skinhead-Kultur rundete sich aber erst durch die Musik ab, die aus Westindien kam und den Rock 'n' Roll (je nach Geschmack) fort- oder rückentwickelte: Ska und Reggae. Die Skins kultivieren ihre Abweichungen sprachlos und antidialektisch: Coolness opponiert Betroffenheit. Ihre Musik adaptierten die ersten Skins von den *rude boys*, den schwarzen Nachbarn im Londoner South East. Die schwarze Oi!-Musik brachte später die Rückkehr zum rebellischen Originalsound des Rock 'n' Roll.[56] Dies geschah bereits in der Zeit der aufsteigenden Punk-Bewegung, die das Recycling der Skins einleitete. Die Punks befreiten die Musiker vom Können und erklärten, daß alle Anarchisten auch Künstler seien. Die Sänger brauchten nicht mehr singen zu lernen und Musiker nicht mehr ihr Instrument zu beherrschen. Das brachte die Inflation der Musikgruppen. Und so beginnt die Barbarenmusik wie die Sprache mit dem Schrei. Ein weiter Weg durch Zeit und Raum führt also von den Londoner Proletariervierteln der sechziger Jahre mit ihrer Bevölkerungsmischung zum zeitgenössischen deutschen Skin-Kult und zur Wiederkehr barbarischer Alltagsliturgien. Die Trennung von Punk-Rock und Oi!-Musik – damit auch die Trennung von Punks und Skins – bewirkte die rechtsradikale Ideologisierung. Nazis und andere Hitlererben in England und in Amerika stifteten die Verbindungen zwischen der Skin-Kultur und den faschistischen Sekten, als sie unter den rassistischen, gewalttätigen Glatzköpfen ihren Nachwuchs zu rekrutieren begannen. Jetzt konnten sie gemeinsam die Welt vereinfachen und mit Hilfe akademischer Ethnologen den Unmut semantisieren. So erklären amerikanische wie deutsche Soziologen, daß Skinheads aus »Ghettos stammen und unter Problemen der Identitätsbildung litten«.[57] Auf einem Skin-Flugblatt, das in Chicago 1987 verteilt wurde, konnte man lesen: »our heads are shaved for battle«, und dann folgte die internationale Frontbildung: »Wie die dynamischen Skinheads in Europa sind auch die amerikanischen Skinheads arische Jugendliche der Arbeiterklasse. Wir bekämpfen den kapitalistischen und kommunistischen Abschaum, der unsere arische Rasse kaputtmacht.«[58] Radikaler noch als in Europa erklärten sich amerikanische Skins zu Feinden von Juden, Liberalen, Schwarzen, Schwulen. Wie von selbst stellten sich Verbindungen zum Ku-Klux-Klan her, und es wundert nicht, daß auch Klan-Gründungen in Deutschland erfolgt sind.[59]

Die Skin-Gewalt kommt – wie alle Gewalt in den Fäusten jugendlicher und soldatischer Barbaren – ohne Weltverbesserungen aus. Das alte Thema erfassen manche Schriftsteller und das Kino sehr viel schärfer als die Wissenschaft. 1955 brachte Nicholas Ray in den USA *Rebel without a Cause* mit James Dean heraus. Der deutsche Verleih übersetzte den Titel in die Luthersprache und vertrieb ihn unter dem Zitat ... *denn sie wissen nicht, was sie tun.* Der Rebell James Dean wurde nach Marlon Brando die Identifikationsfigur der Halbstarkengeneration in den fünfziger Jahren, die sich auch in Gangs organisierte und die Statistiken der Jugendkriminalität auffüllte. Aber diese Halbstarken und Teddy-Boys des Kinos, die *Rebels without a Cause*, bewegten sich innerhalb der Filmstory noch vor einem Raster von Gut-Böse-Unterscheidungen. Erst die siebziger Jahre brachten dann in der Figur des Alex in Stanley Kubricks *A Clockwork Orange* nach dem Roman von Anthony Burgess einen Typus, dessen Obsessionen alle psychologischen oder moralischen Interpretationen in die Luft sprengen. Der Film gilt heute noch unter Skins als Kultfilm, nachdem er in den siebziger Jahren für Londoner Punks und Arsenal-London-Fans stilbildend wurde.[60] Die Faszination ging von den Kleider- und Verhaltensstilen ebenso wie von den völlig unmotivierten Gewaltszenen aus. Alex spielt die halbe Liturgie des Barbaren durch: Mord, Vergewaltigung, Zynismus, Zerstörung von Schriften und Büchern. Neu ist, daß dieser Barbar wie die Skins und Punks Musikfan (Beethoven) ist. Das neue Kinothema der *unmotivierten Gewalt* geht anschließend durch die Feedback-Schleife der Sozialwissenschaften und kommt dann bei den Kids wieder an. *Motivmangel* taucht zum Beispiel in Ken Mieskes *Skinhead-Song* als Motiv fürs Schädeleinschlagen auf. Der dreiundzwanzigjährige Ken Mieske gehörte zu einer Gruppe von drei rechtsradikalen Skins, die im November 1988 dem jungen äthiopischen Busfahrer Dave Mazella unter heftigem Beifall einiger Girls den Schädel mit einem Baseballschläger zertrümmerten. In Kens Song lauteten ein paar Zeilen so: »I feel nothin but hate / Bashing their brains in / Is my only trade / Senseless violence is the only thing I know...«[61] So glatt laufen die Feedbacks zwischen Beobachtern und ihren juvenilen Objekten. Die gleiche Schleife ist der Zyklus der Kultur selbst. Burgess, Autor von *A Clockwork Orange*, rechnet in Anlehnung an Vicos *Neue Wissenschaft* die Gewalt den beiden barbarischen Zuständen der Gesellschaft zu. Alex, grausam und Sprecher einer eigenen poetischen Jugendsprache, ist ein präkultureller Barbar; sein Double, der Schriftsteller Alexander, verkörpert als literaler Exponent die Barbarei der Reflexion. Der Zyklus der Evolution und der Wissenschaft im *Clockwork Orange* von der ersten zur zweiten Barbarei läuft lediglich als eine Semantisierung der Gewalt.

Die Geschichtsphilosophie der deutschen Skins dagegen ist noch nicht fertig. Sie wird aber mit Sicherheit kommen, weil das gesamte Verhalten der häßlichen Glatzen auf dem alten Barbarenmuster beruht. In den USA kam dagegen bereits 1981 Penelope Spheeris' Dokumentarfilm über die Punkszene *The Decline... of Western Civilisation* heraus. Dieser Musikfilm, der gleichfalls zum Kulfilm avancierte, läßt die Skin-Bewegung nur im Hintergrund sichtbar werden, und zwar, wie ein Kritiker meint: »jenseits der Morgenröte einer uranfänglichen Zivilisation«.[62] Ein deutscher literarischer Skinhead jubelte bereits 1929: »Es ist erstaunlich, was in unseren Lichtspielen bereits an echter Grausamkeit zum Vorschein kommt. (...) noch nie dagewesene Triumphe einer absoluten Schadenfreude.«[63] Kein Zweifel, daß es hier weitere Fortschritte zu feiern gibt.

Es ist nicht nötig, weiter aus den Registern der Skin-Gewalttätigkeiten zu zitieren, um die Tendenzen zur Rebarbarisierung zu dokumentieren. Die Skin-Kultur ist antidialektisch, ihre Revolution ist puritanisch, medienfeindlich, auf Unmittelbarkeiten und Erleben ausgerichtet. Das monotone Outfit liefert ihre wichtigste Botschaft: Verweigerung von Kommunikation, Agieren, Kampf gegen multikulturelle Unübersichtlichkeit, Krieg gegen die Polysemien der Rassen, der Moden, der Sprachen, der Musiken, der Ideologien. Die eigene Kultur ist für sie ausgezeichnet durch Merkmale der Authentizität. Eine Skin-Frau schwärmt: »(...) das hat mir niemand erklärt, das steht auch nirgendwo geschrieben, aber irgendwie, durch die Art, sich zu benehmen, sich zu geben, ist es 'ne sehr ehrliche und schnoddrige Sache. Die Sachen, über die man redet, die kotzt man halt so 'n bißchen raus, gerade, wie's einem kommt. Es ist 'n sehr ehrliches Ding allgemein, muß ich sagen. Eben, daß man, wenn man miteinander redet, nicht so gekünstelt rumspricht.«[64] Als Barbaren in der Barbarei leben, dafür aber die verlogene Welt mit der kunstlosen eigenen Rede erneuern. Auch die Männer der Skin-Band *Böhse Onkelz* versprechen pure Authentizität: »So wie wir leben, so singen wir unsere Texte.«[65] Und das klingt dann etwa so: »Deutsche Frauen, deutsches Bier / Schwarzrotgold, wir stehen zu dir.« Das Wort des literarischen Beobachters Ernst Jünger aus den zwanziger Jahren trifft diese Kultur ganz präzise: »Der Mensch in den Städten (...) wird zivilisierter, das heißt barbarischer.«[66]

Die Skin-Kultur läßt sich nur schwerlich als Subkultur rühmen; denn die Skins machen mit ihren positiven wie negativen Einstellungen nur die Kleinbürgermentalität explizit, die sie so zu hassen glauben. Kneipen, Fußball, Gemeinschaft, blockierte Kommunikation, Schimpfen auf Bonzen, Reiche, Ausländer, Politiker – als dies erhebt zum Programm, was ihre Väter und Mütter alltäglich tun und sagen. Nur die gewalttätige Konsequenz, die radikale Geste, der Proletkult, die Sprache, die Musik unterscheiden sie. Wilde, rudelförmig auftretende Kleinbürger wie Luther oder Robespierre oder Hitler, eine barbarische Reservearmee des Ressentiments, die die Welt mit einem Schlage wieder auf den Stand einer imaginären Natürlichkeit bringen wollen. Sie ließen sich auch beschreiben als proletarische Dubletten studentischer Verbindungen mit ihren teutonischen Männlichkeitsritualen: Saufen, Fechten (Markierung des Gesichts durch

Narben), Gemeinschaft, Singen. Doch keine Gruppierung gibt das Geheimnis über die Kooperationen zwischen der teutonischen Kultur und den Barbaren, die sie sich hält, so deutlich zu erkennen wie die Skins. Auch die Wandervögel waren eine juvenile Männergesellschaft mit nur wenigen weiblichen Teilnehmern an den strapaziösen Aktivitäten. Die Skins sind zwar aus den Wäldern in die Konzerthallen marschiert; ihr Schuhwerk eignet sich indessen auch zur Invasion fremder Territorien. Die Wandervögel zählten vor 1900 das Saufen noch zu ihren liturgischen Genüssen, gaben dies aber später auf. Dafür entwickelten sie in Kleidung und Sprache eine Art semiotischer Autonomie, lebten ihren Gemeinschaftstrieb an Wochenenden aus, proklamierten wie *Pink Floyd* Selbsterziehung, spielten ihr Lebensgefühl rituell in Liedern und Musik durch, verachteten die Spießergesellschaft, der sie so ähnelten, genossen die Verachtung der Umwelt (»wenn uns auch Speier und Spötter verlacht«), vor allem jedoch lebten sie in einem virtuellen Kriegszustand. Während die Skins die militärisch befriedete Welt mißtrauisch betrachten, um dafür den Kriegszustand auf den Straßen auszurufen, mußten sich die Wandervögel bis zum Ersten Weltkrieg mit rhetorisch erzeugter Kriegsstimmung begnügen.

Trotz des ganz international teutonischen Designs, das die Skin-Bewegung auszeichnet, glauben auch die deutschen Glatzköpfe daran, daß sie sich nicht »sagen lassen, was wir denken sollen«.[67] Vor allem lassen sie sich nicht sagen, daß sie denken sollen. Ohne Denken läßt sich nicht bemerken, daß Autonomie schwerlich durch Gruppengeist erzeugt wird, durch kollektive Rituale, Zeichen, Glaubensartikel, Sprachregelungen. Doch in diese Paradoxie stürzten alle kulturrevolutionären Bewegungen, die das Abendland oder sich selbst von Diffusion oder Zerstreuung erretten wollten. Gerade dies aber zeigt, daß die Jugendkulturen *Übergänge* darstellen, Recyclings des Sozialen unter eine Lizenz des Barbarischen. Der *furor teutonicus* der Skins ist ein anderer Zustand des *status quo teutonicus*.

Furor teutonicus semiotisch: Punks

Die Punks fanden bei Soziologen, Kulturtheoretikern, Kunsthistorikern sehr viel mehr Aufmerksamkeit und Sympathie als die Skins. Dabei gibt es zwischen beiden Bewegungen viele Berührungspunkte, und manche Skin-Karriere begann bei den Punks (und umgekehrt). Und nimmt man die Musik als Maßstab, dann werden die Unterschiede nur durch Texte markiert. Da Stile aber zur Unterscheidung gewählt werden, bilden gerade die Ähnlichkeiten den naheliegenden Kriegsgrund. Skins sind Punks ohne Ironie. Während die Skins wohl nur zur Hälfte rechte Einstellungen kultivieren, sind Punks – sofern sie politisch denken – fast ausnahmslos links. Eine Linke voll (ironischer) Endzeitbegeisterung. Die berühmte Parole *no future* gab der Punk-Kulturrevolution das apokalyptische Flair, das der Sänger der *Sex Pistols* Johnny Rotten in dem Song *Anarchy in the U. K.* mit den Versen »I am an Antichrist« als erster verbreitete.[68] Da die Apokalypse ihr Personal wie die Mode austauscht, konnte der Antichrist Rotten inzwischen in Ruhe seine Memoiren schreiben. Er beginnt sie stilgerecht mit dem Ende seiner Band, die so nur eben drei Jahre existierte.[69] Aber in diesen drei Jahren veränderte sich ein wenig die Welt. Eine neue Stilrichtung antizivilisatorischer Attitüde tobte durch die bürgerlichen Konzertsäle. Man findet in Rottens Autobiographie das Kondensat dieser Ereignisse. Rotten kam auf die Idee, als sein Vater darauf bestand, daß er sich die langen Haare abschneiden lassen sollte, den Kopf ganz kurz zu rasieren und grün zu färben; und er erfand das neue Outfit:

»Als ich siebzehn war, hab' ich Anzüge zerschlitzt und dann wieder mit Sicherheitsnadeln zusammengeflickt. Ich kriegte auch mal die Fresse poliert, weil ich auf der Straße so was anhatte. Es ist schwer zu erklären, aber ich fand einen gewissen Flair, indem ich wie die Penner in London herumlief.«[70]

Das neue Äußere wird hier auf abstrakte Negation gestellt. Aus nichts anderem auch besteht die Poetik der Texte, die Rotten schrieb. Zu Beginn der *Sex Pistols* wollten die anderen Jungs der Band gerne Songs von der Gruppe *Small Faces* spielen. Johnny Rotten polte den Text um:

»Der Text ging etwa so: ›Ich will, daß du weißt, daß ich dich liebe, Baby. Ich will, daß du weißt, daß du mir so viel bedeutest.‹ Na ja, das konnte ich doch nicht tolerieren, also änderte ich den Text in ›Ich will, daß du weißt, daß ich dich hasse, Baby. Ich will, daß du weißt, daß du mir nichts bedeutest. Ich bin ja glücklich, wenn du nicht da bist.‹ Das genaue Gegenteil schien sehr viel besser zu funktionieren.«[71]

Auch den Aufdruck seines T-Shirts veränderte Johnny so, daß darauf zu lesen stand *I hate Pink Floyd*. Das Gegenteil funktionierte vortrefflich: Die Leute betrachteten jedes Zeichen, das von den *Sex Pistols* kam, als Design einer neuen Zeit. Johnny Rotten und der Schlagzeuger Paul Cook berichten, daß auch das Spucken dazu gehörte:

»Ich glaube, daß das Publikum das Spucken – ich tat es auf der Bühne – von mir lernte. Ich spucke nämlich viel wegen meiner Stirnhöhlen. Die Presse sprang sofort auf den Trip an, und die Leute glaubten dann, daß es ein neuer Trend sei und daß jeder es tun mußte, um cool zu sein. (...) Ziemlich ekliges Zeug, wenn man darüber nachdenkt. John wird heute bei Live-Auftritten immer noch angerotzt.«[72]

Aus diesen Negationen und Überschreitungen formte sich der Mythos einer Anarchiekultur, wo sich die Leute gute Laune damit verschaffen, daß sie *no future* schreien oder indem sie sich damit unterhalten, *Boycott communication*[73] zu singen. Aber auf den Armen von Kunsthistorikern, Alltagshermeneuten und Sozialpädagogen ziehen sie in den Olymp einer welterschütternden Zeitgeisterscheinung ein. Greil Marcus erwähnt in seinem Buch über »kulturelle Avantgarden«, daß bereits zu Beginn der Bewegung die Punk-Kultur mit Dada verglichen wurde. Er stellt weitere Beziehungen her zu den Wiedertäufern und zur situationistischen Internationale, die in den fünfziger Jahren auch eine »neue Zivilisation« schaffen wollte. Warum gehen die *Sex Pistols* in die Unsterblichkeit ein? Antwort von Greil Marcus: »Was an dieser Musik überdauert, ist ihr Wunsch, die Welt zu verändern.«[74] Wenigstens in den Köpfen der Kulturhistoriker scheint sie schwerwiegende Veränderungen hervorgerufen zu haben. Denn stets kommen solche Thesen aus dem kleinen Repertoire der Zeitgeistsänger. Daß die Lebendigkeit von Kunst mit Überbietung (oder Unterbietung) zu tun hat, leidet keinen Zweifel. Daß – wie die Systemtheorie kühl feststellt – Kunst allein die Funktion hat, die Kommunikation über Kunst fortsetzen zu helfen, ist gewiß auch richtig. Aber nicht jede Überbietung ist ein weltgeschichtliches Ereignis. Mit der Wiedereinführung des Spuckens wird man gewiß die Welt verändern, aber es ist nicht originell und nur eine Unterbietung. Die Dada-Revolte ist eine Antirevolte. Sie ist eine Parodie des Revolutionären, indem sie resolut die Sinnlosigkeit für sich in Anspruch nimmt. Und nur soweit man Punk dem gleichen Prinzip der Sinnlosigkeit zurechnen will, besteht eine Parallele. Richard Huelsenbeck in der Erklärung von 1916 im Cabaret Voltaire:

»Dada wurde in einem Lexikon gefunden, es bedeutet nichts. Dies ist das bedeutende Nichts, an dem nichts etwas bedeutet. Wir wollen die Welt mit Nichts ändern, wir wollen die Dichtung und Malerei mit Nichts ändern, wir wollen den Krieg mit Nichts zu Ende bringen.«[75]

Huelsenbeck verfaßte 1917 ein Manifest *Der Neue Mensch*, das die Neuen Menschen der vergangenen Jahrzehnte zu Grabe trägt: den neuen rembrandtdeutschen Menschen, den neuen sozialistischen Menschen, den neuen Gustav-Wyneken-Menschen, den neuen Menschen der Expressionisten, den neuen Barbarenmenschen, der bereits im Geiste Ernst Jüngers Luft zum Schrei holte. Der neue Mensch Huelsenbecks ist der alte:

»Der neue Mensch ist nicht neu, weil die Zeit es so will, die Neuorientierung, das Umsichtasten als Blindlinge und Maulwurfsmenschen – er ist nicht die unterirdische Quelle, die auf die Axt des Barbaren wartet, (...) er ist der Gott des Augenblicks, die Größe der seligen Affekte, der Phönix aus dem guten Widerspruch, und er ist immer neu, der homo novus eigenen Adels, weil sein Herz ihm in jeder Minute die Alternative bereit hält: Mensch oder Unmensch.«[76]

Dada ist weder Neue Zeit noch Endzeit, sondern eine große Parodie. Die neue Zivilisation der *Sex Pistols* setzte sich allerdings als Endzeiterscheinung in Szene: *I am an Antichrist* ist entweder ein Witz oder *nonsense* oder eben Müll. Für die Zuhörer kündigte sich dennoch ein fröhliches Finale an. Apokalypse ist gut gerührt ein Erfrischungsdrink. Greil Marcus zitiert Pete Townshend von der Gruppe *Who*, der über Johnny Rotten sagte:

»Da steht einer, einer mit 'nem Hirn zwischen den Ohren, und erzählt etwas, von dem er *ehrlich* glaubt, daß es in der Welt passiert, und das sagt er richtig giftig, richtig leidenschaftlich. Das läßt dich nicht unberührt, und es macht dir Angst ... dir wird ganz mulmig. Als würde jemand sagen: ›Die Deutschen kommen! Und wir können sie unmöglich aufhalten!‹«[77]

Das erinnert nur allzusehr an die Poesie des *Waiting for the Barbarians* von Konstantin Kavafis:

»›Warum kommen wie sonst nicht die würdigen
Rhetoren auch,
ihre Worte vorzubringen, das ihrige zu sagen?‹

Weil die Barbaren heute eintreffen werden:
und die brummen bei Schönsprüchen und Volksreden.«[78]

Natürlich kommen die Barbaren nicht, auf die sich immer wieder alle Hoffnungen richten. Sie sind immer schon da. Das Barbarenprogramm, das im 20. Jahrhundert so oft simuliert und so oft gespielt wurde, ist eine Art von revolutionärer Gymnastik: Jeder kann in einem Dreitagekurs ein Wiedertäufer, ein Anarchist, ein Weltrevolutionär, ein wilder Künstler werden. Der Kandidat benötigt eine originelle Negation, wilde Farben und einen Apostel, der ihn ernst nimmt. Den Unterschied macht allein die Frage, ob er seine Ankündigung, ein paar Leute umzulegen, auch realisiert. So singt die Punk-Gruppe *The Damned*: »Yeah, I'm born to kill«, so singen die *Sex Pistols*: »I am an anarchist. / Don't know what I want but I know where to get it. / I wanna destroy passers-by / Because I want Anarchy.«[79] Das ist exakt die Grenze zwischen dem Barbaren als Bürger und dem Barbaren als Führer. Wer die Anarchisten studieren will, der sollte wissen, daß ein Anarchist jemand ist, der nicht will, daß ein anderer die Macht hat. Johnny Rotten erklärt in seinen Memoiren auch sehr genau, warum er nicht die Gang aus *A Clockwork Orange* für sein Modell hielt, sondern die Bande aus Graham Greenes *Brighton Rock*. »Wir waren mehr wie Pinkie und seine Gang. (...) Es wurde nie erklärt, warum Pinkie – so jung, wie er war – der Anführer einer solchen bizarren Ansammlung von älteren Typen werden konnte.«[80] Die Anführerrolle faszinierte ihn, und das war seine Phantasie. Punk ist die Simulation einer Machtergreifung. Jene *Anarchy in the United Kingdom*, die der neunzehnjährige Johnny Rotten verkündete, hat gottlob nicht viele Tote gekostet. Nach dem Rezept des surrealistischen *Chien Andalou* verlor nur ein Mädchen beim Londoner Punk-Rock-Festival im September 1976 ein Auge.[81] Odysseus und Polyphem geistern durch die Anarchie. In der Punk-Postille *Damage* konnte man 1981 lesen: »Am besten attackiert man die Augen mit Fingern oder Daumen. Die Finger steif machen, leicht abspreizen, und dann stichst du durch die Augen des Angreifers (...).«[82]

Das ist die kriegerische Anarchie: Auge gegen nichts. Die litterale Anarchie von Johnny Rotten bestand aus der Operation, wo es nur ging das *I love* durch ein *I hate* zu ersetzen. *Substitute* hieß daher auch einer der Titel, die die *Sex Pistols* bei ihrem ersten Auftritt spielten.[83] Auf Substitution geht die Strategie aller Kreuzzüge: »Wo jetzt Heidentum ist, soll Christenheit sein«[84], erklärte Papst Urban 1095 zum Auftakt der ersten *bewaffneten Wallfahrt gen Jerusalem*.[85] Und Freuds therapeutische Kreuzzüge stehen unter der Devise: »Wo Es war, soll Ich sein.« Heidegger predigt den Kreuzzug: »Wo *verum* war, soll *aletheia* sein.«[86] Nun also: »Wo Liebe war, soll Haß sein.« Eine kleine Signifikantenoperation, eine Substitution, die aber alle großen Maschinen der soziologischen und kulturhistorischen Interpretation in Bewegung setzt: »Punk ist das Spiegelbild der sie hervorbringenden Gesellschaft.«[87] Das ist wieder die Feedback-Schleife. Die L. A.-Punk-Band *The Adolescents* bringt die Soziologie zum Tanzen und singt laut und vernehmlich: »I'm just a victim of society.« Der Vers trägt den Sängern bei Greil Marcus das Lob ein, daß sie reine Barbaren sind und in der amerikanischen Tradition der Kritik gegenüber der »überzivilisierten Alten Welt« stehen.[88]

An anderer prominenter Stelle findet man Semantisierungen des Punk-Nonsens. Denkt man an Songverse wie »God save history / God save your mad parade / Lord have mercy / All crime are paid« aus *God save the Queen*, dann staunt selbst der Laie über Soziologienonsens wie: »Punk repräsentiert eine Religiosität ohne Gott. (...) Gespeist wird diese ursprüngliche Religiosität aus lebensweltlich fundierten Transzententalerfahrungen, die jeder ›ausgearbeiteten‹ Religion vorausgehen.«[89] Und dann noch die Sozialpädagogen: »Punk ist demnach nicht *direkter* Ausdruck der Probleme von Arbeiterjugendlichen, also proletarische Musik, sondern es ist Musik, die die sozialen Realitäten widerspiegelt und künstlerisch verarbeitet.«[90] So sammelt die wissenschaftliche Vernunft ihre wilden Kinder wieder ein.

Die radikale, mechanische Negation der Kultur, die die Punk-Bewegung inszenierte, mit allen Accessoires, die dazugehören, erzielt auf diesem Wege der Verneinung die Effekte, die alle Kulturrevolutionen durch Negation und Recycling realisierten. Die barbarischen Tendenzen aus dem Inventar des *furor teutonicus* brauchen nicht eigens aufgelistet zu werden: Drogen, Gewalt, revolutionäre Pose und Krieg gegen die Lüge des Establishments, Sendungsbewußtsein, Verneinung der Kunst, Verneinung der Literatur, Verneinung der Tradition, Auslöschung des Gedächtnisses. Nur ein Element der Positivierung aus dem alten Repertoire der barbarischen Versprechungen findet sich bei den Punks wie bei den Skinheads oder den Wandervögeln: das Authentizitätssiegel. Alles ist ehrlich. Der Schwur der Aufrichtigkeit quillt aus den Selbstbekenntnissen der Sänger, und sein Testat steht in den Apostelakten der Kunstkritik.

Vielleicht ist aber Johnny Rotten doch dadurch zu seiner Größe aufgestiegen, weil er mit seinem Song gegen die Königin Elisabeth die klassische Konfrontation von Barbar und König reinszeniert hat. Der ewig rauhe Körper des Barbaren, der seine symbolische Funktion mit allen möglichen Symbolen der christlichen Barbaren anzeigt, besingt in *God save the Queen* den unsterblichen Körper des Königs/der Königin. Auf einem Werbezettel für den Song sieht man die Königin, der die berühmte Sicherheitsnadel durch die lächelnden Lippen des sterblichen Körpers geheftet ist. Und der Text dazu erklärt: »God save the Queen / She ain't no human being.«

10
Delirien über Natur und Geschichte: Frühzeit- und Endzeitbarbaren

Barbarische Poetik

Gehören die Songs der Skinheads, gehören die Lieder der Punks zu der Art *Poesie*, die einmal den Ruhm des Barbarischen ernten wird? Lassen sich alle Vulgarität, alle Gewalt, die revolutionären Ersetzungen des Glatten durch das Rauhe, des Friedens durch den Krieg, des Schönen durch das Häßliche in einer Ästhetik einfangen, die ihnen dann eine Position im Gedächtnis der Kultur verschafft? Oder ist vielleicht diese Frage bereits falsch gestellt, weil die Popkultur gar nicht das Gedächtnis und die Archive der Kultur ansteuert, sondern einen Konsum, der nur die Schaumkronen der Moden liebt und die Dinge mit kürzesten Verfallsdaten bevorzugt? Es gibt kein Beispiel dafür, daß schlechte Literatur die Barbarisierung in der Gesellschaft, die sie initiierte, selbst überstanden hätte. Eine solche Prognose darf auch für die Punk-Lieder getrost gewagt werden: Ihre Methode, Liebe durch Haß zu ersetzen, ist ganz traditionell, alle Gesten ihres Protests stehen im Lexikon des Aufbegehrens. Welche Zukunft soll ihnen da gehören? Sie radikalisieren das Barbarische im Herzen einer Gesellschaft, die die Zeremonien ihrer eigenen Verneinung zugleich verabscheut und anbetet. Gibt es aber Kriterien für barbarische Kunst?

Wörter wie *barbar* markieren den Anfang von Sprache und Poesie. Quintilian zählte die hellenische Onomatopoesie zur Ursprache.[1] Worin besteht sie? Eine sonore Imitation, die Parodie einer fremden Stimme verwandelt sich in ein Zeichen, an das sich im Laufe der Zeit Unmengen von Bedeutungen heften. Giovanni Battista Vico wollte den Anfang der Poesie mit dem Anfang des Sprechens überhaupt zusammenfallen lassen. Nach seiner Vorstellung soll das erste Stadium der Kultur die Periode der poetischen Weisheit gewesen sein, wo »die ersten Völker des Heidentums (...) Dichter waren«.[2] Die unter Homers Namen überlieferten Erzählungen halten, nach Vicos kühner Spekulation, nur die Sprechversuche der präbarbarischen Menschheit fest. Von diesem Gedanken kam die Theorie der Dichtung lange Zeit nicht mehr los. Diderot überlegte in *De la poésie dramatique*: »Wie muß ein Dichter beschaffen sein? Ist sein Wesen ungehobelt oder kultiviert? (...) Poesie bedarf in irgendeiner Art des Ungeheuren, des Barbarischen, des Wilden.«[3] Nietzsche dagegen hatte beobachtet, daß sich die Vornehmen zu Kriegszeiten für kurze Zeit in frohlockende Ungeheuer verwandeln und die barbarischen Liturgien abfeiern: »überzeugt davon, dass die Dichter für lange nun wieder Etwas zu singen und zu rühmen haben«.[4] Voltaire, Diderot, Hölderlin, die französische Romantik sahen den Dichter aus dem Völkerunglück hervorspringen wie Athene aus dem Haupte des Zeus. Chateaubriand hielt wie Voltaire das Ende der barbarischen Zeit und den Beginn einer zivilisierten Periode für den Blüteaugenblick der epischen Dichtung.[5] Heiner Müller wiederum vermutete in Diktaturen ein besonders günstiges Klima für das Drama.[6] Victor Hugo glaubte, daß »die größten Dichter der Welt nach großen öffentlichen Desastern« auftraten.[7] Im deutschen Biedermeier wollte man die Poesie auch aus privaten Desastern hervorlocken. Charlotte Stieglitz, die Ehefrau des Lyrikers Heinrich Stieglitz, stieß sich am 29. Dezember 1834 einen Dolch ins Herz, um durch diese Erschütterung ihren verstummten Dichtergatten der Verskunst zurückzugeben. Das Beispiel – wenn auch zum Teil erfolgreich – machte gottlob keine Schule. Diderot allerdings hatte auch gesagt, daß dem großen Dichter selbst etwas Barbarisches anhaften müßte. Die Moderne gab diesem Gedanken eine neue Wendung. Der Dichter taucht nicht mehr empor aus einer kulturellen Frühzeit oder im Morgenrot nach der Katastrophe. Der Dichter kommt selbst als Barbar auf eigene Rechnung, als ein Unternehmer riskanter Innovationen, als Wortmetz im Größenwahn. Seitdem treten immer wieder junge Genies in die Öffentlichkeit, geniale, gewalttätige, verrückte, bisweilen auch nur monomane Barbaren neuer Töne, Zyniker mit unerhörtem Wortmix, Marodeure fremder Lexika. Bereits in der Antike montierte man barbarische Namen und Begriffe, um magische oder poetische Effekte zu erzielen.[8] Doch der singuläre Poesie-Barbar ist der Held und König der Moderne. Ihm haftet auch stets etwas Anarchisches an. Nur wenn solche Dichter – Céline, Benn, Ezra Pound, Brecht – in die Dienste von Politikern oder gar von Diktatoren treten, dann wird jener tiefe Antrieb der Anarchie erkennbar, der sie wie die Diktatoren die Macht suchen läßt. Wo die Poesie über den Rand der Sprache hinaustritt, wo sie anders als durch das Medium der Worte auf Körper einzuwirken sucht, wo sie bewaffnet in ihre Umwelt eindringt, dort droht ihr eigenes Desaster: Übergang der poetischen Barbarei in die Liturgie des Barbarischen.

Barbarenmissionen transatlantisch

Mit jedem Barbarendichter schreibt sich eine neue Poetik. Das gilt für die gesamte amerikanische und europäische Moderne. Allerdings züchten diese Literaturen durchaus verschiedene Barbarentypen. Zwei transatlantische Prototypen sollen hier noch ins Auge gefaßt werden – zwei literarische Modelle des Barbaren, dem eine kulturelle Mission, das Recycling, übertragen wird. Ähnlich wie deutsche Autoren ihren barbarischen Antipapst und Antinapoleon Hermann feierten, so besangen auch amerikanische Schriftsteller ihre barbarischen Heroen. Herman Melvilles Billy Budd, Held einer kurz vor dem Tode des Autors (1891) abgeschlossenen Erzählung, läßt sich als ein solcher Exponent der amerikanischen Literatur und als Missionar der Renaturalisierung erkennen. Seine Geschichte ist kurz und bewegend. Billy Budd sieht sich im Jahre 1797 zum Dienst auf einem britischen

Kriegsschiff gepreßt. Der junge Matrose, ausgestattet mit den edelsten Dotationen der Natur, mit Naivität, Schönheit, Kraft, ein *angelus novus* der Sanftmut, leistet gegen diesen Gewaltakt keinen Widerstand. Er ist ein Friedensengel und strahlt stets heiterste Harmonie auf seine Umgebung ab. Fatalistisch, wie solche Engel zu sein haben, nimmt er seine neuen Pflichten im Dienste des Königs eifrig und loyal wahr. Billy ist ein Findling. Wie Wagners Barbar Parsifal versagt er in einem Verhör, das seine Herkunft und Identität klären soll: Geburtsort, Vater, Kindheit liegen im dunkeln. Aber aus diesem Dunkel kommt ein Mensch mit lichtesten Zügen. Er ist einer, der »noch kaum von dem fragwürdigen Apfel der Erkenntnis gekostet hat. (...) So war Billy durch Anlage und Schicksal eigentlich ein richtiger Barbar geblieben wie Adam, ehe die vielgewandte Schlange sich in seine Gesellschaft schmeichelte.«[9] Eine solche Schlange nähert sich dann doch in Gestalt des Waffenmeisters Claggart. Dieser Mann ist, wie es heißt, vom Willen zur Bosheit durchdrungen. Claggart beschuldigt Billy vor dem Kapitän fälschlich der Meuterei, worauf ihn der junge Unschuldsbarbar niederschlägt. Der Versucher ist tot, und Billy muß nach dem Kriegsgesetz gehängt werden. Das strenge Gesetz verzehrt ein jesusgleiches Opfer.

Die Ereignisse der Erzählung spielen in einem Raum voller historischer Resonanzen: Das Kriegsschiff, auf das Billy geholt worden war, bekämpfte im Mittelmeer die Flotte Napoleons, der zu dieser Zeit vom Directoire zum Oberbefehlshaber der England-Armee ernannt worden war. So klebte nach Meinung der Engländer auch an ihm das Blut des hingerichteten Königs Ludwig XVI.[10] Während im königstreuen Billy die adamitische Unschuld und in Claggart die Schlange wiederkehren, tritt Napoleon als dritte biblische Figur in den Raum der Erzählung: der »erstaunliche Emporkömmling, der, aus revolutionärem Chaos auftauchend, das in der Bibel prophezeite Gericht der Apokalypse zu erfüllen schien«.[11] Billy, der jesushafte Barbar der Frühe, opponiert dem dämonischen Antichrist der Endzeit. Melville stilisiert Billy in einer besonderen Situation als Barbaren, nämlich als ihn der Schiffsgeistliche auf den Tod an der Rahe vorbereiten will: »Vergebens versuchte der gute Pfarrer den jungen Barbaren auf Todesgedanken zu bringen.« Die paradiesische Unschuld kennt keine Todesfurcht und ist keines religiösen Trostes bedürftig, ja sie versteht ihn nicht einmal. Das ist die narrative Stilisierung des Barbaren. Zur programmatischen Figur bringt es Billy nicht nur durch seine Schönheit, seine Natürlichkeit, seine Beliebtheit, sondern vor allem durch den perfekten Mangel an Zweideutigkeit: »Nichts war seiner geraden Natur fremder als eine versteckte und doppelsinnige Redeweise.« Der Barbar ist kein Sophist, und seine Rede ist so rein, als hätte Sokrates persönlich jedes seiner Worte geprüft. Aber Billy ist Stotterer. In bestimmten Situationen, die das Vokabular des arglosen Burschen überfordern, versagt seine Rede, oder er stottert. Das barbarische Sprechen benötigt Friedensbedingungen. Melville stilisiert den Stotterer Billy zur Verkörperung jenes poetischen Prinzips, das auch im Wörtlein *barbar* seine Spur hinterlassen hat: die magische linguistische Prozedur, das onomatopoetische Verlauten der Unschuld, die das Böse bannt.[12] Die Poesie konfrontiert die barbarische Ursprache mit der betrügerischen Grammatik der Zivilisation. Auf Billys Zügen und Defekten liegt paradiesischer Tau.

Billys Barbarentum liest sich als Mythos Amerikas. Es wird so erst recht lesbar, wenn ihm eine zweite literarische Figur beigesellt wird, Christopher Newman aus dem Roman *The American* von Henry James, der 1877 erschien. Newmans Name ist die Botschaft: Er betritt die Welt als ein Neuer Mensch, aber nicht als Unschuldsengel. Seine Züge entbehren aller Verklärung. Dafür gab ihm sein Erfinder die Konturen des mythischen Amerikaners, der sich aus der tiefsten Armut emporgearbeitet hat. Auf dem Zenit des Erfolges tut er den Sprung in die wahre Welt. Newman erzählt selbst in einer kurzgefaßten Autobiographie, wie er nach einer plötzlichen Bekehrung dem Geschäftsleben, das ihm ein erhebliches Vermögen eingebracht hat, den Rücken zukehrt. Die Bekehrung zeigt sofort Wirkung: »I seemed to feel a new man under my old skin.«[13] Mit seinem Verzicht auf ein Geschäft, das eine halbe Million abgeworfen hätte, stürzt er den alten Adam in den Staub jeden Erwerbs. Dem neuen bleiben vom alten nur die Zinsen. Dies kann Gott daher auch nur als eine halbe Bekehrung honorieren. Unwiderstehlich verlangt es Newman jetzt nach einer neuen Welt. Also segelt er in die alte. Er begibt sich nach Paris, wie sich Bekehrte dem wahren Glauben oder den höchsten Genüssen des Himmels zuwenden: »Ich möchte *the biggest kind of entertainment*, das ein Mensch überhaupt haben kann: Leute, Gegenden, Kunst, Natur, alles!« Alteuropa soll für ihn seine sämtlichen Superlative blankscheuern: »Ich möchte die höchsten Berge sehen und die blauesten Seen und die schönsten Bilder und die hübschesten Kirchen und die berühmtesten Männer und die elegantesten Frauen.«[14] In Paris nähert er sich dem ersten Inbegriff dessen, was *the biggest kind of entertainment* bieten kann, einer liebenswürdigen, schönen, edlen, klugen, verwitweten Frau aus fürstlichem Hause. Er beginnt, sie mit allen Künsten eines Liebhabers aus Rousseaus Schule zu umwerben. Kurz vor dem Ziel – die scheue Frau gab bereits ihr Jawort – untersagt ihre Familie die Verbindung. Warum? Das aristokratische Alteuropa kann in dem neureichen Newman nur den Barbaren erkennen, dessen Name auf keinem ihrer Stammbäume herangezüchtet wurde. Doch *the biggest kind of entertainment* ist noch nicht abgeschlossen. Am Ende gerät Newman auf die Spur eines Verbrechens: Die Familie der umworbenen Frau brachte den alten Fürsten gewaltsam ins Grab. Der gute Amerikaner verzichtet aber darauf, dieses Wissen erpresserisch zu nutzen, um die verlorene Frau doch noch zu gewinnen.

Der Neue Mensch Christopher Newman, der seinen Vornamen Kolumbus verdankt, wird von einem alten amerikanischen Freund mit dem literarischen Namen Tristram als *great Western Barbarian* identifiziert, »der in seiner Unschuld und Stärke voranschreitet, die arme, verdorbene alte Welt eine Weile betrachtet, um sich dann auf sie zu stürzen«. Und Christopher antwortet: »Ganz tief in mir trage ich die Instinkte, wenn auch nicht die Formen einer alten Hochzivilisation in mir.«[15] Tristrams Prophezeiung bewahrheitet sich. Der Neue Mensch stürzt sich mit einem unwiderstehlichen Aufrichtigkeitsfuror auf die Alte Welt. Christopher hat nichts von den mythischen Neuen Menschen. Seine barbarische Natur äußert sich in einer stets entwaffnenden Kunst, alle kritischen Augenblicke seiner Unternehmung, das adlige Blut der Alten Welt aufzufrischen, durch *cold blood* und radikale Offenheit zu meistern: ohne Zweideutigkeit wie Billy Budd, ohne advokatorische Tricks wie Sokrates, ohne Angst wie die Neuen Menschen aus den Heiligenkalendern. So überwältigt Newman durch sein Sprechen alle verstockten Barbaren der Reflexion. Die finden ihn sogar schon »too sincere«.[16] Ein Barbar der rauhesten Offenherzigkeit. Während das fürstliche Alteuropa in Ahnenstolz, Untätigkeit, Lüge und gezierter Konversation erstarrt, trägt der Amerikaner die Mission seines Kontinents nach Europa. Mythisch daran bleibt, daß dieser Barbar als Erbe der ältesten Zivilisationen auftritt. Die Neue Welt offeriert der Alten das Recycling ihrer in Dekadenz zerbröselnden Kultur. Auf den Spuren des zurückgekehrten Kolumbus stürzen sich dann im 20. Jahrhundert zahllose Newmans unter diversen Pseudonymen auf den alten Kontinent: Henry Miller, Ernest Hemingway, Elvis Presley und dann die lange Reihe der immateriellen Kino- und TV-Barbaren.

Der Gryllus-Effekt

Eines der ersten amerikanischen Sachbücher über das Fernsehen brachte das Spiel der Erzähler Melville und James erneut in Gang. Jetzt avancierte die amerikanische TV-Kultur zum Modell einer universellen natürlichen Zivilisation. 1948 erschien in den USA eine kurze Einführung in das neue Medium *Understanding Television*[17], die neben Erläuterungen der Aufnahme-, Übertragungs- und Wiedergabetechnik eine ganze Reihe von Anweisungen für Sprecher, Schauspieler, Politiker enthielt. Hier setzte gleich die Politik zur *Naturalisierung* des neuen Mediums ein. Der Verfasser, Orrin E. Dunlap, mahnt alle Personen, die auf der Mattscheibe erscheinen wollen, ganz *natürlich* zu sein: Pathos, Ablesen, lange Pausen etc. verfehlten das elfte bis dreizehnte Gebot: »be natural, be yourself, be sincere«. Denn das Fernsehen ist ein »medium of informality and intimacy«.[18] Die Regel, die um die Welt gehen wird, lautet: sprechen, bewegen, denken, wie es die Natur diktiert. Die TV-Natur befiehlt den Menschen, ein aufrichtiges Bild zu sein, ein bewegtes, quasselndes Einzelbild.

Das TV-Bild dient der Unterhaltung. Und *the biggest kind of entertainment,* wie Christopher Newman sagt, rührt das Gegengift zur ununterbrochenen Krise, die das Subjektsein ist. Medien brachten die Singlewelt hervor. Die Szene dieses Seins ist das Solo. Auch Discotänze untersagen bekanntlich alle Abstimmung der Bewegung. Dieses Tanzen verlangt eine isolierte Aktivität, bei der jeder das oszillierende Einzelbild einer unnachahmlichen Spontaneität wird. Dazu muß man seine bewegungsfähigen Organe so scharf und individuell wie möglich schwingen lassen. Eine Tanzgesellschaft in der Disco ist kein Bild mehr wie ein Hofballett im 18. Jahrhundert oder ein Debütantinnenball heute, sondern eine in *spots* aufgelöste und in Punktklumpen verteilte Menge. Alle Singles fühlen sich nur dann frei, wenn sie als Pixels auf der Oberfläche der Welt erscheinen und ein durch technische Prozeduren erzeugtes Bild sind. *Esse est percipi.* Abgelegt, erledigt ist jene Scham, die Menschen anderer Kulturen noch daran hindert, mit dem *smiling*, das in der Physiognomie aller natürlichen Medienmenschen blüht, in das Bild einer Kamera einzutreten.

Es ist noch nicht lange her, da kündigte der *Spiegel* eine sensationelle *Einspruch!*-Sendung an, in der sich ein Zuschauer aller Kleider entledigen würde. Die Show war aufgezeichnet, und alles fand statt, wie es der *Spiegel* versprochen hatte. Ein, wie er bekannte, Werbemensch zeigte der eingeschalteten Welt, wie groß die Freiheit auf Erden sein kann, wenn man nicht nur den Slip, sondern auch die Brille ablegt. Nicht mehr sehen, sondern als natürliches Pixelphantom erblickt werden! Die Sendung *Einspruch!* setzte die Frage in Szene, wie natürlich oder unnatürlich die Scham ist. Seit das Wort zum Sonntag erfunden worden ist, wurde Gott nie wieder so häufig vor der Kamera angerufen. »Wie hat dich Gott auf die Welt kommen lassen?« So erhoben die Anwälte der Natur ihre Stimme: Tatsächlich hatten alle vergessen, daß sie nicht in Benetton-Pullovern abgenabelt worden waren, sondern nackt. Niemand von ihnen hatte noch Goethe gelesen, in dessen Roman *Wilhelm Meisters Wanderjahre* ein Künstler klagt und spricht: »der Mensch ohne Hülle ist eigentlich der Mensch. (...) Aber vom Jahrhundert kann man dies nicht verlangen, ohne Feigenblätter und Tierfelle kommt es nicht aus.«[19] Das 20. Jahrhundert, das im TV alle Ziele erreicht, eilt Mensch, Künstler und zuletzt auch Gott zu Hilfe, denn Feigenblätter und Felle verhüllen gerade das, was Goethes Künstler den »göttlichen Gedanken« oder die »unmittelbare Absicht Gottes in der Natur« nennt.[20] Möglich wird so die Frage: Warum ersann Gott die Apfelsinenhaut? Jetzt lauscht die Welt ehrfürchtig der Beredsamkeit der Schweißporen. Jeder Pickel auf der Haut des Menschenleibes vibriert vor Verlangen, eine Expertise auf Gottes Gedanken zu erstellen!

Das ist der Gryllus-Effekt. Gryllus hieß einer jener Gefährten des Odysseus, die von der schönen Zauberin Kirke durch Berührung einer magischen Rute in Schweine verwandelt wurden. In einen Koben gesperrt und mit Fastfood aus Eicheln, Buchenmast und roten Kornellen gefüttert, beweinen die nur noch mit Borsten bekleideten Männer ihre verlorene Gestalt. Odysseus entzog sich mit Hilfe des Zauberkrautes Moly der Metamorphose und verlangte mit gezücktem Schwert von der Zauberin die Rückkehr seiner Gefährten ins Fleisch und in die Kleidung der Menschen. Das gewährte ihm Kirke unter der Bedingung, daß er seine Kleider ablegt und das Lager mit ihr teilt. Der Vertrag wird geschlossen und von beiden Seiten erfüllt. Die Lust, die Versprechen zu halten, währt dann ein ganzes Jahr. Eine Variante dieser Geschichte mit einem ganz anderen *happy end* erzählt Plutarch in seinen *Moralia*.[21] Homer berichtet nämlich, daß Kirkes Rute die Männer nicht vollständig verwandelt hatte, sondern nur ihre Gestalt und ihre Stimme. In ihren Schweinsköpfen blieb der alte Verstand unversehrt, und das machte auch das bestialische Sein für sie besonders beschämend: grunzende, borstige Vernunft, jeder Eber buchstäblich ein nacktes, sprachloses *animal rationale*. Dankbar empfangen sie daher ihren alten Leib zurück. Plutarchs Gryllus hingegen will von einer Rückkehr in die Menschengestalt nichts wissen: Niemals wieder glatte Bekleidung statt borstiger Rauheit! Denn nicht die besondere Gunst der Zauberin ließ ihnen das Denken. Alle Tiere sind mit Vernunft begabt. Überhaupt wohnt die natürliche Vernunft allein bei den Tieren. Gryllus hält dem Odysseus eine lange Rede über die Vernunft und Tugend der Tiere. Kein Luxus, keine raffinierten Speisen, Sex nur im Frühling und dann auch allein mit dem anderen Geschlecht. Und in der animalischen Kriegsführung, das muß sich Odysseus ebenfalls sagen lassen, gibt es keine List und keinen Betrug. Die Tapferkeit der Tiere dient immer dem Kampf um ihre Freiheit und keinen anderen Zielen. Kein Krieg um Gold und Purpur. Nach seiner Metamorphose kennt Gryllus nichts Süßeres mehr, als mit vollem Magen im tiefen, weichen Schlamm zu ruhen.[22] Das heißt zugleich: im tiefen, weichen Schlamm tierischer Tugenden. Der Wunsch des Gryllus wird erfüllt: Seine Rebarbarisierung über die Menschengestalt hinaus in die volle natürliche Tugend der Schweine bleibt ihm gewährt.

Kirkes Rute und der Gryllus-Effekt, der Wunsch, nur mit Borsten bekleidet zu sein und im weichen Schlamm der Natur zu ruhen, erfaßt neuerdings immer mehr Medienmenschen, die dem Zauber einer natürlichen Existenz nicht entfliehen wollen. Allerdings lassen sich kleine historische Veränderungen wahrnehmen. Heute würde Gryllus aus *Tierliebe* seine Gestalt als Eber bewahren wollen. Daß damit das moralische Niveau steigt, zeigt eine Aktion der amerikanischen Tierschutzorganisation PETA. PETA bekämpft Tierversuche und grausame Zuchtmethoden, vor allem aber die Pelzindustrie. Unterstützt wird PETA von Supermodels wie Naomi Campbell, Cindy Crawford, Claudia Schiffer. Was tun die Schönen für das gute Werk? Unter dem Motto »Lieber nackt als Pelze tragen« lassen sie sich »aus reiner Tierliebe«, wie die Lifestyle-Zeitschrift *Gala* meldet, nackt photographieren. Ein erstes leuchtendes Beispiel brachte *Gala* bereits im Photodokument: »Mit blankem Busen protestiert Nina Hagen gegen Tierversuche und das Tragen von Zuchtperlen.«[23] Das ist die Gryllus-Moral in der funkelnden Welt der Stars und Supermodels. Endlich neigt sich ein Jahrhundert vor der Klage des Künstlers in *Wilhelm Meisters Wanderjahren*: Keine Tierfelle verbergen mehr die Gedanken, die Gott bei der Erschaffung der Supermodels bewegten, nachdem die Tiere ihre Felle nicht mehr für die Menschenscham opfern müssen.

Nun läßt das Fernsehen die wehmütigen Erinnerungen an das ehedem großartige Projekt des *homo sapiens* keineswegs absterben. Wenn sich der Mensch, dieser alte Gedanke Gottes, heute unter der Macht von Kirkes Rute in quasselnde Pixelhaufen auflöst, so nutzt er immerhin noch das Privileg des Sprechens. Und wie er es nutzt! Denn eine Person, die Worte spricht, ist noch längst kein natürliches Fernsehbild. Die Sorge aller TV-Theoretiker und Regisseure bahnte ihm den Weg zurück zur Natur: Wie sättigt sich ein TV-Bild mit unverfälschtem Leben, obwohl auf der Mattscheibe der natürliche Feind von *the biggest kind of entertainment* erscheint: das sonst so possierliche Tierchen namens *animal rationale*? Es gibt nur eine Lösung, um die TV-Oberfläche mit prallem Leben zu füllen: Das *animal rationale* muß zu einer Imago mutieren, die pausenlos quasselt. Interaktiv-Sendungen, Jugend- und Rentner-Talkshows, die aus den Kanälen quellen, zeigen die Quaßler und Quaßlerinnen bei der Arbeit, ein Bild zu sein. Zumeist junge Götter und Göttinnen, denen das selige

Nichts der Worte unentwegt von den Lippen perlt! Die Quaßler beider Geschlechter leisten Großartiges, denn sie müssen auch noch ein Bild, und zwar ein bewegtes Bild, sein. Ein namenloses Gen auf der menschlichen DNS-Doppelhelix sorgt nämlich dafür, daß das *animal rationale* einschläft, wenn es länger als zehn Sekunden einem unbewegten Objekt gegenübersitzt. Wie Katzen, die an toten Mäusen jedwedes Interesse verlieren, reagiert der archaische Jäger im TV-Beobachter auf ein unbewegtes Bild: Er senkt die Lider oder schaltet zum nächsten Kanal. So müssen die Quaßler nicht nur ihre Zungenmembran ruhelos im höchsten menschenmöglichen Hertzbereich flattern lassen, sondern in Hyperkinese lächeln, Grimassen schneiden, sich durch die Haare fahren, die Arme spreizen. Der ganze Bildschirm muß mit dem Simulacrum einer Beute gefüllt, der Tonkanal mit organischem Vibrato gefüttert werden.

Die Quasselkultur ist das barbarische Geschenk jener Natürlichkeitsmissionare, die die amerikanischen TV-Lächler in der Nachfolge des literarischen Kolumbus Christopher Newman den Europäern geschenkt haben. Es ist eine Kultur des Anfangs und brutaler Natürlichkeit, die sich ganz allmählich, aber wirkungsvoll über den Alltag verbreitet. Auch der junge Zuchtbarbar, den Jean Itard 1799 aus den Wäldern der Caune empfing, verfügte zwar über keinen Verstand, wohl aber über eine »beständige Beweglichkeit der Zunge«.[24] Als Single sendet jeder Zeitgenosse das Grundgeräusch eines solchen Zuchtbarbaren, indem er pausenlos vor sich hin brabbelt. Nur derjenige, der unaufhörlich redet, am besten von sich selbst, lebt in Frieden mit der Welt und der eigenen Natur. Vor dieser Seelenharmonie, die der amerikanische TV-Trialog *be natural, be yourself, be sincere* stiftet, fliehen alle Neurosen panisch auf den nächsten Stern. Keine Lüge, kein Zwang, keine Täuschung, keine Hemmung. Die Leute unterscheiden sich nur noch danach, ob sich keiner oder einer oder viele in ihr Programm einschalten. Das von Denkintervallen ungestörte Quasseln gibt der Welt jene Einfachheit und Ordnung zurück, von der alle Revolutionäre – von Jesus bis Rudolf Steiner – kündeten: Alle Dinge sind gleich wichtig, keine Differenz von Themen oder Personen, keine Unterschiede des Tons, keine störende Nuance von Launen. Man stelle sich einen übelgelaunten Entertainer vor! Der zuständige TV-Satellit würde aus seiner Bahn kippen. So schmiegt sich ein herrlicher Klangteppich aus Menschenstimmen friedlich um die Erde. Diese großartigen TV-Quaßler, deren Zungenschlag unserer Konversationsnorm den Takt vorgibt, bringen die Differenzen, von denen die Welt hartnäckig kleine Reste bewahrt, akustisch auf den gleichen Stand, den die monochromen Bilder von Yves Klein optisch modelliert haben: Wärmetod der Unterschiede.

Der Gryllus-Effekt ist das Delirium der Naturalisierung. Was als *natürlich* erlebt wird, ist ein kleiner Satz von Zeichen und Geräuschen, die jene Dämmerung hervorrufen, wo die Leute zwar noch einen Verstand haben, seine Arbeitsergebnisse aber nicht mehr artikulieren können. Es gibt zwei Ausläufer des Sprechens, das Schweigen und das Quasseln. Sie bilden gleich informationsarme Grenzwerte zum Rauschen. In diesem Rauschen hat die Welt definitiv ihren ewigen Frieden gewonnen und schwingt in sanften, langwelligen Perioden. Die TV-Realität ist zwar nicht unsere Realität, aber eine der Konstruktionen, an der die Welt ihr Maß nimmt. Täglich folgt rund um den Erdball die Menschheit den gleichen Bildern des globalen Nachrichtenmarktes, um ihre Erfahrung danach zu formen. Das ist eine universale Ritualisierung, wie sie zuvor nie möglich war. Sie ist nicht gut, nicht böse: Sie ist tendenziell der Zustand, den alle Kulturrevolutionäre anstrebten. Nur manchmal warnt ein Fossil des Pessimismus wie Max Horkheimer, der vor fünfzig Jahren die Wirkungen des Radios beklagte: »Dieselbe Stimme, die über die höheren Dinge des Lebens wie Kunst, Freundschaft oder Religion predigt, empfiehlt dem Hörer, eine bestimmte Seifenmarke zu wählen.«[25] Homogenisierung der Themen und Worte im Medium heißt nicht Homogenisierung der Welt.

Doch die Kulturrevolutionen strebten immer nach der Vereinheitlichung der symbolischen Codes im Namen der Natur, der Sprache, der Medien, des Geldes, der Bilder, der Gesetze: Kirkes Rute und der Gryllus-Effekt heute überlassen dem Zufall einer anonymen Evolution, was früher zahlreiche Machthaber und Clerks vergeblich angestrebt haben: Eine ganze Menschheit neigt ihr Haupt vor den gleichen Göttern und sinkt in den weichen Schlamm des Natürlichkeitsimports.

»Natur! Natur! nichts so Natur«: Der gezüchtete Barbar

Goethes enthusiastischer Ruf »Natur! Natur! nichts so Natur als Shakespeares Menschen«[26] kommt aus einer Epoche, die uns ein schweres Erbe auferlegt hat. Das 18. Jahrhundert erfand die Encodierung der Welt als Natur: Menschen, Kunstwerke, Gesellschaften, Regeln, Gärten, Sitten, Kriege, Worte sollten sich plötzlich unter das Joch einer Natur beugen, deren Gesetze Menschen schreiben. Es ist ein großer Unterschied, ob man die Welt als Gottes Schöpfung, als Werk, als Buch, als Uhrwerk, als System bezeichnet. *Natur* sagt heute nur noch eine Restfrömmigkeit und ein Illusionismus oder eine ratlos gewordene Metaphysik, ein mythisches Denken, das keinem Wissen mehr standhalten kann. Und doch gibt es wohl keine Epoche, die der Natur so huldigte, sie gar zu retten versprach, ihr Rechte zusicherte, sie zum Angelpunkt neuer Ethiken machte und sie zuletzt in die Programme der Politiker setzte. In dieser Politik sagt man heute gerne *Umwelt* oder *Ökologie* statt *Natur*. Denn wir leben, wenn wir recht hören, in einer ökologischen Krise. Und wenn wir uns nicht völlig verhört haben, leben wir gar in einer *Naturkrise*.[27] Zählt das Gehirn zur Natur? Zählt das, was das Gehirn denkt und die Lippen sprechen läßt, nicht mehr zur Natur? Zählt die Gehirnerweichung zur Natur? Nicht die Frage »was ist Natur« kann je auf Antwort und Befriedigung hoffen, sondern allenfalls der von Gernot Böhme konstatierte *Bedarf an Naturphilosophie.*[28]

Auch Goethe stellte sich im Banne des zeitgenössischen Rousseauismus bisweilen vor, »als sogenannter Wilder geboren zu sein, um nur einmal das menschliche Dasein ohne falschen Beigeschmack durchaus rein zu genießen«.[29] Reiner Mensch ohne zivilisatorische Restsüße. Wenn erst alle industriellen Belastungen aus dem Wasser, aus dem Boden, aus dem Gemüse, aus den Möbeln des Kinderzimmers beseitigt sein werden, können wir auch zur definitiven Asbestentsorgung der Zivilisation schreiten. Einstweilen begnügen wir uns mit Spenden an Greenpeace. Politiker mögen ruhig weiter versuchen, mit der Natur (sie meinen freilich den Wald) Politik zu machen; Politik ist die Übersetzung komplexer Sachverhalte in ein Hundertworte-Deutsch. »Die Natur gibt es nicht.« Paul Valéry machte sich bereits in den zwanziger Jahren darüber lustig, daß die *Natur* alle dreißig Jahre wiederentdeckt wird: »Eine mächtige Erregung geht von dem Gedanken aus, zu den Dingen in ihrer ursprünglichen Reinheit zurückzukehren. Man bildet sich ein, daß es solche Ursprünglichkeiten gibt. Aber das Meer, die Bäume, die Sonnen, – und vor allem das menschliche Auge – all dies ist Kunstprodukt.«[30] Um das monotone Phantom *Natur* zirkuliert aus Trivialliteratur gewebter Gedankenkitsch. Alles *Natürliche*, sofern es für Menschen erzeugt, wiederhergestellt, errungen, gerettet werden soll, ist rein *imaginär.* Der Barbar ist ein mythischer Statthalter dieser Imaginationen. Vermutlich unternahmen gerade deshalb Unbekannte immer wieder Experimente, um den reinen, natürlichen Menschen innerhalb der wilden Umwelt der Zivilisation erscheinen zu lassen und ihn zu befragen. Es waren ersichtlich Versuche, Barbaren zu züchten.

Solche Versuche lassen sich vom 15. bis ins 19. Jahrhundert hinein verfolgen. Vor allem im 18. Jahrhundert schritten immer wieder Leute zur Tat, »welche den Menschen in seine erste Wildheit zurückwünschten, um ihn in seiner Originalstärke zu sehen«.[31] Doch immer öfter holte die Zivilisation einige dieser von Experimentatoren der Wildnis ausgesetzten Kinder wieder zurück. Bisweilen hatten sie Jahre jenseits allen Kontakts gelebt: Ohne Kleider, ohne Sprache, ohne Gesten, ohne Bewegung, ohne Nahrung, die menschliche Form erhalten hätten, wurden sie eingefangen, einige Zeit beobachtet und bis zu einem vorzeitigen Tode versuchsweise rekultiviert. Was konnte man von diesen gezüchteten Barbaren lernen? Daß sie unter Menschen nicht mehr zu leben vermochten. Zwar gelang es immer wieder, diese wilden Kinder den aufrechten Gang zu lehren und sie ein paar Schritte in die Welt der Zeichen und der Sprache tun zu lassen, nie aber schenkte man ihnen etwas anderes als Leiden und Unglück.[32] Das *Mémoire* über Victor von Aveyron, der im Jahre 1799 etwa elfjährig, nackt, auf Nahrungssuche, von Jägern eingefangen worden war, bildet neben Feuerbachs Bericht über Kaspar Hauser, der zwei Monate nach Goethes Wunsch, noch einmal in der Wildnis geboren zu werden, als etwa Sechzehnjähriger in Nürnberg auftauchte, das umfangreichste und genaueste Protokoll über Versuche zur Sozialisierung und Alphabetisierung an einem gezüchteten Barbaren. Ohne Sprache, ohne Schrift, ohne Rechtsgefühl, ohne Geld, ohne Unterscheidungsfähigkeit für Objekte oder deren Bilder, verfügten sie über alle zivilisatorischen Mängel, die ein ideales Studium des Barbarischen hätten erlauben können. Jean Itard, der Victor jahrelang beobachtete, wollte ihn vollständig der Gesellschaft zurückgeben. Doch er konnte seinem Zögling, der nur mit dem Laut O der Wildnis entstiegen war, eben die Artikulation der Wörter *lait* und *Oh Dieu* sowie *non* beibringen. Dies aber auch erst nach einem mehrwöchigen Training der Sinne. Der volle Triumph der Zivilisation blieb ihm versagt: Die wenigen Laute und Wörter gebrauchte Victor ganz nach seiner Laune. Das Geschenk ihrer Semantik wies der junge Bursche hartnäckig ab. Victor blieb in der Sprache der Rufe stecken und in der barbarischen Poesie eines wiederholten *Oh Diie! oh*

Diie!, wie es Itard umschreibt.[33] Dafür trat Victor ein Stück weit in jene paradiesische Namensprache ein, von der Linguisten wie Sokrates, Comenius und Benjamin träumten. Victor lernte nach einiger Zeit, die von seinem Lehrer bezeichneten Objekte mit einem auf Papier fixierten Schriftbild ihrer Namen zu verbinden. Aber auf den Namen des *Messers* oder der *Schachtel* vermochte er stets nur ein einziges Messer, eine einzige Schachtel zu taufen. Aus diesem Paradies ließ er sich nicht vertreiben.

Kaspar Hauser dagegen erschien unter den Menschen mit einem kleinen Repertoire an Worten und Zeichen, doch sein juristischer und menschlicher Betreuer, der Jurist Anselm von Feuerbach, stellte fest, daß Kaspar seine Redensarten mit keinem Sinn verband: »es waren papageienmäßig eingelernte Töne, die er als gemeinsame Ausdrücke für alle seine Vorstellungen, Empfindungen und Begehrungen gebrauchte. (...) Zur Bezeichnung lebender Geschöpfe (...) hatte er blos zwei Worte, deren er sich dann und wann bediente. Was menschliche Gestalt hatte, ohne Unterschied des Geschlechts und Alters, hieß ihm ›Bua‹; jedes ihm aufstoßende Thier, vierfüßig oder zweifüßig, Hund, Katze, Gans oder Huhn, nannte er ›Roß‹.«[34] Ein Taschenlexikon aus wenigen Wörtern, an dem Rousseau, der Erzieher Émiles, seine Freude gehabt hätte.

Feuerbach glaubte bisweilen an jenen von Valéry benannten Ursprung der Dinge zu rühren, wenn er Kaspar beobachtete. Er erblickte in dem Findling die lebendige *Widerlegung der Erbsünde*: »Die reinste Unschuld und Herzensgüte zeigte sich in allem seinen Thun und Reden, obgleich er von Recht und Unrecht, Gut und Bös nicht die allermindeste Vorstellung hatte.«[35] Kleine Lügen waren seine einzigen postparadiesischen Laster. Feuerbach konnte weiter beobachten, daß die Vorstellung von Gott nicht angeboren ist. Eine gleiche Erkenntnis schenkte der Wilde von Aveyron den Forschern, die seine Natürlichkeit vermaßen. Gott, so lautete die Botschaft aus der Wildnis, ist ein *fait social*. Da Itard mit der Unschuld des Knaben ebensowenig anfangen konnte wie seine

Nürnberger Kollegen mit der Kaspars, wollte er ihn zivilisieren und die bisweilen ausbrechenden wilden Affekte Wut und Zorn durch Liebe ersetzen. Aber die schlimme Vermutung trug ihn nicht: Victor war für Liebe nicht zu gebrauchen; nicht einmal der Unterschied zwischen Frauen und Männern faßte Fuß in seinem Verstand. Zwar entwickelten sich alle Anzeichen der Pubertät, aber Victor trat mit keinem Liebesobjekt in Kontakt: »Ich sah, wie sich unser junger Wilder vor Verlangen verzehrte, mit äußerster Gewalt und mit erschreckender Dauer, ohne irgend eine Ahnung zu erhalten, auf welches Ziel es sich richtete und ohne für irgendeine Frau nur ein winziges Gefühl der Vorliebe zu zeigen.«[36] Und wenn ihn der Zufall in die Nähe einer Frau brachte, dann rückten plötzlich an die Stelle der ziellosen Gesten wilde Akte der Wut. Und so faßte Itard in seiner Expertise zusammen: »Im Naturzustand, im Nullzustand, im Zustand der Barbarei, den man völlig grundlos mit den verführerischsten Farben gezeichnet hat, steht der Mensch noch unterhalb einer großen Zahl von Tieren.«[37] Der experimentell erzeugte Barbar verfügt über keine der gattungsspezifischen Eigenschaften. Er bewegt sich oft nur mühevoll, zeigt keine Intelligenz, keine Emotionen, er bleibt auf die rein tierischen Reaktionen der Selbsterhaltung beschränkt. So verdankt die Welt jungen Barbaren wie Victor oder wie Kaspar Hauser die Erkenntnis, daß Sprache, Sexualität, Religion, Rechtsbewußtsein, Beziehungen, Liebe, Scham – alle diese Gaben einer mythischen Natur – erlernt werden müssen. Und wer diese Elemente der Zivilisation nicht weitergibt, der macht sich – wie der Jurist August Tittmann sagte – der *Verstandesberaubung* schuldig.[38]

Der Verstand verwaltet die Unterschiede: Unterschiede der Laute, Unterschiede der Geschlechter, Unterschiede der Gesten, Unterschiede der Zeichen, Unterschiede des Lebenden und Toten, Unterschiede des Schönen, Unterschied von Original und Kopie. Für Feuerbach hatte Kaspar Hauser, der etwa sechzehnjährig aus einer dunklen Grube in die Menschenwelt aufgestiegen war, zuvor unter der Gewalt eines

Barbaren gelebt.[39] Die ästhetischen Begriffe *schön* und *garstig* standen zwar in seinem kleinen Wörterbuch; aber ihre Anwendung mißriet, als sei Kaspar auch durch die ikonoklastische Schule der Moderne gegangen. Einmal lenkte Feuerbach den Blick des Jünglings aus einem Fenster und wies ihn hin auf »die schöne, im Schmuck des Sommers prangende Landschaft«. Doch Kaspar zeigte nichts von jenem platonischen Entzücken, das sonst die Menschenseele bewohnt und im Anblick von Landschaften, auf denen die Aura glänzt, ekstatisch hervorbricht. Für Feuerbachs biedermeierlich geschulte Sinne war Kaspars Reaktion unbegreiflich: »Er gehorchte, fuhr aber sogleich mit sichtbarem Abscheu wieder zurück, indem er ausrief: garstig! garstig! dann auf die weiße Wand seines Zimmerchens deutete und sagte: ›da nicht garstig‹.«[40] Lieber eine monochrome Wand als das Abziehbildchen der Natur. Lieber Yves Klein als Caspar David Friedrich. So spricht die Ästhetik, die aus der Barbarei kommt. Das ästhetische Verhältnis zur (schönen) Landschaft, die ästhetische Imagination eines ökologischen Gleichgewichts in der Welt entstammt der Produktpalette jener Zivilisation, die auch die Kräfte zu ihrer Zerstörung entwickelte.

Die menschliche Natur gibt es ebensowenig wie die Natur selbst. Sowohl Menschen wie ihre Umwelt unterscheiden sich nach Graden kultureller oder technischer Durchdringung.[41] Noch einmal Paul Valéry: »Ein Spieß ist edler als ein Gewehr. Ein Paar Stiefel ist edler als ein Paar Damenschuhe.«[42] Diese einfache Beobachtung erklärt hinreichend auch Martin Heideggers Liebe zu den Schuhen van Goghs.[43] Die Zivilisation benötigt nicht haufenweise Naturphilosophien, sondern Dekonstruktionen der Natürlichkeiten. Keine Unternehmung des kulturellen Recyclings kann sich auf Natur berufen, sondern allenfalls auf Zustände, die – aus welchen Gründen auch immer – günstiger oder effizienter oder einfacher oder komplexer oder nur anders und neuer sind. Der fremde Barbar kommt nie aus der Kulturlosigkeit oder aus der Präzivilisation, sondern aus einem anderen System.

Der innerzivilisatorische Barbar hingegegen verfügt über die von der Zivilisation selbst bereitgestellten Gesten, Reden, Überschreitungen, Negationen, Wildheiten, über das Lexikon der Rauheit. Der gezüchtete Barbar schließlich liefert allein die Lehre, daß sich der menschliche Organismus und die menschlichen Sinne ganz jene Ausstattung bewahren müssen, die sie einmal zur Anpassung an ihre prägende Umwelt entwickelt haben. Der Ort dieser Prägung ist *Heimat*, und für den Barbaren Victor waren die Wälder um Aveyron, wo er vermutlich mehrere Jahre ganz auf sich gestellt gelebt hatte, der Ort seiner Sehnsucht. Für den Barbaren Kaspar war sein Erdloch, in dem er gleichfalls mehrere Jahre verbracht hatte, der Ort des verlorenen Glücks. Das nostalgische Zurück kann biographisch immer nur auf den Raum der Prägung zielen. Das philosophische Zurück geht daher auch nur bis zu einem prägenden Zustand der Zivilisation. Es gibt kein weitergehendes Zurück.

Es ist immer Endzeit

In seiner Schrift *Conclusiones philosophicae, cabalisticae et theologicae* von 1486 prophezeite Giovanni Pico della Mirandola das Weltende für das Jahr 2000. Das Datum hatte er mit kabbalistischer Methode errechnet.[44] Auch ohne geheimwissenschaftliche Rechenkunststücke überfällt die Welt jetzt, einige Jahre vor der Jahrtausendwende, bereits erhebliche Unruhe. Eine ähnliche, allerdings sehr viel weniger heftigere Unruhe erfaßte manche Intellektuellen bereits zur ersten Jahrtausendwende unserer Zeitrechnung.[45] Sollten nicht tausend oder tausenddreiunddreißig Jahre nach Christi Tod die Bücher des Letzten Gerichts geöffnet werden? Das Kalkül aufs Weltende ist eine beliebte Spekulation der Clercs. Seit einiger Zeit muß – wer etwas zu sagen hat – für irgendein Ende eintreten: Ende Gottes, Ende der Kunst, Ende der Aufrichtigkeit, Ende des Abendlandes, Ende des Waldes, Ende des Menschen, Ende des Buches, Ende der Geschichte. Mit solchen Enden lassen sich wieder Bücher füllen. Zwar verschwinden unablässig Dinge, Worte, Formen, Gedanken. Doch die Ankündigung eines Endes interessiert gerade dann, wenn ein großes Ding zu Ende geht, wie der *Mann* oder die *Menschheit* oder die *Moral* oder die *ganze Welt*.

Älter und ehrwürdiger als die modischen Prognosen auf das Ende unserer letzten, eben noch an zwei Händen abzählbaren Universalien (und ihrer Medien) sind einsame und kollektive Endzeitstimmungen. Sie haben einen anderen Charakter als die frechen theologischen oder philosophischen Ankündigungen. Endzeitstimmungen begleiten den kulturellen Wandel und alle evolutionären Prozesse. Verluste gibt es unentwegt. Und diese Verluste und Ruinen der Kultur mit ihren kritischen Stimmungen sind bekanntlich die beliebten Siedlungsstätten der Barbaren. *Ubi declinatio, ibi barbarus.* Goethe im Jahre 1828: »Der Mensch muß wieder ruiniert werden. (...) Denkt man sich bei deprimierter Stimmung recht tief in das Elend unserer Zeit hinein, so kommt es einem oft vor als wäre die Welt nach und nach zum jüngsten Tage reif. Und das Übel häuft sich von Generation zu Generation! Denn nicht genug, daß wir an den Sünden unserer Väter zu leiden haben, sondern wir liefern auch diese geerbten Gebrechen, mit unseren eigenen vermehrt, unsern Nachkommen.«[46] Degenerationstheorie lange vor Nietzsche.

Die Endzeitprognose ist ein politischer Topos und ein Kampfmittel. Im 13. Jahrhundert führten Papst Gregor IX. sowie Friedrich II. ihre Auseinandersetzungen vornehmlich in Endzeitformeln. So schleuderte der Papst im Frühsommer 1239 ein Manifest gegen den Kaiser, das mit den Worten beginnt: »Aus dem Meer steigt ein Tier voll von den Namen der Lästerung, das – mit der Tatze des Bären und dem Rachen des Löwen wütend, am übrigen Leibe von Panthers Gestalt – sein Maul öffnet zur Lästerung des göttlichen Namens (...).« Friedrich II. antwortet dem Papst im gleichen Tonfall: »Wenn wir nun seine Worte im rechten Sinne auslegen, so ist er jener große Drache, der alle Welt verführt, der Antichrist, dessen Vorläufer er Uns nannte (...).«[47] Auch der Antichrist trägt den Namen des Barbaren.[48] Das ganze Jahrhundert durchtoben solche Bilder und Argumente. Als sich um 1240 die Mongolen Mitteleuropa näherten, wollten manche im Heer der Tataren Boten des Kaisers gesichtet haben, die die wilden Völker zu ihren Vormarsch aufgefordert hatten.[49] Zu den treibenden Kräften bei dieser Endzeitpolemiken im 13. Jahrhundert zählen die Anhänger Joachims von Fiore, der den Übergang vom zweiten zum dritten Reich für die Jahre um 1260 errechnet hatte. Joachims Anhänger verschonten in ihrer apokalyptischen Stimmung sogar die Päpste nicht und sahen auf dem römischen Stuhl den Antichrist sitzen. Auch Bonifaz VIII. mußte sich von ihnen um 1300 einen *Luzifer* nennen lassen. Im 15. Jahrhundert trat ein Meister Theodorius auf, der schreckliche Übel für das Jahr 1464 ankündigte: Alle am Rhein ansässigen Bischöfe werden vertrieben und zum Teil erschlagen. Klöster und Pfarreien versinken in der Erde, und der Herzog von Österreich erschlägt den größten Teil der ungläubigen Böhmen (der Hussiten).[50] Die Ankündigungen geben dem religiösen Krieg ein apokalyptisches Prestige. Theodorius ist kein Einzelfall. Bereits die frühe Neuzeit inflationiert die Endzeitprognosen. Denn um die gleiche Zeit, da Theodorius die Klöster im Rheinbecken versinken sieht, klagt der Franziskaner Bernhardin von Siena: »Wir sind bis zum Überdruß mit Prophezeiungen mancherlei Art angefüllt, wie über die Ankunft des Antichrist, die Vorzeichen des nahenden Weltgerichts, die Verfolgung und Reformation der Kirche und dergleichen.«[51] Es ist aber nur die Wiederholung einer gleichlautenden Klage aus dem 13. Jahrhundert. Die Endzeitgutachten (und ihre Rhetorik) verschwinden nicht, sondern finden im 16. Jahrhundert ihre Fortsetzung, wenn sich erst die neuen Fronten zwischen den Anhängern des Protestantismus und dem Papst bilden. Immer wieder erhält der Papst – auch von Luther – den Namen des Antichristen. Der Dreißigjährige Krieg fährt die Ernte all dieser apokalyptischen Polemiken ein. Die Endzeitprognosen leiten nicht einfach nur religiöse Scharmützel ein, sondern ermöglichen Politik. Wenn heute in die Kontroversen um die »ökologische Krise« neue Endzeitargumente Eingang finden, dann geht es auch weiter um Politik. Das Endzeitargument ist theologisch und polemisch und kriegerisch. Ruth und Dieter Grohs Untersuchungen zu den »religiösen Wurzeln der ökologischen Krise«[52] sind historisch völlig überzeugend, sie bleiben indessen für die theologische Seite ihrer eigenen Polemik blind. Kein Zweifel, daß der technisch-zivilisatorische Optimismus des 17. Jahrhunderts seine Rhetorik theologisch, ja millenaristisch aufrüstet: Wie anders als mit theologischen Gründen sollte man die theologische Zernierung des Wissens durchbrechen?[53] Warum sollte man nicht bereits zu Weltzeiten versuchen, das mythische Unglück des Sündenfalls zu revidieren? Aber soll heute Theologie das Ozonloch stopfen?

Die Endzeitprognosen, über deren Menge bereits das 13. und 15. Jahrhundert klagten, haben sich im Gang der Jahrhunderte nur noch vermehrt. Die historische Zeit läßt sich unter diesem Aspekt als ungeheure, immer dichter gestaffelte Menge von Endzeitintervallen nachmessen. Es herrscht immer irgendeine Endzeit. Die Apokalypsendiskurse nehmen offenbar proportional mit der Lebenserwartung zu. Es ist immer Endzeit. Die Endzeit kann endgültig ausgerufen, sie kann aber auch als Auftakt zu einer neuen Neuzeit angekündigt werden. Jede Vergangenheit sinkt als ein gewesenes Weltende in die Archive. Nicht nur die großen Bücher wie Oswalt Spenglers *Untergang des Abendlandes* markieren in unserem Jahrhundert diese unaufhörliche Endzeitrede, aus der sich die Politiker ihre Gründe holen; ganze Bücherschränke sind voll davon. Aus den realen und fiktiven Endzeiten springen Dichter, Künstler und Philosophen. Endzeit bei Klages, Endzeit bei Weininger, Endzeit bei Hofmannsthal, Endzeit bei Thomas Mann, Endzeit bei Loos, Endzeit bei Hermann Keyserling, Endzeit bei Kandinsky, Endzeit bei Kraus, Endzeit bei Wittgenstein, Endzeit bei Jünger, Endzeit bei Benn,

Endzeit bei Hitler, Endzeit bei Beuys, Endzeit bei Adorno, Endzeit bei Heidegger, Endzeit bei Dürrenmatt, Endzeit bei Thomas Bernhard, Endzeit bei Baudrillard, Endzeit bei Fukuyama, Endzeit bei Virilio, Endzeit bei Postman. Die Eule der Minerva beginnt neuerdings ihren Flug in der *Dämmerung aller Zeiten*.

Es ist immer Endzeit. 1933 erklärt Adolf Hitler: »Ja, wir sind Barbaren, wir wollen es sein. (...) Wir sind es, die die Welt verjüngen werden. Die Welt ist am Ende.«[54] Für andere Denker ist die Welt immer schon und immer wieder am Ende. In seiner *Einführung in die Metaphysik* gibt Martin Heidegger im Jahre 1935 die Diagnose: »Der geistige Verfall der Erde ist so weit fortgeschritten, daß die Völker die letzte geistige Kraft zu verlieren drohen, die es ermöglicht, den (...) Verfall auch zu sehen. (...) denn die Verdüsterung der Welt, die Flucht der Götter, die Zerstörung der Erde, die Vermassung des Menschen, der hassende Verdacht gegen alles Schöpferische und Freie hat auf der ganzen Erde bereits ein Ausmaß erreicht, daß so kindliche Kategorien wie Pessimismus und Optimismus längst lächerlich geworden sind.«[55] Das Endzeitlibretto ist nach Ansicht des Philosophen auch 1966 noch spielbar, denn seit dem Untergang der griechischen Philosophie herrscht immer Endzeit. 1942/43 äußerte Heidegger die Ansicht, daß die Welt immer schon untergegangen ist. In seiner Parmenides-Vorlesung dieses Wintersemesters gedachte er der Vergessenheiten des Seins, nämlich der Wahrheit.[56] Während die 6. Armee Hitlers unter General Paulus ihrer Einkesselung und Vernichtung in Stalingrad entgegensah, erinnerte Heidegger in Freiburg an das vergessene *eigentliche Ereignis der Geschichte*, nämlich an den siegreichen Angriff der Romanisierung auf die griechische Kultur. Wie kosteten die Römer ihren Sieg damals aus? Sie rückten jene fatale Opposition von *verum* und *falsum* an die Stelle der griechischen Opposition von λαθόν (das Verborgene) bzw. φεῦδος (das Verhehlte) und ἀληθές (das Unverborgene, die Wahrheit). Das heißt: Barbarisierung durch Substitution. Doch fand dieses *ei-*

gentliche Ereignis keineswegs in geschichtlicher Ferne von Stalingrad statt; vielmehr wiederholte es sich dort. Nur wußte der Philosoph, »daß dieses geschichtliche Volk (...) schon gesiegt hat und unbesiegbar ist, wenn es das Volk der Dichter und Denker ist«. (114) Aber es ging dort noch einmal um die Wahrheit. Die von Heidegger konstruierte Etymologie des lateinischen *verum* führt mitten hinein in den Kessel von Stalingrad: »verum, ver-, bedeutet ursprünglich Verschließung, Bedeckung (...), daß verum genau das Gegenteil zu ἀληθές bedeutet: das Verschlossene«. (71) Und die Einschließung der deutschen Armee auf Stalins *imperium* (Befehl) hin wiederholt die »Einmauerung der ἀλήθεια im romanischen Bollwerk der veritas, rectitudo und iustitia«. (72) Heidegger macht klar, daß einst die Einkesselung der ἀλήθεια durch das *verum* sowohl im heidnischen wie im christlichen Rom erfolgte. Das ganze *Imperium* war der metaphysische Angriff der Cäsaren und Päpste auf die ἀλήθεια im Namen des *verum* und auf das φεῦδος im Namen des *falsum*. »Durch das imperial-staatliche und das imperial-kirchliche Römertum ist im Abendland das griechische φεῦδος für uns zum ›Falschen‹ geworden.« (68) In Stalingrad wehrt sich die Wehrmacht im Zeichen des deutschen *verum,* das noch nicht völlig der Romanisierung erlegen ist: »Der Stamm ›ver‹ zeigt sich eindeutig in unserem deutschen Wort ›wehren‹, ›die Wehr‹, ›das Wehr‹; darin liegt das Moment des ›Gegen‹, des ›Widerstandes‹: ›das Wehr‹ – der Damm gegen.« (69) Denn was geschieht in diesem historischen Augenblick des Wintersemesters 1942/43? Heidegger gibt die Erläuterung: »Die bürgerliche Welt hat nicht gesehen und will es zum Teil heute noch nicht sehen, daß im ›Leninismus‹, wie Stalin diese Metaphysik nennt (...), erst die metaphysische Leidenschaft des jetzigen Russentums verständlich wird, aus der es die technische Welt zur Geltung bringt.« (127) In Stalingrad kämpfen nicht nur Hitler gegen Stalin, sondern auch noch einmal Parmenides und Heraklit gegen Cäsar und Augustinus. Stalins »vollkommene technische Organisation der Welt« operiert nämlich als der »metaphysische Grund der Planung und alles Vorgehens«. (127) Woher aber kommt die Technik? Sie kommt aus der Barbarei der römischen Juristen und der päpstlichen Kurie: »›Kultur‹ ist dasselbe im Wesen wie die moderne Technik; beide sind streng im griechischen Sinne unmythisch. Griechisch gedacht sind ›Kultur‹ und ›Technik‹ Formen des Barbarismus nicht weniger als die ›Natur‹ Rousseaus.« (103 f.) Die deutsche Armee kämpft in Stalingrad für einen erneuten Untergang Roms. Die deutsche Armee kämpft gegen die Kultur.[57]

Es ist daher immer schon Endzeit. *Ubi iustitia, ibi finis temporum*. Nach Heidegger ging Rom durch römische Wahrheit unter. Rom als Erbe hellenischen Denkens ließ erst das Griechische in seinem Innern und dann sich selbst untergehen. Dieser Untergang Roms war ein Untergang durch Kultur, nämlich durch die innere romanische *Barbarei* von »veritas, rectitudo, iustitia, Richtigkeit und Gerechtigkeit«. (78) Und diese Endzeit nach dem Untergang der Wahrheit währte auch noch nach dem Krieg, da der Philosoph bei der Revision der Parmenides-Vorlesung in den sechziger Jahren keine Änderung vornahm.

Es ist immer schon Endzeit. Nicht anders Horkheimer/ Adornos *Dialektik der Aufklärung*: Die Katastrophe dauert schon, seit Odysseus den Riesen Polyphem betrog. Aber jetzt strahlt die »vollends aufgeklärte Erde im Zeichen triumphalen Unheils«.[58] Und heute? Die Propheten und die Staatsanwälte der »ökologischen Krise« bedienen sich am Ende des 20. Jahrhunderts immer noch apokalyptischer Argumente. Zum Beispiel Ruth und Dieter Groh, die in einem Atem »Geschichtsverbrechen und Naturverbrechen« anklagen und sie der gleichen Rationalität und Wissenschaft anlasten wie Horkheimer/ Adorno.[59] Unser Surrogat fürs Denken, die sogenannte Naturphilosophie, entsorgt Religon und Metaphysik, indem sie beide unter anderem Vorzeichen fortsetzt. Es ist immer wieder Endzeit. Das pragmatische Modell dieser endzeitlichen Metaphysik ist das Gericht. Das Gericht ist der institutionelle Name für alle Verfahren, philosophische Wahrheit zu prozessieren. Auch das ist eine alte Institution. Die Apokalypse des Johannes kündigt das Jüngste Gericht an. Unser kritischer, rationaler Diskurs arbeitet als der vorinstanzliche Betrieb dieses letzten Tribunals. Jede Endzeitprognose hält Gerichtstag. Die Geschichtsmetaphysik des Mittelalters machte alle Kriege zu einem Gerichtsverfahren Gottes.[60] Das fand auch Ernst Jünger: »Der Kampf ist (...) ein Gottesurteil über zwei Ideen.«[61] In Dantes *Inferno*-Gericht büßen mythische und politische Propheten: Mantho und Guido Bonatti. Nach einigen Jahrhunderten Gottes- und Vorsehungsgericht taucht bei Rousseau dann der Gedanke eines Gerichts der Natur auf. Das Erdbeben von Lissabon, schreibt er 1756 an Voltaire, tauge nicht zur Anklage Gottes, sondern sei ein Urteil über die Menschen: Hätten sie nicht auf engem Raum Häuser von sechs und sieben Stockwerken gebaut, dann wäre »die Verheerung weit geringer gewesen und vielleicht gar nicht geschehen«.[62] Karl Kraus kommentiert das Erdbeben in Sizilien 1908 mit den Worten: »Die Erde will nicht mehr. (...) Sie macht mobil, seitdem die Menschen die Eroberung der Luft versuchen.«[63] Die moderne Vernunft sitzt gleichfalls zu Gericht. Die *Kritik der reinen Vernunft* beamtet im Prozeß der Erkenntnis die Vernunft als Richter, und die Natur fungiert als Zeuge.[64] Hegel überträgt dagegen der Weltgeschichte das Weltgericht. Heute sitzen Wissenschaftler über die Geschichte und über sich selbst zu Gericht. Im Frühjahr 1994 fand in Hamburg ein Kongreß über *Modernität und Barbarei* statt, in dem zahlreiche namhafte Soziologen über die großen politischen Verbrechen des 20. Jahrhunderts zu Gericht saßen.[65] *Barbarei* sollte vor allem die Völkermorde bezeichnen, die im Namen des Nationalsozialismus begangen wurden. Die Verurteilung dieser Verbrechen bildete nicht das Ziel, sondern die Voraussetzung dieses Gerichtsverfahrens. In der Hauptsache fragten Veranstalter und Referenten nach den Möglichkeiten, wissenschaftliche Interpretationen (Erklärungen) für die Barbarei zu finden. Und es zeigte sich, daß es sehr viele und sehr kluge Interpretationen gibt. Nur ist die Barbarei keine Erfindung der Moderne, sondern eine Spezialität der Zivilisation. Und das gleiche gilt für die endzeitlichen Interpretationen. Da sich die Soziologie aber nach Aussage der Herausgeber der Tagungsvorträge seit ihrer Gründung als »Krisenwissenschaft *par excellence*« versteht, galt die Hauptfrage der Tagung der Soziologie selbst, nämlich: »(...) über welches theoretische Interpretationspotential sie am Ende des 20. Jahrhunderts für eine überzeugende Zeitdiagnose verfügt«.[66] Welche Krise ist unsere Endzeit? Und welche Soziologie kann uns retten?

Die Wissenschaft kann nicht retten. Die Wissenschaft kann aber wissen. Und zum Wissen über den Barbaren und die Barbarei gehört, daß jede Zivilisation die Barbarei in sich trägt: als ihr anderes, als das Bild ihres Wiederbeginns, als ihre trügerische Alternative. Als eine Alternative, in der sie ihr eigenes Recycling zu betreiben glaubt. Dieser Barbar in der Latenz, im Unbewußten, in den Trümmern der Zivilisation verfügt über Spielräume unterschiedlicher Art: in der Kunst, in Kriegen, in Revolutionen, in der Literatur, in Subkulturen, in Philosophendiskursen. Endzeitprognosen sind die wirkungsvollsten Weckrufe für den Barbaren in uns allen.

Anhang

Anmerkungen

Prospekt

1 Jacob Burckhardt: Weltgeschichtliche Betrachtungen. Stuttgart [7]1949, S. 202ff.

2 Vgl. hierzu Hermann Lübbe: Geschichtsbegriff und Geschichtsinteresse. Analytik und Pragmatik der Historie. Basel, Stuttgart 1977.

3 Vgl. zur Tradition der Exodus-Erinnerung den schönen Essay von Michael Walzer: Exodus und Revolution. Aus dem Amerikanischen von Bernd Rullkötter. Berlin 1988.

4 Demandt (1984), S. 695.

5 Vgl. hierzu Paris (1872).

6 Diese Gedanken verfolgt Jean-Christophe Ruffin: Das Reich und die Neuen Barbaren. Aus dem Französischen von Joachim Meinert. Mit einem Geleitwort von Adolf Muschg. Berlin 1993.

7 Eine Montage aus Platon: Sophistes 226a u. 234b. Platon (1990), Bd. VI, S. 254–281.

8 Diderot (1980), Bd. X, S. 402

9 Vgl. Göckenjahn, Sweeney (Hgg.) (1985).

1. Griechen und Barbaren: Probleme der Polysemie

1 Vgl. Reinhart Koselleck: Zur historisch-politischen Semantik asymmetrischer Gegenbegriffe. In: R.K.: Vergangene Zukunft. Zur Semantik geschichtlicher Zeiten. Frankfurt/Main 1979, S. 211–259.

2 Quintiliani Institutio oratoria VIII 6, 31: »Onomatopoeia quidem, id est ficitio nominis, Graecis inter maximas habita virtutes, nobis vix permittitur. et sunt plurima ita posita ab his, qui sermonem primi fecerunt aptantes adfectibus vocem: nam ›mugitus‹ et ›sibilus‹ et ›murmur‹ inde venerunt.« Quintilianus (1988), Bd. II, S. 230.

3 Kranz (1985), Bd. I, S. 175, Nr. 107.

4 Tracherinnen 1060, Sophokles (1977), S. 126.

5 Jüthner (1923), S. 2. Vgl. auch entsprechende Belege bei Opelt, Speyer (1967), S. 265f. u. 269.

6 Historiae II, 159. Herodot (1911), Bd. I, S. 216.

7 Kratylos 421d. Platon (1990), Bd. III, S. 514f.
8 1. Korinther 14, 11.
9 So in der Herodot-Schrift des Plutarch: De malignitate Herodotis 12 (Moralia 857), Plutarch (1969), Bd. XI, S. 22f.
10 Politeia 470c. Platon (1990), Bd. IV, S. 434f.
11 Hobbes (1984), S. 96.
12 Ab urbe condita libri 31, 29. Livius (1978), Bd. 7, S. 68f.
13 Peri Zoon Idiothätos 11, 5. Auch Pferde haben diese Unterscheidungsfähigkeit, vgl. 16, 24, Aelian (1971), Bd. II, S. 363 u. Bd. III, S. 295f.
14 Belege bei Treitinger (1938), S. 184f.
15 Moralia 329a. Plutarch (1969), Bd. IV, S. 396ff.
16 Philippos 5, 16. Übersetzung nach Jüthner (1923), S. 33.
17 Vgl. Hirzel (1900), S. 40.
18 Plutarch bezeichnete ihn nach einer platonischen Prägung als φιλοσοφώτατος. In: Moralia 329a. Plutarch (1969), Bd. IV, S. 396f.
19 So zuletzt Baldry (1965), S. 113ff.
20 Kratylos 383b u. 397d. Platon (1990), Bd. III, S. 396f. u. 440f.
21 Politik 1330a, 25ff. Aristoteles (1970), S. 192. Panegyrikos 10. Isokrates (1854), S. 53.
22 Odyssee IX, 112ff. Homer (1989), S. 111.
23 Politeia 533c,d. Platon (1990), Bd. IV, S. 612ff.
24 So die Definition bei Martianus Capella. Beleg bei Lausberg (1960), Bd. I, S. 34.
25 Vgl. hierzu: Mewaldt (1946).
26 Rhetorik 1404b. Aristoteles (1987), S. 170f.
27 Antigone 795f. εὐλέκτρου νύμφας. Sophokles (1977), S. 75.
28 Zum Thema des »ungeschrieben Gesetzes« vgl. Hirzel (1900) sowie das folgende Kapitel.
29 Apologie 32b. Platon (1990), Bd. II, S. 42f.
30 Antigone 448ff. Sophokles (1977), S. 66.
31 Vgl. hierzu Hirzel (1900).
32 Hobbes (1984), S. 6.
33 Vgl. Hirzel (1900), S. 23.
34 Kriton 50b. Platon (1990), Bd. II, S. 92f.
35 Euthyphron 8b. Platon (1990), Bd. I, S. 370f.
36 Diogenes Laertius (1990), S. 95.
37 Apologie 28c. Platon (1990), Bd. II, S. 32.
38 Menexenos 245b. Platon (1990), Bd. II, S. 254f.
39 Zitat nach Luria (1963), S. 538. Zu Antiphon vgl. auch Altheim (1926).
40 Panegyrikos 50f. Isokrates (1854), S. 58f.
41 Beleg nach Jüthner (1923), S. 51.

42 Beleg nach Lechner (1955), S. 296.
43 Nietzsche (1980), Bd. 1, S. 40.
44 Rohde (1876/1974), S. 210ff.
45 Zitat nach Rohde (1876/1974), S. 237ff.
46 Nietzsche (1980), Bd. 1, S. 35ff.
47 Rohde (1874/1974), S. 220ff.
48 Zur geographischen Lage des Paradieses vgl. Cramer (1994).
49 Jüthner (1923), S. 136 (Anm.).

2. Römer und Barbaren: Kaiser und Barbar rochieren

1 Epistulae II, 1, 156, Horaz (1982), Bd. II, S. 208.
2 Beispiele bei Tacitus: Annalen I, 51, 132 oder Livius 31, 29, 15.
3 Das steht bei dem römischen Historiker Velleius Paterculus II, 129, 3. Zitat nach Alföldi (1952), S. 6.
4 Heidegger (1982), S. 57ff.
5 Thomas Hobbes: Vom Menschen. Vom Bürger. Eingeleitet u. hg. von Günter Gawlick. Hamburg 1959, S. 17.
6 Vgl. Momigliano. In: Momigliano (Hg.) (1963), S. 2. Momigliano zitiert die Ansicht Mircea Eliades: »the Romans were continually obsessed by the ›end of Rome‹«.
7 Historien 38, 22, Polybios (1975), Bd. VI, S. 439.
8 Vgl. hierzu: Mazzarino (1973).
9 Vgl. Lechner (1955), S. 302.
10 Dazu: Dölger (1976), S. 88, 115.
11 Vgl. Momigliano. In: Momigliano (Hg.) (1963), S. 1–16.
12 Demandt (1984), S. 695.
13 Plautus (1966), S. 63.
14 Zur (negativen) Bedeutungsfülle des Begriffs vgl. die zahlreichen Belege bei Eichhorn (1904).
15 De re publica I, 58. Cicero (1970), S. 86f.
16 De finibus 2, 49. Cicero (1988), S. 112f. Sowie in den *Institutionis oratoriae libri XII* in Buch V, 10, 24, Quintilianus (1988), Bd. I, S. 556.
17 Aeneis VI, 851ff. Vergil (1971), S. 268f.
18 Antiquitates I, 5, 3, Dionysios von Halikarnassos (1961–63), Bd. I, S. 16ff.
19 Vgl. Walser (1951), S. 21f.
20 Hier vor allem Goffart. In: Chrysos, Schwarcz (1989).
21 Darstellung nach Mazzarino (1973), S. 19.
22 Historien 11, 39, 6, Polybios (1975), Bd. IV, S. 300ff.
23 Stromata 1, 15, 73. Clemens Alexandrinus (1985), S. 46f.
24 Epodon liber 16, 1f., Horaz (1982), Bd. I, S. 252f.

25 Vgl. hierzu Walter Rehm (1966).

26 Der Kampf als inneres Erlebnis. In: Jünger (o.J.), Bd. V, S. 44.

27 Vgl. Mazzarino (1973), S. 51.

28 Mazzarino (1973), S. 57ff.

29 Dazu: Rehm (1966), Demandt (1984).

30 Norden (1920/1974), S. 3. Die Schlußbemerkung auf S. 428 spielt auf das Ende des Ersten Weltkrieges an und lautet: »Seiner nationalen Kraft ist sich unser Volk von alters her bewußt geworden, aber politisches Nationalbewußtsein hat es erst im späten Verlaufe seiner Geschichte gewonnen. Dieses Mißverhältnis des Physischen und Psychischen, an dem sein Organismus immer von neuem erkrankte, ist ihm jetzt zum Verhängnis geworden. Nur von einer dauernden Durchdringung beider Lebenselemente ist seine Gesundung zu erwarten.«

31 Wesentliche Anregungen für diese Lesart finden sich bei Walter Goffart: Barbarians and Romans: The Techniques of Accomodation. Princeton 1980. Vgl. auch eine kürzere Version unter dem Titel »The Theme of ›*The* Barbarian Invasions‹«, in: Chrysos, Schwarcz (Hgg.) (1989), S. 87–107.

32 Belge bei Jüthner (1923), S. 150, Anm. 281.

33 Novella 70, Justinian (1988f.), Bd. III, S. 356 : »(...) senioris Romae et novae (...)«

34 Codex L. I, Tit. 17, § 21: »ut nemo (...) commentarios isdem legibus adnectere; (...) auctoritate Augusta (...), cui soli concessum est leges et condere et interpretari«. Justinian (1988f.), Bd. II, S. 73.

35 Apologeticum 35, Tertullian (1961), S. 172f.

36 Institutionen, Vorrede, Justinian (1990), S. XIII.

37 »Barbari sunt qui extra Romanum imperium sunt, & maxime hostes.« In: Justinian (1966), Bd. V, Sp. 4. Glosse zum Term *barbaricae gentes* im Proömium.

38 Codex I, 1, § 1. Justinian (1988f.), Bd. II, S. 5.

39 Institutionen I, 2, 3, Justinian (1990), S. 3: »Constat autem ius nostrum aut ex scripto aut ex non scripto, ut apud Graecos: τῶν νόμων οἳ μὲν ἔγγραφοι, οἳ δὲ ἄγραφοι.«

40 Rhetorik 10, 1368b. Aristoteles (1987), S. 54.

41 Institutionen I, 3, 11, Justinian (1990), S. 5.

42 Vgl. hierzu Hirzel (1900), S. 31.

43 Codex *De Iustinianeo codice confirmando,* Übersetzung nach: Justinian (1984f.), Bd. V, S. 6.

44 Ad ineruditum principem 3,1. Plutarch: Moralia (1969), Bd. X, S. 57: »ο νομος (...) αλλ' εμφυχος εν αυτω λογος.«

45 Novellen 105, 2, 4, Justinian (1988f.), Bd. IV, S. 506f.: »Omnibus enim a nobis dictis imperatoris excipiatur fortuna, cui et ipsas deus

leges subiecit, legem animatam eum mittens hominibus« (ebda. S. 507).

46 Vgl. Baldry (1965), S. 43.

47 Vgl. hierzu: Steinwenter (1947).

48 Ebda. S. 256.

49 Römer 2, 14f.

50 Ad ineruditem principem 3,1. Plutarch: Moralia (1969), Bd. X, S. 57. Vgl. Andresen (1955), S. 268.

51 Pohlenz (1949), S. 89ff.

52 Irenäus (1912), Bd. II/III, S. 214.

53 Vgl. Digesten I, 4, 1: »Was also nun der Kaiser durch einen Brief und eine Unterschrift bestimmt, oder erkennend beschließt, oder überall und auf der Stelle ausspricht, oder durch ein Edict vorschreibt, ist Gesetz.« In: Justinian (1984f.), Bd. I, S. 245.

54 Kantorowicz (1990).

3. Christen und Germanen: Der gute Barbar betritt die Bühne der Geschichte

1 Patrologia Graeca 63, Sp. 501. Meine Übersetzung, die der lat. Version folgt. Vgl. hierzu auch Lechner (1954), S. 30f.

2 Ebda. Sp. 501.

3 Tatian (1913), S. 156f.

4 Vgl. entsprechende Äußerungen Bischofs Theodoret im 5. Jahrhundert. Beleg bei Winkelmann. In: Chrysos, Schwarcz (1989), S. 234.

5 Ebda. S. 200.

6 Ebda. S. 205.

7 Ebda. S. 222.

8 Ebda. S. 239.

9 Ebda. S. 240f.

10 Vgl. hierzu: Borst (1995).

11 Ebda. S. 242.

12 Noch einmal: Borst (1995).

13 Justin (1913), S. 70.

14 Ebda. S. 126f.

15 Vgl. Andresen (1955), S. 69.

16 Andresen, S. 199.

17 Harnack (1924), S. 305ff.

18 Schmitt (1982), S. 84ff.

19 Tertullian (1961), S. 172ff.

20 Darstellung nach Treitinger (1938), S. 37.

21 Belege bei Opelt/Speyer (1967), S. 263.

22 Lechner (1954), S. 100.

23 Patrologia Graeca 61, Sp. 27.
24 Beleg bei Norden (1909), Bd. II, S. 521.
25 Worte des Sulpicius Severus. Beleg bei Norden (1909), Bd. II, S. 530.
26 Tatian (1913), S. 197.
27 Beleg bei: Norden (1909), Bd. II, S. 514.
28 Jesaja 53, 2.
29 Contra Celsum VI, 75, 5. Origines (1967–76), Bd. III, S. 366f. Vgl. hierzu den Aufsatz von Jacob Taubes: Die Rechtfertigung des Häßlichen in urchristlicher Tradition. In: Die nicht mehr schönen Künste. Hg. von H.R. Jauss. München 1968 (Poetik und Hermeneutik 3), S. 169–185.
30 Symposion 221 d,e. Platon ([2]1990), Bd. III, S. 386f.
31 Norden (1909), S. 529.
32 Ebda. S. 524.
33 Ebda. S. 316.
34 Ebda. S. 316.
35 Patrologia Latina 75, Sp. 516.
36 Beide Belege bei Norden (1909), Bd. II, S. 532.
37 Luther (1962), S. 7.
38 Collected Works of Erasmus. Literary and Educational Writings 1. Antibarbari / Parabolae. Edited by Craig R. Thompson. Toronto, Buffalo, London 1978, S. 83.
39 Martin Luther: Auslegung zu Psalm 5. In: Luther (1983), Bd. 2, S. 34. Vgl. hierzu Christel Köhle-Hezinger / Gabriele Mentges (Hgg.): Der neuen Welt einen neuen Rock. Studien zu Kleidung, Körper und Mode an Beispielen aus Württemberg. Stuttgart 1993.
40 Goethe (1966), Bd. XII, S. 14.
41 Lenz (1987), Bd. 3, S. 643.
42 Loos (1982), S. 88, 70.
43 Zu dieser Funktion vgl. Steinwenter (1946), S. 266ff.
44 Lechner (1954), S. 121.
45 Grousset (1970), S. 309.
46 Darstellung nach Gert Wendelborn: Gott und Geschichte. Joachim von Fiore und die Hoffnung der Christenheit. Wien / Köln 1974, S. 80ff.
47 Fried (1986), S. 295.
48 Grousset (1970), S. 312.
49 Carpini (1930), S. 177f. Vgl. Fried (1986), S. 323.
50 Kuoni (1990), S. 69f.
51 Kuoni (1990), S. 74.
52 Norden (1909), Bd. II, S. 552.
53 Ebda. S. 516, 531 Anm.
54 Zitat nach: Köpke, Dümmler (1962), S. 560.

55 Lausberg (1960), Bd. I, S. 34: »dialectica ... quae disputationibus subtilissimis vera scernit a falsis«.
56 Beleg bei Norden (1974), S. 427 Anm.
57 Beleg bei Demandt. In: Chrysos / Schwarcz (1989), S. 77
58 Augustinus (1977), Bd. I, S. 4f.
59 Zitat nach Mazzarino (1973), S. 68.
60 Augustinus (1977), Bd. I, S. 6.
61 Darstellung nach Thompson (1963), S. 56–78.
62 Belege bei Winkelmann. In: Chrysos, Schwarcz (1989), S. 233.
63 Opelt / Speyer (1967), S. 278.
64 Chamberlain (1937), Bd. I, S. 373.
65 Augustinus (1982), S. 201 ff.
66 Opelt / Speyer (1967), S. 279.
67 Das berichtet Johannes Zonares in seiner Chronik. Beleg bei Lechner (1954), S. 100.
68 Lechner (1954), S. 100.
69 L. Biehl: Das liturgische Gebet für Kaiser und Reich. Paderborn 1938, S. 39, Anm. 3.
70 Hierzu: Gerhard Tellenbach: Römischer und christlicher Reichsgedanke in der Liturgie des frühen Mittelalters. In: Sitzungsberichte der Heidelberger Akademie der Wiss., phil.-hist. Klasse 1 (1934/35), S. 7f.
71 Vgl. zur Tradition der Kommunikationsideale: Schneider (1995).
72 Zitat nach Lechner (1955), S. 295, Anm. 8.
73 Treitinger (1938), S. 171.
74 Piccolomini (1962), S. 131.
75 Kantorowicz (1974), S. 184ff.

4. Die Liturgie des Barbaren

1 Belege bei Treitinger (1938), S. 171.
2 Liudprand (1977), S. 202. Legatio LI.
3 Liudprand (1977), S. 200. Legatio XLVII.
4 Vgl. Ditten (1964), S. 283.
5 Vgl. Heinrich Euler: Die Begegnung Europas mit den Mongolen im Spiegel abendländischer Reiseberichte. In: Saeculum 23 (1971), S. 47–58.
6 Bericht des französischen Teilnehmers Robert von Clari. Zitat bei Milger (1988), S. 297.
7 Runciman (1989), S. 899.
8 Choniates (1958), S. 149ff.
9 Eustathios (1955), S. 107ff.

10 Ebda. S. 110.
11 Ebda. S. 108.
12 Flavius Josephus XIV, 2 (1993), Bd. II, S. 218.
13 Vgl. im sechsten Kap. den Abschnitt über Vico.
14 Vico (1990b), Bd. II, S. 568 ff.
15 Nietzsche (1980), Bd. V, S. 274.
16 Ebda. S. 274 f.
17 Jünger (o.J.), Bd. V, S. 14 f.
18 Ebda. S. 38.
19 Belege bei René Grousset (1975), S. 346 f.
20 Jünger (o.J.), Bd. V, S. 58f.
21 Ebda. S. 66, 84

5. Der germanische Barbar als Retter der Welt

1 von See (1970).
2 Grimm (1981), Bd I, S. V.
3 Norden (1920/1974), S. 5.
4 Eine kritische Tacitus-Lektüre findet sich auch bei Walser (1951).
5 Die Quellen bei Neuwald, Heine (1992). Vgl. dazu auch: Norden (1974), S. 105 ff., sowie Mayer (1925). Zum Thema weiter ganz vorzüglich ist Michael Werner: La »Germanie« de Tacite et l'originalité allemande. In: Le Débat 78 (1994), S. 42–61.
6 Vgl. hierzu Tiedemann (1913), der diesen Katalog von Eigenschaften im Spiegel deutscher humanistischer Kommentare durcharbeitet.
7 Vgl. hierzu Paul Thielscher: Das Herauswachsen der »Germania« des Tacitus aus Cäsars »Bellum Gallicum«. In: Das Altertum 8 (1962), S. 12–26.
8 Ausführliche Darstellung bei Krapf (1979).
9 Piccolomini (1962), S. 34.
10 Piccolomini (1962), S. 149: »Hoc beneficium vobis apostolica sedes contulit: ex infidelibus christianos fecit, ex barbaris Latinos, ex vitiosis honestos, ex perditis salvatos.«
11 Piccolomini (1962), S. 131.
12 Ebda. S. 90.
13 Zu Wilhelm II. und Chamberlain vgl. Wilfried Rogasch. In: Wilderotter, Pohl (1991), S. 97. – Hitler bemerkt 1925 über die Regierungen vor dem Ersten Weltkrieg wie danach: »die offiziellen Stellen der Regierung gingen an den Erkenntnissen Houston Stewart Chamberlains genau so gleichgültig vorüber, wie es heute noch geschieht«. In: Adolf Hitler: Mein Kampf. München [68]1933, Bd. 1, S. 296.
14 Chamberlain (1937), Bd. I, S. 337 Anm.
15 Zitat nach Krapf (1979), S. 57.

16 Zitat nach Tiedemann (1913), S. 2.
17 Joachimsen (1911), S. 707.
18 Darstellung nach Krapf (1979), S. 68 ff.
19 Ausführliche Darstellungen bei Joachimsen (1911) und Kuehnemund (1966).
20 Kuehnemund (1966), S. 19 ff.
21 Ebda. S. 18.
22 Ebda. S. 21 f.
23 Luther im Gespräch. Nach dem Tagebuch Anton Lauterbachs. Beleg in: Luther (1983), S. 236.
24 Karl Kindt: Klopstock. Berlin-Spandau [2]1948, S. 473.
25 Das ist das Verdienst von Richard Samuel: Kleists »Hermannsschlacht« und der Freiherr vom Stein. In: Jahrbuch der deutschen Schillergesellschaft 5 (1961), S. 64–101. Vgl. auch Wolf Kittler: Die Geburt des Partisanen aus dem Geist der Poesie: Heinrich Kleist und die Strategie der Befreiungskriege. Freiburg i. Br. 1987 (Rombach Wissenschaft Reihe Litterae).
26 Kleist (1964), Bd. II, S. 378 f.
27 Hierzu: Mayer (1925).
28 Ambrosius: De fide 2, 16, 138. Beleg nach Opelt/Speyer (1967), S. 275.
29 Publikationen aus den Preußischen Staatsarchiven. – Bd. 94. – NF. Leipzig 1938, S. 552. Zitat nach Wolf Kittler: Die Geburt des Partisanen aus dem Geist der Poesie. Heinrich von Kleist und die Strategie der Befreiungskriege. Freiburg i. Br. 1987, S. 225.
30 Kleist (1964), Bd. I, S. 585.
31 Ebda. S. 612 f.
32 Kleist (1964), Bd. II, S. 45.
33 Christian Dietrich Grabbe: Die Hermannsschlacht. In: Ch. D. G.: Werke und Briefe. Hist.-krit. Ausgabe in sechs Bänden. Hg. von der Ak. der Wiss. in Göttingen. Bearbeitet von A. Bergmann. Emsdetten 1961, Bd. 3, S. 375 f.
34 Fichte (1955), S. 121.
35 Ebda. S. 246.
36 Patrologia Latina, Bd. 76, Sp. 1009 f.
37 Ernst Moritz Arndt: Der Rhein, Deutschlands Strom, aber nicht Deutschlands Grenze. In: E. M. A.: Ausgewählte Werke in 16 Bdn. Hg. von H. Meisner u. R. Geerds. Leipzig o. J. [1908], Bd. 13, S. 145–197.
38 Heine (1968–76), Bd. VI/1, S. 459 f.
39 Zur langen Geschichte des Rheins als Grenze zwischen romanischer und germanischer Welt vgl. das schöne Buch von Lucien Febvre: Der Rhein und seine Geschichte. Frankfurt/Main, New York 1994.

40 Nibelungenlied, 19. aventiure. Sie markiert genau die Mitte des Epos.

41 Vgl. hierzu den Aufsatz von Andreas Alföldi (1952): The Moral Barrier on Rhine and Danube: »Along the Rhine and Danube it was not only a waterway that seperated the Roman Empire from the territory of the barbarians; (...) the frontier line was at the same time the line of demarcation between two fundamentally different realms of thought whose moral codes did not extend across the boundary.« (S. 19)

42 Grimm (1981), Bd. II, S. 780 u. 882.

43 Elementargeister. In: Heine (1968–76), Bd. III, S. 672f.

44 Schmitt (1984), S. 5.

45 Chamberlain (1937), S. 610.

46 Von der babylonischen Gefangenschaft der Kirche. In: Luther (1983), Bd. 3, S. 73f.

47 Opelt/ Speyer (1967), S. 289.

48 Luther (1983), Bd. 3, S. 101.

49 Stromata 1, 21, 143, 6. Clemens Alexandrinus (1985), S. 89.

50 Contra Celsum VIII, 37, 15. Origines (1967–76), Bd. IV, S. 242f.

51 Contra Celsum I, 25, 31. Origines (1967–76), Bd. I, S. 142f.

52 »ego barbarus in barbarie semper versatus«. In: Martin Luthers Werke. Kritische Gesamtausgabe Bd. 18 (Weimarer Ausgabe). Weimar 1964, S. 600. Übersetzung nach: Luther (1962), S. 9f.

53 Grimm (1981), Bd. I, S. XXXVII.

54 Schmitt (1984), S. 58.

55 II, 3. Mozart (1962), S. 40.

56 Mozart (1962), S. 22, 32, 54: »Wie stark ist nicht dein Zauberton, / Weil, holde Flöte, durch dein Spielen / Selbst wilde Tiere Freude fühlen.« (S. 32)

57 Vgl. Anm. 54 u. 55 in Kap. 3.

58 Mozart (1962), S. 67.

59 Vgl. Ernst Kantorowicz: Kaiser Friedrich der Zweite. Stuttgart [3]1992, S. 630f.

60 Epoden 16, 9–13. Horaz (1982), Bd. I, S. 252f.

61 Zitat nach: Mazzarino (1973), S. 72.

62 Ich verweise auf Rehm (1966); Gleckner (1967); Mortier (1974); Goldstein (1977).

63 Nach Mortier (1974), S. 32f.

64 Vgl. das Lied des Dichters Giovanni-Battista Spagnoli, das um 1500 entstand. In: Mortier (1974), S. 36.

65 Zitat nach Mortier (1974), S. 91.

66 Chateaubriand: Voyage en Italie. In: Œuvres romanesques et voyages. Texte établi, présenté et annoté par Maurice Regard. Paris 1969, Bd. II, S. 1442 u. 1482 (Bibliothèque de la Pléiade).

67 Heine (1968–76), Bd. II, S. 360.

68 Walter Benjamin: Der Ursprung des deutschen Trauerspiels. In:. Benjamin (1974ff.), Bd. I, S. 355. Vgl. hierzu Schneider (1996).

69 Sigmund Freud: Zur Ätiologie der Hysterie. In: S. F.: Studienausgabe. Hg. von A. Mitscherlich, A. Richards u. J. Strachey. Frankfurt/Main 1969ff., Bd. VI, S. 51–81, S. 54.

6. Europäische Denkfiguren: Erneuerung, Wiederkehr, Vergessen

1 Neil Postman: Wir amüsieren uns zu Tode. Urteilsbildung im Zeitalter der Unterhaltungsindustrie. Frankfurt/Main 1985.

2 Phaidros 275a. Platon (1990), Bd. V, S. 176f.

3 Phaidros 276a. Platon (1990), Bd. V, S. 180f.

4 Sophistes 226a. Platon (1990), Bd. VI, S. 252f.

5 Vgl. hierzu: Derrida (1972).

6 Kratylos 421d. Platon (1990), Bd. III, S. 514f.

7 Kratylos 387c. Platon (1990), Bd. III, S. 409f.

8 Kratylos 414c. Platon (1990), Bd. III, S. 492f.

9 Politeia 426d. Platon (1990), S. 300f.

10 Areopoagitikos 41. Isokrates (1898–1904), Bd. I, S. 161.

11 Aristoteles: Politik III, 1284a ; Platon: Politikos 294a. Platon (1990), Bd. VI, S. 522f.

12 Steinwenter (1947), S. 265.

13 Contra Celsum I, 4. Origines (1967–1976), Bd. I, S. 86f.

14 Adversus Haereticos. Irenäus (1912), S. 214.

15 Contra Celsum I, 24, 15. Origines (1967–1976), Bd. I, S. 136f.

16 Annalen 3, 26. Tacitus (1987), S. 172.

17 Beleg bei Lechner (1954), S. 120f.

18 Luther (1983), Bd. 3, S. 9f.

19 Vgl. hierzu Borinski (1965), Bd. II, S. 10.

20 Codex I, 1, § 1. Justinian (1988ff.), Bd. II, S. 5. Übersetzung nach: Das Corpus Iuris Civilis (Romani). Ins Deutsche übersetzt von einem Verein Rechtsgelehrter u. herausgegeben von Karl Eduard Otto, Bruno Schilling, Karl Friedrich Ferdinand Sintenis. Leipzig 1832. Nachdruck Aalen 1984, Bd. 5, S. 13.

21 Vgl. hierzu Pierre Legendre: »Die Juden interpretieren verrückt.« Gutachten zu einem klassischen Text. In: Psyche 43 (1989), H. 1, S. 20–39.

22 Jean-Jacques Rousseau: Du contrat social. In: J.-J. R.: Œuvres complètes III. Du contrat social. Écrits politiques. Hg. von B. Gagnebin et M. Raymond. Paris 1964, S. 394: »A ces trois sortes de lois, il s'en

joint une quatrième, la plus importante de toutes; qui ne se grave ni sur le marbre ni sur l'airain, mais dans les cœurs des citoyens; qui fait la véritable constitution de l'Etat (...).«

23 Hobbes (1984), S. 6.

24 Peter Fischer (Hg.): Reden der Französischen Revolution. München 1974, S. 148.

25 Ebda. S. 342.

26 Goethe (1966), Bd. VI, S. 481 f.

27 Janet Colemann: Das Bleichen des Gedächtnisses. Hl. Bernhards monastische Mnemotechnik. In: Anselm Haverkamp, Renate Lachmann: Raum – Bild – Schrift. Studien zur Mnemotechnik. Frankfurt/Main 1991, S. 207–227.

28 Nietzsche (1980), Bd. I, S. 274.

29 Ebda. S. 279.

30 Momigliano. In: Momigliano (1963), S. 3.

31 Darstellung und Zitat nach Schramm (1975), S. 41.

32 Legatio XI. Liudprand (1977), S. 182 f. Vgl. Schramm (1975), S. 78.

33 Schramm (1975), S. 88 ff.

34 Vico (1990b), Bd. I, S. 27.

35 Vico (1990b), Bd. II, S. 492 f.

36 Vico (1990a), Bd. I, S. 858.

37 Vgl. das Buch V, Vico (1990b), Bd. II, S. 568 ff.

38 Vico (1990a), Bd. I, S. 967.

39 Vico (1990b), Bd. II, S. 602.

40 Ebda. S. 604.

41 Ebda. S. 605.

42 Vico (1990b), Bd. I, S. 31.

43 Vico (1990b), Bd. II, S. 500.

44 Rousseau: Œuvres complètes, Bd. III, S. 8. Übersetzung nach: Rousseau (1988), Bd. I, S. 35 f.

45 Rousseau (1988), Bd. I, S. 38.

46 Ebda. S. 265.

47 Jean-Jacques Rousseau: Emil oder über die Erziehung. Hg. u. eingeleitet von Martin Rang. Unter Mitarbeit des Hg. aus dem Franz. von Eleonore Sckommodau. Stuttgart 1976, S. 179.

48 Institutionen I, 2, 10. Corpus Iuris Civilis (1990), S. 5.

49 Immanuel Kant: Kritik der reinen Vernunft. Hg. von Raymund Schmidt. Hamburg 1962, S. 684 f.

50 Vgl. hierzu Kranz (1949), S. 299.

51 Immanuel Kant: Vorlesungen über philosophische Religionslehre. Herausgegeben von K. H. L. Pölitz. Leipzig [2]1830 (Nachdruck Darmstadt 1982), S. 132.

52 Renate Lachmann: Die Unlöschbarkeit der Zeichen. Das semioti-

sche Unglück des Mnemonisten. In: Anselm Haverkamp, Renate Lachmann: Gedächtniskunst (Anm. 27), S. 111–141, hier: S. 111.

53 Schiller (1965ff.), Bd, V, S. 667.

7. Der Barbar und die Medien

1 Kratylos 389aff. Platon (1990), S. 414f.

2 Kratylos 400c. Platon (1990), S. 450f.

3 Contra Celsum I, 24, 15. Origines (1967–76), Bd. I, S. 136f.

4 Etymologiae XI, i, 51. Isidor (1957), Bd. II, o.p.

5 Vico (1990b), Bd. I, S. 30.

6 Rousseau (1988), Bd. I, S. 211.

7 Benjamin (1974ff.), Bd. II, S. 150ff.

8 Vgl. oben die Bemerkungen über den *nomos empsychos*.

9 Belege bei Opelt / Speyer (1967), S. 286.

10 Annalen 3, 26. Tacitus (1987), S. 172.

11 Rousseau (1988), Bd. I, S. 40: »(...) jene Stadt, die sowohl wegen ihrer glücklichen Unwissenheit als durch die Weisheit ihrer Gesetze so berühmt war, diese Republik, deren Bürger mehr Halbgötter als Menschen waren; so sehr schienen ihre Tugenden die menschliche Natur zu überteigen? O Sparta, ewiger Vorwurf für eine eitle Gelehrsamkeit!« – Schiller: Die Räuber. In: Schiller (1965–67), Bd. I, S. 504: »Stelle mich vor ein Heer Kerls wie ich, und aus Deutschland soll eine Republik werden, gegen die Rom und Sparta Nonnenklöster sein sollen.«

12 Nietzsche (1980), Bd. III, S. 265.

13 Vico (1990b), Bd. II, S. 501.

14 Rousseau (1988), Bd. I, S. 221.

15 Germania 5. Tacitus (1971), S. 6.

16 Hegel (1969–71), Bd. VII, S. 137.

17 Karl Marx: Ökonomisch-philosophische Manuskripte. Geschrieben von April bis August 1844. Nach der Handschrift. Leipzig 1974, S. 224.

18 Ebda. S. 226.

19 Max Weber: Der »Geist« des Kapitalismus. In: M. W.: Die protestantische Ethik I. Hg. von Johannes Winckelmann. [7]1984, S. 40. Die Platonische Gleichsetzung von Geld und Vernunft: Phaidon 69a. Platon (1990), Bd. III, S. 40f.

20 Purgatorio 23, 103. Dante Alighieri (1988), Bd. II, S. 278f.

21 Germania 9. Tacitus (1971), S. 8f.

22 Darstellung nach Metzler. In: Warnke (Hg.) (1988).

23 Belege bei Hirzel (1900), S. 33f.

24 Bittschrift für die Christen 27. In: Justin (1913), Bd. I, S. 313.

25 Apologeticum 12, 4. Tertullian (1961), S. 106f.
26 Jean Calvin: Institution de la Réligion Chrétienne. Editée par A. Lefranc, J. Pannier et H. Châtelain. Genève, Paris 1978, S. 4.
27 Vico (1990b), Bd. I, S. 30.
28 Jean-Jacques Rousseau: Essay über den Ursprung der Sprachen, worin auch über Melodie und musikalische Nachahmung gesprochen wird. In: J.-J. R.: Musik und Sprache. Ausgewählte Schriften. Übersetzt von Dorothea Gülke u. Peter Gülke. Wilhelmshaven 1984, S. 99–168.
29 Condorcet (1988), S. 83.
30 Hegel (1969–71), Bd. VII, S. 511.
31 »Die Pädagogik ist die Kunst, den Menschen sittlich zu machen: sie betrachtet den Menschen als natürlich und zeigt den Weg, ihn wiederzugebären, seine erste Natur zu einer zweiten geistigen umzuwandlen.« Hegel (1969–71), Bd. VII, S. 302.
32 Der Passus lautet vollständig: »Aliud est enim picturam adorare, aliud per picturae historiam quid sit adorandum addiscere. Nam quod legentibus scriptura, hoc idiotis praestat pictura cernentibus, quia in ipsa etiam ignorantes vident quid sequi debeant, in ipsa legunt qui litteras nesciunt. Unde et pricipue gentibus pro lectione pictura est.« In: Patrologia latina, Bd. LXXVII, Sp. 1128.
33 Daran erinnert Martin Warnke in seinem Aufsatz »Politische Ikonographie«. In: A. Beyer (Hg.): Die Lesbarkeit der Kunst. Zur Geistes-Gegenwart der Ikonologie. Berlin 1992, S. 23–28.
34 Wie Anm. 32.
35 Katalog der documenta 8 (1986), Bd. 2, S. 100.
36 Christliche Gottselige Bilder Schule Das ist Anführung der Ersten Jugend zur Gottseligkeit in und durch Biblische Bilder aus und nach den Historien, Sprüchen der Schrift, Einstimmung des Catechismi und nützlichen Gebrauch erkläret (...). Jena 1636.
37 Darstellung nach Heiner Höfener: Nachwort zu Joh. Amos Commenii Orbis sensualium pictus (...) Die sichtbare Welt / Das ist aller vornemsten Welt=Dinge und Lebens=Verrichtungen Vorbildung und Benahmung. Nürnberg 1658. Reprint Dortmund 1978.
38 Joh. Amos Comenii Orbis sensualium pictus (Anm. 37), unpag. Vorrede. Die Bacon-Bezüge finden sich in Comenius (1963), S. 83, 91, 133.
39 Comenius (1963), S. 108f.
40 De rerum humanarum emendatione consultationis catholicae pars V Panglottia (...). Darstellung des Folgenden nach: Geißler (1959), S. 156.
41 Geißler (1959), S. 156.
42 Auch Comenius erhebt die Ähnlichkeit zum Prinzip der Sprachbil-

dung. Dafür steht sein Distichon: »Bindest du sie durch das Gesetz der Ähnlichkeit aneinander: Menschenwort, Ding und Sinn – voll Harmonie ist die Welt.« Darstellung nach Geißler (1959), S. 155.

43 Geißler (1959), S. 153. »Es gibt rohe Sprachen, die der Barbaren, Kultursprachen wie die der Griechen und Römer und vollkommene wie die der Engel.«

44 Buddemeier (1987), S. 14.

45 Über epische und dramatische Dichtung. In: Goethe (1966), Bd. XII, S. 249–251.

46 Buddemeier (1987), S. 17.

47 Ebda. S. 30ff.

48 Ebda. S. 37.

49 Canetti (1976), Bd. I, S. 190f.

50 Vgl. weiter unten im Kap. 10 den Abschnitt »Natur! Natur! nichts so Natur: der gezüchtete Barbar«.

51 Immanuel Kant: Kritik der reinen Vernunft. Hg. von Raymund Schmidt. Hamburg 1962, S. 176a.

52 Herta Sturm: Wahrnehmung und Fernsehen – Die fehlende Halbsekunde. Plädoyer für eine zuschauerfreundliche Mediendramaturgie. In: Media Perspektiven 1 (1984), S. 58–66.

53 Benjamin (1974ff.), Bd. I, 2, S. 479.

54 François-René de Chateaubriand: Essai sur les révolutions. In: Œuvres complètes de Chateaubriand. Nouvelle édition. Paris o. J. Bd. I, S. 395. »Quelquefois, par cet instinct de tristesse particulier à son cœur, vous le surprenez plongé dans la rêverie, les yeux attachés sur le courant d'une onde, sur une touffe de gazon agitée par le vent, ou sur les nuages qui volent fugitifs par-dessus sa tête.« Vgl. Michel (1981), S. 92.

55 Heidegger (1964), S. 26.

56 Huelsenbeck (Hg.) (1984), S. 32.

57 Zitat nach Warnke: Politische Ikonographie (Anm. 33), S. 23.

58 Vilém Flusser. Ins Universum der technischen Bilder. Göttingen 1985, S. 58.

59 Beleg bei Lechner (1954), S. 97.

60 Treitinger (1938), S. 203ff.

61 Darstellung nach Jacqueline Lafontaine-Dosogne: Byzanz und der Osten. In: Wolfgang Fritz Volbach, Jacqueline Lafontaine-Dosogne (Hgg.): Byzanz und der christliche Osten (Propyläen Kunstgeschichte III). Berlin 1984, S. 79ff.

62 Institutio I, 11, 6. Calvin (1963), S. 42.

63 Beleg nach Warnke. In: Warnke (1988), S. 70.

64 Institutio I, 11, 6. Calvin (1963), S. 43.

65 Zitat nach Besançon (1994), S. 169.

66 Besançon (1994), S. 183.

67 Zitat nach Struwe. In: Warnke (1988), S. 134.
68 Vgl. Norman Cohn: Das Ringen um das Tausendjährige Reich. Revolutionärer Messianismus im Mittelalter und im Fortleben in den modernen totalitären Bewegungen. Ins Deutsche übertragen von Eduard Thorsch. Bern, München 1961.
69 Ebda. S. 250.
70 Kerssenbroick (1881), S. 496. Vgl. Warnke. In: Warnke (1988), S. 80ff.
71 Kerssenbroick (1881), S. 483.
72 C. A. Cornelius: Geschichte des Münsterischen Aufruhrs. Leipzig 1855–1860. Zweites Buch, S. 94.
73 Warnke (1988), S. 81.
74 Kerssenbroick (1881), S. 505.
75 Marcus (1995), S. 96ff.
76 Ebda. S. 2.
77 Vgl. weiter im Kapitel 9 den Abschnitt »Furor teutonicus semiotisch: Punks«.
78 Warnke (1988), S. 94.
79 Theodor W. Adorno: Kulturkritik und Gesellschaft. In: Adorno (1969), S. 7–31, hier: S. 31.
80 Loos (1982), S. 72f.
81 Adorno (1970), S. 61.
82 Klee (1979), S. 106f.
83 Kandinsky (1959), S. 39f.
84 Karl Kraus: Apokalypse. In. K. K.: Der Untergang der Welt durch schwarze Magie. München 1974, S. 11–22.
85 Kandinsky (1959), S. 41f.
86 Immanuel Kant: Kritik der Urteilskraft. In: Kant (1968), Bd. X, S. 365.
87 Adorno (1970), S. 34.
88 Adorno (1970), S. 131.
89 Vico (1990b), Bd. II, S. 160.
90 Hölderlin (1975ff.), Bd. X, S. 15.
91 »C'est lorsque la fureur de la guerre civile ou du fanatisme arme les hommes de poignards, et que le sang coule à grands flots sur la terre, que le laurier d'Apollon s'agite et verdit.« Diderot (1980), S. 401f.
92 Essai historique, politique et morale sur les révolutions anciennes et modernes. In: Chateaubriand (o. J.), Bd. I, S. 275. Vgl. hierzu Michel (1981), S. 86f.
93 Le génie du christianisme. In: Chateaubriand (o. J.), Bd. II, S. 158, S. 643.
94 Thomas Mann: Doktor Faustus. Das Leben des deutschen Tonsetzers Adrian Leverkühn erzählt von einem Freunde. Frankfurt/Main 1986, S. 50.

95 Ebda. S. 62.
96 Ebda. S. 376.
97 Ebda. S. 373.

8. »Waiting for the barbarians« im 19. und 20. Jahrhundert

1 Hölderlin (1975 ff.), Bd. XI, S. 774.
2 So der Wortlaut der Widmung, die Hölderlin in das *Hyperion*-Exemplar der Prinzessin Auguste von Homburg schrieb: »Meist haben sich Dichter zu Anfang oder zu Ende einer Weltperiode gebildet. Mit Gesang steigen die Völker aus dem Himmel ihrer Kindheit ins thätige Leben, ins Land der Kultur. Mit Gesang kehren sie von da zurük ins ursprüngliche Leben. Die Kunst ist der Übergang aus der Natur zur Bildung und aus der Bildung zur Natur.« In: Hölderlin (1975 ff.), Bd. X, S. 15.
3 Hölderlin (1975 ff.), Bd. XI, S. 782.
4 Nietzsche (1980), Bd. I, S. 23.
5 Ebda. S. 58.
6 Ebda. S. 128f.
7 Nietzsche (1980), Bd. V, S. 275.
8 Nietzsche (1980), Bd. I, S. 154.
9 Nietzsche (1980), Bd. V, S. 139.
10 Ebda. S. 203.
11 Ebda. S. 264.
12 Zum französischen Diskurs über die *Neuen Barbaren* im 19. Jh. vgl. Michel (1981), S. 195 ff.
13 Zum Thema und Motiv der »blonden Bestie« vgl. Brennecke (1976).
14 Nietzsche (1980); Bd. V, S. 274 f.
15 Nietzsche (1980), Bd. XI, S. 520 f.
16 Nietzsche (1980), Bd. XI, S. 457 f.
17 Nietzsche (1980), Bd. V, S. 336.
18 Benjamin (1974 ff.), Bd. II, 3, S. 1106.
19 Benjamin (1974 ff.), Bd. II, 1, S. 341.
20 Karl Kraus: Die Fackel 381–83 (Sept. 1913), S. 68. Frankfurt/Main o.J. (Reprint der Ausgabe München 1968–76), Bd. 6.
21 Benjamin (1974 ff.), Bd. II, 1, S. 367.
22 Ebda. S. 214.
23 Ebda. S. 215.
24 Ebda.
25 Benjamin (1974 ff.), Bd. I, 2, S. 501 f. u. Anm.
26 Dieses paradiesische und babylonische Drama rekonstruiert Benja-

min in seinem frühen Aufsatz *Über Sprache überhaupt und über die Sprache des Menschen.* In: Benjamin (1974ff.), Bd. II, 1, S. 140–157.

27 Benjamin (1974ff.), Bd. I, 2, S. 303.

28 Benjamin (1974ff.), Bd. II, 1, S. 219.

29 Jünger (o.J.), Bd. VI, S. 143.

30 Jünger (o.J.), Bd. VI, S. 11. Alle folgenden Zitate, sofern nicht anders bemerkt, beziehen sich auf diese Ausgabe.

31 Jünger (o.J.), Bd. VIII, S. 438.

32 Jünger (o.J.), Bd. VII, S. 114.

33 Jünger (o.J.), Bd. VI, S. 86.

34 Vgl. den Essay *Lob der Vokale* von 1934. In: Jünger (o.J.), Bd. VIII.

35 Jünger (o.J.), Bd. VII, S. 87.

36 Jünger (o.J.), Bd. V, S. 291ff.

37 Karl Marx: Rede auf der Jahresfeier des »People's Paper« am 14. April 1856 in London. In: Marx/Engels: Werke. Hg. vom Institut für Marxismus-Leninismus beim ZK der SED. Berlin 1969, Bd. 12, S. 3.

38 Ebda. S. 4.

39 Friedrich Engels: Der Ursprung der Familie, des Privateigentums und des Staats. Im Anschluß an Lewis H. Morgans Forschungen. In: Marx/Engels: Werke. Hg. vom Institut für Marxismus-Leninismus beim ZK der SED. Berlin 1973, Bd. 21, S. 150.

40 Heidegger war Mitglied der »Akademischen Freischar« Marburgs, einer studentischen Organisation innerhalb der Jugendbewegung. Nach Laqueur liest sich ihre Mitgliederliste wie »eine Seite aus der deutschen Kulturgeschichte - sie enthält die Namen Martin Heidegger, Rudolf Bultmann, Paul Natorp, Nikolai Hartmann und andere mehr«. Vgl. Laqueur (1978), S. 252 Anm.

41 Vgl. den frühen Aufsatz *Ziele und Wege der studentisch-pädagogischen Gruppen an reichsdeutshcen Universitäten.* In: Benjamin (1974ff.), Bd. II, 1, S. 65.

42 Gustav Wyneken (1919), S. 42f.

43 Adler (1924). Zu Adlers »Neuen Menschen« s. die Monographie von Alfred Pfabigan: Max Adler. Eine politische Biographie. Frankfurt/New York 1982, S. 198ff.

44 Wyneken (1919), S. 130.

45 Ebda. S. 134.

46 Jünger (o.J.), Bd. VI, S. 167.

47 Gottfried Benn: Züchtung I. In: Benn (1959–61), Bd. I, S. 218.

48 Benn (1959–61), Bd. I, S. 215.

49 Ebda. S. 218f.

50 ebda. S. 220.

51 Nietzsche (1990), Bd. XI, S. 457f.

52 Benn (1965), Bd. I, S. 221.

53 Ebda. S. 225.
54 Ebda. S. 229.
55 Ebda. S. 230.
56 Else Lasker-Schüler: Gesammelte Werke in acht Bänden. München 1986, Bd. I, S. 217, 219.

9. Barbaren werfen sich ins Fleisch: Die zwei Körper des Barbaren

1 Vgl. Kantorowicz (1990).
2 Jünger (o.J.), Bd. V, S. 347.
3 Zitat nach Laqueur (1978), S. 18.
4 Zitat nach Gerber (1957), S. 13.
5 Vgl. die Programmschrift eines Ideologen der frühen Wandervogelzeit: Frank Fischer: Wandern und Schauen. Gesammelte Aufsätze. Hartenstein 1921.
6 Dazu: Bosse/Neumeyer (1995).
7 Vgl. das Kapitel *Traité de la nomadologie: La machine de guerre.* In: Gilles Deleuze/Félix Guattari: Capitalisme et schizophrénie. Mille Plateaux. Paris 1980.
8 Gerber (1957), S. 17ff.
9 Ebda. S. 22f.
10 Blüher (1912).
11 Langbehn (1922), S. 378.
12 Langbehn (1922), S. 45.
13 Langbehn (1922), S. 50.
14 Blüher (1912), S. 120f.
15 Zu Wyneken siehe die Studie von Ulrich Herrmann: Die Jugendkulturbewegung. Der Kampf um die höhere Schule. In: Koebner/Janz/Trommler (1985), S. 224–244.
16 Wyneken (1919), S. 30.
17 Wyneken (1919), S. 18.
18 Wyneken (1919), S. 42f.
19 Wyneken (1919), S. 263f.
20 Benjamin (1974ff.), Bd. II, 1, S. 67.
21 Wyneken (1919), S. 57.
22 Vgl. hierzu Dümmler (1897). In seiner Canzone *O aspectata in ciel et bella anima* beschreibt Petrarca dieses Volk: »là sotto i giorni nubilosi et brevi, / nemica naturalmente di pace, / nasce una gente a cui il morir non dole. / Questa se piú devota che non sòle/ col tedesco furor la spagna cigne / (...).«
23 Wyneken (1919), S. 127.

24 Weitere Sprecher zitiert Winfried Mogge in seinem Beitrag: Wandervogel, Freideutsche Jugend und Bünde. Zum Jugendbild der bürgerlichen Jugendbewegung. In: Koebner, Janz, Trommler (1985), S. 174–198.
25 Blüher (1912), S. 24.
26 Wyneken (1919), S. 51 f.
27 So der Titel einer Veröffentlichung Blühers von 1912, zu der Magnus Hirschfeld ein Vorwort beigesteuert hat.
28 Jünger (o.J.), Bd. V, S. 86.
29 Vgl. hierzu Bohnsack et al. (1995), Soeffner (1995).
30 Jünger (o.J.), Bd. V, S. 77.
31 Wyneken (1919), S. 22.
32 Ebda. S. 32.
33 Zitat nach Joachim Schmitt-Sasse: »Der Führer ist immer der Jüngste«. Nazi-Reden an die deutsche Jugend. In: Koebner/Janz/Trommler (1985), S. 128–149, S. 131.
34 Zitat nach Buford (1994), S. 12.
35 Buford (1994), S. 58.
36 Bohnsack et al. (1995), S. 26.
37 Jünger (o.J.), Bd. V, S. 60.
38 Bohnsack et al. (1995), S. 82f.
39 Buford (1994), S. 344.
40 Buford (1994), S. 232f.
41 Jünger (o.J.), Bd. V, S. 57.
42 Jünger (o.J.), Bd. V, S. 76
43 Bohnsack et al. (1995), S. 32f.
44 Buford (1994), S. 272.
45 Thomas Mann: Betrachtungen eines Unpolitischen. In: T.M.: Gesammelte Werke in Einzelbänden. Frankfurter Ausgabe. Herausgegeben von Peter de Mendelssohn. Frankfurt/Main 1983, S. 476.
46 Benn (1959–1961), Bd. I, S. 99.
47 Farin/Siedel-Pielen (1995), S. 12.
48 Jünger (o.J.), Bd. VII, S. 171.
49 Z.B. Auerbach (1994), S. 9. Oder nur ein paar Zitate, die sich in Klaus Farins Dokumentation auf zwei Seiten finden: »Stolz zu haben, einer Subkultur anzugehören …«, »stolz auf mich sein …«, »stolz auf seine Arbeit zu sein …«, »stolz auf seine Herkunft zu sein«. Farin (Hg.) (1996), S. 23 u. 24. Vgl. zur amerikanischen Szene und ihrem Stolz: Moore (1993), S. 98.
50 Zu dieser amerikanischen und englischen Vorgeschichte vgl. Moore (1993).
51 Farin/Seidel-Pielen (1995), S. 14.
52 Farin (Hg.) (1996), S. 194.

53 Eberwein/ Drexler (1995), S. 91.
54 Farin (Hg.) (1996), S. 157.
55 Moore (1993), S. 34ff.
56 Vgl. hierzu: Diederich Diederichsen / Dick Hebdige / Olaph-Dante Marx: Schocker. Stile und Moden der Subkultur. Reinbek 1983.
57 Moore (1993), S. 89.
58 Ebda. S. 89.
59 Dokumentiert bei Farin (Hg.) (1996), S. 157f.
60 Lydon (1975), S. 72.
61 Moore (1993), S. 132.
62 Moore (1993), S. 64.
63 Jünger (o.J.), Bd. VII, S. 86.
64 Farin / Seidel-Pielen (1995), S. 162f.
65 Eberwein / Drexler (1995), S. 23.
66 Jünger (o.J.), Bd. VII, S. 86.
67 Eine rekurrente Selbstaussage, ähnlich wie das *Ich bin stolz* oder die *Liebe* zur SKA- bzw. Oi!-Musik. In: Farin (Hg.) (1996).
68 Marcus (1995), S. 7ff.
69 Lydon (1995).
70 Ebda. S. 60 u. 72.
71 Ebda. S. 84.
72 Ebda. S. 98.
73 Ein Song der Punk-Gruppe *Korpus Kristi*. In: Penth / Franzen (1982), S. 102.
74 Marcus (1995), S. 11.
75 Huelsenbeck (Hg.) (1984), S. 34.
76 Ebda. S. 64.
77 Marcus (1995), S. 7.
78 Hier zitiert nach dem (klassischen) Museum der modernen Poesie. Eingerichtet von Hans Magnus Enzensberger. Frankfurt / Main 1960, S. 366.
79 Zitiert nach Hahn / Schindler (1983), S. 38.
80 Lydon (1995), S. 72.
81 Vgl. Hahn / Schindler (1983), S. 40. Die *Sex Pistols* erinnern sich nicht genau daran und sprechen von einer Verletzung: Lydon (1995), S. 91.
82 Zitiert nach Marcus (1995), S. 95.
83 Lydon (1995), S. 85.
84 Patrologia Latina, Bd. 151, Sp. 578.
85 So der Titel von Hans Wollschlägers Geschichte der Kreuzzüge, Zürich 1973.
86 Vgl. weiter unten den letzten Abschnit in Kap. 10: »Es ist immer Endzeit«.

87 Hahn / Schindler (1983), S. 46.
88 Marcus (1993), S. 183. Zum amerikanischen Barbaren-Mythos das folgende Kapitel.
89 Soeffner (1995), S. 92f.
90 Hahn / Schindler (1983), S. 48.

10. Delirien über Natur und Geschichte: Frühzeit- und Endzeitbarbaren

1 Quintiliani Institutio oratoria VIII 6, 31 »Onomatopoeia quidem, id est fictio nominis, Graecis inter maximas habita virtutes, nobis vix permittitur. et sunt plurima ita posita ab his, qui sermonem primi fecerunt aptantes adfectibus vocem: nam ›mugitus‹ et ›sibilus‹ et ›murmur‹ inde venerunt.« Quintilianus (1988), Bd. II, S. 230.
2 Vico (1990b), Bd. I, S. 32.
3 »Qu'est-ce qu'il faut au poète? Est-ce une nature brute ou cultivée? (...) La poésie veut quelque chose d'énorme, de barbare et de sauvage.« Diderot (1980), S. 401f.
4 Nietzsche (1980), Bd. V, S. 274f.
5 *Le génie du Christianisme*. In: Chateaubriand (o.J.), Bd. II, S. 158.
6 Heiner Müller: Krieg ohne Schlacht. Leben in zwei Diktaturen. Köln 1992, S. 112f. u. 267.
7 So im Vorwort der *Odes et Ballades* von 1824. In: Victor Hugo: Œuvres poétiques I. Avant l'exil 1802–1851. Préface par Gaëtan Picon. Édition établie et annotée par Pierre Albouy. Paris 1964 (Bibliothèque de la Pléiade). Vgl. Michel (1981), S. 460.
8 Opelt / Speyer (1967), S. 265.
9 Melville (1984), S. 15f.
10 Melville (1984), S. 79.
11 Melville (1984), S. 31.
12 Vgl. Opelt / Speyer (1967), S. 265.
13 Henry James: The American. Ljubeljana 1966, S. 32.
14 Ebda. S. 33.
15 Ebda. S. 45.
16 Ebda. S. 194.
17 Dunlap (1949).
18 Dunlap (1949), S. 81.
19 Goethe (1966), Bd. VIII, S. 329.
20 Ebda.
21 Moralia 985–992. Plutarch (1969), Bd. XII, S. 493–533.
22 Moralia 989. Ebda. S. 515f.

23 Gala Nr. 6 (Februar 1996), S. 4–5.
24 Malson (1964), S. 163.
25 Max Horkheimer: Die Revolte der Natur. In: M.H.: Zur Kritik der instrumentellen Vernunft. Frankfurt/Main 1974, S. 93–123, S. 100.
26 Rede zum Shakespears-Tag. In: Goethe (1966), Bd. XII, S. 226.
27 Formulierung bei Groh/Groh (1996), S. 137.
28 Gernot Böhme: Natürlich Natur. Über Natur im Zeitalter ihrer technischen Reproduzierbarkeit. Frankfurt/Main 1992, S. 33.
29 Mündliche Äußerung gegenüber Eckermann am 12. März 1828. In: Flodoard Freiherr von Biedermann (Hg.): Goethes Gespräche. Neu herausgegeben. 5 Bde. Leipzig 1909–1911. Bd. III. S. 501.
30 Paul Valéry: Rhumbs. In: Valéry (1960), Bd. II, S. 618. Den Hinweis auf die Textstelle verdanke ich Groh/Groh (1996). Sie verweisen wieder auf ihre Fundstelle: Hans Robert Jauß: Studien zum Epochenwandel der ästhetischen Moderne. Frankfurt/Main 1989, S. 153. Allerdings weichen meine Übersetzung und mein Kommentar deutlich von Jauß ab.
31 Justus Möser: Sollte man nicht jedem Städtchen seine besondere politische Verfassung geben? (1777). In: J.M.: Patriotische Phantasien. Für die Deutsche Bibliothek in einer Auswahl herausgegeben von Kurt Jagow. Berlin o.J., S. 196.
32 Malson (1964), S. 48 u. 45.
33 Ebda. S. 167.
34 Feuerbach (1987), S. 7 und 24.
35 Ebda. S. 274.
36 Malson (1964), S. 241.
37 Ebda. S. 185f.
38 Zitiert bei Feuerbach (1987), S. 56.
39 Ebda. S. 274.
40 Feuerbach (1987), S. 77f.
41 Vgl. Jürgen Mittelstraß: Leben mit der Natur. In: Oswald Schwemmer (Hg.): Über Natur. Philosophische Beiträge zum Naturverständnis. Frankfurt/Main 1987, S. 37–62.
42 Valéry (1960), Bd. II, S. 618.
43 Vgl. Heidegger (1966), S. 27.
44 »Wenn es eine plausible menschliche Schlußmöglichkeit über die Zukunft überhaupt geben kann, dann können wir auf den verborgenen Wegen der Kabbala herausfinden, daß die Zeit der Welt von heute aus gesehen in 514 Jahren und 25 Tagen beendet sein wird.« Übersetzung nach der italienischen Version: Pico della Mirandola (1994), S. 39f.
45 Vgl. hierzu die Untersuchung von Bruno Barbatti: Der heilige Adalbert von Prag und der Glaube an den Weltuntergang im Jahre 1000, der allerdings die These von einer allgemeinen chiliastischen Stim-

mung um das Jahr 1000 herum einschränkt. In: Archiv für Kulturgeschichte 35 (1953), S. 123–141. Gegen Barbatti sind zu erwähnen R. B. C. Huygens: Un témoin de la crainte de l'an 1000: la lettre sur les Hongrois. In: Latomus 15 (1956), S. 225–328.

46 Biedermann (1909–1911), Bd. III, S. 501.

47 Darstellung und Zitate nach Hans-Martin Schaller: Endzeit-Erwartungen und Antichrist-Vorstellungen in der Politik des 13. Jahrhunderts. In: Max Kerner: Ideologie und Herrschaft im Mittelalter. Darmstadt 1982 (Wege der Forschung 530), S. 303–331.

48 Belege bei Opelt / Speyer (1967), S. 264.

49 Ebda. S. 314.

50 Text und Darstellung bei Robert E. Lerner: Medieval Prophecy and Religious Dissent. In: Past & Present 72 (1976), S. 3–24.

51 Text und Kommentar bei Alexander Patschovsky: Chiliasmus und Reformation im ausgehenden Mittelalter. In: Max Kerner (Hg.) (1982): Ideologie und Herrschaft im Mittelalter. Darmstadt. (Wege der Forschung 530), S. 475–496, S. 475.

52 Groh / Groh (1991), S. 11–91.

53 Groh / Groh (1991), S. 41.

54 Zitat nach Borst (1990), S. 30.

55 Heidegger (1966), S. 29.

56 Heidegger (1982). Die eingeklammerten Zahlen im folgenden Abschnitt beziehen sich auf Seiten dieser Ausgabe.

57 Zum Thema Heidegger und Krieg vgl. Losurdo (1995).

58 Max Horkheimer / Theodor W. Adorno: Dialektik der Aufklärung. Philosophische Fragmente. Frankfurt / Main 1971, S. 7.

59 ebda. S. 167.

60 Vgl. Dante Alighieri: De monarchia. Studienausgabe lateinisch/deutsch. Einleitung, Übersetzung und Kommentar von Ruedi Imbach und Christoph Flüeler. Stuttgart 1989, S. 155. II, 8: »Jenes Volk also, das von allen, die um das Imperium der Welt gestritten haben, gesiegt hat, hat durch ein göttliches Urteil gesiegt.«

61 Jünger (o.J.), Bd. V, S. 52.

62 Jean-Jacques Rousseau: Brief an Herrn von Voltaire. In: Rousseau (1988), Bd. I, S. 313–332, hier: S. 317.

63 Kraus (1974), Bd. VII, S. 53.

64 Immanuel Kant: Kritik der reinen Vernunft. Herausgegeben von Raymund Schmidt. Hamburg 1956 (Philosophische Bibliothek 37a), S. 18.

65 Max Miller, Hans-Georg Soeffner (Hgg.): Modernität und Barbarei. Soziologische Zeitdiagnose am Ende des 20. Jahrhunderts. Frankfurt / Main 1996.

66 Ebda. S. 10.

Literatur

Adler, Max (1924): Neue Menschen. Gedanken über sozialistische Erziehung. Berlin.
Adorno, Theodor Wiesengrund (1969): Kulturkritik und Gesellschaft. In: Th. W. A. : Prismen. Kulturkritik und Gesellschaft, Frankfurt am Main, S. 7–31.
Adorno, Theodor Wiesengrund (1970): Ästhetische Theorie. In: Th. W. A.: Gesammelte Schriften. Herausgegeben von Gretel Adorno u. Rolf Tiedemann. Bd. 7. Frankfurt am Main.
Aelian (1971 f.): On the Characteristics of Animals. 3 Bde. Übersetzt ins Englische von A. F. Scholfield. London, Cambridge (Mass.).
Alföldi, Andreas (1952): The Moral Barrier on Rhine and Danube. In: Kongreß internationaler Limesforschung, Bd. 5, S. 1–16.
Altheim, Franz (1926): Staat und Individuum bei Antiphon dem Sophisten. In: Klio, Bd. 20, S. 257–269.
Andresen, Carl (1955): Logos und Nomos. Die Polemik des Kelsos wider das Christentum. Berlin (Arbeiten zur Kirchengeschichte 30).
Aristoteles (1970): Politik. Eingeleitet, kritisch herausgegeben und mit Indices versehen von Alois Dreizehnter. München (Studia et Testimonia Antiqua VII).
Aristoteles (²1987): Rhetorik. Übersetzt, mit einer Bibliographie, Erläuterungen und einem Nachwort von Franz G. Sieveke. München.
Auerbach, Mike (1994): Noheads. Ein Skinhead-Photobuch. Berlin.
Augustinus, Aurelius (1977): Vom Gottesstaat (De civitate Dei). Aus dem Lateinischen von Wilhelm Thimme. Eingeleitet u. kommentiert von Carl Andresen. München.
Bacon, Helen H. (1961): Barbarians in Greek Tragedy. New Haven.
Baldry, H. C. (1965): The Unity of Mankind in Greek Thought. Cambridge.
Benjamin, Walter (1974 ff.): Gesammelte Schriften. Unter Mitwirkung von Theodor W. Adorno und Gershom Scholem herausgegeben von Rolf Tiedemann und Hermann Schweppenhäuser. Frankfurt am Main.
Benn, Gottfried (1959–61): Gesammelte Werke in vier Bänden. Herausgegeben von Dieter Wellershoff. Wiesbaden.

Bernheimer, Richard (1979): Wild Men in the Middle Ages. A Study in Art, Sentiment, and Demonology. New York.
Bertram, Ernst (1926): Norden und deutsche Romantik. In: Zeitwende, Bd. 2, S. 47–61.
Besançon, Alain (1994): L'image interdite. Une histoire intellectuelle de l'iconoclasme. Paris.
Beyer, Andreas (Hg.) (1992): Die Lesbarkeit der Kunst. Zur Geistes-Gegenwart der Ikonologie. Berlin.
Biedermann, Flodoard Freiherr von (Hg.) (1909–11): Goethes Gespräche. Neu herausgegeben. 5 Bde. Leipzig.
Blüher, Hans (1919): Die Rolle der Erotik in der männlichen Gesellschaft. Eine Theorie der menschlichen Staatsbildung nach Wesen und Wert. Jena.
Blüher, Hans (²1912): Wandervogel. Geschichte einer Jugendbewegung. Berlin.
Bohnsack, Ralf / Loos, Peter / Schäffer, Burkhard / Städtler, Klaus / Wild, Bodo (Hgg.) (1995): Die Suche nach Gemeinsamkeit und die Gewalt der Gruppe. Hooligans, Musikgruppen und andere Jugendcliquen. Opladen.
Bolle, Fritz (1962): Darwinismus und Zeitgeist. In: Zeitschrift für Religions- und Geistesgeschichte, Band XIV, Heft 1, S. 143–182.
Borinski, Karl (1965): Die Antike in Poetik und Kunsttheorie. Vom Ausgang des Klassischen Altertums bis auf Goethe und Wilhelm von Humboldt. 2 Bde. Darmstadt (Reprint der Ausgabe Leipzig 1914 [Das Erbe der Alten, Heft IX]).
Borst, Arno (1990): Barbaren, Geschichte eines europäischen Schlagworts. In: A. B.: Barbaren, Ketzer und Artisten. Welten des Mittelalters. München, S. 19–31.
Borst, Arno (1995): Der Turmbau von Babel. Geschichte der Meinungen über Ursprung und Vielfalt der Sprachen und Völker. 7 Bde. München (Nachdruck der Ausgabe Stuttgart 1957–63).
Bosse, Heinrich / Harald Neumeyer (1995): Das blüht der Winter schön. Musensohn und Wanderlied um 1800. Freiburg (Rombach Wissenschaft – Reihe Litterae).
Brennecke, Detlef (1976): Die blonde Bestie. Vom Mißverständnis eines Schlagworts. In: Nietzsche-Studien. Bd. 5, S. 113–145.
Buddemeier, Heinz (1987): Illusion und Manipulation. Die Wirkung von Film und Fernsehen auf Individuum und Gesellschaft. Stuttgart.
Buford, Bill (1994): Unter Hooligans. Geil auf Gewalt. München.
Burckhardt, Jacob (1962): Griechische Kulturgeschichte. Bd. 1–4. In: Gesammelte Werke. V–VIII, Stuttgart.
Calvin, Johannes (²1963): Institutio Christianae Religionis, dt.: Unter-

richt in der christlichen Religion. Übersetzt und bearbeitet von Otto Weber. Neukirchen / Vluyn.

Canetti, Elias (²1976): Masse und Macht. 2 Bde. München.

Carpini, Johann de Plano (1930): Geschichte der Mongolen und Reisebericht 1245–1247. Übersetzt u. erläutert von Dr. Friedrich Risch. Leipzig (Veröffentlichungen des Forschungsinstituts für vergleichende Religionsgeschichte an der Universität Leipzig, II. Reihe, Heft 11).

Cary, George (1956): The Medieval Alexander. Herausgegeben von D. J. A. Ross. Cambridge.

Chamberlain, Houston Stewart (²²1937): Die Grundlagen des neunzehnten Jahrhunderts. 2 Bde. München.

Chateaubriand (1969): Œuvres romanesques et voyages. 2 Bde. Texte établi, présenté et annoté par Maurice Richard. Paris (Bibliothèque de la Pléiade).

Chateaubriand (o. J.): Œuvres complètes de Chateaubriand. Nouvelle édition. Paris.

Choniates, Niketas (1958): Die Kreuzfahrer erobern Konstantinopel. Die Regierungszeit der Kaiser Alexios Angelos, Isaak Angelos und Alexios Dukas, die Schicksale der Stadt nach der Einnahme sowie das »Buch von den Bildsäulen« (1195–1206). Übersetzt, eingeleitet und erklärt von Franz Grabler. Graz, Wien, Köln (Byzantinische Geschichtsschreiber, Bd. IX).

Christ, Karl (1959): Römer und Barbaren in der hohen Kaiserzeit. In: Saeculum, Bd. 10, S. 273–288.

Chrysos, Evangelos K. / Andreas Schwarcz (1989): Das Reich und die Barbaren. Wien, Köln (Veröffentlichungen des Instituts für Österreichische Geschichtsforschung, Bd. XXIX).

Cicero (1970): Cicero in twenty-eight volumes. Bd. XVI: De re publica. De legibus. With an English Translation by Clinton Walker Keyes. London, Cambridge (Mass.).

Cicero (1988): Über die Ziele menschlichen Handelns. De finibus bonorum et malorum. Herausgegeben, übersetzt und kommentiert von Olof Gigon und Laila Straume-Zimmermann. München und Zürich.

Classen, Carl Joachim (Hg.) (1976): Sophistik. Darmstadt. (Wege der Forschung, Bd. 187).

Clemens Alexandrinus (⁴1985): Stromata. Herausgegeben von Otto Stählin. Neu herausgegeben von Ludwig Früchtel, mit einem Nachtrag von Ursula Treu. Berlin.

Cohn, Norman (1961): Das Ringen um das Tausendjährige Reich. Revolutionärer Messianismus im Mittelalter und sein Fortleben in den modernen totalitären Bewegungen. Ins Deutsche übertragen von Eduard Thorsch. Bern, München.

Comenius, Johann Amos (1963): Vorspiele. Prodomus Pansophiae, Vorläufer der Pansophie. Dtsch.-lat. Ausgabe, herausgegeben, übersetzt, erläutert und mit einem Nachwort versehen von Herbert Hornstein. Düsseldorf.

Condorcet (1988): Esquisse d'un tableau historique des progrès de l'esprit humain. Suivi de Fragment sur l'atlantide. Introduction, chronologie et bibliographie par Alain Pons. Paris.

Cowdrey, H. E. J. (1970): Pope Urban II's preaching of the first crusade. In: History. The Journal of the Historical Association, Bd. 55, Nr. 184, S. 177–188.

Dante Alighieri (1988): Die göttliche Komödie. Italienisch und Deutsch. 6 Bde. Übersetzt und kommentiert von Hermann Gmelin. München.

Demandt, Alexander (1984): Der Fall Roms. Die Auflösung des römischen Reiches im Urteil der Nachwelt. München.

Demougeot, Emilienne (1979): La formation de l'Europe et les invasions barbares. De l'avènement de Dioclétien au début du Ve siècle. 2 Bde. Paris.

Derrida, Jacques (1972): La dissémination. Paris.

Diderot, Denis (1980): De la poésie dramatique. In: D. D.: Œuvres complètes, Bd. X. Herausgegeben von Jacques Chouillet und Anne-Marie Chouillet, Paris.

Diels, Hermann (1917): Ein antikes System des Naturrechts. In: Internationale Monatszeitschrift für Wissenschaft, Kunst und Technik, Bd. 11, S. 82–102.

Diogenes Laertius (³1990): Leben und Meinungen berühmter Philosophen. Aus dem Griech. übers. von Otto Apelt. Unter Mitarb. von Hans Günter Zekl neu hrsg. sowie mit Vorw., Einl. und neuen Anm. zu Text und Übers. vers. von Klaus Reich, mit neuem Vorw. von Hans Günter Zekl. Hamburg.

Dionysios von Halicarnassos (1961–63): The Roman Antiquities. Übersetzt ins Englische von Ernest Cary. 7 Bde. London, Cambridge, Mass.

Ditten, Hans (1964): Barbaroi, Hellenes und Romaioi bei den letzten byzantinischen Geschichtsschreibern. In: International Congress of Byzantine Studies, Actes du XIIe Congrès International d'études Byzantines, Bd. II, S. 273–298.

Dölger, Franz (1939): Die Kaiserurkunde der Byzantiner als Ausdruck ihrer politischen Anschauungen. In: Historische Zeitschrift, Bd. 159, S. 229–250.

Dölger, Franz (1976): Byzanz und die Europäische Staatenwelt. Darmstadt.

Dörner, Andreas (1996): Politischer Mythos und symbolische Politik. Der Hermannmythos: zur Entstehung des Nationalbewußtseins der Deutschen. Reinbek.

Dudley, Edward / Maximillian E. Novak (Hgg.) (1972): The Wild Man Within. An Image in Western Thought from the Renaissance to Romanticism. Pittsburgh.

Dümmler, Ernst (1897): Über den furor Teutonicus. In: Sitzungsberichte der Königlich-Preussischen Akademie der Wissenschaften zu Berlin. Sitzung der philosophisch-historischen Klasse vom 18. Februar, S. 112–126.

Dunlap, Orrin E. (^{3}1949): Understanding Television. What it is and how it works. New York.

Eberwein, Markus B. / Josef Drexler (1995): Skinheads in Deutschland. Interviews von Marcus B. Eberwein & Josef Drexler. Augsburg.

Eichhorn, Arno (1904): barbaros, quid significaverit. Leipzig.

Engelhardt, Victor (1923): Die Jugendbewegung als kulturhistorisches Phänomen. Berlin.

Erasmus von Rotterdam (1978): Antibarbari. In: Collected Works of Erasmus. Ed. by Craig R. Thompson. Toronto, Buffalo, London.

Erwin, Robert (1966): Civilization as a Phase of World History. In: The American Historical Review LXXXI, Nr. 4, S. 1181–1198.

Eustathios (1955): Die Normannen in Thessalonike. Die Eroberung von Thessalonike durch die Normannen (1185 n. Chr.) in der Augenzeugenschilderung des Bischofs Eustathios. Übersetzt, eingeleitet und erklärt von Herbert Hunger. Graz, Wien, Köln (Byzantinische Geschichtsschreiber, Bd. 3).

Ewald, P. (1982): Mittheilungen I (Der Barbar in dem Sermo de informatione episcoporum). In: Neues Archiv der Gesellschaft für ältere deutsche Geschichtskunde, Bd. 8, S. 354–364.

Farin, Klaus (Hg.) (1996): Skinhead. A Way of Life. Eine Jugendbewegung stellt sich selbst vor. Herausgegeben und mit einem Vorwort von Klaus Farin. Hamburg.

Farin, Klaus / Eberhard Seidel-Pielen (^{3}1995): Skinheads. München.

Feuerbach, Anselm Ritter von (1987): Kaspar Hauser. Beispiel eines Verbrechens am Seeleneleben des Menschen. Heidelberg (Reprint der Ausgabe Ansbach 1832. Angeschlossen sind vier Briefe, ein *Memoire* aus Feuerbachs biographischem Nachlaß sowie die Schrift *Einige wichtige Actenstücke den unglücklichen Findling Caspar Hauser betreffend*).

Fichte, Johann Gottlieb (1955): Reden an die deutsche Nation. Philosophische Bibliothek, Bd. 204, hrsg. von Fritz Medicus, mit einer Einleitung von Alwin Diemer. Hamburg.

Fichtenau, Heinrich (1986): Beiträge zur Mediävistik. Ausgewählte Aufsätze. Dritter Band: Lebensordnungen, Urkundenforschung, Mittellatein. Stuttgart.

Fischer, Frank (1921): Wandern und Schauen. Gesammelte Aufsätze. Für die deutschen Wandervögel herausgegeben von Fr. Brauns und W. Liebenow. Hartenstein i. S.

Flavius Josephus ([11]1993): Jüdische Altertümer. Übersetzt und mit einer Einleitung versehen von Dr. Heinrich Clementz. I. Bd. Buch I-X. Wiesbaden.

Flückiger, Felix (1954): Geschichte des Naturrechtes. Erster Band: Altertum und Frühmittelalter. Zollikon-Zürich.

Frenzen, Wilhelm (1937): Germanienbild und Patriotismus im Zeitalter des deutschen Barock. In: DVjS, 15, Bd. XV, S. 200–219.

Fried, Johannes (1986): Auf der Suche nach der Wirklichkeit. Die Mongolen und die europäische Erfahrungswissenschaft im 13. Jahrhundert. In: Historische Zeitschrift, Bd. 243, S. 287–332.

Friedrich Ohly (1958/59): Vom geistigen Sinn des Wortes im Mittelalter. In: Zeitschrift für deutsches Altertum und deutsche Geschichte Bd. 89, S.1–23.

Geißler, Heinrich (1959): Comenius und die Sprache. Heidelberg. (Pädagogische Forschungen, Bd. 10).

Gerber, Walther (1957): Zur Entstehungsgeschichte der deutschen Wandervogelbewegung. Bielefeld.

Gleckner, Robert F. (1967): Byron and the ruins of paradise. Baltimore.

Göbels, Hubert (Hg.) (1980): Neu erfundener Lustweg zu allerley schönen Künsten und Wissenschaften. Nachdruck der Ausgabe von 1700. Dortmund.

Göckenjahn, Hansgerd/James. R. Sweeney (Hgg.) (1985): Der Mongolensturm. Berichte von Augenzeugen und Zeitgenossen 1235–1250. Übersetzt, eingeleitet u. erläutert von H. Göckenjahn u. J. R. Sweeney. Graz, Wien, Köln (Ungarns Geschichtsschreiber, Bd. 3).

Goethe, Johann Wolfgang (1966): Goethes Werke. Hamburger Ausgabe in 14 Bänden. Herausgegeben von Erich Trunz. München.

Goldstein, Laurence (1977): Ruins and Empire. The Evolution of a Theme in Augustan and Romantic Literature. Pittsburgh.

Grabler, Franz (Hg.) (1958): Die Kreuzfahrer erobern Konstantinopel. Die Regierungszeit des Kaisers Alexios (...) aus dem Geschichtswerk des Niketas Choniates. Mit einem Anhang: Nikolaos Mesarites: Die Palastrevolution des Joannes Komnenos. Je übersetzt, eingeleitet und erklärt von F. G. Graz, Wien, Köln (Byzantinische Geschichtsschreiber, Bd. IX).

Grimm, Jacob (1981): Deutsche Mythologie. 3 Bde. Frankfurt am Main/Berlin.

Groebel, Jo/Peter Winterhoff-Spurk (Hgg.) (1989): Empirische Medienpsychologie. München.

Groh, Ruth/Dieter Groh (1991): Weltbild und Naturaneignung. Zur Kulturgeschichte der Natur. Frankfurt am Main.

Groh, Ruth / Dieter Groh (1996): Die Außenwelt der Innenwelt. Zur Kulturgeschichte der Natur 2. Frankfurt am Main.
Grousset, René (1975): Die Steppenvölker. Attila – Dschingis Khan – Tamerlan. München.
Gutwirth, Marcel (1969): D'Alexandre le Grand à Mithridate: Persistance d'une Velléité Racinienne. In: MLN, Volume 84, No. 4, S. 599–604.
Haarhoff, Theodore Johannes (1974): The Stranger at the Gate. Aspects of Exclusiveness and Co-operation in Ancient Greece and Rome, with some Reference to Modern Times. Westport, Connecticut (Reprint der Ausgabe Oxford [2]1948).
Hallam, Elizabeth (Hg.) (1989): Chronicles of the Crusades. Eye-Witness Accounts of the Wars between Christianity and Islam. London.
Harnack, Adolf von ([4]1924): Die Mission und Ausbreitung des Christentums in den ersten drei Jahrhunderten. Wiesbaden.
Harris, Ruth (1993): The »Child of the Barbarian«: Rape, Race and Nationalism in France during the First World War. In: Past & Present, Bd. 141, S. 170–206.
Hegel, Georg Wilhelm Friedrich (1969–71): Theorie-Werkausgabe in zwanzig Bänden. Auf der Grundlage der Werke von 1832–1845 neu edierte Ausgabe. Redaktion: Eva Moldenhauer und Karl Markus Michel. Frankfurt am Main.
Heidegger, Martin (1982): Parmenides. In: H.H.: Gesamtausgabe. II. Abteilung: Vorlesungen 1923–1944. Bd. 54. Herausgegeben von Manfred S. Frings. Frankfurt am Main.
Heidegger, Martin ([3]1966): Metaphysik. Tübingen.
Heine, Heinrich (1968–76): Sämtliche Schriften. Herausgegeben von Klaus Briegleb. München.
Heitmann, Klaus (1966): Das französische Deutschlandbild in seiner Entwicklung. In: Sociologia Internationalis, Bd. 4, S. 73–194.
Herodot (1911): Herodoti historiarum Libri XI. Edidit Henr. Rudolph. Dietsch. Editio altera curavit curatamque emendavit H. Kallenberg. 2 Bde. Leipzig.
Himmler, Heinrich (1974): Geheimreden 1933 bis 1945 und andere Ansprachen. Herausgegeben von Bradley F. Smith und Agnes F. Peterson, mit einer Einführung von Joachim C. Fest. Frankfurt am Main, Berlin, Wien.
Hinterhäuser, Hans (1970): Tote Städte in der Literatur des Fin de siècle. In: Archiv für das Studium der Neueren Sprachen und Literaturen, Bd. 206, 121. Jahrgang, Heft 1, S. 321–344.
Hirzel, Rudolf (1900): Agraphos Nomos. In: Abhandlungen der philologisch-historischen Classe der Königl. Sächsischen Gesellschaft der Wissenschaften, Bd. XX. Leipzig.

Hobbes, Thomas (1984): Leviathan oder Stoff, Form und Gewalt eines kirchlichen und bürgerlichen Staates. Herausgegeben und eingeleitet von Iring Fetscher. Übersetzt von Walter Euchner. Frankfurt am Main.

Hölderlin, Friedrich (1975 ff.): Sämtliche Werke. Historisch-kritische Ausgabe (Frankfurter Ausgabe). Herausgegeben von Dietrich E. Sattler. Frankfurt am Main.

Holt, Elizabeth Gilmore (Hg.) (³1981): A Documentary History of Art. Volume I: The Middle Ages and the Renaissance. Princeton, New Jersey.

Horaz (⁹1982): Horatius Flaccus, Quintus: Sämtliche Werke. Lateinisch und Deutsch. Teil I herausgegeben von Johannes Färber. Teil II übersetzt und zusammen mit Hans Färber bearbeitet von Wilhelm Schöne. München.

Huelsenbeck, Richard (Hg.) (1984): Dada. Eine literarische Dokumentation. Reinbek.

Irenäus (1912): Fünf Bücher gegen die Häresien. Übersetzung von E. Klebba. 2 Bde. München (Bibliothek der Kirchenväter).

Isokrates (1854): Panegyrikos und Philippos. In: Isokrates' Werke. Griechisch und Deutsch, berichtigt, übersetzt und erklärt von Dr. Gustav Eduard Benseler, Erster Teil, Leipzig.

Jaeger, Werner (1948): Die Anfänge der Rechtsphilosophie und die Griechen. In: Zeitschrift für Philosophische Forschung, Bd. 3, Heft 1, S. 321–338 u. 512–529.

Joachimsen, Paul (1911): Tacitus im Deutschen Humanismus. In: Neue Jahrbücher für das klassische Altertum, Geschichte und deutsche Literatur und für Pädagogik, Bd. 14, Heft 12, S. 697–17.

Joachimsen, Paul (1930): Der Humanismus und die Entwicklung des deutschen Geistes. In: DVjS, 8. Jahrgang, Heft 3, S. 419–480.

Jones, W. R. (1971): The Image of the Barbarian in Medieval Europe. In: Comparative Studies in Society and History, Bd. 13, S. 376–407.

Jünger, Ernst (o. J.): Werke in 10 Bänden. Stuttgart.

Justin (1913): Die beiden Apologien Justins des Märtyrers. In: Bibliothek der Kirchenväter. Frühchristliche Apologeten und Märtyrerakten. Aus dem Griechischen und Lateinischen übersetzt. Bd. I. Kempten, München.

Justinian (¹²1988 f.): Corpus Iuris Civilis. Volumen secundum: Codex Justinianus. Recognovit et retractavit Paulus Krueger. Volumen Tertium: Novellae. Recognovit Rudolfus Schoell. Opus Schoellii morte interceptum absolvit Guilelmus Kroll. Hildesheim.

Justinian (1966): Corpus Iuris Civilis. Institutionum sive primarum totius Iurisprudentiae Elementorum Libri Quatuor. Ludguni MDCXXVII (Nachdruck 6 Bde.: Osnabrück).

Justinian (1984f.): Das Corpus Iuris Civilis (Romani). Ins Deutsche übersetzt von einem Verein Rechtsgelehrter und herausgegeben von Karl Eduard Otto, Bruno Schilling, Karl Friedrich Ferdinand Sintenis. 6 Bde. Leipzig 1832–39 (Nachdruck Aalen).

Justinian (1990): Corpus Iuris Civilis. Text und Übersetzung. I Institutionen. Gemeinschaftlich übersetzt von Okko Behrends, Rolf Knütel, Berthold Kupisch, Hans Hermann Seiler. Heidelberg.

Jüthner, Julius (1923): Hellenen und Barbaren. Aus der Geschichte des Nationalbewußtseins. Leipzig (Das Erbe der Alten. Schriften über Wesen und Wirkung der Antike, Heft VIII).

Kandinsky, Wassily (61959): Über das Geistige in der Kunst. Mit einer Einführung von Max Bill. Bern–Bümpliz.

Kant, Imanuel (1968): Werke in zwölf Bänden. Herausgegeben von Wilhelm Weischedel. Frankfurt am Main.

Kantorowicz, Ernst H. (1974): Laudes Regiae. A Study in Liturgical Acclamations and Mediaeval Ruler Worship. Millwood, New York (University of California Publications in History Vol XXXIII). (Reprint der Ausgabe Berkely, Los Angeles 1946).

Kantorowicz, Ernst H. (1990): Die zwei Körper des Königs. Eine Studie zur politischen Theologie des Mittelalters. Übersetzt von Walter Theimer. München.

Karageorgos, Basileios (1992): Der Begriff Europa im Hoch- und Spätmittelalter. In: Deutsches Archiv für Erforschung des Mittelalters, 48. Jahrgang Heft 1, S. 137–164.

Kerssenbroick, Hermann von (21881): Geschichte der Wiedertäufer zu Münster in Westfalen. Nebst einer Beschreibung der Hauptstadt dieses Landes. Aus einer lateinischen Handschrift des Hermann von Kerssenbroick. Münster.

Kittel, Gerhard (Hg.) (1953): Theologisches Wörterbuch zum Neuen Testament. Stuttgart.

Klee, Paul (1979): Tagebücher 1898–1918. Herausgegeben und eingeleitet von Felix Klee. Köln.

Klee, Paul (21991): Kunst-Lehre. Aufsätze, Vorträge, Rezensionen und Beiträge zur bildnerischen Formlehre. Leipzig.

Kleist, Heinrich von (31964): Sämtliche Werke und Briefe. Herausgegeben von Helmut Sembdner. 2 Bde. München.

Koder, Johannes (1987): Zum Bild des »Westens« bei den Byzantinern in der frühen Komnenenzeit. In: Ernst-Dieter Hehl, Hubertus Seibert, Franz Staab (Hgg.): Deus qui mutat tempora. Menschen und Institutionen im Wandel des Mittelalters. Festschrift für Alfons Becker zu seinem fünfundsechzigsten Geburtstag. Sigmaringen, S. 191–201.

Koebner, Thomas / Rolf-Peter Janz / Frank Trommler (Hgg.) (1985): »Mit uns zieht die neue Zeit«. Der Mythos Jugend. Frankfurt am Main.

Köpke, Rudolf/Ernst Dümmler (1962): Kaiser Otto der Große. Darmstadt (Reprint der Ausgabe von 1876).

Kranz, Walter (1949): Das Gesetz des Herzens. In: Rheinisches Museum für Philologie, Bd. 23, Heft 1, S. 222–241.

Kranz, Walther (Hg.) ([6]1985): Die Fragmente der Vorsokratiker. Griechisch und Deutsch von Hermann Diels. 3 Bde. Zürich, Hildesheim.

Krapf, Ludwig (1979): Germanenmythus und Reichsideologie. Frühhumanistische Rezeptionsweisen der taciteischen »Germania«. Studien zur Deutschen Literatur, Bd. 59, herausgegeben von Wilfried Barner, Richard Brinkmann und Friedrich Sengle, Tübingen.

Kraus, Karl (1974): [Werke] Paperback-Ausgabe in zehn Bänden. Herausgegeben von Heinrich Fischer. München.

Kuehnemund, Richard (1966): Arminius or the Rise of a National Symbol in Literature. New York.

Kuoni, Carin (Hg.) (1990): Energy Plan for the Western Man. Joseph Beuys in America. Writings by and Interviews with the Artist. Compiled by C. K. New York.

[Langbehn, August, Julius] (1922): Rembrandt als Erzieher von einem Deutschen. Autorisierte Neuausgabe. Leipzig.

Laqueur, Walter (1978): Die deutsche Jugendbewegung. Eine historische Studie. Köln.

Lausberg, Heinrich (1960): Handbuch der literarischen Rhetorik. Eine Grundlegung der Literaturwissenschaft. 2 Bde. München.

Lechner, Kilian (1954): Hellenen und Barbaren im Weltbild der Byzantiner. Die alten Bezeichnungen als Ausdruck eines neuen Kulturbewußtseins. Diss. phil. München.

Lechner, Kilian (1955): Byzanz und die Barbaren. In: Saeculum, Bd. 6, S. 292–306.

Lenz, Jakob Michael Reinhold (1987): Werke und Briefe in drei Bänden. Herausgegeben von Sigrid Damm. München, Wien.

Liudprand (1977): Die Werke Liudprands von Cremona. Herausgegeben von Joseph Becker. Hannover (Reprint der Ausgabe Hannover, Leipzig [3]1915).

Livius (1978): Römische Geschichte. Buch XXXI–XXXIV. Lateinisch-deutsch. Herausgegeben von Hans Jürgen Hillen. Darmstadt.

Loiskandl, Helmut (1966): Edle Wilde, Heiden und Barbaren. Fremdheit als Bewertungskriterium zwischen Kulturen. Mödling bei Wien (St. Gabrieler Studien, Bd. XXI).

Long, Timothy (1986): Barbarians in Greek Comedy. Carbondale, Edwardsville.

Loos, Adolf (1982): Trotzdem 1900-1930. Unveränderter Neudruck der Erstausgabe 1931. Herausgegeben von Adolf Opel. Wien.

Losurdo, Domenico (1995): Die Gemeinschaft, der Tod, das Abendland.

Heidegger und die Kriegsideologie. Aus dem Italienischen von Erdmuthe Brielmayer. Stuttgart, Weimar.
Luria, Salomo (1976): Antiphon der Sophist. In: Carl Joachim Classen (Hg.): Sophistik. Darmstadt (Wege der Forschung CLXXXVII), S. 537–542.
Luther, Martin (1983): Die reformatorischen Grundschriften. 4 Bde. Neu übertragene und kommentierte Ausgabe von Horst Beintker. München.
Luther, Martin (³1962): Daß der freie Wille nichts sei. Antwort D. Martin Luthers an Erasmus von Rotterdam. In: Ausgewählte Werke. Ergänzungsreihe, erster Band. Herausgegeben von H. H. Borcherdt und Georg Merz. München.
Lydon, John (1995): Johnny Rotten. No Irish, No Blacks, No Dogs. Die autorisierte Autobiographie aus dem Englischen übersetzt von Kai Soltau. St. Andrä-Wördern.
Malson, Lucien (1964): Les Enfants Sauvages. Mythe et Réalité. Suivi de: Mémoire et Rapport sur Victor de L'Aveyron par Jean Itard. Paris.
Marcus, Greil (1993): In the Fascist Bathroom. Writings on Punk 1977–1992. London.
Marcus, Greil (1995): Lipstick Traces. Von Dada bis Punk – Kulturelle Avantgarden und ihre Wege aus dem 20. Jahrhundert. Deutsch von Hans M. Herzog und Friedrich Schneider. Hamburg.
Mattei, Rodolfo de (1939): Sul Concetto di barbaro e barbarie nel medio evo. In: Studii di storia e diritto in onore di Enrico Besta. S. 481–501.
Mayer, Ernst (1925): Das antike Idealbild von den Naturvölkern und die Nachrichten des Caesar und Tacitus. In: Zeitschrift für Deutsches Altertum und Deutsche Literatur, Bd. 62, S. 226–232.
Mazzarino, Santo (1973): La fin du monde antique. Avatars d'un thème historiographique. Traduit de l'Italien par André Charpentier. Paris.
Melville, Herman (1984): Billy Budd. Deutsche Übertragung von Richard Möring (Peter Gan). Stuttgart.
Mennekes, Friedhelm (1989): Beuys on Christ/Beuys zu Christus. Eine Position im Gespräch. Übersetzung ins Amerikanische von Lesa Mason und Jon Boles. Stuttgart.
Mewaldt, Johannes (1946): Antike Polyphemgedichte. In: Anzeiger der Akademie der Wissenschaften in Wien. Phil.-hist. Klasse 20, S. 269–286.
Milger, Peter (1988): Die Kreuzzüge. Krieg im Namen Gottes. München.
Möller, Lise Lotte (1964): Die wilden Leute in der deutschen Graphik des ausgehenden Mittelalters. In: Philobiblon, Jahrgang VIII, Heft 1, S. 260–272.
Momigliano, Arnaldo (Hg.) (1963): The Conflict between Paganism

and Christianity in the Fourth Century. Essays edited by A. M. Oxford.

Moore, Jack B. (1993): Skinheads shaved for Battle. A Cultural History of American Skinheads. Ohio.

Mortier, Roland (1974): La poétique des ruines en France. Ses origines, ses variations de la Renaissance à Victor Hugo. Histoire des Idées et Critique Littéraire, Vol. 144. Genève.

Mozart, Wolfgang Amadeus (1962): Die Zauberflöte. Oper in zwei Aufzügen. Dichtung von Emanuel Schikaneder. Herausgegeben und eingeleitet von Wilhelm Zentner. Stuttgart.

Nestle, Wilhelm (1911): Spuren der Sophistik bei Isokrates. In: Philologus, Bd. LXX, S. 1–1.

Nietzsche, Friedrich (1980): Sämtliche Werke. Kritische Studienausgabe in 15 Bänden. Hg. v. Giorgio Colli und Mazzino Montinari. München.

Nippel, Wilfried (1990): Griechen, Barbaren und »Wilde«. Alte Geschichte und Sozialanthropologie. Frankfurt am Main.

Norden, Eduard ([2]1909): Die antike Kunstprosa vom VI. Jahrhundert v. Chr. bis in die Zeit der Renaissance. 2 Bde. Leipzig und Berlin.

Norden, Eduard ([6]1974): Die Germanische Urgeschichte in Tacitus Germania. Darmstadt (Reprint der Ausgabe Leipzig [5]1920).

Opelt, Ilona / Speyer, Wolfgang (1967): *Barbar*. Nachträge zum Reallexikon für Antike und Christentum. In: Jahrbuch für Antike und Christentum, Jahrgang 10, S. 251–290.

Origines (1967–1976): Contre Celse. Griechisch-Französisch. Einleitung, Textkritik, Übersetzung und Anmerkungen von Marcel Borret. 5 Bde., Paris.

Ortega y Gasset, José (1978): Aufstand der Massen. In: O. y G. J.: Gesammelte Werke, Bd. 3, S. 7–155, Stuttgart.

Paris, Gaston (1872): Romani, Romania, Lingua Romana, Romancium. In: Romania, Bd. 1, S. 1–22.

Patrologia Graeca. Herausgegeben von Jacques P. Migne. 161 Bde. Paris 1857–1866.

Patrologia Latina. Herausgegeben von Jacques P. Migne. 221 Bde. Paris 1878–1890.

Penth, Boris / Franzen, Günter (1982): Last Exit. Punk: Leben im toten Herz der Städte. Reinbek.

Piccolomini, Enea Silvio (1962): Deutschland. Der Brieftraktat an Martin Mayer und Jacob Wimpfelings »Antworten und Einwendungen gegen Enea Silvio«. Übersetzt und erläutert von Adolf Schmidt. Köln, Graz.

Pico della Mirandola, Giovanni (1994): Conclusioni cabalistiche. Introduzione, traduzione e note a cura di Paolo Eduardo Fornaciari. Milano.

Platon (²1990): Werke in acht Bänden. Griechisch und Deutsch. Herausgegeben von Gunther Eigler. Darmstadt.
Plautus (1966): Komödien. In: Antike Komödien. Plautus, Terenz. Herausgegeben von Walther Ludwig. Übersetzung von Wilhelm Binder, bearbeitet von Walter Ludwig. 2 Bde. München.
Plutarch (1969): Plutarchs Moralia in sixteen volumes. With an English Translation by Frank Cole Babbitt u. a. London, Cambridge, Mass.
Pohlenz, Max (1949): Paulus und die Stoa. In: Zeitschrift für die Neutestamentliche Wissenschaft und die Kunde der Älteren Kirche, Bd. 42, S. 69–104.
Pohlenz, Max (³1964): Die Stoa. Geschichte einer geistigen Bewegung. 2 Bde. Göttingen.
Polybios (1975): The Histories. With an English Translation by W. R. Paton. 6 Bde. London, Cambridge, Mass.
Quintilianus, Marcus Fabius (²1988): Institutionis Oratoriae Libri XII. Ausbildung des Redners. 12 Bücher. Lateinisch und deutsch. Herausgegeben und übersetzt von Helmut Rahn. Darmstadt.
Rehm, Walther (²1966): Der Untergang Roms im abendländischen Denken. Ein Beitrag zur Geschichte der Geschichtsschreibung und zum Dekadenzproblem. Darmstadt.
Rohde, Erwin (1876/1974): Der griechische Roman und seine Vorläufer. Hildesheim, New York (Reprint der Ausgabe von 1876).
Rousseau, Jean-Jacques (1959 ff.): Œuvres complètes. 5 Bde. Herausgegeben von Bernard Gagnebin und Marcel Raymond. Paris (Bibliothèque de la Pléiade).
Rousseau, Jean-Jacques (1988): Schriften. 2 Bde. Herausgegeben von Henning Ritter. Frankfurt am Main.
Rufin, Jean-Christophe (1993): Das Reich und die neuen Barbaren. Aus dem Französischen von Joachim Meinert, mit einem Geleitwort von Adolf Muschg. Berlin.
Runciman, Steven (1989): Geschichte der Kreuzzüge. München.
Schaller, Klaus (1962): Die Pädagogik des Johann Amos Comenius und die Anfänge des pädagogischen Realismus im 17. Jahrhundert. Heidelberg (Pädagogische Forschungen, Veröffentlichungen des Comenius-Instituts, Bd. 21).
Schiller, Friedrich (⁴1965–67): Sämtliche Werke. Herausgegeben von Gerhard Fricke und Herbert G. Göpfert. München.
Schmitt, Carl (1982): Der Leviathan in der Staatslehre des Thomas Hobbes. Sinn und Fehlschlag eines politischen Symbols. Köln (Reprint der Ausgabe Hamburg-Wandsbek 1938).
Schmitt, Carl (1984): Römischer Katholizismus und Politische Form. Stuttgart.
Schmitt, Hatto H. (1957): Hellenen, Römer und Barbaren. Eine Studie

zu Polybios. In: Jahresbericht über das Schuljahr des humanistischen Gymnasiums Aschaffenburg, Bd. 58, S. 38–48.
Schmugge, Ludwig (1982): Über »nationale« Vorurteile im Mittelalter. In: Deutsches Archiv für Erforschung des Mittelalters, 38. Jahrgang, Heft 1, S. 439–459.
Schneider, Manfred (1995): Kommunikationsideale und ihr Recycling. In: Sigrid Weigel (Hg.): Flaschenpost und Postkarte. Korrespondenzen zwischen Kritischer Theorie und Poststrukturalismus. Köln, S. 195–221.
Schneider, Manfred (1996): Der Barbar der Bedeutungen: Walter Benjamins Ruinen. In: Norbert Bolz, Willem van Reijen (Hgg.): Ruinen des Denkens – Denken in Ruinen. Frankfurt am Main, S. 215–36.
Schramm, Percy Ernst ([3]1975): Kaiser, Rom und Renovatio. Studien zur Geschichte des römischen Erneuerungsgedankens vom Ende des Karolingischen Reiches bis zum Investiturstreit. Darmstadt 1975.
Schröder, Burkhard (1993): Rechte Kerle. Skinheads, Faschos, Hooligans. Reinbek bei Hamburg.
Schuster, Mauriz (1940): Die Hunnenbeschreibung bei Ammianus, Sidonius und Iordanis. In: Wiener Studien, Bd. 58, S. 119–130.
See, Klaus von (1970): Deutsche Germanen-Ideologie. Vom Humanismus bis zur Gegenwart. Frankfurt am Main.
See, Klaus von (1994): Barbar, Germane, Arier. Die Suche nach der Identität der Deutschen. Heidelberg.
Siebe, Michael (1993): Zivilisation und Barbarei. Zur Nationalisierung eines Abgrenzungsdiskurses zwischen Revolution und Krieg in der politischen Karikatur. In: Frankreich-Jahrbuch 6, S. 201–225.
Sinnigen, William G. (1963): Barbaricarii, Barbari and the Notitia Dignitatum. In: Latomus, Bd. 22, S. 806–815.
Soeffner, Hans-Georg ([2]1995): Die Ordnung der Rituale. Auslegung des Alltags 2. Frankfurt am Main.
Sophokles (1977): Die Tragödien. Übertragen von K. W. F. Solger. Mit einem Nachwort von Wolfgang Schadewaldt u. Anmerkungen von Klaus Ries. München.
Spanner, A. (1911): Die wilden Leute in Sage und Bild. In: Volkskunst und Volkskunde, Jahrgang 9, S. 117–123.
Steinwenter, Artur (1947): NOMOS EMΨYXOS. Zur Geschichte einer politischen Theorie. In: Anzeiger der Akademie der Wissenschaften in Wien. Philosophisch-hist. Klasse 83 (1946), Nr. 1–23, S. 250–286.
Tacitus (1971): Germania. Übersetzung, Erläuterungen und Nachwort von Manfred Fuhrmann. Stuttgart.
Tacitus (1987): Annalen. Die Geschichte Roms unter dem julisch-claudischen Kaiserhaus. Übersetzt von Carl Friedrich Bahrdt. Nördlingen.

Tatian (1913): Tatian des Assyrers Rede an die Bekenner des Griechentums. In: Bibliothek der Kirchenväter. Frühchristliche Apologeten und Märtyrerakten. Aus dem Griechischen und Lateinischen übersetzt. 1. Bd. Kempten, München.

Tertullian (²1961): Apologeticum. Verteidigung des Christentums. Lateinisch und deutsch. Herausgegeben, übersetzt und erläutert von Carl Becker. München.

Thesaurus Linguae Latinae (1977). Leipzig.

Thielscher, Paul (1962): Das Herauswachsen der »Germania« des Tacitus aus Cäsars »Bellum Gallicum«. In: Das Altertum, Bd. 8, Heft 1, S. 12–26.

Thompson, E.A. (1963): Christianity an the Northern Barbarians. In: Arnaldo Momigliano (Hg.): The Conflict between Paganism and Christianity in the Forth Century. Essay edited by A.M. Oxford.

Tiedemann, Hans (1913): Tacitus und das Nationalbewußtsein der deutschen Humanisten Ende des 15. und Anfang des 16. Jahrhunderts. Phil. Diss. Berlin.

Töpfer, Bernhard (1959/60): Das Abendland in der mittelalterlichen Geschichte. In: Wissenschaftliche Zeitschrift der Humboldt-Universität zu Berlin, gesellschafts- und sprachwissenschaftliche Reihe 9, S. 92–98.

Treitinger, Otto (1938): Die oströmische Kaiser- und Reichsidee nach ihrer Gestaltung im höfischen Zeremoniell. Jena.

Valéry, Paul (1960): Œuvres. 2 Bde. Édition établie et annotée par Jean Hytier. Paris.

Vergil (³1971) : Aeneis. Lateinisch–Deutsch. In Zusammenarbeit mit Maria Götte herausgegeben und übersetzt von Johannes Götte.

Vernadsky, George (1963): The Eurasian nomads and their impact on medieval Europe. In: Studi Medievali, ser. terza Bd. 4, Nr. 2, S. 401–434.

Vico, Giambattista (1990a): Opere a cura di Andrea Battistini. 2 Bde. Milano.

Vico, Giovanni Battista (1990b): Prinzipien einer neuen Wissenschaft über die gemeinsame Natur der Völker. 2 Bde. Übersetzt von Vittorio Hösle und Christoph Jermann und mit Textverweisen von Christoph Jermann. Mit einer Einleitung »Vico und die Idee der Kulturwissenschaft« von Vittorio Hösle. Hamburg.

Wagner, Richard (1978): Die Musikdramen. Vollständige Ausgabe. München.

Walser, Gerold (1951): Rom, das Reich und die fremden Völker in der Geschichtsschreibung der frühen Kaiserzeit. Studien zur Glaubwürdigkeit des Tacitus. Baden-Baden.

Warnke, Martin (Hg.) (1988): Bildersturm. Die Zerstörung des Kunstwerks. Frankfurt am Main.

Werner, Hans (1918): Barbarus. In: Neue Jahrbücher für das klassische Altertum, Geschichte und deutsche Literatur und für Pädagogik, Bd. 41, S. 389–408.
Werner, Michael (1994): La »Germanie« de Tacite et l'originalité allemande. In: Le Débat, Bd. 78, S. 42–61.
Wolff, Erwin (1934): Das geschichtliche Verstehen in Tacitus' Germania. In: Hermes. Zeitschrift für klassische Philologie, Bd. 69, S. 121–166.
Wyneken, Gustav (²1920): Der Kampf für die Jugend. Gesammelte Aufsätze. Jena.
Wyneken, Gustav (³1919): Schule und Jugendkultur. Jena.

Namenregister